과학·보건·사회 총서 02

공중보건의 시대

"이 저서는 2021년 대한민국 교육부와 한국연구재단의 지원을 받아 수행된 연구임."(NRF-2021S1A5C2A02086985)

공중보건의 시대

초판 1쇄 2024년 9월 5일

엮은이 정준호

출판책임 박성규
편집주간 선우미정
기획이사 이지윤
편집 이동하·이수연·김혜민
디자인 하민우·고유단
마케팅 전병우
경영지원 김은주·나수정
제작관리 구법모
물류관리 엄철용

펴낸이 이정원
펴낸곳 도서출판 들녘
등록일자 1987년 12월 12일
등록번호 10-156
주소 경기도 파주시 회동길 198
전화 031-955-7374 (대표)
031-955-7376 (편집)
팩스 031-955-7393
이메일 dulnyouk@dulnyouk.co.kr

ISBN 979-11-5925-871-8 (94910)
979-11-5925-870-1 (세트)

과학·보건·사회 총서 02

공중보건의 시대

정준호 엮음

들녘

지은이

김진혁 (고려대학교 여성의학사연구소 전임연구원)
김태우 (한국외국어대학교 한국학과 교수)
문만용 (전북대학교 한국과학문명학연구소 교수)
박지영 (인제대학교 의과대학 인문사회의학교실 교수)
신동원 (전북대학교 과학학과 교수 및 한국과학문명학연구소 소장)
신미영 (전북대학교 한국과학문명학연구소 연구교수)
정준호 (인하대학교 의학교육 및 의료인문학교실 연구중점교수)
Jane S. Kim (독립연구자)

머리말

정준호 (인하대학교 의학교육 및 의료인문학교실)

전북대학교 한국과학문명학연구소에서 한국연구재단의 지원을 받아 2021년부터 수행 중인 〈과학·보건·사회의 초국적 공진화로 본 한국현대사〉 연구는 한국현대사를 과학·보건·사회라는 새로운 틀로 다시 쓰는 것을 목표로 하고 있다. 구체적으로는 건강과 관련된 현대 한국의 각종 제도와 문화들, 신체에 대한 인식들이 어떻게 역사적으로 구성됐는지 분석하고자 했다. 특히 코로나19 팬데믹 이후를 준비하고 있는 현재, 한국에서 역사적으로 한국인의 위생, 방역, 보건, 건강에 대한 개념이 어떻게 형성되었고 개인과 집단 수준에서 작동해왔는지 살펴보는 작업은 필수적이다. 이 총서에 실린 일련의 연구들은 신체와 건강에 대한 개념을 제시하고 이를 해석할 수 있도록 하는 과학, 이러한 인식을 기반으로 개인과 사회에 실질적으로 개입할 수 있도록 하는 보건, 그리고 과학과 보건의 대상이자 맥락으로서 사회, 이렇게 세 가지 영역이 중첩하여 발전해나가는 과정을 역사적으로 추적한다. 특히 코로나 사태가 보여주듯 근현대 보건 문제들과 대응들이 일국적 차원에서 일어나는 것이 아니라 전 세계적 차원에서 일어나는 현상임을 주지하여 국가의 경계를 넘어선 초국적 관점을 견지하고자 했다.

전체 연구는 개항 후 한반도의 보건의료를 포괄적으로 다루는 것에 있으나, 이번 총서에서는 해방 직후부터 1950년대를 전후한 시기, 즉 위생에서 보건으로 전환되며 현대 한국인이 등장하는 〈공중보건의 시대〉를 다룬다. 이 시기는 해방 이후 주권국가를 수립하며 식민지적 위생을 벗어나 보건을 매개로 근대성을 습득하기 시작한다는 특징을 가진다. 아래의 연구들은 이 시기의 보건의료제도와 담론, 특징적인 의학적 지식, 주요한 질병과 건강 문제, 이를 통해 나타나는 사회문화적 현상, 마지막으로 그 배경이 되는 초국적 맥락을 구체적인 사례를 통해 분석하였다.

먼저 1부 "새로운 보건체제의 구상"에서는 위생에서 보건으로의 개념적, 제도적 변화가 가지는 특성, 그리고 그 변환기에 나타난 주요한 쟁점과 논쟁들을 살펴보았다. 신동원의 "공중보건과 인민보건"은 해방 후 이념과 체제의 차이에 따라 극명하게 다른 경로를 걷기 시작한 남한과 북한의 보건체계가 가지는 특성을 분석하였다. Jane S. Kim의 "보건의 안보화"는 한국전쟁 이후 재건기의 한국 보건의료를 "안보화(Securitization)"라는 관점을 통해 초국적 차원에서 해석한다. 반대로 김진혁의 "해방 직후 보건의료체제 논쟁과 통일국가 보건의료정책 구상"은 해방 직후 의료의 공공성이 논의되는 과정을 이념적 갈등을 넘어 보건의료를 실질적으로 확대하기 위한 구상 속에서 바라보았다. 이를 통해 1부의 연구들은 해방 직후부터 전후 재건기까지 한국의 보건의료를 일국적 차원, 국제적 차원 그리고 남북한의 비교사적 연구를 통해 바라볼 수 있는 다층적인 시야를 제공해준다.

2부 "공중보건의 내재화"에서는 이러한 해방 후 한국에서 다양한 보건의료사업이나 실천들이 실질적으로 어떻게 구현되어 사람들의 신체에 영향을 주었는지를 살핀다. 문만용의 "농촌사회 보건의료 환경 변화"는 일기자료들을 기반으로 실제 지역 주민들이 가용한 의료자원들을 어떻게 활용해왔는지를 밝힌다. 정준호의 "한국의 DDT 저항성 몸니와 살충제 저항성 지식의 형성"은 한국에서 광범위하게 이루어진 DDT 살포가 몸니와 같은 질병 매개체에 미친 생태적 영향과 이후 국제적인 지식 구성에 미친 영향을 살핀다. "청정채소 만들기"에서는 주한미군과 같은 주둔군이 한국의 기생충을 문제화하고, 이를 청정채소라는 실천으로 개입하게 되는 과정을 분석하였다. 이어 "1956년 파라치온 집단중독 사건"은 고독성 유기합성 농약이라는 새로운 기술이 한국에 도입되며 나타난 중독 문제와 농약관리법의 제정이라는 정책적 대응으로 발현되는 과정을 살폈다. 이는 해방 후 한국에 다양한 보건의료의 기술과 실천들이 도입되었으며, 그것이 보건의료 지표의 질적 향상이라는 결과와 동시에 살충제 저항성, 농약 중독과 같은 새로운 보건학적 문제들을 발생시켰음을 살필 수 있는 보건의료의 이중적 모습을 살필 수 있도록 해준다.

3부 "과거와 미래의 의학 사이"에서는 일제강점기 식민지시기의 의학과 해방 이후 한국의 의학 사이에 일어난 단절과 연속을 보여주기 위해 구성되었다. 박지영의 "식민지 공중위생 지식의 형성과 그 유산"은 이를 잘 보여주는 사례로 일제강점기 위생시험실을 중심으로 식민정부의 '위생' 관리를 지원하는 지식을 직접적으로 생산해낸 기관이 해방 후에도 '보건' 지식의 생산을 지원하는 연속성을 가지고 있음을 밝힌다. "보건학자 주인호의 감염병 매개 곤충 연구와 미군의 지원"은 미군이 한국의 보건의료 지식 체계에 미친 영향을 한국이라는 일국적 맥락에 그치지 않고, 동아시아 전반에 퍼져 있는 미군 의학 연구 네트워크 전반으로 확장시킨다. 이어 김태우의 "미군 제406의학종합연구소의 위상과 역할"은 실질적으로 한반도를 포함한 극동아시아 지역에서 미군을 위한 보건위생의 실험적 지식을 생산하는 역할을 전담했던 핵심 기관의 전모를 상세히 밝히고 있으며, 정준호의 "해방 후 한국 실험실 의학의 발전"은 406연구소의 실험의학이 한국의 의학자와 기술자들에게 어떻게 받아들여지게 되는지 분석하고 있다. 이러한 실험 연구의 기반을 토대로 신미영의 "육군의무장교단잡지를 통해 살펴본

1950년대 의학 연구"는 한국의 의학 연구자들이 당시 실질적으로 어떠한 연구들을 수행하였고, 수행할 수 있었는지를 분석하였다. 이 일련의 연구들은 해방 직후부터 한국전쟁 이후의 시기까지를 다루며, 위생에서 보건으로의 전환이 과거와의 단절이 아니라 연속선상에서 이루어지고 있으며, 동시에 한국이라는 일국적 맥락이 아닌 동아시아, 그리고 이를 넘어선 세계적 변화 속에서 일어나고 있음을 보여주는 사례들이라 할 수 있다.

더불어 이 총서가 하나의 책으로 엮여 나올 수 있도록 글을 제공해주신 필자 분들께 다시 한번 감사드리며, 아무쪼록 이 책이 한국 보건의료사 연구에 조금이나마 보탬이 되기를 바란다.

차례

2부 공중보건의 내재화

1부

새로운 보건체제의 구성

공중보건과 인민보건: 독립 이후 남·북한 보건의료의 상이한 두 길, 1945~1960*

신동원 (전북대학교 과학학과, 한국과학문명학연구소)

> 무릇 한 민족, 한 국가의 건전한 발달은 그 민족, 국민의 건전한 보건 상태가 가장 중요한 척도가 되나니 과거 우리 민족은 일제 아래서 비문명적인 후생 대우를 받아오다가 해방 후 민족문화 건설의 요청과 함께 제 민족의 보건후생 문제는 과연 신국가 건설의 중요 과제로 등장하게 되었든 것이다. (『조선연감』(1947년), 270-271쪽)

머리말

한 국가체제가 다른 국가체제로 바뀌는 순간은 많은 역사가들이 관심의 초점을 집중하는 지점이다. 거기에는 구체제를 전복시키고 신체제를 구축

* 이 글은 "공중보건과 인민보건: 독립 이후 남·북한 보건의료의 상이한 두 길, 1945~1960", 허정 교수 미수 기념 논문집 편찬위원회 편, 『허정 교수 미수 기념 논문집』 (2019), 42-78쪽에 발표되었던 것을 수정, 보완한 것이다.

하려는 여러 정치 세력의 활약, 군사, 외교, 치안 등 통치 방식의 결정, 그것을 정당화할 법령의 제정과 행사, 경제·사회·교육·문화·복지 등 인민의 삶과 관련된 물적 조건의 변화 등 제반 측면에서 드라마틱한 변화가 소용돌이치기 때문이다. 이 글이 대상으로 삼는 보건의료 분야도 마찬가지이다. 2,000년이 넘는 한국의 역사는 이런 극적인 변화를 여러 차례 보였는데, 가장 최근의 두 가지 대변화가 이 글의 주제와 관련이 있다. 1900년을 전후하여 이루어진 왕조의 붕괴와 일본 제국주의에 의한 식민지화, 1945년 일본 제국주의로부터의 탈식민지화와 민주주의 주권국가체제의 건설이라는 역사적 사건이 그것이다.

이 글은 1945년 이후 독립을 맞이한 이후 15년 동안 한반도에서 이루어진 탈식민지적인 보건의료체제의 형성을 다룰 것인데, 그것은 세계사적인 관심을 끌 만한 두 가지 요인을 갖추고 있다. 첫째는 동일한 정치, 경제, 문화 전통을 가진 국가가 분단으로 완전히 다른 정치체제의 길을 걷게 된 점이다. 인구 2천여만 명의 한국이 독립 직후부터 위도 38도선을 기준으로 남한과 북한이라는 두 개의 국가체제로 갈라졌다. 남한은 미국을 대표로 하는 자본주의 진영에 속한 길을 걷게 되고, 북한은 소련을 필두로 하는 공산주의 진영의 길을 걷는 운명을 겪게 되었다. 독립 직후 남한은 1945년 8월까지 미군정이 실시되었고, 이후는 대한민국(Republic of Korea)이 건국되었고, 북한에서는 독립 직후 소련이 들어와서 북한의 사회주의 정권의 설립을 도왔으며, 1948년 조선민주주의인민공화국(Democratic People's Republic Of Korea)이 세워졌다. 둘째는 한반도가 자본주의와 사회주의의 직접적인 대결인 전쟁과 이후 간접적인 냉전의 장소였다는 점이다. 2차세계대전 이후 세계는 자본주의와 공산주의 양 체제로 재편되었으며, 그 두 세력이 한판 붙은 게 1950년~1953년 한국전쟁이다. 전쟁 이후에도 1989년 소련이 붕괴될 때까지 전쟁 없는 전쟁, 곧 두 체제의 냉전이 지속되었는데 이 냉전

이 가장 치열하게 벌어진 한 현장이 한반도였다. 자본주의와 공산주의 양 체제로의 분단, 엄청난 피해를 수반한 전쟁, 전쟁 이후 한반도에서 벌어진 이념 전쟁은 세계사에서 특별한 관심을 끌 만한 부분이다. 전후 10년간 양 진영이 자존심을 걸고 직간접적으로 개입하여 각각 남한과 북한의 보건의료 부문 복구와 재편에 큰 영향력을 행사했다.

20세기 중반은 전 세계적으로 보건의료 부문에서 대변화가 일어난 시기이기도 하며, 그 파장은 한반도에서도 마찬가지였다. 보건 이념, 과학 지식, 기술력, 행정력 등 모든 영역에서 그런 변화가 있었다. 20세기에 벌어진 국가총력전이라는 전쟁 양상, 급속한 산업화는 국가가 국민의 건강을 책임지고 관리하는 방식이 인구 망실을 억제하는 전염병 관리에서 근본적으로 튼튼한 신체를 지닌 다수의 국민 확보라는 차원으로 이행토록 했다. 두창, 콜레라, 홍역 따위의 급성전염병 방역과 성병, 결핵, 기생충병 같은 만성병 관리뿐만 아니라 모자보건, 유아보건, 학교보건, 산업보건, 지역사회보건 등이 주요한 관리 대상으로 떠올랐다. 이와 함께 의료 제공 대상의 확대가 중요한 국가 의제로 등장하는 한편, 보건과 의료가 낙후된 지역의 방역사업과 일차 의료 제공을 담당할 기관으로서 보건소 등의 전국적인 설치가 주요 과제로 부각되기도 했다. 병리학, 생리학, 약리학 등의 과학 지식의 비약적인 발달이 이런 보건의료 제공에 밑바탕을 이루었으며, 역학(疫學), 보건통계학, 보건행정학, 보건교육학, 보건사회학 등 여러 보건학(保健學) 또한 새로운 보건의료의 한 축을 이루었다. 선진국에서 시작하여 정착하기 시작한 이런 보건 이념, 보건행정, 보건 관련 의학 지식 등은 신생국인 남한과 북한 모두 기꺼이 받아들여야 하는 요소들이었다.

각각의 요소가 시대와 지역에 따라 어떻게 진행되었는가를 밝히고 그 요인을 파악하는 게 이 글이 해야 할 작업이다. 한국 독립 이후 보건의료의 탈식민지화 과정은 어떠했는가? 보건의료 형성 부문에서 남한의 자본주의의 길과 북한의 사회주의의 길은 어떤 자취를 보였는가? 둘 사이의 상호 인식은 어떠했는가? 이런 질문들이 이를 조리 있게 파악케 하는 데 도움이 될 것이다.

다루는 분야가 넓고, 이 분야에 대해 아직 많은 연구가 이루어져 있지 않다는 점을 미리 밝혀야 할 것 같다. 놀랍게도 1950년대의 남한의 보건의료 전반을 역사적으로 다룬 연구는 거의 전무하다.[1] 이 글을 다 읽어보면 그 이유를 알게 될 터인데, 남한의 경우 이 시기에 뚜렷한 보건의료의 발전을 내세울 만한 것이 없다는 인식 때문에 역사가들이 소홀히 한 것이다. 거꾸로 남한에서도 북한의 보건의료에 대한 연구가 훨씬 더 많다. 1980년대 후반 통일운동 분위기 속에서 '북한 제대로 알기'에 대한 관심이 증폭되었기 때문이며, 오히려 국내보다 북한이 더 객관적인 대상으로 정리하기가 용이했기 때문이기도 하다.[2] 남북한 비교 연구에 대해서도 여러 논문과 보고서가 나왔으나, 대부분이 보건학적, 비교정책학적 접근이지 본격적인 역사 연구의 결과물은 아니었다.[3] 이와 달리 1945년~1948년의 미군정기의 보건의료에 대해서는 남한 학계에서도 높은 관심을 보였다.[4] 이 시기에

1 1945년~1960년 남한의 보건의료제도에 관한 글로는 다음 두 가지가 주목된다. 최제창의 『한미의학사: 의사의 길 60년을 돌아보며』 (영림카디널, 1996)는 미군정 보건후생부의 한국 쪽 파트너였던 필자가 정확한 자료를 들어가면서 당시의 보건의료를 상세하게 정리했다. 이에 앞서 신오성은 "한국 전쟁 전후의 보건의료에 대한 연구: 1945~1959—한국 전쟁기를 중심으로" (서울대학교 보건대학원 석사학위논문, 1989)에서 한국전쟁을 중심으로 이전, 이후 남한의 보건의료 변천을 간략히 고찰했다.

2 홍순원, 『조선보건사』 (백과사전출판사, 1981); 승창호, 『인민보건사업경험』 (사회과학출판사, 1986).

3 남북한 한의학의 변천을 비교한 논문으로는 다음 두 편이 있다. 신동원, "해방 이후 북한 한의학의 변천, 1945~1960", 『한국과학사학회지』 25:2 (2003), 147-176쪽; Shin, Dongwon "How Four Different Political Systems Have Shaped the Modernization of traditional Korean Medicine between 1900 and 1960", *Historia Scientiarum* 17:3 (2008), pp. 225-241.

4 최근에 나온 성과로는 다음 세 연구가 주목된다. 신좌섭, "군정기의 보건의료정책", 『의사학』 9:2 (2000), 212-232쪽에서는 미군정기에 남한의 보건의료가 미국적으로 재편되었음을 전반적으로 잘 다루었는데, 방임적인 개업의 제도의 정착, 예방의학의 홀대, 지나친 의료 전문화 경향 등을 비판적인 시각으로 다루었다. Young-Kyu Kim, "Rethinking the Public Health Policy of the United States Army Military Government in Korea, 1945-1948" (KAIST 과학기술정책대학원 석사학위논문, 2011)에서는 미군정의 보건의료사업의 결과로 공중보건에 대한 한

일본식 보건의료제도가 미국식으로 탈바꿈하는 전환점으로 인식했기 때문이다. 북한에서는 1945~1960년의 시기가 사회주의 보건의료의 토대를 건설해나가는 '자랑스러운' 시기였기 때문에 국가의 입장이 반영된 짜임새 있는 연구 성과가 나와 있다.[5] 역사 정리가 단지 지나간 흔적을 정리하는 데 그치지 않고 매우 강한 현실적 함의를 지니는 사회주의 국가의 속성 때문에 거기에는 당의 해석이 강하게 녹아 있다. 북한에서는 1960년 이전 남한의 보건의료에 대해 높은 관심을 보였는데, 이는 북한 인민에게 사회주의 체제의 우월성을 강조하기 위한 선전적 성격을 강하게 띠었기 때문이다.

본격적인 논의에 들어가기에 앞서 필자가 활용한 남한과 북한에 대한 자료의 불균형에 대해 잠깐 언급을 해야 할 필요가 있을 것 같다. 이 글이 남한과 북한을 비교하고 있지만 활용한 자료가 균질적이지 않다. 북한의 경우에는 모두가 국가기록들로서 그것은 남한에서 구입하기 어려운 자료들이다. 미국에서 노획한 다수의 자료가 미 의회도서관에 있어서 그것을 이용하지만,[6] 이보다 더 상세한 자료는 접근이 불가했음을 밝힌다. 남한의 경우 미군정기의 자료는 미 의회도서관에 엄청난 규모로 남아 있으며, 이 자료 상당수는 남한에서도 영인되어 활용이 가능하지만 전반적인 서베이를 목적으로 한 이 연구에서는 그 자료를 깊이 파고들지 않고, 이를 활용한 선행 연구를 주로 참고한다. 현재까지 알려진 바에 따르면, 1950년대

국 내 인식이 생겨났고, 각종 백신을 만들어내는 연구소가 틀을 잡게 된 긍정적인 측면을 부각했다. Jane S. H. Kim은 "Leprosy and Citizenship in Korea under American Occupation, 1945~1948", 『사학연구』 100 (2010), 253-283쪽에서 미군정이 나병에 대한 보건정책을 펼치면서, 나병에 대한 억압적인 식민지 대책을 펼친 일본과 달리 인도주의적 측면을 부각시킴으로써 한국인에게 미국의 '민주주의' 제공이라는 상징을 확보한 것임을 주장했다.

5 홍순원, 『조선보건사』 (백과사전출판사, 1981); 승창호, 『인민보건사업경험』 (사회과학출판사, 1986).

6 북한의 보건의료 자료는 미국에서 노획한 문서(주로 미 의회도서관 소장)를 이용했는데, 미국에서 구해 온 자료를 제공해준 김근배 교수에게 감사드린다.

이후 남한의 보건의료에 관한 자료는 오히려 북한의 자료보다 체계적이지 않고 단편적이다. 이런 상황에서 최근에 발견된 맥도널드 보고서(1953년)는 가뭄 속의 단비와 같은 존재이다.[7] 이런 자료 구득의 차이뿐만 아니라 양 체제 자료의 서술 방식에도 큰 차이가 있다. 북한에서 생산된 대부분의 자료는 다른 사회주의권의 자료와 마찬가지로 당과 정부 활동에 대한 '선전적' 형태의 것이 대부분이며, 남한에서 생산된 것은 별로 그렇지 않을뿐더러, 신문 같은 자료는 정부의 정책에 대해 비판적 시각을 견지하는 것이 많다.

남한과 북한의 동질적이지 않은 자료를 바탕으로 한 한계점을 인정하면서, 이 글에서는 독립 이후 보건의료의 탈식민화가 무엇이었는지, 남북한의 보건의료정책의 진전이 어떠했는지 전반적인 흐름을 제시하려고 한다. 일반적인 소개의 성격을 띤 이 글에서는 보건의료와 관련된 사회주의나 자본주의 이념의 속성이나 그것의 정치적 성격을 깊이 논의하지 않는다. 대신에 남북한 각각이 상대방에 대한 보건의료 평가를 내린 부분의 검토를 통해 양 체제에서 일군 성과와 한계를 짚는 방식으로 상이한 체제의 역사적 성격을 드러내려고 한다.

2. 독립 이후 보건 관련 개념의 대변화: '위생'의 시대에서 '보건'의 시대로

본격적인 논의에 앞서, 당시에 사용하던 용어를 꼼꼼히 짚는 게 필요하

7 WHO/UNKRA, "Report of the WHO/UNKRA Health Planning Mission in Korea", 1953. 2. 26. 이 보고서는 런던대학의 맥도날드 교수 등이 남한에서 두 달 반 머무르면서 작성한 것으로, 전후 남한 보건의료의 복구 방안에 대한 지침 구실을 했다. 이 자료를 발굴해 활용할 수 있도록 해준 Jane Kim에게 고마움을 전한다.

다. 오늘날 당연하게 사용하던 어휘가 당시에 존재하지 않던 것도 있고, 다른 개념을 지니는 것들도 있다. 대표적인 예로 이 논문의 주제인 '공중보건'(Public Health)이라는 개념은 1945년 이전 한국에는 희박했던 개념이었다. 보건(Health Care)이라는 말도 존재는 했지만, 익숙하지 않은 것이었고, 더욱이 공중(Public)이라는 개념은 존재하지 않았다.

어째서 이런 현상이 벌어졌는가는 더욱 본격적인 연구를 요구하는 것이지만, 두 가지 측면을 생각해볼 수 있다. 첫째, 보건학적으로 서양의 제도를 모방했지만 그와 다른 형태의 보건의료제도를 진전시킨 일본의 경우, 공중보건이란 개념이 아직 낯선 것이었으며, 식민지 한국의 경우에는 더욱 더 그것이 낯선 것이었다. 둘째, 정치적으로 식민지 상황이었기 때문에 주권 개념이 결여되어 있었다는 점이다. 주권을 지닌 주체로서 피식민지인에게 시민이나 인민, 공중(公衆)이란 인식이 크게 허용되어 있지 않았다. 이처럼 1945년 무렵의 보건 상황이 지금과 크게 다르기 때문에 이 글의 주제가 되는 '공중보건'을 함부로 쓸 수 없고, 또 오늘날 우리가 볼 때 그에 해당하는 요소만을 뽑아 서술하는 방식은 현재적 관점의 투사라는 문제를 안게 된다. 그렇기에 첫 단계에서 관련 개념의 변화를 짚어보는 게 반드시 필요하다.

1) 식민지: 위생의 시대

1938년에 나온, 최초의 한·한(한국어-한국어) 사전인 문세영의 『우리말 사전』을 보면 보건, 위생이라는 두 용어가 실려 있다.

보건에 대해서는 "건강을 보전하는 것"[8]이라 되어 있는데, 이는 글자 그

8 문세영, 『조선어사전』 (박문서관, 1938), 620쪽.

대로 '보: 보전하는 것', '건: 건강'의 뜻을 푼 것이다. 여기에는 개인적 의미나 집단적 의미의 뜻이 담겨 있지 않다. 1920년에 조선총독부에서 펴낸 한·일 『조선어사전』에서는 아직 "건강을 지킨다"는 뜻의 '보건(保健)'은 보이지 않으며, 1922년에 편찬된 『한국근대신어사전』에서는 이에 대해 "보건(保健): 어떤 필요한 요소를 갖추어 건강을 지키는 일. '보건식료' '보건음료'라 함과 같다"[9]라 하여 위생과 유사한 뜻을 지닌 이 말이 막 조선에 유통되고 있음을 알 수 있다.

'위생'은 보건이란 말보다 더 널리 쓰였으며, 전통도 깊다. 『우리말 사전』에서는 위생에 대해서는 "몸을 튼튼하게 하고 병이 나지 않도록 의식주 기타 모든 사물에 주의하는 것"[10] 이라 했는데, 이는 위생이란 글자에 포함된 문자의 뜻인 '위: 지킨다'와 '생: 생명'보다 더 적극적으로 해석한 것이다. 몸을 튼튼히 하는 것, 병이 나지 않도록 하는 것을 목적으로 하며, 의식주와 기타 사물에 주의하는 행위 또는 방법을 중시한다. 이보다 앞서 나온 1925년 보통학교 학생들을 위해 편찬된 『보통학교 조선어사전』에는 '위생', '위생상(衛生上)'이란 표제어가 올랐는데, 각기 "위생(衛生): 병 들지 않고 몸이 튼튼하게 되도록 주의하는 것", "위생상(衛生上): 몸조심하는 방면이란 말"로 정의하여 이런 말이 어린 학생까지 익혀야 하는 개념이었음을 일러준다.[11]

위생이라는 말은 전근대 한국에서 있어왔던 것이지만, 그 개념은 근대 이후의 것과 크게 달랐다. 신체운동, 주거환경, 생활습관, 식습관 등 여러 사항에서 개항 이후 서양 수입 위생법과 비슷한 측면이 보이기도 하지만, 기본 원리는 크게 달랐다. 옛 방법은 기의 수련, 더욱 정확히는 몸의 정기·

9 한림과학원 편, 『한국근대신어사전』 (선인, 2010), 44쪽.

10 문세영, 『조선어사전』, 1085쪽.

11 박형익, 『심의린 편찬 보통학교 조선어사전』 (태학사, 2005), 164쪽.

신 보존의 원리에 입각해 있었다. 몸을 튼튼히 하고 병을 이겨내는 것을 지향한다는 점에서 옛 양생의 개념이 근대 위생학과 비슷하기는 하지만, 정·기·신 수련을 통해 수명을 연장한다는 원리와 방법은 서양의 위생학의 그것과 같지 않았다.

서양에서 수입된 위생 개념은 1876년 조선의 개항 이후에 완전히 새롭게 형성된 것이다. 개항 이후 20여 년에 걸쳐 위생이란 말이 정부에서나 민간에 널리 퍼져 나갔다. 그것은 1897년에 미 선교사 게일이 편찬한 『한영자전』에서 확인이 가능하다. 이 사전에서는 '위생하다'와 '위생국' 두 단어를 실었다. '위생하다'는 'to take sanitary measure', '위생국'은 'a sanitarium; a sanatorium'이라 풀었다. 1911년 개정판에서는 두 단어의 정의가 크게 바뀌었다. '위생하다'는 'to observe sanitary laws'로 정의되었다. 이전의 'sanitary measure'를 'to take'하는 정의보다 훨씬 강력한 규범적 성격을 띠는 'sanitary laws'로서 'to observe'로 변화했다. '위생국'도 'sanitary office; a sanitarium'라 하여 단순한 'a sanitarium'이 아닌 행정기관(office)임을 분명히 했다. 개정판에서는 명사로서 '위생'이 새로 등재되었는데, 'the preservation of health; sanitation; hygiene'로 정의되었다. 여기서 '위생(衛生)'이란 "건강의 유지"이며, 그 방법은 구체적으로 환경개선(sanitation)을 통한 전염병 예방과 개인위생(hygiene)을 포괄한다. 개정판에서는 새로이 위생, 위생공학, 위생상, 위생학 등 네 단어가 더 추가되었다. '위생상(衛生上)'은 'under sanitary law'였고, '위생공학'은 'sanitary engineering'으로서 위생이 무엇인가 만들어낸 수단이나 공정과 관련된 것임을 드러냈고, '위생학'은 'the study of hygiene'으로서 전문적인 학문임을 말했다. 1911년 개정판에 실린 위생의 개념을 요약하면, 그것이 학문과 공정, 행정력, 규범적 준수가 한데 뭉친 결합체였다. 과학, 행정력, 규범의 막강한 개념 뭉치를 특징으로 하는 이런 위생의 개념은 전통 한국 사회에서 전혀 보이지 않던 것으로 충·효 등 유교 이념에 따른 국가와 민(民)의 행동 규범과 국가의 운용 방식을 대체하는 성격을 띠었다.

1910년 일본이 조선을 강점하여 식민지로 삼게 되면서 펼친 보건행정에서 위생은 더욱 강력한 '힘'을 수반했다. 조선총독부는 정부 조직으로 경무총감부에 '위생과'를 두었고, 지방에는 각 도 경무국에 '위생과'를 두었다. 위생이란 개념으로 각종 보건과 의료사업을 총괄했는데 여기에는 다음과 같은 사무가 포함되어 있었다. 상수 및 하수의 취체에 관한 사항; 음식물 음식기기 및 약품 취체에 관한 사항; 오물 소제에 관한 사항; 묘지 및 매장, 화장에 관한 사항; 의사, 약제사, 산파, 간호부의 업무 취체에 관한 사항; 약종상, 제약자, 입치(入齒), 침구 영업에 관한 사항; 아편연의 흡용 모르핀 주사 금지에 관한 사항; 행려병인 및 사망인에 관한 사항; 정신병자에 관한 사항; 도축에 관한 상황; 매독 검사에 관한 사항; 기타 공중위생의 취체에 관한 사항; 전염병 및 지방병에 관한 사항; 종두에 관한 사항; 수축(獸畜)위생에 관한 사항.[12] 이후 약간의 개정에 따라 약간의 수정이 있기는 했지만, 이런 사항은 일제강점기 전체를 통해 거의 그대로 유지되었다.[13] '위생'이라는 개념 안에 각종 보건의료사업을 포괄하였으며, 무엇보다도 서양의 선진국과 달리, 이런 사업이 경찰 곧 위생경찰의 업무 형태로 수행되었다.

일본에서도 경찰 위생행정이 보건의료의 핵심을 차지했지만, 식민지 조선에서는 훨씬 강압적인 형태로 위생경찰의 강력한 단속과 처벌이 행해졌

12 「총독부경무총감부사무분장규정」(1910.10.1. 훈령 제4호).

13 일제강점기 보건의료에 대한 내용에 관한 연구로는 다음과 같은 것들이 있다. 신동원, "일제의 보건의료 정책 및 한국인의 건강 상태에 관한 연구" (서울대학교 보건대학원 석사학위논문, 1986); 조형근, "식민지체제와 의료적 규율화", 김진균, 『근대주체와 식민지 규율권력』 (문화과학사, 1997), 173-190쪽; 신동원, "세균설과 식민지 근대성 비판", 『역사비평』 58 (2002), 341-363쪽; 박윤재, 『한국 근대의학의 기원』 (혜안, 2005); 박윤재, "한국 근대 의사직의 형성과정(1885~1945)" (서울대학교 국사학과 박사학위논문, 2010).

다. 각종 위반 행위에 대한 행형이 일본보다 훨씬 강했으며, 달마다 칼을 찬 경찰이 전국의 모든 가호에 대해 청결 검사를 시행해 합격, 불합격을 따져 겁박하는 등 일상 감시의 성격이 강했다.[14] 가장 논란이 컸던 부분은 전염병 환자 또는 의심되는 사람에 대한 신고 거부와 은닉, 환자의 피병원 이송 거부였다. 당시 열악한 시설의 피병원은 강제 격리 이외의 별다른 의학 대책을 펼치지 않았다. 조선인은 그곳을 인격이 없는 죽음 대비소로 여겼기 때문에 기피하고 반발했다. 식민지 위생경찰은 밀고나 가가호호 방문을 통한 색출 등의 방법을 써서 환자를 적발하여 피병원으로 옮기려 했기 때문에 이에 대한 조선인의 저항이 격렬했다.[15] 총독부 관리나 일본인 학자는 하나같이 조선 위생시설의 열악함과 조선인의 미숙함을 그 이유로 들면서 자신의 억압적인 활동을 정당화했다. 그들은 조선인 절대다수가 전혀 깨어 있지 않고, 당분간 그럴 가능성이 없으며, 사사건건 무지몽매한 미신과 관습에 사로잡힌 미숙한 존재로 보았다.[16] 그들이 아직 미숙하기 때문에 성숙한 근대인과 달리 취급해야 한다는, 식민지적 논리를 내세웠다.

2) 독립 이후: '보건' 시대의 개막

놀랍게도, 1945년 이후에는 위생이라는 담론이 갑자기 이전과 같은 힘을 과시하지 못했고, 대신에 보건이라는 말이 대두하여 그 자리를 대신했다. 그것은 미군이 주둔하여 군정을 실시했던 남한에서도 그랬고, 소련군이 진주한 북한에서도 그랬다.

14 정관해, 『관란재일기』, 1912. 9. 4. (국사편찬위원회, 2001), 32쪽.

15 신동원, "일제의 보건의료 정책 및 한국인의 건강 상태에 관한 연구" (서울대학교 보건대학원 석사학위논문, 1986), 198쪽.

16 신동원, "세균설과 식민지 근대성 비판", 『역사비평』 58 (2002), 362쪽.

1945년 8월 15일 일본이 패망하자마자 미군은 군정을 실시하여 1948년 7월까지 남한 지역을 장악하여 치안을 유지하고, 독립정부의 탄생을 도왔다. 불과 3년 남짓의 기간이었지만 이 시기에 놀라운 변화가 있었다. 보건의료 분야도 마찬가지여서, 미군정청은 1945년 9월 24일, 일제의 통치기관이었던 경무국 위생과를 폐지하는 결정을 내렸으며, 새로이 위생국을 설치하여 이전에 보던 모든 사무를 잇도록 했다.[17] 여기서 핵심 요지는 경찰 위주의 억압적인 성격의 식민지적 보건행정을 탈피한다는 것이었다.

그럼에도 최초에는 여전히 한국어로는 익숙한 단어인 '위생국'을 그대로 사용했다. 똑같은 법령의 영문 규정을 보면, "the Bureau of Public Health"라 되어 있어, 'public health'를 위생(wisaeng)으로 번역했음을 알 수 있다. 그렇지만 한 달 후에 기구의 명칭이 "the Bureau of Public Health and Welfare"로 바뀌었는데, 새로이 사회적 구호(救護)인 'Welfare'가 추가되었다. 이와 함께 'public health'의 번역어를 위생(wisaeng) 대신에 보건(pogeon)으로 선택했다. the Bureau of Public Health and Welfare 중 보건과 관련된 내용을 보면, 이전에 경찰 위주의 위생행정의 내용을 모두 포괄하는 한편, 거기서 보이지 않던 study, health education, maternal and child health, public nursing, vital statistics 등이 보건의 항목으로 새로이 포함되었다. 즉, 당시 미국에서 쓰던 public health의 개념이 남한에 그대로 이식된 것이다.

군정 이후 보건이라는 말의 등장과 함께 이전 식민지 때 거의 쓰지 않던 공중(public)이라는 말도 널리 쓰이기 시작했다. 1947년에 출간된 『한글학회 지은 큰 사전』에는 '공중'을 세상의 여러 사람으로 정의했으며, 이런 말로 공중도덕, 공중변소, 공중식당, 공중위생: 사회 일반의 공동 건강을 위한 위생(개인위생의 대), 공중전화를 들고 있다.[18] 미국의 입김 아래 새로운

17 「군정법령 제1호」, 1945. 10. 4. 시행, 1945. 9. 24., 제정.
18 한글학회, 『한글학회 지은 큰 사전 1』 (을유문화사, 1947), 325-326쪽.

체제로 나아가는 남한 사회에서 보건 영역에는 이처럼 '공중'의 개념이 확산되었고, 이 (공중) 보건이란 말은 억압적이고 경찰력이라는 개념이 묻어 있는 식민지적 개념어를 대체해나갔다. 1960년 남한의 중앙방역연구소장인 한응수는 이 현상에 대해 다음과 같이 말했다.

> 보건(Public Health)이라는 술어는 1945년 해방 이후에 새로이 도입된 신용어로서 과거에는 위생이니 또는 의료이니 하던 용어를 좀더 새로운 각도로써 쓰게 된 것이며, 이제는 그래도 제법 귀 익게 들리는 말이지마는 처음에는 상당히 어색한 어감을 주었던 것이다.[19]

식민지적 유산의 청산을 강조한 북한에서도 위생 대신에 보건이라는 말을 선호했다. 해방 직후 북한은 진주한 소련의 도움을 받으며 남한과 다른 사회주의 체제 국가의 건설로 나아갔다. 독립 직후 북한에서도 곧바로 국가 보건행정기구를 설치했는데(1945년 10월) 보건국(Pogeonkuk, the Bureau of Public health)이 그것이다.[20] 이후 행정 조직 부서의 변화가 있기는 했지만 여기에 쓰인 '보건'이란 말은 변함이 없었다. 북한에서 이 보건이란 말은 남한에서와 마찬가지로 "일제의 형식적이고 기만적인 경찰위생제도 청산"[21]을 한다는 뜻으로 사용했다.

보건이란 말을 사용하면서, 북한은 남한과 달리 인민보건이란 말을 공식적으로 사용했다. 그들이 말하는 보건이란 곧 인민보건을 뜻했다. 이 말을 사용한 뜻은 "인민 주권이 섰고" 그에 따른 보건 활동이 이루어짐을 나

19 한응수, "한국보건사업과 외원(外援)", 『보건세계』 (1960.4), 33쪽.

20 홍순원, 『조선보건사』, 424쪽.

21 홍명희, "보건일꾼들에게 고함", 평양: 『인민 보건』 창간호 (1949), 3쪽.

타내기 위한 것이었다.[22] 인민보건의 다른 말로는 민주(적) 보건제도라고도 했다.[23] 1947년 5월에 발표된 자료에 따르면, 인민보건에는 '방역사업의 중요성', '방역사업에서 격리사업과 검역사업의 중요성', '위생문화사업의 중요성', '인민들에 대한 치료사업 개선대책 수립', '보건일군양성사업', '의료일군에 대한 사상 교양사업 강화', '의사들의 생활보장' 등이 포괄되었다.[24]

이런 인민보건 내용은 남한에서 말하는 (공중)보건의 그것과 거의 동일하지만 다음 두 가지 사항, 즉 '의료시설에 대한 사회적 관리', '의료인에 대한 사상 교육 강화'는 북한에서만 보이는 것이다. 북한에서 채택한 인민보건은 사회주의 국가인 소련에서 이미 터를 잡은 것으로서 북한이 그것을 모델로 삼은 것이다.[25] 단적인 예로 1949년 북한에서는 소련의 보건의료 책자인 『쏘베트동맹에서의 근로자들의 건강보호』를 번역해 보급했다. 이 책은 소련에서의 보건의료의 역사와 현황을 상세하게 소개한 책이다.[26]

지금까지 살폈듯, 남북한 모두 독립 이후 지난 식민지 체제를 그릇된 경찰위생제도로 규정하고 그것을 불식시킨다는 강한 의지로 새로운 용어인 '보건'을 공식적으로 사용했다. 방역, 의료 등 보건과 관련된 학문적, 기술적인 내용은 세계 선진 국가에서 사용하는 것과 같은 것이었다. 그렇지만 그것을 지도하는 이념 주체로서 자본주의 국가인 남한에서는 자유로운 시민, 즉 공중을 내세웠고, 사회주의 국가 북한에서는 서로서로가 평등한 인민을 내세웠다.

22 『김일성저작집』, "보건사업에 대하여" (1947), 한국한의학연구원, 『남북한 의료 제도의 통합 및 활용방안에 관한 연구』 (한국한의학연구원, 1998), 7쪽.

23 『인민보건』 창간호 (1949), 1쪽.

24 황상익, 『1950년대 사회주의 건설기의 북한 보건의료』 (서울대학교 출판부, 2006), 24-25쪽.

25 리동화, "해방후 4년간의 보건부문의 약진상" (평양: 『조쏘문화』, 1949), 22쪽.

26 느아비노그라도부·이드스따라, 『쏘베트동맹에서의 근로자들의 건강 보호』, (평양: 로동자신문사, 1949). 인쇄 부수는 10,000부였는데, 이는 이 책이 광범위하게 보급되었음을 뜻한다.

3. 북한: 신속한 '인민보건' 의료체제의 건설

1) 해방 직후 인민보건정책의 등장

해방 이후 북한 정권은 탈식민지 정책을 활발하게 펼쳤고, 사회, 경제, 문화 등 제반 개혁 부분을 빠르게 개혁해나갔다. 공산주의 정권에서는 사회주의화라는 뚜렷한 목표가 있었고, 소련군의 지원을 받은 공산주의 정권은 남한에 비해 안정적인 권력을 누렸기 때문에 그것이 가능했다. 게다가 보건의료 분야는 '인민'의 삶과 직결된 분야로서 북한 정권 초반부터 중시되었다.

후대 북한의 기록이 강조하듯이, 북한은 해방 이듬해인 1946년 3월 23일 지도자 김일성의 이름으로 발표된 20대 강령에 두 항목이 보건의료에 관한 사항이었다. 그중 하나는 "로동자와 사무원들의 생명보험을 실시하며 로동자와 기업소의 보험제를 실시할 것"(제15항)이었고, 다른 하나는 "국가병원 수를 확대하며 전염병을 근절하며 빈민들을 무료로 치료할 것"(제20항)이었다.[27] 이 두 가지를 내세운 이유는 무엇일까? 이듬해에 발표된 「보건사업에 대하여」라는 글에 그것이 잘 드러나 있다.

> 일본제국주의자들은 조선사람의 보건문제에 대하여 아무런 관심도 돌리지 않았습니다. 그 결과 일제 때에 북조선에서 관영병원 수는 아홉개, 그 침대 수는 450대에 지나지 않았습니다. 개인병원과 개인의사 수를 합치더라도 의사 수는 몇 백 명, 침대 수는 1000여 대에 지나지 않았습니다. 더욱이 치료비가 매우 높았으므로 근로자들은 병이 나도 치

27 홍순원, 『조선보건사』, 415쪽.

> 료를 받을 수 없었습니다. 그리하여 해마다 몇 만 명의 생명을 빼앗는 콜레라, 천연두, 발진티푸스를 비롯한 여러 가지 전염병이 퍼졌습니다. 해방 후 인민 주권이 섬에 따라 보건사업은 근본적으로 개선되었으며 병원과 진료소들이 많이 늘어났습니다.[28]

즉, 열악한 보건의료시설, 게다가 높은 치료비로 인해 한국인의 접근 이용이 거의 불가능했던 식민지 상황을 비판하면서 국가병원의 확대와 함께 생명보험제의 실시를 약속했던 것이다.

비슷한 시기에 '북조선인민위원회 제37차 회의'(1947년 5월 21일)에서는 훨씬 체계적인 인민보건정책을 내놓았다. 여기서 북한의 지도자 김일성은 "인민보건사업을 강화하여야 전염병을 비롯한 여러 가지 질병을 방지하고 인민들의 건강을 보호 증진시킬 수 있다"고 말하면서, 보건사업, 치료사업, 보건의료일군 양성사업, 보건의료일군들에 대한 사상교양사업 등 네 가지를 인민보건사업의 핵심으로 꼽았다.

이 중 치료사업은 위에서 언급된 20대 강령 내용을 부연한 것이다. 약값과 치료비를 낮춰 사람들의 병원 이용의 문턱을 낮추는 것을 기본으로 했으며, 특히 나라에서 설립한 '인민병원'의 약값과 치료비를 사적인 병원보다 싸게 하는 것을 방침으로 했다.[29] 인구 절대다수가 거주하지만 의료시설이 없는 농촌의 경우에는 비용이 많이 드는 병원을 지을 형편이 못 되었기 때문에 병원의 출장소를 설치하여 의사들이 순회 진료토록 했다. 이와 함께 병원들에 대한 통일적인 지도와 효율적인 관리를 위해 그간 노동국

28 『김일성저작집』, "보건사업에 대하여" (1947), 한국한의학연구원, 『남북한 의료 제도의 통합 및 활용방안에 관한 연구』, 7쪽.

29 독립 직후 북한에서 아직 완전히 국가 주도의 사회주의 건설이 완료되지 않았기 때문에 기존의 민간 병·의원을 용인하고 있었다.

이 관할했던 사회보험병원을 모두 보건국에 넘겨 병원 관리 체계를 일원화 했다.

치료의학보다 우선적으로 강조된 것은 전염병 예방을 위한 정책이 되었다. "방역사업을 잘하지 않고서는 전염병을 예방할 수 없으며 인민들의 건강을 보호할 수 없다"는 인식에 따른 것이었다. 당연히 격리와 검역의 철저한 시행을 주문했다. 국내 전염지 왕래자뿐만 아니라 독립 직후 중국 국경지역으로부터 귀국하는 동포, 남한에서 넘어오는 사람들이 주요 검역 대상이었다. 도시와 농촌지역의 환경 개선 사업도 지시되었다. 수도인 평양에 똥오물이 넘쳐나는 것을 비롯해 전국 각지가 오물로 뒤덮여 불결한데도 수수방관함을 질책하면서 평양시를 비롯해 각 도, 시, 군들에서 청소사업을 강화하도록 하고, 많은 사람들이 출입하는 여관, 식당 등의 청결 상태에 대해 철저하게 검열토록 했다. 이와 함께 "생나물과 날고기를 먹어서는 안 된다"는 것과 같은 노동자, 농민을 대상으로 대대적인 위생선전사업을 전개토록 했다. 마지막으로 방역사업의 철저함을 기하기 위해 보건국 이외의 관련 부서인 체신국, 교통국, 교육국, 농림국 등의 협조를 당부했다.

치료사업이나 방역사업을 위해서는 인력 제공이 필수적이다. 의사, 약제사 등 의료일군 양성, 의사와 한의사, 수의사 등 의료일군에 대한 교육은 담당기구로서 보건국이 아닌 교육국이, 단기 강습을 통한 재교육은 보건국이 맡도록 했다.

새로운 '인민보건'정책으로 보건의료일군들, 특히 인텔리인 의사에 대한 사상교양사업의 강화를 통한 '사회주의적' 개조가 특별히 강조되었다. 「제37차 인민위원회 결정」에는 다음과 같은 내용이 담겨 있다.

> 우리 의료일군들은 철저히 인민을 위하여 복무하는 일군이 되어야 합니다. 의료일군들이 인민들에게 친절하지 못하고 교만하게 행동하던 일

제시기 통치계급의 의사와 같은 그러한 사람이 되어서는 안 됩니다. 만일 의료일군들이 과거 일제시기의 의사들처럼 돈만 알고 인민들의 병을 잘 치료하여 주지 않는다면 인민들은 땅을 주고 삶의 보람을 안겨준 인민정권에 대하여 불만을 가지게 될 것이 뻔합니다. 우리는 의사들 속에 자본주의사회나 남조선에서처럼 닭이나 잡아주어야 주사를 놓아주는 그런 사람이 없도록 하여야 합니다. 그러기 위하여서는 의료일군들에 대한 사상교양사업을 잘하여 그들이 나라와 인민을 위하여 복무하는 정신을 소유하도록 하여야 합니다.[30]

이 인용문은 인민정권인 [북조선]의 의료일군이 일제식민지 때와 다르며, 또 자본주의 사회나 남조선보다 사상적으로 우월하고, 진보적이며 인민에게 봉사하는 사상을 심어주는 게 매우 중요하다는 사실을 강조한다. 북한 당국은 이런 사상 강화와 함께 인텔리인 의사들의 물질적인 조건, 즉 주택 조건 개선과 노임 증액을 약속했다.

독립 이후 북한이 내세운 인민보건정책 중 가장 홍보성이 강한 조치는 '무상치료제'였다. 무상치료제는 1947년 1월부터 노동자, 사무원과 그들의 부양자를 대상으로 한정적으로 실시되었다.[31] 이후 1949년 1월 전면적인 무상치료제 확대 실시를 지시했다. 북한의 지도자 김일성은 "전반적인 무상치료제를 실시하는 것은 인민들의 염원이며 우리가 오래 전부터 생각하여온 문제입니다.… 무상치료제를 실시하면 국가의 부담이 커지는 것만은 사실입니다. 그러나 우리에게 있어서 귀중한 것은 돈보다 사람입니다. 인민들의 생명과 건강을 보호하고 증진하기 위하여 돈을 쓰는 것은 아까울 것

30 『김일성저작집』, "보건사업에 대하여" (1947), 한국한의학연구원, 『남북한 의료 제도의 통합 및 활용방안에 관한 연구』, 14-15쪽.

31 홍순원, 『조선보건사』, 477쪽.

이 없습니다"[32]는 생각을 내비쳤다. 무상치료제는 의료에 대한 자유방임적 정책을 펼친 남한에 비해 북한의 우월성을 강하게 심어줄 수 있는 내용이었다. 이 무상치료제는 한국전쟁이 끝나던 해인 1953년 1월에 전면 실시되었다.[33]

2) 전쟁 복구기의 인민보건

1953년 한국전쟁이 끝난 후 북한은 재건 사업에 들어갔다. '인민보건' 사업의 경우도 예외는 아니었다. 1954년 6월, 북한의 내각에서는 인민의 건강을 증진시키는 것이 전후 인민 경제의 복구 건설과 인민 생활의 안전을 보장한다고 하면서, 보건 문화시설들을 급속히 복구 확충하고 인민들의 제반 위생 조건들을 개선시킬 방안을 제시했다.[34]

내각에서는 구체적인 내용 제시에 앞서 각종 문제점을 신랄하게 비판했다. 우선 보건행정적인 측면에서, 보건성을 비롯한 각종 기관에 소속된 보건일군들이 안이하여 소아전염병, 말라리아, 기생충 예방 대책을 철저히 시행하지 못한다고 비판했다. 물질적 기반인 약재의 생산과 관리 측면에서도, 국내 생약 자원의 제약화 사업이 제대로 되고 있지 않으며, 생산 의약품의 질이 저열하며, 각 부서에서 약재 사용을 불필요하게 과다 사용하고 있다고 질책했다. 교육 측면에서도, 단기 양성한 보건일군들과 각급 보건기술 간부의 수준이 높지 않고, 그들의 교육을 지원할 교재 출판 사업이 낙후되어 있다는 사실과 함께 보건 기술 간부의 무분별한 잦은 이동, 의학

32 『김일성저작집』, "의약품생산을 증대시킬 데 대하여(보건상 이병남에게 준 지시 1949년 1월 15일)", 한국한의학연구원, 『남북한 의료 제도의 통합 및 활용방안에 관한 연구』, 24쪽.

33 홍순원, 『조선보건사』, 516쪽.

34 "인민보건사업을 개선 강화할 데 관하여(1954.6.4. 내각 결정 제79호)", 황상익, 『1950년대 사회주의 건설기의 북한 보건의료』 (서울대학교출판부, 2006), 160-167쪽.

교 학생들의 [다른 전공으로] 잦은 이동, 의사·약제사 등의 의학 간부의 부족 등을 커다란 문제점으로 지적했다. 문화와 사상적인 측면에서는 위생지식 보급 체제가 제대로 확립되어 있지 못하고, 보건일군에 대한 정치사상 무장 사업이 잘 안 되고 있음을 비판했다. 이런 각 분야의 부진함을 극복하기 위해 내각에서는 다음 네 가지 사항을 전쟁 복구 대책으로 제시했다.

첫째, '치료 예방사업을 개선 강화하라.' 이를 위해 보건상 및 각 도 인민위원회 위원장들에게 다음과 같은 과업을 부과했다. 보건일군에 대한 영예감과 책임감을 드높이고, 보건기관의 엄격한 규율과 질서를 확립하며, 치료 예방기관에서의 위생 관련 시설을 석 달 내 일제히 완비한다. 이와 함께 각 도 단위로 국가 치료 예방기관의 중복을 조정하며, 북한을 돕기 위해 온 인민민주주의국가 적십자의료단이 운영하는 각 도 중앙병원에 수혈과(輸血科)를 3달 안에 설치하여 운영토록 하며, 한방치료에 대한 대책을 개선하여 1954년 중으로 한방의사 자격시험을 조직하여 실시하도록 했다.[35] 이 밖에 별도로 보건상에게 시 구급 치료 사업 및 결핵 등의 치료 예방사업의 개선, 예방기관 내 임상 시험실 사업 강화, 온천 및 약수 등 자연자원을 광범위하게 이용하기 위한 요양 사업 강화 안을 만들어낼 것을 주문했다.

둘째, '위생방역사업을 강화하라.' 이를 위해 보건상에게 보건성에 딸린 각급 위생 방역 기관의 시험실을 정비하고 그의 기술 역량을 강화하여 위생 방역사업의 기술 수준을 제고시키도록 할 것, 장내성 전염병, 소아전염병, 말라리아 및 기생충병들에 대한 예방사업, 특히 소아전염병 방지를 위한 면역사업의 광범위한 조기 실시와 이에 필요한 각종 예방백신 생산을

35 이에 대해서는 신동원, "해방 이후 북한 한의학의 변천, 1945~1960", 7쪽을 볼 것. 북한에서 한의학이 중시되면서 이 분야에서 중의학 우선 정책을 펼친 중화인민공화국의 영향력이 두드러지게 나타난다.

1954년까지 완료할 것을 지시하는 한편, 산업 및 건설 직장의 노동 위생 조건, 인민들의 위생 상태에 대한 위생 검열사업을 일층 강화할 것을 명령했다. 보건상과 문화선전상에게는 인민들에게 위생 지식을 보급시키기 위한 효과적인 위생 선전사업을 정상적으로 광범히 조직 전개할 것을 주문했는데, 기생충, 결핵 및 디스토마 등의 예방을 위한 보건 문화영화의 제작, 보급이 특별한 방법 중 하나로 언급되었다. 이와 함께 인민들에게 위생 보건 지식을 보급시키기 위한 중앙위생 선전관을 1955년도에 설치 운영하도록 했다.

셋째, '의약품을 제대로 갖춰라.' 의약품이 물질적 기반이기 때문에 내각이 이를 매우 중시했고, 관련 영역은 보건, 상업, 농업 등을 망라했다. 국가계획위원회 위원장 및 보건상에게는 3개년 계획 기간에 생약제제의 국내 수요량을 보장할 수 있는 종합제약(칼레루스제제)공장을 평양에 건설토록 했다. 보건상에는 인민들의 의약품 수요를 충족시키기 위하여 가정약 생산을 확장토록 했다. 상업상 및 조선소비조합 중앙위원회 위원장에게는 보건성에서 생산하는 가정양약을 계약에 의하여 제때에 인수하여 산하 상점 네트워크를 통해 농촌과 산간 지대까지 원활히 공급토록 했다. 보건상, 농업상 및 각 도인민위원회 위원장들에게는 생약 원료 약초의 생산 재배 사업을 개선 확장하는 동시에 농민들에게 제약 원료로 대량 소요되는 각종 약초와 작물을 농가 주변 휴한지 등에 재배하는 것을 독려토록 했다. 산간 녹지가 많은 지역인 함경북도의 인민위원회 위원장에게는 녹용을 제약 원료로서 보다 효과적으로 이용케 하기 위하여 도에서 운영하는 사슴 목장에서 생산되는 녹용 일체를 수납하여 보건성에 공급할 것을 지시했다.

넷째, '보건시설과 보건일군을 충분히 확보하라.' 관계 기관의 국장 및 각도 인민위원회 위원장에게는 종전 보건기관의 건물을 위시로 한 기존 국유 건물들을 조절하는 방법으로 보건기관들의 건물시설을 확보하고, 해당 산하 기관들은 자기 직장 종업원의 치료 사업을 담당할 해당 시, 군 제1병원들의 기본 건설을 확보하도록 지시했다. 부족한 보건 기술 간부 문제 해결을 위해서는 각종 보건기관에 종사하는 의사와 보건 기술 일군들의 복무 시간을 연장토록 하는 한편, 의학전문학교의 수업 연한을 4년에서 3년으로 단축하고 의사 속성 양성을 위해 2년제 특설반을 평양의학대학에 두도록 했다. 각종 의학전문학교와 도 중앙병원에서는 전시에 급히 양성한 보건일군의 재교양을 위해 1년제 특설반을 꾸리도록 했으며, 보건상에게는 1954년 중으로 전문과 의사 90명과 중등 위생일군 30명 및 렌트겐 기술자 40명을 양성하기 위한 3개월간의 단기 강습을 조직 실시토록 했다. 이와 함께 각종 교육을 위한 의학도서 출판의 질을 높이도록 하는 한편, 각종 보건 부문에 종사하고 있는 의사, 약제사 및 렌트겐 의사들에게 적절한 봉급을 주어 우대토록 했다.

전후 복구기 북한의 인민보건정책은 1960년에 완성되었다고 할 수 있다. 이해 최고인민회의에서는 「인민 보건사업을 강화할 데 관하여」에 대한 결정을 내렸다. 이 결정에는 독립 이후 계속 진행되어온 인민보건에 대한 치료의학 정책과 위생문화사업 정책이 체계적으로 정리되어 있다.

인민보건의 치료의학 정책은 모든 질병에 대해 완전하고, 모든 인민을 대상으로 한 무상치료제로 집약된다. 그 내용은 다음과 같다.

- 1960년 내로 면 단위(인구 수천)보다 더 적은 단위인 리 단위(인구 수백)까지 진료소 설치를 완료할 것
- 전체 임신부들에게 무상으로 해산 방조를 할 것
- 1~2년 내로 도·시·군에 소아과 병원 (소아과 병동)을 설치 완료할 것
- 의료기관들과 병원 침대 수를 계속 증가시킬 것

■ 예방과 의료 봉사의 질을 제고하기 위하여 최근 연간에 도시에서 의사 담당 구역제를 완성하며 농촌에서 담당 구역 사업을 더욱 강화할 것
■ 도시와 농촌의 탁아소망을 계속 확장하며 보육원을 대량적으로 양성 및 재교육하여 탁아소 관리와 교육 사업을 더욱 강화할 것
■ 예방 및 치료 사업을 더욱 발전시키기 위하여 의학과학연구 기관들을 확장하고 의학 연구 사업을 더욱 강화할 것
■ 예방약품과 항생제를 비롯한 의약품을 국내산으로 충족시키기 위하여 제약 공업을 더욱 확장하고 발전시키며 생약의 채취 및 재배 관리 사업을 강화할 것
■ 의료기구의 설비품들에 대한 보건기관들의 수요를 충족시키기 위하여 의료기구 및 설비품 생산시설들을 확장할 것 등[36]

인민보건의 위생문화사업 정책은 다음 세 가지로 압축된다.

■ 위생문화사업에 대한 대중들의 적극적 참가 밑에 주민들의 생활환경을 위생문화적으로 꾸리며, 사회봉사시설을 더욱 정결하게 하고, 농촌과 도시에서 목욕탕, 세탁소, 이발관 등 위생문화시설을 더욱 확장할 것
■ 도시 주민들에 대한 급수량을 증대하고 수질이 나쁜 일부 농촌지대들의 상수도시설을 확장할 것
■ 전염병과 장내기생충증을 퇴치하기 위한 전 국민적 운동을 전개하며 가까운 연간 내에 조선민주주의인민공화국에서 디스토마, 디프테리아, 십이지장충 등을 근절할 것[37]

36 국가정보원, 『북한법령집 하』 (국가정보원, 2008), 366쪽.
37 국가정보원, 『북한법령집 하』, 366쪽.

이런 각종 대책은 전 국민적 문화혁명의 성격을 띠었다. 독립 직후의 인민보건이 당과 정부의 대책, 지역적 보건망의 건설, 의료일군의 사상 개조 등을 위주로 전개되었다면, 1960년 무렵의 인민보건은 전 인민이 참여하는 문화혁명의 형태로 진행되었다. 북한은 1958년부터 시작하여 1960년대를 관통한 "천리마의 속도로 진군하자"는 구호와 함께 시작된 천리마운동은 북한이 소련과 중국의 영향력으로부터 벗어나 자주노선을 견지하면서 사회주의적 공업화를 이룬 중요한 원동력으로 작용했으며, 그것은 인민보건 분야에서도 예외가 아니었다, 인민의 문화혁명은 이런 관점에서 이해할 수 있다. 북한에서 전쟁 직후 복구사업이 시급할 때에는 내부 자원의 적극적인 개발과 함께 소련을 비롯한 동구 공산권 국가의 원조에 크게 기대었다. 그렇지만 외국의 원조는 1955년에 정점을 이뤘으나, 1956년도에는 전해보다 40% 정도 감소했고, 1957년도에는 전해의 1/15 정도 수준까지 떨어졌으며,[38] 나머지 부분은 천리마운동 같은 에너지로 인민보건을 실현해 나갔다.

4. 남한: 머나먼 공중보건 정착의 길을 시작하다

1) 미군정기의 보건의료정책

해방 이후 남한은 곧바로 주한미군의 군정(1945.8~1948.8)이 실시되었으며, 보건의료정책도 미군정이 주도하여 펼쳐나갔다. 한국에 들어온 미군은 군정청을 세우고, 보건정책에서 가장 먼저 실시한 것은 정부 보건 조직을 만

38 정대화, "전후 복구건설과 사회주의제도의 확립", 강만길 외, 『북한의 정치와 사회 1(한국사 21)』, (한길사, 1995), 179쪽.

드는 일이었다.

1945년 10월에 일본 식민지 때의 경무국 위생과를 폐지한 대신에 위생국을 설치했으며,[39] 얼마 안 지난 11월 7일에 이 위생국을 보건후생국으로 변경하여 의료와 공중보건 전반에 대한 사무를 관장토록 했으며,[40] 각 도에도 보건후생과를 설치하여 동종의 업무를 보도록 했다. 1946년 3월 보건후생국은 장관급의 보건후생부로 승격하면서 보건 관계 11개국과 후생 관계 4개국으로 재편성되었다.[41] 이 기구에서는 지역주민의 건강에 대한 연구, 보호 및 증진(study, protection, and improvement of healthoftheprovincialpopulation); 보건교육; 역학, 예방의학, 전염병 관리; 모자보건; 병원과 기관(hospitals and institutions); 간호 사업; 수의 사업; 치과 사업; 환경위생; 실험실; 의료공급; 생정 통계 등 12가지 일을 담당했다.[42] 중앙정부에 보건후생부를 설치하는 동시에 지방의 각 시·도에서 위와 같은 보건사업을 수행할 수 있는 지방 보건행정체계를 갖추게 되었다. 지방에 설치된 보건후생국 중 의무국, 예방의학국, 약무국 등 3개 국이 보건의료의 업무를 분담했는데 각각의 사무는 다음과 같다.

- 의무국: 국립병원·사립병원·진료소의 감찰 및 감독, 의사·수의·한방의의 면허와 면허증 발부 사업, 문교부와 연락하여 학교보건사업과 보건교육 계획 수립, 간호원 및 산파 양성 및 면허와 감독, 결핵·성

39 Ordinance Number 1, 24 September 1945, Establishment of the Bureau of Public health.

40 Ordinance Number 18, 27 October 1945. 1., "The name of the Bureau of Public Health is hereby changed to the Bureau of Public Health and Welfare"; Ordinance Number 25, "1. The Department of Public Health and Welfare is hereby established winthin each Provincial Government of Korea for the purpose of performing the following functions".

41 남한에 설치한 보건후생국은 1945년에 군정을 시작한 일본에서도 마찬가지로 설치되었다. HUSAFIK, 『주한미군사』(돌베개, 1988), 671쪽.

42 Ordinance Number 25, 7 November 1945.

병·폐병·기타 만성병에 관한 일 등

- 예방의학국: 보건소 운영, 보건교육·학교보건, 산업보건 등과 위생시설 감독, 상하수도·식품검사·해충 구제·구서(驅鼠)·생산 및 가공시설의 위생검사, 급성전염병 예방 및 치료 등
- 약무국: 약제사 면허 및 감독, 약재·의약 매매 및 기타 의료에 사용되는 상품의 생산·취체·분배·배합의 감독 및 검사, 이의 통제에 관한 건과 의약품 수출입에 대한 일 등[43]

미군정 실시 이후 6개월 만에 남한에 "[미국 같은] 선진국에서 시행되는 행정체계"[44]가 갖춰진 것이다. 이러한 미군정의 보건의료기구는 일제 식민지 때의 그것과 엄청나게 달라진 '선진적인' 것이었다. 다만 잘 갖춰진 행정체계에 비해 그것을 실현 할 만한 인적, 물적 조건을 제대로 갖추지 못한 커다란 문제점을 안고 있었다.

남한에서 미군정청 보건후생부가 초창기 당면한 보건 문제와 이에 대한 해결책은 1946년 2월 보건후생부장인 월러의 신문 대담에 잘 드러나 있다. 기자는 무의촌, 의약품 부족, 남한 주민의 위생 지식의 결핍, 전염병 예방책, 의사의 정치 진출 등을 시급한 보건 문제로 들면서 이들에 대한 대책을 물었다.[45]

조선에는 무의촌이 너무 많다는 지적에 대해 월러는 의사를 양성하는 의학교를 확충 중에 있다고 하면서(당시 6개의 의학전문학교가 있고 학생이 약 1천 4백 명), 미군정청은 각 도에 미군 의사를 보내어 학생들을 교육시키고 있다고 하면서, 한국인 의사 10인을 선발해 미국에 보내어 [공중보건학을]

43 Ordinance Number 1.

44 최제창, 『한미의학사』, 184-186쪽.

45 "미국약은 일주일내 배급", 《조선일보》, 1946. 2. 16.

공부시키고 있다고 답했다. 아울러 각 도와 시, 군에서 의료 조직이 완료되는 대로 의사들을 각 마을에 파견할 예정이며, 그렇게 함으로써 차차 무의촌을 없애겠다고 답했다.

의료품의 결핍에 대해서는 "풍부하지는 않지만 일반인이 생각하는 것처럼 많이 모자라지는 않는다"고 하면서, "일본군에게서 압수한 의약품을 도매상을 통하여 의사나 약국는 한편, 미국에 주문에 배급하고 있고, 각 도마다 약품 배급 체계가 확립되어 있으며, 약품의 가격을 통제한 것이 벌써 인천에 도착하여 수주일 내로 일반에게 배급될 것"이라 답했다. "각 가정에도 의약품을 배급하여줄 수 없는가?"라는 관련 질문에 대해서는 "당국에서는 우선 병원 의사에게 제공·배급하기로 정하고 있다. 따라서 당장은 어려우나 제약을 장려하고 또 약품의 전매 방지, 제작진 강화, 미국으로부터의 다량 수입 등으로 장래에는 가정에도 배급하게 될 것이다"라고 답했다. 당시 많은 의약품이 미국으로부터 들여오는 데 의존했는데, 디프테리아 예방책으로도, 폐렴·성병에 쓰는 페니실린, 술파제의 경우에도 그러했다. 단, 천연두와 장티푸스 백신의 경우에는 자체 제작해온 전통이 있다. 1946년 1월 말부터 천연두 백신 2백만 회분을 만들어 반수 이상을 일반인에게 접종했다. 미군은 남한의 위생시험소에서 천연두 백신 제조를 지도했다.

한국에서 의사는 병을 고치는 의료인인 동시에 사회에서 드문 지식인 엘리트 집단이었다. 해방 이후 적지 않은 의사들이 본업인 의료보다 정치에 뛰어들었는데, 이에 대한 대책을 묻자 윌러는 "의사는 정치를 초월하여야 할 것이다. 국가의 보건후생이 얼마나 중요한가를 인식하여야 할 것이며, 우리 보건후생진과 손잡고 나아가기를 바란다"는 원론적인 입장을 내놓았다.

신좌섭의 연구에 따르면, 미군정기의 보건의료정책 목표는 두 시기로 구분된다. 1946년 중반 이전까지는 남한을 일본으로부터 분리시키기 위한 단순한 것이었다. 이에 따라 점령 초기 보건의료의 정책 목표는 남한 내 일본의 의료와 실험시설의 장악과 일본인 관리의 해임, 순 군사적 차원에서의 '발병과 소요'를 방지하고 점령군 자체의 건강을 지키는 제한적 활동에 그쳤다.[46] 이런 방치에 입각해 있었기 때문에 윌러는 단순히 당면한 문제에 대해서 미국의 직접적인 도움으로 해결한다는 실무적인 대책만 내놓았을 뿐이다.

1946년 중반 이후에는 미·소 간 냉전의 격화로 인해 극동에 대한 미국의 전략적 목적에 부응할 수 있는 정부를 남한에 수립한다는 것으로 바뀌었다.[47] 소련에 대한 선전의 강화가 주요 목표로 떠올랐다. 이런 변화는 1948년 8월 미군정청 장관(the Military Governor of Korea)인 하지(John Reed Hodge) 중장의 군정 1주년 기념일 특별 성명에서도 감지된다. 그는 미국적 자유주의 이념을 특별히 강조함으로써, 미국의 남한 통치가 사회주의적인 북한과 근본적으로 다른 것임을 드러냈다. 하지는 다음과 같이 말했다.

> 오직 미국인이 강조하는 것은 조선인의 희망을 자유로 표현하는 데 있어서 하등의 지장이나 위협이 없어야 하겠다는 것입니다. 미국의 조선에 대한 정책의 목적은 누구나 다 보도록 공개한 것입니다.
> 우리는 형식적 조직에 반하여 개인주의와 창작력을 믿고 있습니다. 이런 이상을 가지고 우리는 일하고 있습니다.

여기서 하지는 미국이 개인주의와 [그에 기반 한] 창작력, 그것의 자유로운 표현을 보장한다는 [미국식] 자유주의적인 이념을 내세웠다. 하지가 말한 형식적 조직이란 사회주의를 연상시키는데, 그는 이에 대해 반대한다

46 신좌섭, "군정기의 보건의료정책", 230쪽.
47 같은 논문, 230쪽.

고 말했다.

보건의료에 관련해서도 하지는 반사회주의적인 자신의 생각을 구체적으로 밝혔다.

> 병원과 기타 의료기관을 운영해가며 약품과 시설을 운영해갈 만한 인재를 육성했고, 조선인의 과학과 기술로 다량의 약품을 제조하여 오늘의 호열자병 또는 그들이 만든 그 약을 가지고 싸우고 있습니다. 우리는 혁명언(革命言)이나 포고를 발하여 강제로 복종하라고도 아니했습니다. 그것은 양에 있어서는 생산적이요 감명적인 듯하나 불공정하고 비대표적인 이유로 불건전한 것입니다.[48]

하지는 혁명과 같은 말, 그에 입각한 포고의 강제적인 시행이 공정치 않으며, 대표성이 없는 불건전한 것으로 간주했다. 그것이 민주시민의 자발적인 동의에 기반을 두지 않았다고 보았기 때문이다.

이와 같은 미군정의 보건정책은 이 분야에 대해 국가나 사회가 더욱 적극적으로 개입해야 한다는 남한의 전반적인 분위기와 사뭇 다른 것이었다. 남한 내 좌익의 주장을 대변하던 최용석은 '국립병원과 협동조합병원, 개인 개업의'를 세 축으로 하는 의료국영론을 주장했고, 조선과학동맹의 이부현은 '의료제도의 민주주의적인 개혁과 [예방의학을 위주로 한] 의학 연구의 민주주의적인 방향에로의 전환'을 요구했다.[49] 몇몇 정당이나 조직에서도 보건의료에 대한 요구를 제시했다. 조선건국 서산군 협찬회 태안지회에서는 아홉 강령 중 하나로 노폐자의 부양과 인민의 진료는 국가의 부

48 최제창, "하지 중장의 미군정 1주년 기념일 특별 성명서(1946.9.8.)", 『한미의학사』, 188-189쪽 재인용.

49 신좌섭, 앞의 논문, 223쪽.

담으로 할 것을,[50] 1945년 한국민주당에서는 보건의 기회 균등을,[51] 비슷한 시기의 천도교 청우당에서는 보건위생의 고도 사회정책의 실시를,[52] 신한민족당에서도 "의료기관의 공영"[53]을, 같은 해 한국독립당에서도 국민보건시설을 보급할 것을,[54] 건국협회에서는 보건을 국영으로 할 것[55]을 주장했다. 남한의 우익을 대표하는 인물로 1948년 초대 대통령이 된 이승만도 1946년 3월 15일자 방송에서 "의약의 국가 통제를 실시한다"는 내용을 발표했다. 좌익처럼 노골적으로 의료국영화를 주장하지는 않았다 해도, 의학계를 비롯한 사회 밑바닥의 정서는 대체로 보건의료의 평등주의적 요구에 동조하는 편이었다.[56]

북한에서 재빨리 정책화를 꾀해나갔던 의료국영 또는 공영에 대해서 남한 여론에서도 비슷한 생각을 했던 까닭은 일제강점기에 자유개업을 위주로 한 방식에 따라 대다수 주민이 그것을 이용할 수 없었던 데 있었기 때문이다. 특히 자유개업에 따라 의사들이 도시에 집중되었으며, 의료비가 고가였기 때문에 농촌지역의 거주민이나 경제력이 낮은 사람들은 의료에 철저히 소외되어 있었다.

의사의 자유개업 방임은 미군정이 시작되면서 더 가속화한 측면이 강하다. 미군정에서는 자유주의를 내세워 식민지 시절 조선총독부가 병원과 의사를 통제하던 시스템조차 무너뜨렸기 때문이다. 조병희는 이런 상황을 다음과 같이 정리했다.

50 정선태·김현식, 『삐라로 듣는 해방 직후의 목소리』, (소명출판, 2011), 30쪽.

51 같은 책, 62쪽.

52 같은 책, 105쪽.

53 같은 책, 135쪽.

54 같은 책, 230쪽.

55 같은 책, 314쪽.

56 Young-Kyu Kim, "Rethinking the Public Health Policy of the United States Army Military Government in Korea, 1945-1948" (KAIST 과학기술정책대학원 석사학위논문, 2011).

Prior to 1945, the state organized the health care system by training physicians and running hospitals, a state heteronomy or state patronage. By 1945, there were 42 public hospitals and 11 private hospitals; most private hospitals were so small that only on or two physicians were employed. while public hospitals had an average size of 50 or more beds and, in general, decent facilities, and best medical practitioners. While the majority of physicians (about 3,000 in total) were self- employed in small clinics, it is noteworthy that the colonial state monopolized hospital services. However, after 1945, the state began to lessen its role as a producer of hospital services, and the private sector has increased.[57]

식민정부가 공적 영역을 강조한 건, 각 도의 공립병원이 식민지배 거점으로서 주로 그곳에 거주하는 일본인에게 의료를 체계적으로 제공하기 위한 것이었다. 이 병원에 근무하던 절대다수의 일본인 의사가 빠져나간 공립병원은 사실상 재가동이 힘든 상황에 빠지게 되었으며, 설상가상으로 미군정 이후 공중보건은 국가가 담당하고, 진료서비스는 민간이 담당하는 미국식 체제의 도입으로 이전의 체제는 붕괴했다.[58] 일제강점기에도 의사의 도시집중이 문제가 되었지만, 군정기의 자유개업체제는 도시 편중과 무의촌 문제를 더욱 심화시킨 것이다.[59]

1948년 8월, 미군정 후 수립된 남한 정부는, 군정기의 의료에 대한 국

57 이후의 결과는 놀랍다. "By 1985, more than half of the total 198 Korean hospitals were owned by individual physicians, while the state owned 15.3 percent and 'non-profit' organizations owned 33.9 percent. Half of the physicians are presently self-employed in their clinics. It is also noteworthy that these individually-owned hospitals have evolved from small clinics." Byong-Hee Cho, *The state and Physicians in South Korea, 1910-1985: An analysis of Professionalization* (University of Wisconsin-Madison, 1988), p. 28.

58 신좌섭, 앞의 논문, 226쪽.

59 같은 논문, 226쪽.

가의 방임 정책은 그대로 유지하면서 공중보건 부문은 이전보다 후퇴하는 정책을 펼쳤다. 단적인 예로, 보건후생국을 아예 없애버렸고, 보건의료 담당 부서는 식민지 때처럼 사회부 내 보건국 수준의 사무로 격하시켜버렸다. 덩달아 각 도에 국으로 존재했던 보건국이 과의 수준으로 낮아졌다. 이에 대해 대한의학협회를 비롯한 보건의료계에서 맹렬히 항의하면서 보건부 승격 운동을 벌인 결과, 1949년 3월 장관급인 보건부로 승격했지만 보건의료행정은 군정기와 같은 수준을 회복하지는 못했다.[60] 국정의 우선순위가 경제, 군사, 사회 등에 더 초점이 맞춰졌으며, 보건의료에 신경을 쓸 여력이 많지 않았기 때문이다.[61] 설상가상으로 미군이 떠나면서 남한에 파견되었던 보건 전문가와 의료진이 빠져나가면서 보건부와 국립방역연구소, 국립화학연구소 등의 직원도 절반 이하로 떨어졌다.[62]

2) 전후 보건의료의 복구

한국전쟁기 중 남한의 보건정책에서 주목할 만한 일은 1951년 9월 국민의료법의 제정이었다. 이 법의 제정 목적은 한국전쟁의 전후 복구 및 이에 따른 전염병 관리, 의료구호 등의 시급한 문제 해결에 있었다. 이 법의 특징은 의사, 치과의사 등을 의료인으로 규정하고 이들에게 국가시험을 거쳐 면허를 부여하는 제도를 도입했다는 점, 의생(醫生)으로 불리던 한의를 한의사(漢醫士)로 승격했다는 점, 무의촌 대책의 하나로 공의(公醫)제도를 설정하여 공의에게 환자 진료 이외에도 보건 업무 종사를 의무화했다는 점, 전

60 최제창, 『한미의학사』, 281쪽.
61 같은 책, 283-284쪽.
62 같은 책, 283-284쪽.

국에 보건진료소를 설치했다는 점 등이다.[63]

이 가운데 가장 주목할 점은 보건진료소의 설치 운영이다. 보건진료소는 미군정 때인 1947년에 서울, 부산, 전주 등 세 곳에 설치되어 시범적으로 운영되었는데, 1952년 8월에 전국에 걸쳐 406개로 확장된 것이다. 이 진료소의 활동으로는 구호의료사업, 전염병 조사 보고, 면역과 예방접종사업, 출생, 사망 원인의 보고, 보건교육, 간단한 기록의 보존, 모자보건사업을 위한 가정, 학교, 피난민 수용소 등의 방문이 규정되었으나, 실제 역할은 주로 진료와 BCG 접종과 같은 예방접종사업이었고, 일부 보건진료소가 결핵과 성병 사업을 전개하기도 했으며, 모자보건사업과 관련된 가정 및 수용소를 방문하는 사업은 전혀 행해지지 않았고, 이 보건진료소들은 담당 구역의 보건 실태에 관한 어떤 예비 조사도 수행하지 않아 중대한 한계를 지니고 있었다.[64] 진료소 인력은 의무관 1명, 간호원 1명, 보건간호원 2명으로 직원 수가 이처럼 빈약했을 뿐 아니라 그 질도 형편없어서 공중보건에 대한 초보 과정의 훈련을 받은 사람은 진료소 담당의무관 중에 단 한 사람도 없었으며 간호원의 경우도 매우 어리거나 일반간호법조차도 익히지 못한 경우가 많았다.[65]

원래 보건의료가 열악했던 데다가, 한국전쟁으로 인해 병원, 연구소, 제약회사 등의 파괴, 의료인력의 망실 등이 겹쳤기 때문에 전후 복구는 이 두 가지를 동시에 해결해야 할 목표를 지니고 있었다. 전후 복구를 위해서 WHO와 UNKRA(the United Nations Korean Reconstruction Agency)에서는 1952년 10월부터 3달 동안 한국의 보건의료 상황을 조사하면서 이듬해

63 신오성, "한국 전쟁 전후의 보건의료에 대한 연구: 1945~1959—한국전쟁기를 중심으로" (서울대학교 보건대학원 석사학위논문, 1989), 67쪽.

64 같은 논문, 98쪽.

65 같은 논문, 68쪽.

「Report of the WHO/UNKRA Health Planning Mission in Korea」를 내놓았는데, 여기에 한국 보건의료의 재건 방향이 잘 담겨 있다.[66] 이 보고서에서는 시급하게 행해야 할 대책과 장기적으로 시행해야 할 대책을 나누어 적었다.

- Immediate Measure: maintenance of nutrition; prevention of epidemic and endemic diseases; supplies; training; urban sanitary improvement; treatment of common ailments; re-establishment of medical education; rehabilitation of the disabled[67]
- Long-term measures: organisational measures; revision of terms of service, and methods of appointment of staff; re-establishment of medical, dental, nursing and pharmacy education; re- establishment and reform of hospital systems; reconstitution of private practice; reconstitution of laboratory services; establishment of model institutions; improvement of water supplies in quantity and quality[68]

특히 이 보고서는 보건의료의 접근성이 낮은 점을 극복해야 한다는 데 중점을 두었다. 이 보고서에서는 당시 의료 상황에 대해 다음과 같이 평가했다.

Many practitioners have private hospitals with from 5 to 20 beds. Indeed, the only psychiatric hospital operating in the country to-day

66 한상태, "WHO 사절단이 본 한국보건사업—맥도날드 보고서를 중심으로—", 『보건세계』 (1960.4), 40쪽.
67 WHO/UNKRA, Report of the WHO/UNKRA Health Planning Mission in Korea, 1953. 2. 26., pp. 8-12.
68 같은 보고서, pp. 13-19.

> has accommodation for 20 patients and is run by a private practitioner. Unlike the public hospitals the private once are usually nearly full to capacity, a fact which can be attributed to the greater confidence of the public in private practitioners than in hospital doctors. Many of the sick are cared for in this way but they come largely from the relatively well-to-do classes since practitioners must make relatively heavy charges for accommodation and treatment. These charges have necessarily greatly increased recently, as a side effect of inflation and the rapidly rising price of drugs. In consequence most partitioners now see many less patient than they did before the war. Private hospitals must b licensed by provincial government which have the right of inspection thought it is rarely carried out for lack of suitable inspectors.[69]

이런 상황의 극복을 위한 방안으로 이 보고서는 보건진료소를 강화한 헬스유닛(Health Unit)을 전국적으로 설치할 것을 제안했다. 1952년에 전국적으로 406개를 설치한 보건진료소는 사실상 남한의 보건 임무를 잘 수행하지 못했다. 새로 설치를 제안한 헬스유닛은 이보다 훨씬 사업 내용 면이나 인력 면에서 강화된 조직이었다. 이 헬스유닛은 1명의 의사, 1명의 보조의사, 1명의 보건간호원, 5~6명의 위생검사원, 10~12명의 간호원 또는 산파로 구성되었으며, 이들은 공중보건 업무와 예방의학, 치료의학을 모두 담당토록 한 지역사회 보건의료의 거점이었다.[70] 이 헬스유닛은 이미 스리랑카(Ceylon)를 비롯해 여러 나라에서 25년 동안 성공을 거

69 같은 보고서, p. 69.

70 같은 보고서, p. 34.

둔 방식이었다.[71] WHO/UNKRA 제안서에 따르면 이 헬스유닛은 주민 수 50,000~70,000 정도를 단위로 1개소씩 설치되면, 그럴 경우에 전국적으로 대략 370개가 설치되어 촌락 지역과 준도시(semi-urban) 지역 전체를 커버하게 되어 2,200만 인구에 봉사할 수 있도록 되어 있었다. 그렇게 함으로써 840개(전체 면 around 1,449 to 1,531)인 무의면(myuns that have no doctor) 문제를 궁극적으로 해소하게 될 것으로 기대되었다.[72]

맥도날드 보고서가 어떻게 관철되었는가에 대한 반응은 보고서 작성 후 8년이 지난 1960년 보사부 시설과장인 한상태가 쓴 글에 잘 요약되어 있다. 우선 그는 "당시 우리나라에는 소위 공중보건 부문의 정식 훈련을 받은 사람의 수가 너무 적었으며, 이들이 정부 주요 직책을 맡고 있었고, 그 후로도 외원(外援)에 의하여 계속하여 미국을 위시하여 선진 국가에서 공중보건행정학의 정규훈련 또는 시찰을 받은 사람의 수가 증가되었고, 이들의 학식과 경험을 토대로 하여 부단한 노력을 해왔고 이 보고서가 제출되었던 8년 전과 현재와는 보건사업의 발전에 현저한 차도를 나타내고 있는 것"[73]이라 하여 이후 이루어진 변화에 대해 긍정적으로 평가했다. 이어서 이 보고서 중 핵심 내용을 여섯 분야로 나누어 정리했다.

첫째, "보건소[헬스유닛] 설치 사업은 제대로 되었는가?" 이 보고서에서 전국 2천 2백만 명에 대해 370개 보건소를 설치할 것을 건의했는데, 보건소법이 공포된 후 1959년까지 계속 보건소가 설치되어왔으며 이후에는 182개의 보건소 설치로 완결될 것이며, 보건소 이외에 벽촌에 보건지소를 다수 설치하게 되므로 전체 숫자는 제안된 370개를 웃돌게 되어 무의촌 문제가 해결된다고 했다. 다른 자료로 좀더 부연한다면, WHO와 UNKRA

71 같은 보고서, p. 35.
72 같은 보고서, p. 34.
73 한상태, 앞의 논문, 40쪽.

의 제안 이후 남한 정부는 1956년에 보건소법을 제정하여 이후 10여 년 동안 서서히 정착해나갔다. 도시지역은 인구 20만 명당 1개소씩, 농촌지역은 각 군에 1개소씩 설치토록 했다. 이들의 업무는 전염병, 기타 질병의 예방, 진료 및 그 만연 방지에 관한 사항, 모자모건에 관한 사항, 학교보건에 관한 사항, 환경위생과 산업보건에 관한 사항, 보건통계에 관한 사항, 보건사상의 보급에 관한 사항, 기타 지방에 있어서의 공중보건의 향상에 관한 사항 등으로 규정했다.[74] 1958년 6월에 마련된 「보건소법시행령」에 따르면, 직원으로 의무(醫務), 약제, 보건, 간호, 위생지도, X선, 세균, 통계를 전담할 인력 등을 규정했다.[75] 대체로 새로 만들어진 보건소는 WHO/UNKRA 보고서 제안을 상당히 반영했지만, 치료의학 시술에 대한 부분은 배제되었다. 이 부분은 1962년 이후 개정된 보건소법에 따라, 보건소에 공의(公醫)를 설치하게 됨으로써 반영되었다.[76]

둘째, "위생 상태 개선을 위한 상수 관리가 제대로 되었으며, 곤충 매개 전염병에 대한 역학 조사는 제대로 되었는가?" 맥도날드 보고서에서는 위생 상태의 개선을 위해 상수 관리와 곤충 매개 전염병인 말라리아와 유행성 뇌염에 대한 역학 조사를 건의했었다. 상수 관리는 특히 농촌지역의 청결한 음료수 공급과, 더러운 우물을 깨끗하게 고치는 사업에 역점을 두도록 했었다. 이에 대해 남한 정부에서는 미국경제협조처의 원조로 5개년 계획을 수립하여 농촌 정호의 신설 및 개수를 해왔으며, 또 이의 소독의 만전을 기하기 위하여 소독약을 분배해왔다. 곤충 매개 전염병에 대한 역학 조사 제안에 대해 남한 정부에서는 1959년부터 WHO로부터 기술자와 기재의 원조를 받아 2년 예정으로 역학 조사가 시행되었다. 이를 바탕으로

74 『관보』, 1956. 12. 13., 1면.
75 『관보』, 1958. 6. 30., 1면.
76 『관보』, 1962. 9. 24., 5면.

곤충 매개 전염병인 말라리아와 유행성 뇌염의 박멸 사업 대책이 마련되었다.[77]

셋째, "모자보건사업이 제대로 시행되었는가?" 맥도날드 보고서에서 역점을 둔 또 다른 분야는 모자보건사업이었다.[78] 모자보건은 개인위생의 가장 중요한 부분이지만, 한국에서는 이런 개념이 생소할 뿐만 아니라 산모, 신생아, 유아에 대한 적절한 대책이 전혀 없었다. 1952년 무렵 전국에 500여 개의 보건진료소가 있었지만 구료사업에만 치중했을 뿐 모자보건사업은 엄두도 내지 못했다. 그러나 [1956년] 보건소 설치를 계기로 여기에 보건원 2명이 배치되어 모자보건사업을 전담하게 되었고, 특히 가정방문을 통하여 가족과 처음 접촉을 하게 되고 임산부의 지도, 신생아의 보호에 힘을 쓰게 되었다. 모자보건사업과 함께 학교보건사업이 1960년 무렵 막 시작되었다.[79]

넷째, "나병 대책이 제대로 시행되었는가?" 맥도날드 보고서 내용 중 한상태가 길게 현황과 해결 노력을 자세하게 설명한 것은 당시 남한의 3대 질병 문제인 나병(한센씨병), 결핵, 기생충병에 관한 것이었다. 나병에 대해서 이 보고서에서는 나병환자의 수용, 사회적 재생 능력이 있는 환자에 대한 직업 제공, 나병환자의 결혼과 탄생한 아이의 감염 여부에 따른 적절한 대응, 요양원에서의 의료사업의 강화 등을 주문했다. 이에 대해 남한 정부에서는 전염성과 비전염성 환자를 면밀한 검사로 가려내어 음성 환자에 대해서는 농사나 다른 직업을 알선하여 사회 적응을 하도록 했으며, 요양원 안에서 환자끼리 결혼했을 경우 단산을 장려했으며, 그들이 낳은 신생 미감아의 경우에는 미감아수용소에 격리하여 안전을 확보토록 하려고 했

77 한상태, 앞의 논문, 40-41쪽.

78 같은 논문, 41쪽.

79 같은 논문, 41쪽.

지만, 부모와 아이가 떨어지지 않으려는 한국 문화가 이에 커다란 장애로 작용하고 있었다. 또 남한 정부는 의료사업의 강화책으로 특효약을 무료 공급했다.

다섯째, "결핵 대책이 제대로 시행되었는가?" 맥도날드 보고서에서는 남한의 결핵 환율이 전체 인구의 6.5%로 추산되어 있으며 환자를 격리할 결핵 병상의 부족, 조그만 집에서 한 가족이 사는 주거환경으로 인한 가족 내에서의 격리 불능을 지적하면서, 결핵 대책 강구를 위하여 세계보건기구로부터 전문의, X-선 전문가, 기술자 및 간호원으로 구성된 전문가들을 초청하여 예비 실태 조사를 착수할 것, 결핵에 종사하는 국내 의사를 해외에 파견 훈련시킬 것, 환자의 조기 발견, 접촉자의 검진, 감염자에 대한 지속적인 치료를 목적으로 결핵진료소를 병원 혹은 보건소에 설치할 것, BCG 예방접종은 우선 초등학교 아동들을 대상으로 강력히 시행하고, 연후에는 특히 결핵환자와 접촉할 기회가 많은 사람들에게 시행할 것을 제안했다. 이후 남한 정부에서 결핵 실태 조사를 시행했는데, 이때에는 약 절반 수준으로 감염자 수가 줄어들어 있었다. 남한 정부는 이들을 격리하기 위한 시설을 별도로 확충하지 못하고 대신에 전국의 병원, 보건소, 기타 의료시설에 결핵진료소를 설치하여 입원하지 못하는 환자나 경증의 환자가 통원 치료를 받도록 했다. 외국의 전문가를 초청하지는 못했지만, 대신 국내 결핵 관계 유지들의 꾸준한 조언을 받았으며, 수년 전부터 남한 정부를 비롯하여 대한결핵협회, 기타 기관에서 환자의 조기 발견을 목적으로 집단 검진 사업을 벌여왔다. 이와 함께 초등학교 아동, 직장에서 「튜버큐린」 반응검사와 BCG 예방접종사업을 같이 시행해왔다.

여섯째, "기생충 대책이 제대로 시행되었는가?" 맥도날드 보고서에 지적한 사업 중 가장 지지부진한 사업이 기생충 문제 해결이었다. 이 보고서에서는 전 국민의 90%가 회충, 50%가 십이지장충을 가지고 있다고 지적했는데, 8년이 지났는데도 이 부분은 전혀 개선되지 않고 있었다. 남한의 보건당국은 이후 학교를 통해, 또 새로 설립되는 보건소를 통해 이 문제를 해결해가는 한편, 더욱 근본적으로 일반적인 환경위생을 통해 이 문제를 극복하겠다는 의지를 내비쳤다.[80]

맥도날드 보고서나 그 보고서에 따른 전후 복구에서나 남한의 보건의료 복구에서 외국의 원조가 차지하는 비중이 절대적이었다. 미국을 비롯한 서방 국가의 원조가 1960년 무렵까지 높은 수준으로 지속되었는데, 1960년 보사부 방역국장인 이병학의 회고에 이 점이 잘 드러나 있다. 그에 따르면, 1940년대 후반부터 보건 관계 국고 예산은 참으로 빈약했는데, ICA에서 원조를 해주기 시작하면서 근래에 들어 국고 예산과 거의 동액인 매년 100만 불 이상의 미화, 10억 원 이상의 한화를 지원하여 대부분의 약품, 시설과 건축 등에 사용되어왔다.[81] 보건사업 전반을 외부 원조에 의존한다는 사실에 대해 일국의 독립국가로서 부끄러워하면서도,[82] 한국전쟁 이후의 원조에 대해서 그는 "우리가 자유세계를 대변한 성전의 대가로서 이루어진 원조인 까닭에 떳떳한 입장에서 받을 수 있는 원조"라고 생각했다.[83] 한국이 미국을 비롯한 자유세계를 대표해 성스러운 전쟁을 치렀기 때문에 전쟁 파괴 복구에 대한 외국의 원조를 충분히 받을 만한 자격이 있었다는 것이다.

남한에서는 인력 부문에서도 외국의 지원이 매우 중요했다. 해방 이후 역사를 간단히 보면, 1945년 11월 미군정청은 록펠러재단의 지원하에 10인의 의사를 뽑아 1년간 일정으로 미국에 유학을 보내어 하버드 보건

80 같은 논문, 42쪽.

81 이병학, "방역기반을 닦을 터", 『보건세계』 (1960. 1.), 26쪽.

82 한웅수, "한국보건사업과 외원", 『보건세계』 (1960. 4.), 33쪽.

83 같은 논문, 34쪽.

대학원, 존스홉킨스, 미시간대학의 보건대학원 등에서 보건행정, 역학, 생정 통계 등 공중보건학을 공부해 오도록 했다.[84] 이듬해에는 보건행정, 보건간호, 세균학을 공부할 유학생 5명을 보냈다.[85] 이들은 귀국하자마자 한국 보건사업의 중견 임무를 맡았다. 이후에도 록펠러재단, UN기술원조회, China Medical Board, 한미재단, UNICEF, FAO, UNKRA, ICA 등의 도움으로 많은 인사들이 해외에 유학했으며 대부분이 미국에서, 일부가 필리핀과 싱가폴의 보건대학원에서 수학했다.[86] 국내에서도 보건인력 양성이 이루어졌는데 1953년 9월에 한미재단의 지원으로 설립된 국립중앙보건소의 공중보건원(Institute of Public Health)에서 2년간에 걸쳐 100명의 수료자를 배출하기도 했다.[87] 이런 영향을 탈피하는 것으로는 1959년에 설립된 서울대학교 보건대학원이다. 여기서는 보건행정학, 환경위생학, 역학, 보건통계학, 모자보건학, 생리위생학, 보건교육학, 보건간호학 등 8개의 전공이 설치되었고, 학생 정원은 40명이었다.[88] 여전히 CMB 등의 재정 지원을 받아 설립되었지만, 미네소타 보건대학원을 모델로 한 이 대학원은 남한 내에서는 이후 본격적으로 독자적인 공중보건사업을 시행할 인력 확보의 터전이 되었다.

지금까지 살폈듯, 남한에 미국식 공중보건이 심어지기는 했지만 1960년에는 그것이 미국이나 다른 선진국과 같은 수준으로 정착하는 길이 전혀 보이지 않았다. 그것은 제대로 된 공중보건이 보건소 같은 보건사업 거점의 마련이나 전문 인력의 양성 같은 보건의료 내부의 변화로만 달성되는

84 1945년 미국 유학자는 성병 예방 1인, 보건행정 2인, 역학 1인, 생정통계 2인, 위생공학 1인, 결핵연구 1인, 의학 1인, 미상 1인 등과 같다. 최제창, 『한미의학사』, 172쪽; 서울대학교 보건대학원사 편찬위원회, 『서울대학교 보건대학원사 1959~1995』 (한림원, 1996), 111쪽.

85 서울대학교 보건대학원사 편찬위원회, 앞의 책, 111-112쪽.

86 같은 책, 112쪽.

87 같은 책, 112쪽.

88 권이혁, "우리나라 보건대학원의 현황과 중요성", 『대한의학회잡지』 (1960), 20쪽.

게 아니었기 때문이다. 이 사업에 대한 막대한 투자, 실질적인 공중의 탄생, 탄생된 공중의 시민의식이 갖추어져야만 가능한 것이었다. 그런 수준의 공중보건이 정착되기 위해서는 남한은 오랜 시간을 기다려야만 했다. 적어도 이때까지는 1970년대의 중화학 공업화와 경제적 성장, 북한의 천리마운동 같은 남한의 새마을운동에 따른 농촌의 현대화, 1980년대 이후 민주화와 통일운동 등의 역동적인 변화의 조짐이 거의 보이지 않았다.

5. 에필로그: 남북한의 상호 인식

1) 북한이 남한에게

1960년 북한에서는 해방 15주년을 맞이하여 자신들이 이 기간 동안에 이룩한 인민보건의 성과를 대대적으로 정리하여 발표하였다. 보건상인 최창석은 「우리나라 인민보건 건설에서 달성한 빛나는 성과」를 발표했고, 보건성 국가위생검열원 원장 최두광은 「해방 후 15년간 위생방역사업에서 달성한 성과」를, 보건성 의무국장 리주선은 「치료예방사업 분야에서 달성한 성과」를 발표했다(이상 『인민보건』 1960년 8월호). 또 보건부상 백기성은 「해방 후 우리나라에서 인민보건의 발전과 의학 과학이 달성한 성과」를, 배영기·리화경·김대인은 「8·15 해방 후 15년간 위생학에서 달성한 중요한 성과들과 앞으로의 당면 과업」을, 김효선은 「해방 후 15년간 한의학을 계승 발전시키는 사업에서 거둔 성과」를 발표했다(이상 『조선의학』 제7권 제5호, 1960년 8~9월).

보건상 최창석은 "인민보건 분야에서도 거대한 전변이 이룩되었다. 해방 후 15년간 우리나라 인민보건사업에서 달성한 성과는 우리 당 보건정책의 정당성과 그 령도의 현명성을 실증하고 있다"[89]고 자랑스러워하면서 구체적인 수치를 근거로 들었다. 일제강점기의 리병 사망률은 인구 1,000명당 평균 50.5명, 특히 소아 사망률은 1931~1945년간 20~31.8%였으며, 평균수명은 37세에 불과했지만, 해방 후 북한에서는 당의 영도하에 주민 총 사망률이 1944년에 비하여 57.7% 수준으로 격감했으며, 사망 원인 구성에서도 전염병이 차지하는 비율이 일제 말기에 비해 1957~1958년간에 거의 20분의 1에 불과하게 되었다는 것이다. 보건부상 백기성은 이 수치를 더욱 부연했는데, 1959년도 출생률은 1944년에 비해 25.6% 더 증가했으며, 소아 사망률이 같은 기간에 3배 이하로 저하되어 1957년도 평균수명은 1936~1940년에 비하여 15세나 더 연장되었음을 말했다.[90] 이런 지표의 변화를 그는 "당의 현명한 령도하에 이룩된 사회 경제적 제 변혁들과 인민생활의 급속한 향상, 그리고 인민보건의 비약적 발전에 대한 뚜렷한 물질적 표현"으로 보았다.[91]

최창석은 인민보건에 대한 국가적 활동은 무엇보다도 예산에서 그것이 잘 드러나 있다고 말한다. 그에 따르면 북한에서 1960년도의 보건사업비는 1951년에 비하여 20배, 1956년에 비하여 약 5.2배가 증가했다.[92] 그것은 의료기관과 인력 등의 지표 변화에서도 감지된다. 해방 후 북한의 치료예방기관망은 몹시 빠른 속도로 장성되었는데, 1960년 상반년에 주민 1만 명당 침대 수는 1944년에 비하여 26.4배에 달했고, 주민 1명당 외래 이용 횟수는 1944년에 비하여 작년에 64.7배로 장성했다고 한다.[93] 보건성 의무국장

89 보건상 최창석, "우리나라 인민보건 건설에서 달성한 빛나는 성과", 『인민보건』 (1960. 8.); 황상익, 『1950년대 사회주의 건설기의 북한 보건의료』 (서울대학교출판부, 2006), 179쪽.

90 황상익, 앞의 책, 212쪽.

91 같은 책, 212쪽.

92 같은 책, 182쪽.

93 같은 책, 184쪽.

리주선에 따르면, 이런 증가의 이면에는 현대적 기술 장비를 갖춘 3,000여 개소의 치료예방기관들과 정·요양기관들이 있으며 총 침대 수는 2만 9천여 대가 존재한다.[94] 좀더 구체적으로 들여다보면, 농촌 주민을 위한 군 병원은 1945년에 비하여 1959년에는 10배로 장성했으며, 침대 수는 같은 기간에 약 37배로 장성했다. 또 농촌 진료소 수는 전쟁 전인 1949년에 비하여 1957년에는 4.3배로 장성했는데, 그 결과 1956년에 농촌 진료소의 봉사 반경이 5.4km였다면 1959년에는 3km로 단축되었다.[95]

보건 분야에서 자신이 이룩한 성과에 대한 북한 당국의 자부심은 자신과 남한에 대한 비교에서 더욱 두드러지게 나타난다. 보건상 최창석은 다음과 같이 말한다.

> 남조선에서는 인민 보건이란 말조차 있을 수 없다. 오늘 남조선에서는 210만 명에 달하는 결핵 환자, 20만 명을 넘는 문둥병 환자를 비롯하여 수많은 전염병과 사회적 질병 환자들이 신음하고 있으나 괴뢰 통치 집단은 전혀 수수방관하고 있다. 괴뢰 당군이 발표한 자료에 의하더라도 1956년에 남반부에서 인구 1,000명당 침대 수는 9.3대, 즉 일제 시기와 같은 극히 락후한 수준에 있었다. 그러나 최근 년간 병원들이 계속 폐쇄되어 사정은 더욱 나빠졌다. 1958년에 남조선 전체 면의 반수에 해당하는 596개 면에는 아무 의료시설도 의사도 없다. 이렇게 형편없는 소수의 의료시설조차 고가의 치료비와 약값을 받아 내는 영리 기관이기 때문에 근로 인민에게는 아무 인연도 없는 것으로 되고 있다. 썩을 대로 썩은 남반부의 사회 제도하에서는 시시각각으로 인민들의 건강이 파괴되며 일단 병에 걸리기만 하면 불구 폐질이나 죽음을 기다려야 하는 것

94 같은 책, 203쪽.
95 같은 책, 204쪽.

이 보통 현상으로 되고 있다.[96]

보건성 의무국장 리주선은 "남조선에서 어린이들의 사망률은 22%로서 세계에서 제일 높으며 인민들의 평균수명은 일제 식민지 통치시기보다도 더 단축되였다. 이와 같은 비참한 처지에서 남조선 인민들을 구원하는 길은 조국을 평화적으로 통일시킨 후 인민정권의 수립으로서만 가능하다"[97]는 의견을 개진했다.

북한의 대대적인 칭송 분위기와 달리 남한에서는 지난 과정을 짚어보며 성과를 논하는 글이 발견되지 않는다. 그 요인의 상당 부분은 당의 영도하에 사업을 이끄는 공산주의적 방식과 다른 체제 때문이기도 하다. 대신에 민간 언론에서 해마다 연감을 내면서 한 해 사업을 정리하면서 성과를 짚고 미진한 점을 지적하는 방식의 글이 발견된다. 특히 언론의 성격상 비판의 내용이 두드러진다. 1961년도 『한국연감』에는 당시 남한의 보건·방역의 상황을 다음과 같이 말한다.

> 우리나라의 보건현황은 아직도 저개발국의 테두리를 탈피치 못하고 있다. 주로 도시에 집중된 각종 의료시설에 비하여 아직도 무의면이 허다함은 국민위생에 큰 악영(惡影: 나쁜 그림자)이라 아니할 수 없다. 또한 의약품 생산도 극소에 불과하며 대부분의 의약품은 선진국에서의 수입에 의존하고 있는 형편이다. 이와 반면 가의사(假醫師: 무면허 의사)가 행세하고 부정약품이 범람함은 국민보건에 적신호를 가져왔다. 방역사업에 있어서도 매년 각종 전염병이 창궐하여 수많은 인명이 희생되고 있으며 6·25사변 이후 급격해진 성병의 만연은 국가적인 문제라고 아니할 수

96 같은 책, 189-190쪽.

97 같은 책, 207쪽.

> 없다. 그러므로 정부는 건전한 국민의 육성을 위해 무의면 일소는 물론 고귀한 인명희생을 예방하기 위해 방역사업 공중위생에 치중해야 할 것이다.[98]

여기에 보이는 의사의 도시집중, 무의면, 전염병 문제 등은 북한에서 비난한 남한의 보건의료 실상과 관련된 부분이다. 그들이 비난에 포함되지 않았던 수입 약품 의존, 무면허 의사의 범람 등이 새로이 보이기도 한다. 그렇지만 『한국연감』에서는 1956년에 마련된 「보건소법」에 따라 1960년까지 전국에 세워진 80개, 이후 182개까지 증가될 보건소에 커다란 희망을 걸고 있다.[99]

미진한 부분에 대한 통렬한 지적이 있었지만, 북한의 비난처럼 해방 이후 남한의 보건지표가 답습 내지 퇴보를 보였던 건 아니다. 인구는 1944년 남북한 합쳐 2,512만 명에서 1960년에는 남한의 경우만 2,512만 명으로 증가했는데(북한의 경우 1959년 인구가 1,039만 명), 1957년에는 인구증가율이 인구 천 명당 2.8, 1959년에는 4.6의 높은 수준을 보였다.[100] 전염병 사망률도 1950년 7.1%이었던 것이 1953년에는 3.9%, 1954년에는 1.7%로 낮아졌고,[101] 그것은 계속 하향 추세를 보였다. 이를 보면, 북한의 리주선이 말한 남한의 전염병 사망률이 22%라는 것은 크게 과장된 것이라 하겠다. 의료기관의 수도 1955년에는 6,073개였지만 1960년에는 7,700개로 꾸준히 증가 추세를 보였다.[102] 1959년 현재 총 병상 수는 34,832개로[103] 북한의

98 한국연감편찬위원회, 『한국연감』 (한국 연감사, 1961), 422쪽.

99 같은 책, 422-423쪽.

100 경제기획원 통계국, 『한국통계연감』 (1960). 1960년에 실시한 인구조사 결과에 따른 것임.

101 보건사회부, 『한국통계연감』 (1954).

102 한국연감편찬위원회, "의료시설분포", 한국연감편찬위원회, 『한국통계연감』 (1960).

103 한국연감편찬위원회, 『한국연감』 (1961), 424쪽.

2만 9천여 대를 상회한다. 병상 총수 규모는 남한이 더 많지만, 인구 규모가 2배였음을 감안한다면, 인구당 병상 수는 북한의 절반 규모라는 산술계산이 나온다. 그렇지만 전국적으로 분포한 북한과 달리, 남한에서는 도시지역에 집중되어 있었기 때문에 의료 제공의 형평성 정도는 훨씬 낮아진다. 북한 보건당국이 지적한 것처럼, 1959년 현재 무의면은 전체 1,484면 중 564개 면(38%)으로 여전히 높은 비율을 차지하고 있었다.[104] 또 북한 보건당국이 지적한 것 정도로 많지는 않았지만 남한의 결핵환자 수, 나병환자 수, 기생충 보유자 수는 매우 높아서 1960년 무렵 결핵환자가 100만 명 내외, 디스토마 환자가 수백만 명, 기생충 보유자 2천만 명, 나환자 4~5만 명 등이 있었다.[105]

2) 남한이 북한에게

남북한 모두 자신이 경쟁적 우위에 있었던 시절에, 우위를 바탕으로 상대방의 보건의료에 대해 관심을 쏟아냈다는 사실은 매우 흥미로운 현상이다.

1960년 무렵까지 남한에서는 북한의 보건의료 실상에 대한 비판이 거의 눈에 띄지 않는다. 북한 체제에 대한 반공 이념적 공세가 매우 강했던 것과 달리, 보건 분야와 같은 특정 분야에서 구체적인 수치를 들어 비난하는 방식의 공세, 또는 남한 내 선전은 찾아보기 힘들었다. 정부에서는 적어도 보건의료 분야가 북한에 비해 열세임을 잘 알고 있었기 때문일 것이다. 가장 대표적인 지표인 1인당 GNP를 보면, 1960년에 남한이 79달러

104 같은 책, 424쪽.
105 이병학, 앞의 논문, 25쪽.

인 데 비해 북한은 120달러로 북한이 1.5배 정도 더 높았고,[106] 게다가 북한의 보건의료에 대한 집중 투자로 인해 상대적인 격차가 더 커 보였던 것이다.[107]

남한에서 북한의 보건의료에 대한 관심은 1987년 민주화 운동의 대성공 이후 드러나기 시작했다. 이 시기 민주화 운동 가운데 남북통일에 대한 관심이 증폭되어서 북한의 모든 면에 대한 학문적, 사회적 관심이 태동했다. 1990년대 이후 북한의 보건의료에 대한 연구가 쏟아져 나오기 시작했으며, 이와 함께 북한에서 펴낸 책들이 유통되었다.

이전 시기와 달리 북한의 보건의료에 대한 관심의 이면에는 중공업을 위주로 한 남한의 산업화의 성공으로 인한 남북 경제 규모의 역전에 따른 자신감도 한몫했다. 1980년도 남한의 1인당 GNP가 1,592불인 데 비해 북한의 경우는 743불로 2배 정도로 남한이 앞섰고, 1990년에는 차이가 더 벌어져 남한이 5,569불, 북한이 1,064불로 5배 이상의 격차를 보였다.[108] 이와 함께 남한의 보건의료 성취에 대한 자부심도 함께 작용했다. 남한에서는 1989년 전 국민에 대한 의료보장이 실현되었고, 이에 앞서 1981년 '면' 단위에 농어촌에 보건지소를 설치하는 한편, '면'보다 하위 단위인 '리'에까지 보건지소를 설치함으로써 해방 이후 커다란 문제였던 무의면 문제가 거의 완전하게 해결되었다. 무의촌 문제가 해결되었을뿐더러, 남한 주민은 그간 경쟁적인 자유개업체제 하에서 성장해온 비교적 '양질의' 의료 혜택을 받을 수 있게 되었다.

106 변종화 외, 『남북한보건의료제도 비교 연구』 (한국보건사회연구원, 1993), 40쪽.

107 남한 사람들은 북한의 실상에 대해 접근할 길이 없었으며, 간혹 현대식 평양 산원의 모습을 담은, 북한에서 풍선에 실어 날려 보낸 삐라에 담긴 정보가 남한 주민이 얻을 수 있는 정보의 모든 것이었다. 60년대 말~70년대 초 필자의 경험에 따르면, 삐라는 반드시 경찰에 신고하도록 되어 있었으며, 그렇지 않고 소지하거나 퍼뜨리는 행위는 엄벌을 받았다. 물론 남한 주민 중 그 삐라 내용이 사실이라고 믿는 사람은 거의 없었다.

108 변종화 외, 앞의 책, 54쪽.

그렇지만 이 시기 대다수 보건의료 연구자는 북쪽 보건의료 현실에 대한 비난보다는 해방 이후 1960년까지 북한의 국가주도적 보건의료제도 확립, 무상치료제, 예방의학적 정책, 동의학 우대 정책 등에 대해 비교적 후한 평가를 내렸다. 변종화 등은 『남북한보건의료제도 비교 연구』 보고서를 다음과 같이 끝맺었다.

> 미국 센서스 국에서는 북한의 평균기대여명을 1986년에 67.7세, 1990년 69.0세로 추정하고 있어 남한 71세와 거의 비슷한 건강수준임을 보여주고 있다.… 또 남북한 사인통계자료에 의하면 과거에 큰 사인 비중을 차지하던 감염성 및 기생충성 질환에 의한 사망비율이 남북한 각각 3.8%와 3.9%인 데 비하여 악성신생물과 순환기계 질환에 의한 사망비율은 각각 48.1%와 59.2%로 유사한 사망 구조를 보이고 있다. 이것은 남북한의 국민건강수준이 유사하다는 것을 간접적으로 입증하고 있는 것이다. 남북한의 국민경제 및 문화적인 생활수준의 현격한 차이를 감안할 때, 북한주민이 높은 수준의 건강을 유지하고 있다는 것은, 북한의 경우 보건정책상 예방보건에 큰 비중을 두고 이를 위한 조직 및 제도를 갖추어 예방보건사업을 전 국민적 운동으로 적극 추진하고 있을 뿐만 아니라 모든 지역주민들이 보편적으로 이용할 수 있는 1차 보건의료의 공급기반이 구축되어 있다는 데 기인하는 것으로 풀이할 수 있다.[109]

1960년대까지는 보건의료 분야에서는 모든 면에서 북한이 남한을 능가했다. 그것이 가능했던 이유는 '인민보건'의 확립이라는 확고한 의지 아래 당과 국가가 보건의료를 조직하고, 그것을 배분하는 데 효율성을 보였고,

109 같은 책, 224쪽.

이와 함께 예방을 내세운 전 인민적 위생문화혁명을 이끌어나갔기 때문이다. 이와 달리 남한에서는 국가는 보건의료 부문에 집중하지 못하고 전염병 관리 등 보건사업만 담당하고, 의료 영역은 자유방임적인 상태로 두었다. 1980년대 말 무렵에는 북한의 보건의료는 성장이 둔화되었다. 공산주의권의 몰락, 치명적인 자연재해, 경제의 피폐라는 외적 조건과 함께 당과 국가 주도의 보건의료사업의 경직성이 문제로 떠올랐다. 무대책 또는 무질서하게 보였던 남한의 보건의료는 산업화의 성공과 보건의료에 대한 사회보장의 증가, 1970년대 이후의 농촌 위생 계몽 운동, 사적 영역에서의 의료인 사이의 치열한 경쟁이 결합하면서 서서히 보건의료 공공 영역이 확대되었고, 거대한 의료시장이 형성되었다. 사회 주체로서 '공중'이 결여되었던 1960년대와 달리, 1980년대 이후 남한에서는 공중, 즉 시민이 형성되면서 보건의료 분야에서도 이런 공공 영역 확대와 거대 시장이 형성, 두 가지 모두가 가능해졌다.

보건의 안보화:
한국에서의 생물안보(biosecurity)와 전후 재건

Jane S. Kim

서론

전쟁이 한반도에서 여전히 한창이던 1951년 겨울, 대한민국 정부는 전쟁으로 고통받는 국가의 회복과 재건을 위한 장기적인 계획을 수립하기 위해 전문가를 파견해줄 것을 유엔한국재건단(UNKRA, United Nations Korea Reconstruction Agency)에 공식적으로 요청했다.[1] 유엔한국재건단(UNKRA)은 이 요청을 받아들였고 나아가 유엔 총회에서도 이 문제를 논의했으며, 유엔 총회에서는 한국 정부가 요청한 농업, 공중보건, 교육과 같은 분야에 전문가 사절단을 파견하는 안을 통과시켰다. 전쟁으로 피해를 입은 한국을 지원하기 위해 (유엔)식량농업기구(FAO, Food and Agriculture Organization), 세계보건기구(WHO, World Health Organization), 유네스코

1 "부흥 사업을 추진", 《동아일보》, 1951. 7. 30.; "한국과 세계 보건 기구 간 협정 공포," 《동아일보》, 1952. 4. 25.; "국제 연합 한국 재건단 대한 원조 각서", 《동아일보》, 1952. 6. 10.

(UNESCO, United Nations Educational, Scientific and Cultural Organization) 등 3개 유엔 전문기구에서 전문가를 모집했다. 유엔식량농업기구(FAO)는 대규모 영양실조와 기아에 직면한 한국 농업경제의 부흥과 개선을 위한 계획 수립 임무를 맡았고, 세계보건기구(WHO)는 심각하게 훼손된 공중보건체계의 재편과 재건을 위한 기획 임무를 맡았다. 그리고 마지막으로 유네스코(UNESCO)는 독립국가이자 자유세계(Free World)의 일원인 한국의 새로운 위상에 걸맞은 새로운 교육 시스템을 위한 계획을 개선하고 개발하라는 임무를 받았다. 1952년 봄부터 겨울까지 전쟁의 긴박감에 휩싸인 FAO, WHO, UNCESCO 3개 대표단은 한반도 남부 전역을 순회하며 다양한 시설을 방문하고 정부 관계자, 전문가, 자원봉사자들과 일련의 회의를 가지고 나라의 재건을 위하여 장기 계획을 수립했다.

이 글은 1952년 FAO, WHO, UNESCO가 작성한 세 가지 계획안을 검토하여 전후 한국의 부흥과 재건을 위한 계획에서 보건(health) 또는 생물안보(biosecurity)의 안보화(securitization)가 어떻게 표현되었는지를 탐구한다. UNKRA에 의한 전후 재활과 재건의 장기적인 계획은 개발과 근대화의 실험으로 언급되어왔다. 하지만 보건 또는 생물안보의 안보화 개념을 적용함으로써, 이 글은 보건(health)을 안보 문제로 해석하는 것이 한국의 전후 재건에 관여한 국제 행위자(actors)들에 의해 어떻게 개념화되었는지를 보여줄 것이다. 이를 통해, 이 글은 한국인 개인, 사회 및 국가의 보건을 안보화하려는 노력이 국제 개발(global development)의 역사에서 가장 설득력 있는 생물안보적 사고의 사례 중 하나로서 어떻게 이루어졌는지를 보여주고자 한다. 한국전쟁의 재건 노력에 대한 계획을 생물안보의 발현으로 독해함으로써, 이 글은 UNKRA 활동에 대한 새로운 독법(讀法)을 제시하여 미국의 개발과 근대화 실험이 미실현된 꿈이라는 해석을 넘어서고자 한다. 이와 관련된 기존 연구는 UNKRA의 경제적 활동에 집중함으로써 한국의 전후 개발과 근대화를 미국화(Americanization)와 동의어로 만드는 경향이 있다. 그러나 이 글은 궁극적인 목표로 전후 한국의 재건에서 미국인에 국한되지 않는 트랜스내셔널(transnational)하며 지구적인(global) 동력의 작용을 보여준다. 이로써 국가 개발과 근대화라는 제한된 틀을 뛰어넘어 국제원조, 전후 부흥과 재건 그리고 보건의 지구사(global history)에 대한 보다 트랜스내셔널하고 세계화된 서술을 제공한다.

안보화(Securitization)와 국제관계학에서의 코펜하겐 학파(Copenhagen School)

본 논문은 한국의 전후 재건 계획에서 보건의 안보화 또는 생물안보의 형성을 이해하는 데 있어 국제관계학의 코펜하겐 학파인 배리 부잔(Barry. Buzan), 올 웨버(Ole Wæver) 및 잡 드 윌드(Jaap de Wilde)가 개발한 안보 및 안보화 개념에 이론적 기반을 두고 있다. 배리 부잔(Barry Buzan)은 획기적인 저작인 *People, States, and Fear: The National Security Problem in International Relations*에서 안보를 "권력의 파생물(derivative of power)"로 보는 국제관계 및 안보 연구 경향에 처음으로 도전했다.[2] 그는 "국가 안보(national security)"라는 개념에 내재된 모순을 보여줌으로써 안보를 고정된 대상으로 이해하는 것에 문제를 제기했다. 즉, 시민의 안보를 위한 국가 안보가 오히려 시민의 안보를 위협한다는 점을 보여준다. 그는 독자들에게 안보를 단순한 권력의 확장이라는 것을 재고하도록 요청하고 국가 안보(national security)의 범위를 넘어서는 안보(security)의 적용을 제안함으로써

2 Barry Buzan, *People, States, and Fear: The National Security Problem in International Relations* (Brighton, UK: Wheatsheaf Book, 1983), p. 2.

엄격한 군사적, 정치적 이해에서 안보를 경제와 환경과 같은 국제관계의 다른 영역으로 확대할 수 있는 가능성을 열었다. 이 도전은 안보의 개념 자체를 "국제 정치에 대한 맥락에서 뚜렷한 결과를 가져오는 화행(speech act)"으로 해체하였으며 또한 어떤 대상을 안보 문제 또는 "안보화"로 만드는 과정을 "정치 체계의 기존 게임 규칙을 넘어서서 문제를 특별한 종류의 정치 또는 정치 이상의 프레임으로 구성하는 움직임"으로 해체했다.[3] 안보를 화행으로 가정함으로써 웨버는 문제를 행동으로 전환하는 사회적으로 구성된 프로세스인 안보, 즉 "안보화"로 재개념화했다. 그리고 이러한 사회적으로 구성된 안보화 역시 전통적인 정치의 틀을 벗어나거나 심지어 기존의 정치 규칙을 모두 회피할 가능성도 있다.

그리고 웨버에 따르면, 사회적으로 구성되고 정치의 확립된 규칙을 능가하는 잠재력을 가진 이러한 안보화는 사실상 "객관적 위협이나 위협에 대한 주관적 인식의 문제가 아닌 상호주관적 의미"였다. "대상의 안보화는 안보화 행위자가 수행하는 안보화 움직임을 수용하는 청중에 달려 있다."[4] 전통적인 안보 개념은 권력의 확장으로서의 안보가 위협 인식에 따라 정치 당국에 의해 행사되는 "권력의 파생물"로 이해했다. 반면에 안보가 사회적으로 구성된 과정으로 이해될 때 올 웨버는 안보 문제가 성공적으로 문제를 제기하는 데 있어 청중의 역할이 지적되었다. 즉, 사회적으로 구성된 과정으로서의 안보화는 의도된 청중이 그렇게 받아들이지 않는 한 그렇게 인식될 수 없다. 개인, 사회, 국가, 지역 및 글로벌 기관 등 다양한 행위자 사이에서 협상되는 절차적 교환으로서 안보화 개념을 강력하게 재정

3 Barry Buzan, Ole Wæver, and Japp de Wilde, *Security: A New Framework for Analysis* (Boulder, CO and London, UK: Lynne Rienner Publishers, 1998), p. 25.

4 OpenLearn from The Open University, "Securitisation Theory — International Relations (3/7), An Interview with Ole Wæver", https://youtu.be/wQ07tWOzE_c?feature=shared (2024. 1. 22. 접속).

의함으로써 안보화 이론은 기근, 인신매매, 기후 변화 및 새로운 감염병과 같은 문제에 대한 대응을 가능하게 했다. 에볼라, 사스와 같은 신종감염병(emerging infectious diseases, EID)은 세계 보건에 관한 문제일 뿐만 아니라 세계 안보를 형성하는 문제로도 간주된다. 따라서 안보의 재구현은 오늘날 널리 사용되는 식량안보, 기후안보, 보건안보, 생물안보, 인간안보와 같은 개념의 창출과 대중화를 가능하게 했다.[5]

실제로 전통적인 정치 규칙을 무시하고 개인, 사회, 국가, 지역 및 글로벌 기관 등 다양한 행위자 간에 협상되는 과정적 상호교환으로서, 그리고 사회적으로 구성된 안보 이해의 가능성은 세계보건기구(WHO)와 유엔식량농업기구(FAO)가 "생물안보"라는 용어를 공식적으로 채택할 수 있게 했다.[6] 본 논문에서는 위에서 설명한 보건 또는 생물안보의 안보화 개념을 코로나19 발발 이후 수행된 재건 노력을 검토하는 데 적용할 것이다. 생물안보라는 개념으로서의 한국전쟁은 1952년 유엔 전문기구인 FAO, WHO, 한국의 UNESCO가 기획한 철학을 가장 잘 담고 있다. 또한 여기서 생물안보라는 단어를 사용할 때 단어 "bio"의 가장 기본적인 그리스어 및 라틴어 어원 의미인 생명 즉 "βιο" 또는 "vita"를 사용할 것이며, 그러므로 보건이라

5 Food and Agriculture Organization of the United Nations, "Chapter 2: Food security: concepts and measurements", https://www.fao.org/3/y4671e/y4671e06.htm (2022. 1. 10. 접속); United Nations Trust Fund for Human Security, "What is Human Security", https://www.un.org/humansecurity/what-is-human-security/ (2022. 1. 10. 접속); United Nations Development Programme, "Climate Security," https://climatepromise.undp.org/what-we-do/areas-of-work/climate-security (2022. 1. 10. 접속); World Health Organization, "Health Security", https://www.who.int/health-topics/health-security#tab=tab_1 (2022. 1. 10. 접속).

6 Food and Agriculture Organization of the United Nations, Biosecurity Toolkit (Rome, IT: Food and Agriculture Organization of United Nations, 2007), https://www.fao.org/3/a1140e/a1140e.pdf (2022. 1. 15. 접속); World Health Organization and Food and Agriculture Organization of the United Nations, "Biosecurity: An integrated approach to manage risk to human, animal and plant life and health", INFOSAN Information Note No. 1/2010 — Biosecurity, 3 March 2010, https://www.who.int/foodsafety/fs_management/No_01_Biosecurity_Mar10_en.pdf (2022. 1. 15. 접속).

는 용어의 의미도 포함하여 서로 바꿔 사용할 수 있다.[7] 현재 WHO, FAO, UNESCO가 사용하는 "생물안보(biosecurity)"와 "보건안보(health security)"의 협소한 정의는 한때 이들 UN 기구의 창립자들이 했던 것처럼 보건과 안보에 대한 이해를 전달하지 못하므로 이는 전략적 선택이다. 1952년 한국에 파견된 3개 사절단은 공통된 합의가 있었는데 한국에 대한 그들의 지원은 가능한 한 최고 수준의 보건을 달성하는 것이었다. 이를 위해서는 경제, 농업, 영양, 의료, 교육, 문화, 사회 및 정치적 요소와 같이 전쟁 중인 한반도의 인간의 삶을 형성하는 모든 요소의 상호연관과 상호의존이 필요했다.

또한 본 논문은 UNKRA의 전후 한국 부흥(rehabilitation) 및 재건(reconstruction) 계획을 생물안보로 읽는 데 있어 안보화 개념을 적용함으로써 세계 보건 및 생물안보의 안보화에 관한 기존 연구에서 방법론적으로 벗어난다. 코펜하겐 학파의 안보 재개념화와 안보화 이론 도입 이후, 보건의 안보화 또는 생물안보와 글로벌 보건 거버넌스와의 관계에 관한 문헌이 폭발적으로 증가했다.[8] 이러한 증가는 2000년 초부터 2010년까지 중

7 "bio-", Wiktionary, https://en.wiktionary.org/wiki/bio- (2022. 5. 8. 접속).

8 관련해서는 다음의 문헌들을 참고하라. Nicholas B. King, "Security, Disease, Commerce: Ideologies of Postcolonial Global Health", *Social Studies of Science* 32:5-6 (2002), pp. 763-789; Mely Caballero-Anthony, "Combating Infectious Diseases in East Asia: Securitization and Global Public Goods for Health and Human Security", *Journal of International Affairs* 59:2 (2006), pp. 105-127; Alexander Kelle, "Securitization of International Public Health: Implications for Global Health Governance and the Biological Weapons Prohibitions Regime", *Global Governance* 13:2 (2007), pp. 217-235; Sara E. Davies, "Securitizing Infectious Diseases", *International Affairs (Royal Institute of International Affairs, 1944-)* 84:2 (2008), pp. 295-313; Jeremy Youde, "Who's Afraid of a Chicken? Securitization and Avian Flu", *Democracy and Security* 4:2 (2008), pp. 148-169; Sara E. Davies, Adam Kamradt-Scott and Simon Rushton eds., *Disease Diplomacy: International Norms and Global Health Se- curity* (Baltimore, MD: The Johns Hopkins University Press, 2015); Simon Rushton and Jeremy Youde eds., *Routledge Handbook of Global Health Security* (London UK & New York, NY: Routledge, 2015); Adam Kamradt-Scott, *Managing Global Health Security: The World Health Organization and Disease Outbreak Control* (Houndmills, UK & New York, NY: Palgrave Mac-Millan, 2015); Christian Enemark, *Biosecurity Dilemmas: Dreaded Diseases, Ethical Responses, and the Health of Nations* (Washington DC: Georgetown University Press, 2017); Mark Honigs-

증급성호흡기증후군(SARS), 중동호흡기증후군(MERS), 에볼라 등 오랫동안 익숙한 의학 용어였으나 신흥감염병(EID)으로 세상에 소개되면서 발생했다. 이러한 전염성이 높은 질병의 발생을 통해 세계는 유행병이 글로벌 안보에 영향을 미치고 심지어 방해할 수 있다는 사실을 알게 되었으며, 다음 차례의 생물안보 위협에 대한 더 나은 지구적 대응과 준비 태세에 대한 요구가 높아졌다. 그러나 기존 연구는 안보에 대한 이해를 당장의 문제, 특히 전염성이 높은 질병으로 제한함으로써 생물안보의 중요성을 인식하는 데 도움이 되었지만 일반적으로 안보화와 생물안보가 인식된 위협에 대한 즉각적인 대응 이상의 것임을 보여주지 못했다. 실제로 위협으로부터 보호하기 위한 안보화 및 생물안보에 대한 연구가 축소되면서 보건안보화 개념이 탄생한 글로벌 보건의 오랜 역사에 대한 인식이 부족하다는 사실이 드러났다.

이 글의 핵심 주장은 안보에 대한 정치적, 군사적 개념 이상의 이해가 코펜하겐 학파 이전부터 있었으며 실제로 보건의 안보화는 오래전부터 전개되어온 역사가 있었다는 것이다. 본 논문에서는 보건의 안보화 전개 과정의 오랜 역사를 설명하기 위해 해당 개념에 대한 역사적 고찰을 할 것이다. 이러한 역사 서술 방식은 전후 한국 재건에 대한 국제적 지원을 독해하는 것과 특히 관련된다. 전후 한국에 대한 국제 지원 관련 문헌의 대부분은 그 지원을 한국전쟁 발발에 대한 대응으로 간주한다. 그러나 본고가 이후 논의에서 설명할 수 있듯이, 전후 한국에 대한 국제적 지원을 뒷받침하는 많은 이론과 철학은 전쟁의 결과로 발생한 계획되지 않은 조건반사적인 반응이 아니라 오랫동안 지속된 아이디어와 관행의 일부였다. 즉, 1950년 이전의 보건을 관리하는 국제사회와 글로벌 조직 내에서 구축되었

baum, "Between Securitisation and Neglect: Managing Ebola at the Borders of Global Health", *Medical History* 61:2 (2017), pp. 270-294.

다. 이 논문은 안보와 보건의 안보화 개념의 적용 가능성을 탐구하기 위해 보다 글로벌한 역사적 맥락에서 한국의 전후 부흥과 재건을 이해하는 것을 목표로 한다.

전후 한국의 개발과 근대화 — 미국화에 대한 고찰

한국의 전후 부흥과 재건을 독해할 때 생물안보를 적용하는 것은 전후 한국에서 UNKRA가 수행한 노력을 설명하는 데 가장 널리 사용되는 두 가지 주제인 개발과 근대화에 대한 설명 능력을 테스트하는 일에 유용한 수단이 될 수 있다.[9] 이전에는 수년 동안 UNKRA를 포함하여 한국의 전후 부흥 및 재건에 대한 국제 지원에 대한 연구가 증가했다.[10] 그러한 변화는 이미 오래전에 이루어졌고 매우 환영받는 일이지만, 그럼에도 불구하고 미국 개발 및 근대화 역사의 고유한 부산물인 이 두 용어를 이해하고 사용하는 데는 의문이 제기될 필요가 있다. 특히 데이비드 에크블라드(David Ekbladh)의 *The Great American Mission: Modernization and the Construction of an American World Order*는 UNKRA의 작업을 검토하여 초기 냉전 시기 미국의 근대화 또는 개발을 한국과 같은 저개발 국가에 수출하는 사례를 제시한다. 그는 한국이 미국의 근대화 아이디어를 시험하는 "시험장(proving ground)"이 되었다고 지적한다. "제4조항(Point Four, 트루먼 정부의 근

9 예를 들어, Lisa M. Brady, "Sowing War, Reaping Peace: United Nations Resource Development Programs in the Republic of Korea, 1950-1953", *The Journal of Asian Studies* 77:2 (2018), pp. 351-363을 참고할 수 있다.

10 전후 한국의 부흥 및 재건을 위한 국제 지원 문제에 관한 최근 연구는 다음을 참고할 수 있다. 한봉석, "1950년대 미국의 대한 기술원조" (성균관대학교 박사학위논문, 2017); 임다은, "유엔 한국 재건단의 조직과 활동: 기구와 활동" (서울대학교 석사학위논문, 2019); 양준석, "6.25 전쟁 이후 한국과 미국의 한국 재건 프로그램은 왜 균열했는가?", 『한국국제정치학회』 59:1 (2019), 49-86쪽.

대화 프로그램) 발표 이전에도 한국은 광범위한 근대화 개념의 시험대였다." 한국전쟁 발발 후 에크블라드는 "미국은 UN과 UN의 새로운 개발 기관, 다수의 NGO가 한국을 개조하려는 막대한 노력에 참여했다."[11] 그러한 "전 지구적인 활동과 굉장히 많은 노력"을 통해 한국을 "가장 중요한 사례"로 만들었다. 따라서 UNKRA는 미국식 근대화를 대표하는 미국식 개발과 근대화여야 했다.[12]

그러나 에크블라드(Ekbladh)는 UNKRA가 대부분 미국인으로 구성된 미국 조직이며 이전의 TVA(테네시 계곡 관리청, Tennessee Valley Authority) 프로젝트와 유사한 미국식 근대화 프로젝트를 수행하고 있음을 설득하고자 했지만 사실은 그렇지 않았다. UNKRA의 단장 두 명은 미국 국적 도널드 킹슬리(J. Donald Kingsley)와 존 콜터(John B. Coulter)인 반면, UNKRA의 차장은 전직 영국 공무원인 아서 네빌 러커 경(Sir Arthur Nevil Rucker, 1895-1991)였다. 그는 킹슬리나 콜터에 비해 다양한 경력이 있었다. UNKRA에 부임하기 직전에 러커는 영국 보건부 차관으로 근무했으며 영국의 국가 의료 프로그램인 NHS(National Health Services) 설립에 중요한 역할을 했다. 의무 장교로 공직 경력을 시작한 러커는 WHO의 전신인 국제연맹보건기구(LNHO), 국제난민기구(IRO), 유엔난민구호기구(UNRRA)에서 근무하였다.[13] 에크블라드는 UNKRA를 미국의 활동으로만 여긴다는 주장 때문에 러커와 같은 인물에 관심을 기울이지 않았다. 그러나 이는 UNKRA 초창기에 UNKRA의 초대 단장인 도널드 킹슬리가 뉴욕에 발이 묶였을 때

11 David Ekbladh, The Great American Mission — Modernization and the Construction of an American World Order (Princeton, New Jersey: The Princeton University Press, 2010), loc 329.

12 Ibid., loc. 2528.

13 "Sir Arthur Rucker", *The Times*, 1991. 7. 17., 18면; "Sir Arthur Rucker," *The Daily Telegraph*, 1991. 7. 20., 15면; Geoffrey Rivett, "Nye and the NHS," https://www.nuf- fieldtrust.org.uk/health-and-social-care-explained/the-history-of-the-nhs (2022. 4. 15. 접속).

UNKRA의 필요성에 대해 의구심을 표명하기까지 했다는 사실을 인식하지 못한 중대한 실수다. 한국의 현장에서 기관을 구성하고 새로 설립된 기관의 매일 이뤄지는 거래를 감독한 사람은 러커였다.[14] 또한 UN과 밀접하게 연관된 국제기구에서 근무한 상당한 경험을 가진 베테랑 공직자였다. 유엔과 함께 한국의 부흥과 재건을 위한 장기 계획을 수립하는 유엔 전문기관인 FAO, WHO, UNESCO의 인사들과 접촉한 사람은 러커였다. 결국 에크블라드가 국적 문제로 인해 UNKRA를 미국 조직이라고 주장한다면, FAO의 초대 사무총장은 영국 보건부에도 잘 알려진 스코틀랜드 영양학자였고, WHO의 초대 수장은 캐나다인이었는데 커리어 초기에 영국에서 인턴 생활을 했던 정신과 의사이자 UNESCO의 초대 사무총장이며 영국의 진화생물학자였다는 사실은 에크블라드가 UNKRA가 미국의 개발 조직이라는 단순한 결론을 도출한 것에 대해 재고했어야 한다.[15]

더욱이, 에크블라드는 "UNKRA의 직원 243명에는 미국인 73명, 영국인 61명이 포함되어 있고 나머지는 유럽인 또는 캐나다인이었다"라고 언급하면서 미국인 직원의 총수가 전체 대다수를 구성하지 않는다는 단순한 산술적 사실을 무시한다. UNKRA 직원 수(243명 중 71명)와 UNKRA 작업에 참여하는 영국, 캐나다 및 기타 동맹국은 미국이 UNKRA를 장악하는 것을 매우 경계했다. UNKRA에 대한 캐나다의 개입에 대한 연구

14 "한국 재건국 차장 로커 경 내한", 《동아일보》, 1951. 4. 27.; "럭커 경 일행 재무 장관과 요담," 《동아일보》, 1951. 6. 10.; David Ekbladh, loc 2904-2930; Daniel J. Lawler and Erin R. Mahan, *Foreign Relations of the United States, 1951, Korea and China, Volume VII, Part 1* (Washington: Government Printing Office, 2010), Document 735, https://history.state.gov/historicaldocuments/frus1951v07p1/d735 (2022. 5. 25. 접속).

15 Food and Agriculture Organization of United Nations, "The Directors — General: John Boyd Orr", https://www.fao.org/3/cb1182en/online/directors.html (2022. 4. 15. 접속); World Health Organization, "Former Directors — General: Dr. George Brock Chisholm", https://www.who.int/ director-general/former-directors-general (2022. 4. 15. 접속); United Nations Education, Science and Cultural Organization, "UNESCO's former Directors-General: Julian Huxley (United Kingdom) 1946-1948", https://en.unesco.org/director-general/former-dgs (2022. 4. 15. 접속).

에서 그렉 도나기(Greg Donaghy)는 "UN 구호 조치의 완전한 미국화" 전망에 캐나다 정부가 얼마나 놀랐는지 보여준다. 한국의 구호 활동은 "미국이 UNKRA를 흡수하고 미국의 지원을 10억 달러로 강화"할 것을 권고했고, "UN과 캐나다에 경종을 울렸다"고 권고했다.[16] UNKRA를 자신들의 것으로 주장하려는 미국의 시도에 분노한 쥘 레게레(Jules Legére) 캐나다 외무부 차관은 그 제안은 "UNKRA의 전체 UN의 취지와 양립할 수 없을 정도이기에 회원국들이 그러한 조직에 가입하거나 참여할 의향을 느끼지 않을" 정도라고 직설적으로 표현했다. 유엔군 창설자이자 외무부 장관인 레스터 피어슨(Lester B. Pearson)은 자신의 우려를 미 국무부와 유엔에 전달했으며, UNKRA가 단지 "미국의 재건 기관 하의 보조 기관"으로 전락하는 것을 막으려는 캐나다의 결의를 강화했다."[17] 실제로 도나기(Donaghy)는 1958년 UNKRA 활동이 종료될 때까지 캐나다 정부가 미국의 장악으로 해석될 수 있는 제안을 어떻게 저지하고자 했는지, 그리고 UNKRA의 미국과 영국이 UNKRA에 대한 비용을 준비하는 데 지체되었을 때 조직은 캐나다의 기여로 어떻게 운영되었는지를 보여주고자 했다.[18] 미국의 인수 시도에 대해 표현된 불신과 적대감을 고려할 때 UNKRA가 미국의 개발 및 근대화 실험이라는 에크블라드의 주장은 근거가 미흡하다.

UNKRA 활동에 대해 미국 근대화와 동의어라고 평가하는 에크블라드의 표현 중 일부는 UNKRA를 평가하는 주요 근거로 "네이선 보고서(Nathan Report)"에 의존한 데서 비롯된다. 1954년 워싱턴 D.C.에 기반을 둔 경제 고문인 로버트 네이선(Robert R. Nathan)은 한국의 상황과 UN 기관이

16 Greg Donahy, "Diplomacy of Constraint Revisited: Canada and the UN Korean Reconstruction Agency, 1950-1955," *Journal of the Canadian Historical Association* 25:2 (2014), pp. 169, 175.

17 Ibid., p. 175.

18 Ibid., p. 169.

한국에서 수행할 정책에 대한 보고서를 작성하기 위해 고용되었다. 에크블라드에 따르면 "총 500페이지에 달하는" 보고서는 "20세기 개발 계획 문서 형식을 훌륭하게 대표"했으며 "네이선 보고서"는 1960년대까지 언급된(그리고 비판받은) 한국에서의 모든 개발 활동의 시금석이었다.[19] 에크블라드는 보고서에 대해 이와 같은 긍정적인 평가를 하면서 "500페이지에 가까운" 보고서의 대부분이 이전에 생성된 보고서로 구성되었다는 사실을 의도적으로 생략했다. 1952년 FAO와 UNESCO 한국 사절단이 작성한 세 가지 보고서 중 두 가지가 이 논문의 논의 대상이다. 그는 "한국 경제에 대한 네이선 그룹의 계획 중 많은 부분이 전적으로 UN 전문기구의 연구에 기초를 두고 있다"며 "그들의 연구는 1950년대까지 한국의 개발을 이끈 많은 결론의 기초가 됐다"고 간략하게 인정했다."[20] 그럼에도 불구하고 에크블라드가 고려하지 못한 점은 로버트 네이선과 그의 그룹이 1954년에 사용했다는 FAO와 UNESCO 보고서가 네이선이나 에크블라드가 미국식 개발 지향 계획이라고 가정한 것과 그 성격이 다르며 또한 1952년 UN 전문기관에서 작성한 보고서와 서로 다르다는 점이다. 더욱이 네이선 보고서에서 WHO 보고서가 누락된 것은 한국에서 UN의 부흥 및 재건 프로그램을 제거하고 적극적으로 미국의 개발 노력으로 재작성하고 있음을 말해주는 것이다. 아래에서 볼 수 있듯이, 1952년 WHO가 수립한 공중보건 계획은 UNKRA의 한국 공중보건 장기 계획이 미국 특유의 것이라는 주장을 어렵게 만들 만큼 매우 달랐다. 이러한 의문의 여지가 있는 방법론적 관행, 즉 단일 사료에 대한 두드러진 의존과 한국 전후 재건의 복잡한 역사를 미국 개발 및 근대화 역사의 부산물로 여기는 결정론적인 독해는 우리가 전후 한국의 개발과 근대화를 미국화로 비판적으로 생각하는 것을 중

19 Ekbladh, loc 3005–3012.
20 Ibid, loc 3038.

단하게 만들 것이다.

더욱이 에크블라드는 미국의 세계질서의 출현과 미국의 궁극적인 냉전 승리를 설명하기 위해 UNKRA 활동을 인과적으로 독해함으로써 1950년대 UNKRA와 국제 지원의 역사를 1950년대부터 회고적으로 또한 냉전의 결과물로서 독해하는 중대한 오류를 범하고 있다. 즉, 에크블라드는 UNKRA 활동과 국제개발원조가 기원한 직접적인 역사적 맥락에 개입하기보다는 미국이 유일한 초강대국이 된 냉전 종식 시기에서 회고적으로 독해하면서 국제개발원조를 미국의 활동으로만 여겼다. 이러한 역사 서술 작업은 저자와 독자가 보다 미묘하고 다원화된 역사 서술을 통해 국제 지원, 개발 및 근대화의 역사를 파악할 수 있는 기회를 박탈하기 때문에 매우 불행한 일이다. 이러한 회고적 독해의 문제와 글로벌 개발원조 역사의 직접적인 역사적 맥락에 참여하지 못하는 것은 그의 UNKRA 검토에서 "재건(reconstruction)"이라는 용어에 대한 논의가 없다는 점에서 알 수 있다. 그는 이전 장에서 미국 남북전쟁이 끝난 후 재건에 대해 논의한 것처럼 용어의 어원에 대한 연구가 타당하지 않다고 느꼈을 것이다. 그러나 이것은 심각한 간과이며 다시 한번 그의 미국 중심주의를 보여준다. 그는 "재건"이라는 용어를 굳이 검토할 필요가 없다고 느꼈을지 모른다. 하지만 1951년 유엔 회원국들이 한국에 대한 국제 지원을 담당할 조직을 유엔한국재건단(UNKRA)으로 명명한 것은 미국식 재건에 대한 찬사를 의미하는 것이 아니라 세계 농촌 재건 역사에 대해 동조한다는 의미였다. 이것은 UNKRA 탄생 이전부터 존재했던 운동이며, 대표적으로 중국 농촌 재건 운동의 선구자인 제임스 옌(James Yen)과 UN의 직계 전신인 국제연맹이 주도했다.[21]

21 다음을 예시로 참고할 수 있다. C.C. Chen, *Medicine in Rural China: A Personal Account* (Berkeley, CA: University of California Press, 1989); Patricia Clavin, *Securing the World Economy: The Reinvention of the League of Nations, 1920–1946* (Oxford UK & New York, NY: Oxford University Press, 2013); Charles Hayford, *To the*

이러한 글로벌 개발원조의 오랜 역사에 대한 무지와 한국에 대한 국제원조의 역사 속에서 다원적이고 다양한 서사를 인식하지 못하는 것은 UNKRA 및 다른 국제 지원 프로그램에 참여한 한국 행위자들의 주체성에 대한 탐색을 불가능하게 한다는 점에서 상당히 문제가 된다. 에크블라드 입장에서는 UNKRA가 미국인이 운영하는 미국 조직이었기 때문에 한국 기관에 대한 조사가 불필요했을 수도 있다. 그러나 그가 냉전 시대의 글로벌 개발 프로젝트가 등장한 오랜 역사적 맥락과 전후 한국에 대한 국제 지원의 다양한 서사를 인식할 수 있었다면 한국인들이 주체성을 어떻게 행사했는지 살펴볼 수 있었을 것이다. 유엔 초창기 글로벌 개발의 역사는 다양한 가능성의 탐색이었다. 물론 1949년 한국 정부의 연차보고서를 FAO에 제출하고, 1951년 한국의 공중보건 실태를 WHO 서태평양지역사무소(WPRO)에 제출한 한국인 행위자들은 조국을 위해 얻을 수 있는 국제원조가 미국의 지원만이 유일한 것이 아님을 잘 알고 있었다.[22] 한국인들은 국제원조의 다양성과 다원성에 대한 지식을 바탕으로 능숙하게 주체성을 행사했다. 주체성은 선택 가능한 지식이 없거나 백지상태에서는 대부분 행사될 수 없기 때문이다. 그러므로 국제개발원조의 다양한 역사를 무시하고, 냉전이 심화되면서 두드러졌던 국제개발원조를 미국 주도의 노력으로만 해석하는 것은 초기 유엔 국제원조에 대한 잘못된 회고적 독해를

People: James Yen and Village China (New York, NY: Columbia University Press, 1990); Kate Merkel–Hess, *The Rural Modern: Reconstructing the Self and State in Republican China* (Chicago, IL and London, UK: The University of Chicago Press, 2016); Leonard S. Hsu, "Rural Reconstruction in China," *Pacific Affairs* 10:3 (1937), pp. 249–265.

22 Food and Agriculture Organization of the United Nations, "Food and Agriculture Situation in Korea, 1948–1949", RG 0_1_0_V_2_01011945_31121958, Annual Reports from Governments — KOREA, 1948–1957 (FAO, Rome, Italy); Western Pacific Regional Office of the World Health Organization, "Public Health in Korea (Submitted by Delegate of Korea) (Regional Committee for the Western Pacific, 1951), WHO Western Pacific Regional Office, Manila, Philippines.

하게 될 뿐만 아니라, 또한 개발 프로그램의 수혜자의 주체성이 어디서 나오는지 탐색을 어렵게 한다. 그리고 이 논문은 UNKRA의 의뢰로 1952년 FAO, WHO, UNESCO가 작성한 세 가지 장기 계획에 대한 비판적 검토를 통해 전후 부흥 및 재건에 대한 보다 미묘하고 다원화된 서사를 찾을 것이다.

FAO 한국 사절단: 식량안보에서부터 경제안보로

FAO는 1945년 창설된 이래로 세계 기아와 영양 문제를 감독하는 유엔 기구의 역할을 해왔다. FAO의 첫 번째 사무총장인 존 보이드 오르(John Boyd Orr)는 개인의 건강과 소득 사이의 상관관계를 보여주는 영양 연구로 유명한 스코틀랜드 영양학자이자 의사였다. 그의 1936년 보고서인 식품, 건강 및 소득(Food, Health and Income)에서는 영국 인구의 최소 1/3이 건강한 식단을 보장하는 음식을 구입할 수 없어 빈곤 상태에 있음을 밝혔다.[23] 또한 그는 다음과 같은 사실을 강력하게 입증한 선구적인 영양 과학자 중 한 명이었다. 저소득층, 영양실조, 학교 성적 저조 사이에는 긴밀한 연관성이 있으며, 영국이 학교 아이들을 위한 무료 우유 배급 정책을 채택하게 된 것은 영양실조와 학교 성적에 대한 그의 연구 덕분이었다.[24] 그가

23 John Boyd Orr, *Food, Health and Income: Report on a Survey of Adequacy of Diet in Relation to Income* (London, UK: Macmillan and Co. Ltd., 1936).

24 Ibid, "Milk Consumption and the Growth of School-Children", *The Lancet* 211:5448 (1928. 1. 28.), pp. 202-203; Roz-Ryan Mills, "World Food Day and Nobel Prize-winning nutritionist John Boyd Orr", University of Glasgow Library Blog (2015. 10. 16.), https://universityofglasgowlibrary.wordpress.com/2015/10/16/word-food-day-and-nobel-prize-winning-nutritionist-john-boyd-orr/ (2021. 5. 22. 접속); Pete Ritchie, "What would Boyd Orr Do?" (Nourish Scotland, 2017), https://www.nourishscotland.org/wp-content/uploads/2017/01/Nourish-Magazine-Issue-6-Boyd-Orr.pdf (2021. 5. 22. 접속).

글래스고 빈민가에서 목격한 빈곤과 영양실조, 식량에 대한 공평한 접근과 분배, 즉 식량안보는 특정 사회를 건설하는 데 중요한 초석이었다. 식량을 전쟁으로 황폐화된 국가를 재건하기 위한 기본 기반으로 생각하는 것은 국제노동사무소(ILO)가 1943년에 출판한 그의 저서에서 분명하게 드러난다. 전후 재건에서 식량의 역할이라는 제목으로 보이드 오르는 국가적 이익 경쟁으로 인한 모든 장벽을 극복할 수 있는 식량의 보편성에 기초하여 "재건의 출발점으로서의 식량 계획" 채택을 대담하게 제안했다. 그에게 있어서 식량 계획은 "모호함이나 오해의 여지가 전혀 없는, 구체적으로 표현된 계획"이다. 따라서 이 계획은 "모든 국가의 평등한 관심"이 될 수 있었다. "모든 정부가 정치적 철학이 무엇이든 간에 전 세계적으로 협력하기로 합의할 정도로 모든 사람의 복지에 매우 필수적인 것을 다루기 때문이다."

더욱이 세계 식량 계획에서 출발하는 전후 재건은 "일반 국민이 이해할 수 있을 정도로 그 개요가 매우 간단하"고 "완수할 수 있는 물리적 수단을 갖춘 실행 가능한 계획"이 될 것이다. 보이드 오르는 "'새롭고 더 나은 세상(the new and better world)' 건설에 있어 식량의 보편적 적용 가능성을 확신하면서 식량 계획이 "초기 단계에서 전쟁 중인 자유 국가와 해방된 지 얼마 되지 않은 점령 지역에 적용될 수 있다"고 명시했다. 이로써 평화회담이 열릴 때까지 기다릴 필요가 없게 되었다." 보이드 오르가 상상한 "인간의 필요에 기초한 식량 계획"은 "전쟁에서 자유로울 뿐만 아니라 인류가 더 나은 삶을 누릴 수 있는 인간 사회 조직의 발전에 적용할 수 있는 세계를 건설하는 것"을 의미한다. 과거의 사회 개혁가들이 꿈꾸던 것보다 더 높은 수준의 웰빙과 문화를 제공한다."[25] 그리고 글로벌 식량 계획을 채택하는 것이 어떻게 더 높은 문명의 성취로 구체화될 수 있는지 보여주기 위해 보

25 John Boyd Orr, *The Role of Food in Post–War Reconstruction* (Montreal, CA: The International Labour Office, 1943), pp. 1–2.

이드 오르는 독자들에게 "어떤 영향을 미치는지 고려해보자"고 요청했다. 영양 정책은 인간 복지 증진과 농업, 산업, 무역에 어떤 영향을 미칠 것인지에 대해 설명하고, 식량에 대한 공평한 접근이 건강에 어떤 영향을 미치고, 빈곤을 완화하며, 확대되고 번영하는 농업"과 "노동자가… 완전히 고용되어 그들을 빈곤에서 벗어나게 할 새로운 부를 창출하고 결과적으로 세계 무역이 확대된다."[26]

보이드 오르는 영국 보건부(UK Ministry of Health)와 미국농업경제국(US Bureau of Agricultural Economics)에서 수집한 통계를 인용하면서 "이러한 국민 식단의 개선"이 어떻게 "국민 건강의 상응하는 개선"으로 이어질 것인지 설명했다. 식습관과 건강이 개선되어 영아 사망률이 "1,000명당 100명에서 52명 이상" 감소하고 결핵이 50퍼센트 감소한 영국의 사례를 언급하면서, 그는 "가장 가난한 사람들이 건강에 적합한 식단을 더 구매할 수 있게 된다면 생활 수준이 향상될 것"이라고 주장했다. 그리고 이러한 식품 및 건강 기준의 상승을 충족시키기 위해 보이드 오르는 "농업의 대대적인 확장"이 필요할 것이며 "보호 식품의 생산 증가는 밀, 설탕, 쇠고기 및 옥수수와 오일시드와 같은 농축 식품의 수입 증가를 동반할 것"이라고 예견했다. 식량 생산과 수입의 증가는 농장의 재조정, 더 많은 장비, 더 나은 물 공급 및 전기 공급을 필요로 할 것이며, 이에 더해 농업 노동자의 주거 및 생활 조건도 개선되어야 하다고 하였다. 이 모든 것은 생산된 잉여 식량을 처리하기 위해 산업화를 크게 촉진하고 궁극적으로 실업을 감소시켜 세계 빈곤과 영양실조를 제거할 것으로 보았다.[27] 오르는 세계 경제의 안보화를 달성시켜주는 식량과 보건의 안보화를 위해 취해야 할 진보적인 조치를 분명히 설명하며 식량을 통한 세계평화의 구체적 실현을 추구했다.

26 Ibid, pp. 6-12.

27 Ibid, pp. 6-12.

경제안보를 위한 수단으로서의 식량안보에 대한 보이드 오르의 비전은 1952년 FAO 한국 방문 사절단에서도 찾아볼 수 있다. 1951년부터 1952년까지 한국 농업 부흥을 위한 장기 계획을 수립하는 임무를 맡은 FAO 한국 사절단은 두 단계에 걸쳐 임무를 수행했다. 첫 번째 단계에서는 1951년 농경제학자 뒤 파스키에(R. H. du Pasquier)가 한국에 파견되어 1952년 6월 FAO와 UNKRA에 보고서를 제출했다.[28] 이 예비 보고서는 뒤 파스키에의 방문에 이어 두 번째 임무의 중추 역할을 했다. 두 번째 FAO 사절단은 1952년 8월에 도착했으며 일본 연합군 최고사령부(SCAP)의 전 농업부서장이었던 마크 윌리엄슨(Mark B. Williamson)이 이끌었다. 뒤 파스키에가 단독 단원이었던 1951년 FAO 사절단과 달리 두 번째 FAO 사절단은 미국, 영국, 캐나다, 멕시코, 인도 및 필리핀 출신의 12명의 단원으로 구성되었다. 이 팀은 1952년 12월에 임무를 완수했으며 최종 보고서는 1954년에 공개됐다.[29] 그리고 이 두 보고서 중 뒤 파스키에가 1951년 한국을 방문하면서 작성한 첫 번째 보고서는 식량안보와 경제안보 사이의 상관관계에 대한 보이드 오르의 주장을 가장 잘 요약하고 있다.

식량안보와 경제안보, 또는 빈곤과 영양실조를 야기하는 경제적 불안 문제 사이의 긴밀한 연관성은 파스키에가 한국 농지개혁에 대해 논의한 것과 1949년 농지개혁법(Land Reform Act)의 영문 번역을 포함한 것에서 명백히 드러난다. 이훈구(Lee Hoon Ku)의 1936년 저작인 『한국의 토지 이용

28 R.H. du Pasquier, "Report on Recovery and Development of Korean Agricultural Production", 0_71_86_G_2 Mission to Korea 1952, (Reports by Experts Food and Agriculture Organization of the United Nations, Rome, Italy); Lisa M. Brady, "Sowing War, Reaping Peace: United Nations Resource Development Programs in the Republic of Korea, 1950–1953", *The Journal of Asian Studies* 77:2 (2018), pp. 351–363.

29 Mark B. Williamson et.al., *Rehabilitation and Development of Agriculture, Forestry and Fishers in South Korea* (New York, NY: Columbia University Press, 1954); Mark B. Williamson, "Land Reform in Japan," *Journal of Farm Economics* 33:2 (1951), pp. 167–176; Takamae Eiji, *The Allied Occupation of Japan* (New York, NY & London, UK: The Continuum International Publishing Group, Inc., 2002), p. 49.

과 농촌 경제』(Land Utilization and Rural Economy in Korea)를 길게 인용하면서 뒤 파스키에는 "소작제도는 세계 최악 중 하나였다… (그리고) 소작료는 세계에서 가장 높은 소작료 중 하나이며, 평균적으로 수확량의 45~55%를 차지하고 종종 70% 또는 심지어 80%까지 상승했다"고 주장했다.[30] 그리고 더 큰 문제는 그가 "북한에서는 농지개혁이 단순한 공산주의적 조치로 빠르게 이루어졌"고, "지주에게서 토지를 몰수해 농민들에게 분배"했지만, "남한에서는 소유자의 권리가 법적 보상을 통해 보호되어야 했기 때문에 수행하기가 그리 간단하지 않았다"고 주장했다는 것이다.[31] 그리고 꼭 필요한 농지개혁을 수행하는 것의 어려움을 더욱 강조하려는 것처럼 그의 보고서 마지막 부분에서 1949년 6월 21일 대한민국 국회에서 통과된 농지개혁법(Land Reform Act) 제31호의 영어 번역본을 포함시켰다. 함께 읽어보면, 토지 소유권과 1949년 농지개혁법에 관한 뒤 파스키에의 논의는 한국 소작농이 직면한 착취 현실과 농지개혁법의 원대한 야망 사이의 극명한 대조를 전했고, "농민들 사이에 농지를 적절하게 분배하여 농민의 자립경제를 보장하고, 이를 통해 농업인의 생활 여건을 개선하고, 농업 생산량 증가를 통해 국가 경제의 균형을 유지하며 개발시킨다"는 목적을 천명했다.[32]

뒤 파스키에는 명시적으로 언급하지는 않았지만 남북한 농지개혁의 성공과 실패를 비교하고 1949년 농지개혁법 영어 번역문을 첨부하면서, 한국 인구의 대다수에게 빈곤을 초래한 체계적 불평등이라는 논란이 있는 주제를 꺼냈다. 이는 영양실조, 건강 및 경제적 빈곤 사이의 상관관계에 대한 오르의 평생 연구와 일치했다. 뒤 파스키에는 한국 인구 대다수에게 빈곤과 영양실조를 초래한 착취적인 토지 소유권 제도를 지적함으로써 영양

30 R.H. du Pasquier, "Report on Recovery and Development of Korean Agricultural Production", p. 7.
31 Ibid, p. 8.
32 Ibid, p. 51.

실조-건강악화-빈곤의 악순환을 영속시키는 한국의 경제체제가 점검되지 않는 한 한국에 대한 FAO/UNKRA의 지원이 성공할 가능성이 거의 없다고 시사하는 듯했다. 대다수의 한국 인구가 직면하고 있는 경제적 불안에 대한 이러한 논의는 1954년 두 번째 보고서에 해당 주제가 없다는 점을 고려할 때 훨씬 더 주목할 만하다. "한국에서는 이론적으로 1950년 농지개혁법의 시행으로 소작이 폐지되었다"는 피상적인 인정 외에는 농지권과 농지개혁이 한국 농업체계에 미칠 영향에 대해서는 더 이상 논의되지 않는다. 1954년 보고서의 저자들은 "아직까지 존재하는지 확인할 수 있는 기록이 없다"고 말하면서 재빨리 논의의 초점을 일본어로 "가데민(Kademin)," 한국어로 "화전민," 즉 토지가 없어 생계를 위해 숲을 베고 불태워 땅을 경작하는 농민들에게로 옮긴다.[33] 1954년 보고서에 농지개혁에 관한 논의가 없다는 사실은 당혹스러운데 그 이유는 윌리엄슨(Williamson)이 SCAP의 일본 농지개혁 성공에 기여한 것으로 유명했기 때문이다. FAO가 위촉한 13명의 전문가 중 한국의 토지소유권과 농지개혁 현황을 논의하는 데 가장 전문적이고 권위 있는 사람은 윌리엄슨이었으나 1954년 보고서에는 그러한 논의가 없었다.[34]

두 보고서의 차이점은 당시 FAO 지도부의 변화 때문일 수 있다. 1948년 보이드 오르는 세계식량위원회(World Food Board, WFB) 설립을 위한 2년간의 투쟁 끝에 FAO 사무총장직(Director-General)을 사임했다.[35] WFB는 세계 식량안보를 달성하기 위한 보이드 오르 계획의 일부였다. 보이드 오르

33 Mark B. Williamson et.al., *Rehabilitation and Development of Agriculture, Forestry and Fishers in South Korea*, p. 76.

34 한국의 토지개혁과 관련해서는 다음의 글을 참고하라. Kim Seong Ho, Jeon Gyeong Shik, Jang Sang Hwan and Park Seok Du, *Nongji gaehyeoksa yeon'gu (A Study of Land Reform History* (Korea Rural Economic Institute, 1989).

35 The Nobel Foundation, "Lord Boyd Orr – Biographical", https://www.nobelprize.org/prizes/peace/1949/orr/lecture/ (2022. 4. 5. 접속).

는 커리어 초기부터 식량에 대한 접근과 자본주의 경제체제가 밀접하게 연관되어 있음을 인식했다. 결국 영양실조는 빈곤으로 인해 발생했으며 이로 인해 사람들은 건강한 식습관을 위한 음식을 구입할 수 없게 되었다. 식량을 저렴하게 만들기 위해 그는 세계 식량 원자재 가격을 감독하고 안정시키는 역할을 할 글로벌 규제 기관의 설립을 제안했다. 미국과 영국 정부는 국제기구가 국민경제를 침해하고 자유무역을 교란하는 것은 자본주의와 자유시장에 대한 미국의 신념을 배반하는 것과 다름없다며 강력히 반대했다. 제2차 세계대전 이후 파산 위기에 처한 영국에게 오르의 제안은 영국이 유엔에 기여하기 위해서는 더 많은 돈을 마련해야 하고, 영국은 식량을 가장 많이 수입하는 국가 중 하나였기 때문에 식자재에 더 높은 가격을 지불해야 한다는 것을 의미했다.[36] 보이드 오르가 떠난 후, 그의 뒤를 이어 전 미국 농업부 차관(Under Secretary of Agriculture of U.S.)이었던 노리스 도드(Norris E. Dodd)가 뒤를 이었다. 그는 과거 오리건(Oregon)의 다양한 지역 및 주 농업위원회에서 일한 경력이 있었다. 이에 대해 랜들 패커드(Randall Packard)는 다음과 같이 언급하였다. "영양에 대한 사회적 접근 방식을 강력하게 옹호한" 보이드 오르와는 달리 도드는 "식량과 영양을 세계 경제에 연결하는 글로벌 규제 전략으로부터 FAO의 관심을 돌리고 개발도상국의 농업 생산 증가를 목표로 하는 기술적 지원에 집중했다."[37]

도드가 세계 불평등을 해결하기 위해 식량을 사용하는 보이드 오르의 활동가적 접근 방식을 거부했다는 것은 1951년 라디오 인터뷰에서 볼 수 있다. 그 인터뷰에서 그는 국제식량위원회(World Food Board)에 대한 오르

36 Amy L. Staples, "To Win the Peace: The Food and Agriculture Organization, Sir John Boyd Orr, and the World Food Board Proposals", *Peace and Change* 28:4 (2003), pp. 495-523.

37 Randall M. Packard, *A History of Global Health: Interventions into the Lives of Other People* (Baltimore, MD: Johns Hopkins University Press, 2016), loc. 2463, 2481.

의 제안에서 핵심 주장인 세계적 상품 가격 통제를 차용하는 것에 대한 의구심을 표명했다.[38] 자유시장이 농업생산성의 불완전성을 바로잡을 수 있다고 믿었던 도드는 한국과 같은 국가에 대한 기술 지원 제공에 집중함으로써 그의 전임자의 임기를 단축시킨 정치적 논쟁을 깔끔하게 피했다.[39] 그리고 이것은 아마도 1954년 보고서의 광범위한 기술적 성격도 설명한다. 두 번째 보고서는 지원의 기술적 측면에 초점을 맞춰 한국의 식량 불안(food insecurity)과 경제적 불안(economic insecurity), 그리고 전쟁으로 피폐해진 한국에 대한 FAO 지원의 제한적인 성격이라는 불편한 주제를 감추고 자연스럽게 피했다.

한국의 농지개혁에 대해 윌리엄슨(Williamson)이 침묵한 두 번째 이유는 일본에 위치한 연합국최고사령부(SCAP)에서 윌리엄슨의 보좌관이었던 울프 라데진스키(Wolf Ladejinsky)에서 비롯되었을 수도 있다. 1954년 마침내 두 번째 FAO 보고서가 출판되었을 때 라데진스키는 공산주의 혐의로 기소되었다. 1899년 우크라이나 카테리노필(Katerynopil)에서 태어난 라데진스키는 1921년 소련을 탈출했다. 평생 반공주의자이자 헌신적인 뉴딜 민주당원으로서 일본과 대만에서의 성공적인 농지개혁 운동으로 인해 표창을 받은 그는 몇 달간 공산주의와 연루된 가능성이 있다는 소문과 추측이 이어진 끝에 1954년 12월 15일 "안보 위험"을 초래했다는 이유로 아이젠하워(Eisenhower) 산하 농업안보국(Security of Agriculture)의 에즈라 태프트 벤슨(Ezra Taft Benson)에 의해 해고되었다.[40] 그의 해고와 비미국적 활동에 대한

38 Norris E. Dodd, interviewed by Keith Morrow, CBC Radio Broadcasts, 1951. 1. 1., https://www.fao.org/news/audio-video/detail-audio/en/c/8438/?no_cache=1&uid=8438 (2022. 5. 23. 접속).

39 Amy L. Staples, "Norris E. Dodd and the Connections between Domestic and International Agricultural Policy", *Agricultural History* 74:2 (2000), pp. 393-403.

40 James Rorty, "The Dossier of Wolf Ladejinsky: The Fair Rewards of Distinguished Service", Commentary (1955.4), https://www.commentary.org/articles/james-rorty/the-dossier-of-wolf-ladejinskythe-fair-rewards-of-distinguished-civil-service/ (2022. 7. 12. 접속); Allen Drury, "Benson Concedes Ladejinsky Error; Tells

협의는 1950년대 매카시(McCarthy) 마녀사냥의 유명한 사례 중 하나가 되었다.[41] 라데진스키의 사건과 윌리엄슨이 한국에서의 토지개혁 실패와 토지 소유권에 대한 문제에 대해 침묵한 것 사이에는 직접적인 관계가 없지만 그럼에도 불구하고 라데진스키 사건은 냉전 초기 미국 정치에서 농지개혁 주체자로서의 위험성을 잘 보여주었다. 토지의 점유를 통한 경제적 안정을 추구하는 농지개혁의 목적은 강경 보수세력과 아이젠하워 정부에게 경종을 울렸는데, 그들은 루즈벨트-트루먼 정부의 국제주의를 소련 공산주의자들과의 동조로 의심하며 오랫동안 지켜봐왔다. 그리고 이런 이유로 라데진스키 같은 뉴딜 민주당원은 안보 위험을 초래했다는 이유로 공산주의자로 의심받고 해고될 수 있었다. 이 모든 것을 목격한 윌리엄슨은 이 문제를 논의하지 않는 것이 현명하다고 느꼈을 수도 있고 FAO의 한국 사절단의 책임자로서 위에서 설명한 도드 하에 FAO의 새로운 방향을 따라야 한다는 의무감을 느꼈을 수도 있다.

FAO가 주도하는 변화와 아이젠하워 행정부의 반공주의가 어떻게 FAO의 한국 사절단을 형성했는지는 불분명하다. 그럼에도 불구하고 식량이 전 세계의 영양실조, 기아, 빈곤을 해결하는 도구로 작용한다는 오르의 비전은 뒤 파스키에가 한국에서의 농지개혁의 어려움과 토지 소유권의 중대한 문제에 대해 한 논의에서 분명해질 수 있다. 파스키에는 한국 국민 대다수의 빈곤, 기아, 영양실조의 악순환을 영속시키는 체계적 불평등을 강조함으로써 전쟁으로 인해 피해를 입은 한국 농업을 재건하기 전에 체

Senators There was No Necessity to Label Ex- Aide as a Security Risk", *The New York Times*, 1955. 9. 28., 1면, https://www.nytimes.com/1955/09/28/archives/benson-concedes-ladejinsky-error-tells-senators-there-was-no.html?smid=url-share (2022. 7. 12. 접속); Edward L. Schapsmeier and Frederick H. Schapsmeier, "Eisenhower and Ezra Taft Benson: Farm Policy in the 1950s", *Agricultural History* 44:4 (1970), pp. 369- 378.

41 Ellen Schrecker, *Many Are the Crimes: McCarthyism in America* (New York, NY: Little, Brown and Company, 1998), pp. 293-294.

계적 점검이 필요하다는 점을 암묵적으로 지적했다. 냉전 정치의 확대와 FAO의 새로운 지도부가 취한 방향에 따른 변화는 세계 영양실조, 기아, 빈곤을 해결하려는 오르의 활동가적 비전을 확실히 방해했지만, FAO의 두 번째 보고서에서 제한적으로 드러난 그의 야심에서조차 경제적 안정을 확보하기 위한 도구로서 식량의 역할에 대한 그 믿음은 흔들리지 않았다. 윌리엄슨과 1952년 한국 사절단의 다른 11명의 구성원은 농업생산성 향상에 필요한 기술 지원을 자세히 설명했을지 모르지만 농업생산성 향상이라는 궁극적인 최종 목표, 즉 적절한 식량 공급에 대한 노골적인 반대는 없었다. 그러한 식량 공급이 이루어지면 기아가 완화되고 전쟁으로 피폐해진 국가의 건강이 향상될 것이다.

〈그림 2-1〉 1952년 FAO 사절단이 서울에 있는 시장을 방문하여 판매 중인 쌀의 다양한 품질을 조사하는 사진. (UN Photo Digital Asset Management System, "Joint UNKRA-FAO Mission in Korea," September 2, 1952. UN7659270-188530. United Nations Archives and Records Management System, New York, U.S.A.)

WHO 한국사절단 — 보건안보부터 인간안보까지

1949년 WHO가 창설되었을 때 세계보건기구헌장은 보편적인 인간안보를 실현하는 수단으로서 보건안보를 달성한다는 야심 찬 목표를 명시했다. 세계보건기구헌장의 처음 세 개 전문은 세계보건기구헌장 작성자들이 보건안보를 세계평화와 안보, 즉 인간안보를 달성하는 목적으로 어떻게 구상했는지 보여준다.

> 건강이라는 것은 완전한 육체적, 정신적 및 사회적으로 안녕한 상태를 뜻하고, 단순히 질병 또는 병약함이 존재하지 않는 것이 아니다.
> 도달할 수 있는 최고 수준의 건강을 향유한다는 것은 인종, 종교, 정치적 신념과, 경제적 또는 사회적 조건의 구별 없이 만인이 가지는 기본적 권리의 하나이다.
> 모든 국민의 건강은 평화와 안전을 달성하는 기초이고, 개인과 국가의 최대한의 협력에 의존한다.
>
> _세계보건기구헌장 전문에서 발췌.[42]

세계보건기구헌장은 주로 두 명의 보건 전문가 안드리아 슈탐파르(Andrija Štampar, 1888-1958)와 브록 치점(Brock Chisholm, 1896-1971)에 의해 작성되었다. 슈탐파르는 이전에 국제연맹보건기구(League of Nations Health Organization, LNHO, 1923-1946)의 전문 자문위원으로 일했던 크로아티아 자그레브(Zagreb) 출신의 유명한 공중보건 및 농촌 보건 전문가였다.[43] 치

42 World Health Organization of the United Nations, "The Constitution of the World Health Organization", https://apps.who.int/gb/bd/PDF/bd47/EN/constitution-en.pdf (2022. 8. 4. 접속).

43 "Štampar, Andrija", Hrvatska enciklopedija, mrežno izdanje (Croatian Encyclopedia online edition)

점은 1949년 세계보건기구의 초대 사무총장이 되기 전에 캐나다 보건부 차관을 역임한 캐나다 정신과 의사였다.[44] 세계보건기구헌장 작성 당시 슈탐파르와 치점은 1946년 국제연맹보건국 해산 시 새로운 유엔 보건 기구 설립을 준비하기 위해 조직된 임시 위원회인 준비위원회(The Preparatory Committee, TPC, 1946-1948)의 회원이었다. 제2차 세계대전의 종결과 유엔 창설로 인한 새로운 세계질서의 수립과 함께 준비위원회 회원들은 세계보건기구헌장에 그들이 상상할 수 있는 건강에 대한 가장 폭넓고 장기적인 관점을 포함했다. 준비위원회의 모든 구성원은 두 차례의 세계대전과 그 사이의 대공황을 겪었기 때문에 건강은 단순히 "질병이나 병약함이 없는 것"이 아니라 "완전한 신체적, 정신적, 사회적으로 안녕한 상태"를 광범위하게 포괄해야 한다는 데 만장일치로 동의하게 됐다. 즉, 건강 상태는 모든 인간의 삶을 형성하고 영향을 미치는 경제적, 사회적, 문화적, 정치적 요인과 연결되어 있고 상호의존적이었다.[45]

세계보건기구헌장은 1948년에 작성되었기 때문에 인간안보와 보건안보 개념의 역사가 짧다고 가정하기 쉽다. 사실, 인간안보를 달성하기 위한 수단으로서의 보건은 세계 보건의 역사 속에서 오랫동안 발전해왔다. 앞서 언급한 세계보건기구헌장의 작성자인 슈탐파르는 확실히 안보 문제로서의 보건이 인류 문명의 역사에서 오랜 역사를 가지고 있다고 생각했다. 1946년 "새로운 세계 보건 기구(A New World Health Organization)"라는 제

Leksikografski zavod Miroslav Krleža, 2021, http://www.enciklopedija.hr/Natuknica.aspx?ID=59892 (2021. 5. 15. 접속); Andrija Stampar, "On Health Politics", Excerpted from Grmek MD, ed., Serving the Cause of Public Health: Selected Papers of Andrija Stampar (1966: 58-78), *American Journal of Public Health* 96:8 (2006), pp. 1382-1385; Andrija Stampar MD., "Observations of a Rural Health Worker", *The New England Journal of Medicine* 218:24 (1938. 6. 16), pp. 991-997.

44 John Farley, *Brock Chisholm and the World Health Organization* (Vancouver, CA: University of British Columbia Press, 2008).

45 Ibid, pp. 48-56.

목의 기사에서 슈탐파르는 고대 문명부터 준비위원회 회원으로서 구 국제연맹보건기구의 해체를 감독하고 새로운 유엔 보건 기구 창설을 위한 준비에 착수하던 당시까지 국제 보건의 역사를 요약했다.[46] 아주 먼 옛날부터 현대에 이르기까지 국제 보건의 오랜 발전을 요약하면서 슈탐파르의 목적은 곧 등장할 새로운 세계 보건 기구가 결코 새로운 것이 아니라는 것을 강조하는 것이었다. 즉, 등장하게 될 새로운 세계 보건 기구는 기존의 국제 보건 업무에서 급격하게 벗어난 것이 아니라 현재는 존재하지 않는 국제연맹보건기구와 같은 전임 기구의 임무와 의제를 이어가는 것이었다. 따라서 그의 기사 제목을 "새로운 세계 보건 기구"로 지정했음에도 불구하고 사실상 슈탐파르는 새로운 국제 보건 기구의 탄생으로 정점을 이루고 있는 국제 보건의 오랜 역사를 축하하고 있었다.

WHO가 인간안보 실현을 위한 수단으로 보건안보 달성을 추구했다는 점은 위에서 언급한 바 있다. 세계보건기구헌장은 이러한 야망을 명확하게 설명하고 있지만, 인간안보의 일부로 보건안보를 처음으로 표현한 세계 보건 조직은 WHO의 직속 전신인 국제연맹보건기구였다. 이는 1937년에 출판된 국제연맹보건기구의 농촌 위생에 관한 극동 국가 정부 간 회의에 관한 보고서(Report of the Intergovernmental Conference of Far-Eastern Countries on Rural Hygiene)에서 가장 분명하게 드러난다. 같은 해 8월, 국제연맹보건기구는 동인도(현재 인도네시아)의 네덜란드 식민정부의 초청으로 자바 반둥에서 농촌 보건에 관한 지역 회의를 개최했다. 1930년부터 국제연맹보건기구는 유럽 회원국 및 국제노동기구(ILO), 국제공중보건사무소(L'Office International d'Hygiène Publique, OIHP) 등 기타 국제 기관과 일련의 회의를 개최하여 농촌 보건 의제를 더욱 발전시키고 홍보하기 시작했다. 이는 부

46 Andrija Stampar, "A New World Health Organization", *Free World* 12:2 (1946), pp. 11-15.

분적으로 대공황에 대한 대응으로, 당시 대공황에 농산물 가격이 폭락함으로 인해 전 세계 농업 공동체 대부분이 파산하고 그에 따라 식량 공급의 세계적 생산과 유통에 영향을 미쳤다.

또한 19세기 이후 극심한 산업화를 겪은 유럽의 많은 국가들은 자신들의 농촌지역사회가 근대화의 진전에서 소외되었다는 사실을 깨닫게 되었고, 실제로 농촌지역사회의 여건은 산업화와 근대화의 결과로 악화되었다. 스페인, 헝가리 등 농업 부문이 큰 국가들은 농촌 보건 문제를 다루기 위한 회의를 조직하기 위해 국제연맹보건기구에 접근했고, 국제연맹보건기구는 1931년 농촌 보건에 관한 최초의 회의를 개최함으로써 이에 대응했다. 연속적인 회의가 이어졌고, 1932년에 중국과 인도 정부도 아시아 농촌 보건에 관한 유사한 회의를 개최해줄 것을 요청했다. 1936년 네덜란드 동인도 식민지 정부는 국제연맹보건기구를 초청하여 농촌 보건 회의를 개최했으며 1937년 8월 3일부터 18일까지 보르네오(Borneo), 버마(Burma), 실론(Ceylon), 중국, 일본, 인도-차이나, 홍콩, 인도, 네덜란드 동인도, 영국령 말라야(British Malaya), 기타 아시아 태평양 지역의 다양한 식민지 및 보호국의 대표단이 참석했다.[47]

농촌 보건(Rural Health)에 관한 반둥회의(Bandoeng Conference)로 알려진 주최 측은 보고서 도입부터 농촌 보건 문제를 전 세계적으로 발견되는 보편적인 문제로 보고 문제가 농업, 경제, 사회, 교육과 같은 요소들과 연결되고 상호의존적이라는 의도를 아주 분명하게 밝혔다.

> 분명히 많은 국가의 국민과 정부는 토지에 거주하며 모두를 위한 필수 식량을 생산하는 인구의 일부가 너무 자주 무시되었다는 사실을 그 어

47 Iris Borowy, *Coming to Terms with World Health: The League of Nations Health Organisation 1921–1946* (Frankfurt am Main, DE & New York, NY: Peter Lang, 2009), pp. 325–360.

> 느 때보다 강력하게 깨닫고 있다. 정부는 이 문제에 대한 의무를 점점 더 많이 깨닫고 있고, 국가의 사회적, 경제적, 건강 및 문화적 조건 개선을 위해 노력하는 프로그램은 더욱 일반화되고 포괄적이었다.[48]

이 문제를 해결하기 위해 보고서 작성자는 반둥회의가 농촌 보건 문제에 깊이 관여하고 있는 "동방의 중요한 국가의 정부 대표자들을 한자리에 모았다"고 했다. 이에 덧붙여 저자들은 그 회의에 다음 집단들이 포함되었다고 언급했다.

> 치료 및 예방 의학에 관심을 갖는 의료인, 교육자, 농업경제학자, 농촌 재건 전문가, 위생 기술자, 영양 전문가, 특정 질병에 관심을 기울이는 연구자 등이다. 주로 행정업무에 관심을 갖는 정치인과 법조인들도 이 집단에 속했다.[49]

이처럼 "다양한 관심"을 가진 다양한 참석자들이 모여 농촌 보건 회의를 개최하게 된 이유는 "동방 농촌 인구의 의료와 건강 보호(health protection)를 담당하는 사람들은 경제, 사회학, 농업 및 교육 분야의 활동이 동시에 수행되지 않으면 불가능하지는 않더라도 그들의 작업이 어려워진다는 것을 깨닫는다"는 사실과 관련이 있다. 보고서 작성자는 농촌 계획 개발에 대해 "훈련된 직원이 다양한 복지 활동을 동시에 계획하고 실행할 때 최상의 결과를 얻을 수 있다"고 주장했다. 광범위한 측면에서 **성공은 모든 관련 작업의 상호 의존성**을 실현하는 데 달려 있기 때문에, 서로 다른 계획을

48 League of Nations Health Organization, "Report of the Intergovernmental Conference of Far Eastern Countries on Rural Hygiene" (Geneva, CH: League of Nations Health Organization, 1937), p. 23.
49 Ibid, p. 23.

단번에 실행하는 동시성 또는 "**다양한 그룹 작업의 상호관계**가 더욱 명백해졌다."[50]

가능한 한 농촌 보건의 모든 측면을 다루겠다는 원대한 야망을 선언하면서 회의에서 다루어진 주제는 매우 광범위했다: 인구동태통계(vital statistics) 수집, 마을 조직의 개발, 여성의 역할, 교육 부족, 농지개혁, 실험적인 농촌 복지 센터, 환경, 파리 문제, 영양, 정미, 말라리아, 주택, 공공사업, 결핵, 폐렴, 나병, 전염병, 정신 건강, 의료 전문가 훈련 및 의학교육이 보고서 서문에서 언급한 주제 중 일부였다. 이러한 주제에 대한 자세한 논의는 보고서의 5개 큰 장(보건 및 의료서비스, 농촌 재건 및 인구 협력, 위생 및 위생공학, 영양, 농촌지역의 특정 질병 퇴치를 위한 조치)에 분산되었다.

1952년 11월 WHO 한국 사절단이 작성한 WHO/UNKRA 보건 계획 한국 사절단 보고서(Report of the WHO/UNKRA Health Planning Mission)는 국제연맹보건기구의 농촌 위생에 관한 극동 국가 정부 간 회의 보고서와 많은 유사점을 가진다.[51] 이러한 유사점은 WHO 임무 보고서를 위해 선택된 주제들에서 볼 수 있다. 1937년 보고서와 마찬가지로 1952년 보고서 작성자들은 농촌지역의 의료서비스 조직, 여성 협력, 인구동태통계 수집, 주거환경 조사, 깨끗한 물 공급, 곤충, 파리, 설치류 문제, 결핵, 나병, 성병, 기생충 관리, 의료 전문가 및 보조 직원 교육 등의 주제를 논의했다. 그러나 두 보고서 사이의 유사성과 연속성에 대한 가장 명확한 예는 한국의 보건소 프로그램 수립에 대한 논의에서 찾을 수 있다. 보건소는 1926년 실론(Ceylon, 현재 스리랑카)에서 처음으로 시작된 1차 의료서비스 조직이었다.[52]

50 Ibid, pp. 23-24. 강조는 저자.

51 Socrates Litsios, "Rural hygiene in the early years of the World Health Organization: another casualty of the Cold War?", *Anais do Instituto de Higiene e Medicina Tropical* 15:1 (2016), pp. 125-132.

52 Soma Hewa, "Sri Lanka's Health Unit Program: A Model of 'Selective' Primary Health Care", *Hygiea Internationalis* 10:2 (2011), pp. 7-33.

이 프로그램은 처음에 록펠러재단의 지역 내 십이지장충 퇴치 캠페인의 일환으로 시작되었으나, 질병 재감염 사례가 반복되면서 실론(Ceylon) 정부는 재단의 지원을 받아 접근 방식을 질병 퇴치에서 기본적인 보건 및 의료서비스 제공으로 전환했다. 십이지장충병은 폐기물 처리 관리, 깨끗한 물에 대한 접근, 좋은 주택 제공과 같은 없는 열악한 위생 여건으로 인해 발생하므로, 실론 정부는 비용이 많이 드는 질병 퇴치 프로그램에 집중하는 것보다 기본적인 의료서비스 제공과 질병 예방이 더 효과적이라는 것을 깨달았다.[53] 소마 헤와(Soma Hewa)에 따르면, 보건소는 국가를 여러 단위로 나눈 것이며, 각 단위는 인구의 최대 80,000~100,000명을 구성한다. 단일 단위는 치료 프로그램보다는 예방에 중점을 두고 기본적인 의료서비스를 제공하는 병원, 진료소 및 약국의 연결망으로 구성된다. 또한 각 부서에는 보건의료관, 공중보건간호사, 위생검사관, 서기가 배치되어 인구동태통계 수집, 집단 예방접종, 말라리아, 결핵, 나병, 성병 치료, 질병, 모자복지(maternal and child welfare), 위생검사 등에 배정되어 다양한 업무를 수행한다.[54] 1937년 반둥회의에서는 보건소 프로그램을 통한 실론의 성공적인 1차 의료 제공을 인정하고 농촌 재건과 관련된 "모든 마을"을 위한 "보건센터 또는 보건소" 창설을 권고했다.[55]

그리고 1952년 보고서에서 WHO 사절단은 한국에 보건소 프로그램 설립을 제안했고, 다년간 보건소 프로그램 운영 경험이 있는 스리랑카 보건서비스국장인 월터 위크라마싱하(Walter G. Wickeremesinghe)를 초빙하여 한

53 Randall Packard, *A History of Global Health: Intervention into the Lives of Other People* (Balti- more, MD: The Johns Hopkins University Press, 2016), loc. 1579-1623.

54 Soma Hewa, "Sri Lanka's Health Unit Program", pp. 17-19.

55 "Report of the Intergovernmental Conference of Far-Eastern Countries on Rural Hygiene" (Ge- neva, CH: League of Nations Health Organization, 1937), p. 55.

국에서 같은 프로그램을 실행하는 것을 감독하게 했다.[56] 보건소 프로그램의 중요성은 보고서 제1부, 제2장에서 확인할 수 있다. WHO 사절단은 "공중보건진료소—미래의 헬스유닛(The Public Health Dispensary—The Future Health Unit)"라는 제목으로 스리랑카에서 운영되는 헬스유닛 프로그램과 매우 유사한 헬스유닛 프로그램의 개요를 제시했다. 보고서 작성자에 따르면 다음 지침에 따라 한국의 모든 지역에 헬스유닛이 설립되어야 했다.

> 지역의 헬스유닛은 지역 보건 담당관의 직접적인 통제를 받게 되며 지역의 일반적인 의료서비스를 구성하는 전체 유기체인 지역 병원들과 연결된다. 그들은 일부 치료 작업을 수행하지만 이는 주요 예방 기능에 비해 부차적인 역할을 한다. 진료소는 주로 응급 치료 작업을 위해 개발되었지만 이를 위해 필요한 유지 관리 및 정교화의 보건 작업을 위한 잠재적으로 의미 있는 핵심을 구성한다.[57]

그런 다음 저자는 제안된 헬스유닛이 어떤 모습일지 설명했다.

> 헬스유닛(Health Unit)은 신중하게 정의된 지역에서 약 50,000~70,000명의 인구를 대상으로 서비스를 제공해야 한다. 경계는 가능한 한 기존 행정구역의 경계와 일치해야 한다.… 보건소는 국가의 농촌 및 준도시 지역을 포괄하도록 의도되었으므로… 농촌 및 준도시 지역에 필요한 총 보건 부서 수는 대략 370개이며, 현재 공중보건진료소 수보다 적다. 이

56 G. Macdonald, W. G. Wickeremesinghe and W. P. Forrest, Report of the WHO/UNKRA Health Planning Mission in Korea, pp. 33–35, RG59 150/71/13/03–04 Box 9, National Archives and Records Administration, College Park, MD.; United Nations Korea Reconstruction Agency, "Inter–Office Memorandum", October 1, 1952. S–0526–0337–0001–00001. United Nations Archives and Records Management System, New York, U.S.A.
57 Ibid., p. 30.

는 서비스를 받을 인구의 총계가 약 2,200만 명에 달하기 때문이다.[58]

보건소가 만들어진다면 다음과 같은 기능을 수행한다.

> 보건소가 수행하는 공중보건 기능은 해당 지역에 대한 초기 세부 조사로 구성된다; 질병률, 사망률 및 해당 지역의 중요한 통계에 대한 기타 기록의 분석, 연구 및 개선; 위생환경 개선; 예방접종사업을 포함한 전염병 예방과 관련된 모든 활동; 학교보건사업을 포함한 산모 및 아동 복지; 보건교육 및 훈련을 담당한다.[59]

1937년 반둥회의 보고서와 1952년 WHO 임무 보고서 사이의 놀라운 유사성과 연속성은 전 WHO 최고 부국장(1950-1973)이었던 피에르 마리 도롤(Pierre Marie Dorolle, 1899-1980)에 기인한다. 1950년 WHO의 최고 부사무총장으로 임명되기 전에 도롤은 베트남 하노이에서 보건서비스 국장을 역임했으며 하노이 최고 의료 책임자로 1937년 국제연맹보건기구(The League of Nations Health Organization, LNHO) 반둥회의에 참석했다.[60] 1937년 반둥회의에서 그는 조사위원으로 임명되어 아시아의 보건 및 의료 서비스 현황에 관한 보고서를 제출했다.[61] 그리고 사절단이 한국에 파견되기 불과 1년 전인 1951년, WHO는 농촌지역의 일차 의료서비스 제공 가능성을 탐색하기 위해 1937년 반둥회의에서 논의된 보건소와 같은 시범보건소(health demonstration center)를 전 세계에 두 개 건립했는데, 하나는 스

58 Ibid., p. 33.

59 Ibid., p. 34.

60 "Report of the Intergovernmental Conference of Far-Eastern Countries on Rural Hygiene", p. 13.

61 Socrates Litsios, "Revisiting Bandoeng", *Social Medicine* 8:3 (2014), pp. 113-128.

리랑카에, 다른 하나는 엘살바도르에 건립했다. 도롤은 사무총장 다음으로 WHO 내 최고 권위자이며 국제연맹보건국 반등회의에서의 경력과 아시아 보건에 대한 폭넓은 지식을 가진 사람으로서 스리랑카에 시범보건소를 설립할 권한을 가진 사람이었을 것이다. 또한 그는 스리랑카 보건서비스 책임자인 월터 위크라마싱하(Walter G. Wickeremesinghe)를 한국 사절단 중 한 명으로 임명했었을 것이며, 국제연맹보건기구와 WHO의 인간안보 달성을 위한 보건안보 추구의 연속성을 보장했다.

UNESCO 한국 사절단: 사회보장에서부터 정치안보까지

가장 간단하게 정의하자면 "사회보장(social security)"은 "궁핍으로부터의 자유"로 정의되고, 정치안보는 "공포로부터의 자유"로 정의된다. 두 가지 정의는 진주만 공격이 일어나기 11개월 전인 1941년 1월 6일 프랭클린 루즈벨트(Franklin D. Roosevelt) 대통령의 1941년 네 가지 자유(Four Freedoms)에 관한 연두교서(年頭敎書)로 거슬러 올라간다. 네 가지 자유(Four Freedoms Speech) 연설로 더 잘 알려진 루즈벨트 대통령은 이 연설에서 모든 인류가 누려야 하는 언론의 자유, 종교의 자유, 궁핍의 자유, 공포로부터의 자유라는 기본 자유를 제안했다. 루즈벨트 대통령은 미국 대중에게 미국이 제1차 세계대전 이후 유지해온 고립주의 정책을 종식하자고 설득하기 위해 연설했고 새로운 세계질서의 수용을 촉구했다. 이 네 가지 자유 중 두 가지 자유, 즉 "궁핍으로부터의 자유"와 "공포로부터의 자유"는 특히 1952년 UNESCO의 한국 파견에서 사회보장과 정치안보를 독해하는 것에 대한 논의에 적용된다. 루즈벨트 대통령은 연설에서 "궁핍으로부터의 자유"를 "세계적인 용어로 모든 국가가 전 세계 모든 곳의 주민들에게 건강한 평화로운 삶을 보장할 경제적 이해를 의미한다"로 해석했다. 그리고 "공포로부터의 자유"에 대해 루즈벨트 대통령은 "…전 세계적으로 군비를 철저한 방식으로 축소하여 어떤 국가도 전 세계에 있는 어떤 이웃 국가에게도 물리적 공격 행위를 저지를 수 없게 하는 것"으로 더 설명했다. 이 연설은 유엔의 세계인권선언(Universal Declaration of Human Rights of UN)과 FAO, WHO, UNESCO 등 유엔 전문기구의 헌장을 형성한 기본 원칙으로 널리 인정받는다.[62]

오하이오주립대학교(Ohio State University) 사범대학 학장(1946-1967)이자 1952년 UNESCO의 한국 사절단 총장이었던 도널드 코트렐(Donald P. Cottrell)은 네 가지 자유 연설(Four Freedoms Speech)에서 소개된 새로운 세계에 대한 비전을 열렬히 지지했다.[63] 코트렐은 "궁핍(want)"과 "공포(fear)"로부터 자유로운 세상에 대한 루즈벨트 대통령의 비전을 열성적으로 지지했는데, 이는 1943년 그가 했던 연설에서 볼 수 있다. 컬럼비아대학교(Columbia University) 사범대학에서 열린 전대학교육회의(All-College Conference)에서 그 뉴딜(New Deal) 교육자는 다가올 새로운 세상을 위한 민주교육 커리큘럼의 신설을 제안했다. 미국인들이 "중국인, 러시아인, 인도인, 라틴아메리카 및 아프리카인에 대해 배워야만 했던" 시간이 얼마나

62 Franklin D. Roosevelt, "January 6, 1941: State of the Union (Four Freedoms)", https://millercenter.org/the-presidency/presidential-speeches/january-6-1941-state-union-four-freedoms (2022. 8. 4. 접속); United Nations, "Universal Declaration of Human Rights", https://www.un.org/en/about-us/universal-declaration-of-human-rights (2022. 8. 4. 접속); Food and Agriculture Organization of the United Nations, "Constitution", FAO, Basic Texts of the Food and Agriculture Organization of the United Nations, Vol.I & II (Rome, IT: Food and Agriculture Organization of the United Nations, 2017). https://www.fao.org/3/mp046e/ mp046e.pdf (2018. 12. 12. 접속); World Health Organization, "The Constitution of the WHO", https://apps.who.int/gb/bd/PDF/bd47/EN /constitution-en.pdf (2018. 12. 12. 접속); UNESCO, "Constitution of the United Nations Educational, Scientific and Cultural Organization", https://www.unesco.org/en/legal-affairs/constitution (2018. 12. 12. 접속).

63 "Donald P. Cottrell, 88, Education Dean, Dies", *The New York Times* Obituary, 1991. 1. 26., https://www.nytimes.com/1991/01/26/obituaries/donald-p-cottrell-88-education-dean-dies.html (2022. 2. 8. 접속).

〈그림 2-2〉 1952년 8월 1일 부산 UNKRA 사무소에서 촬영된 1952년 WHO 한국 사절단 사진. 왼쪽부터 실론(현재 스리랑카) 보건서비스 소장 월터 위크라마싱하(Walter G. Wickremesinghe) 박사, WHO 조정 및 연락 담당 국장 윌리엄 포레스트(Willian P. Forrest) 박사, 런던 위생 및 열대의학 대학의 조지 맥도날드(George MacDonald) 교수이자 사절단자, UNCACK의 보건 고문 루이스 핀드레이(Louis Findlay) 박사. (UN Photo Digital Asset System, "WHO Makes Survey of Health Conditions in Korea." August 1, 1952. UN7659274-188534. United Nations Archives and Records Management System, New York, U.S.A.)

되는지 물으며, 그는 계속해서 "세계의 주요 문화에 대한 이해가 일간 신문을 지적으로 읽는 데 사실상 필수 요소가 되었다"라고 지적했다. 이 신흥 신세계에서, 미국의 생활 방식은 "우리 정부의 경제정책뿐만 아니라 이전에는 본질적으로 외국인이었던 해외 사람들이 미국에 대해 취하는 태도에도 달려 있기" 때문에 미국인들은 더 이상 전쟁 전의 고립주의 방식으로 살 수 없었다. 코트렐은 미국이 두 차례의 세계대전으로 이어졌던 "근시안적인 고립주의 정서가 고조되는 것의 위험성을 다시 감당할 수 없기" 때문에 세계에 대한 이러한 개방적이고 상호 연결된 태도가 매우 중요하며, 또

다른 세계대전을 예방하기 위해 미국 공교육이 "세계 다른 지역의 삶에 대한 진정한 이해"를 제공할 필요가 있다고 경고했다. 미국인들이 이전에 알고 있었던 것과는 근본적으로 다른 세상에 대비하기 위해 코트렐은 "학교 교육과정은 오늘날 세계의 사회안보 확립이라는 큰 문제에 대한 적절한 고려를 제공해야 한다"고 제안했다.[64] 전쟁이 끝난 후 민간인 생활로의 전환이 대규모 이주와 실업을 야기할 것으로 예상되었기 때문에 사회보장 또는 "보험 원칙의 적용"이 필요했고, 이를 방치하면 제1차 세계대전의 여파가 제2차 세계대전의 먹이가 되었듯이 또 다른 전쟁의 먹이가 될 수도 있었다.

그는 자신의 주장을 강조하기 위해 유럽의 사례와 새로운 UN에 기대되는 역할을 언급했다. 코트렐은 전쟁이 끝나면 미국이 세계 지도자로 부상할 것이며 "유럽의 평화는 우리의 진실성과 정치력을 보여주는 시험대가 될 것"이라고 예측했다. 그는 "유럽의 국경 문제와 전통적인 지역 경쟁 문제에 대한 해결책은 없다"며 유럽의 문제가 또 다른 갈등으로 확대되지 않도록 보장하는 유일한 방법은 "포괄적인 경제 조직이 이루어지지 않는 한 유럽 전체 국민에게 실질적인 사회보장을 제공하는 것이 될 수 있다"고 지적했다. 그리고 코트렐은 "예를 들어 헝가리나 루마니아에 거주하는지 여부는 국민 개개인과 가족에게 큰 차이가 없다는 것을 쉽게 알 수 있다"고 주장했다. 사회보장이 유럽 국가들 사이의 다양한 생활 조건 간의 격차를 균등화하고 줄이기 위해 노력함에 따라 코트렐은 국경선은 "단순한 편의의 문제"가 될 것이라고 예측했다. 이러한 유럽의 사회보장제도를 최근 영국 의회에서 통과시킨 포괄적인 사회복지 개혁 법안인 "베버리지 플랜(Beveridge Plan)"과 비교하면, 유럽의 이러한 안보화는 "유엔 당국의 승인을

64 Donald P. Cottrell, "Curricula for Democratic Education(1943)" (Teachers' College Record, 2000), pp. 32-42, https://www.tcrecord.org/books/Content.asp?ContentID=9303 (2022. 2. 10. 접속).

받아야 할 것"이다. "미국이 그러한 통제를 약속하는 것에 기꺼이 참여할 것인지"를 수사적으로 물은 다음 코트렐은 "어린이, 청소년, 성인이 관련된 문제에 대해 어느 정도 이해하도록 돕기 위해 민주적 교육을 학교 교육과정으로 시행할 것"을 제안했다.[65]

코트렐은 "민주적 결정과 적절하게 연관된 필수 심의 및 의사소통 기술"을 모두 갖춘 민주적 교육과정을 구현함으로써 사회적으로 안보화된 세계가 어떻게 "공포로부터의 자유" 또는 정치적 안보를 이룰 준비가 될 수 있는지를 주장했다. 그는 교실을 세계의 축소판으로 활용하면서 "한국전쟁 이후 국가와 민족은 선의의 분위기 속에서 숙고하고 결정하는 유사한 기술을 배워야 하는 더 큰 현장에서 동일한 유형의 문제에 더 큰 규모로 직면하게 될 것"이라고 주장했다. 그는 "오늘날 국가들 사이에는 증오와 사악한 의도와 행동이 너무나 실재적"이라고 경고하면서 현재 진행 중인 전쟁의 목적은 "그것들(증오와 사악한 의도)과 그들의 감염 원인 핵심을 근절하는 것뿐만 아니라, 또한 그것들을 비난하는 문명의 기초 자체를 진정으로 위협하는 방식으로 그들이 다시 전진하는 것을 방지하는 국가 질서를 확립하는 것"이라는 것을 사람들에게 상기시켰다. 전쟁의 공포에서 해방될 새로운 세계질서는 "정치적 민주주의의 과정", 즉 더 구체적으로 "민주적 결정과 적절하게 연관되는 필수적인 숙고 및 의사소통 기술"에서 탄생하는 것이라고 그는 앞서 설명했다.

코트렐과 UNESCO 사절단이 1952년 가을에 도착했을 때 그들은 처음으로 한국의 사회보장제도가 부족하거나 사회적 불안이 만연하다는 사실을 발견했다. UNESCO에 제출한 예비보고서에서 코트렐과 사절단원들은 열악한 주거환경, 연료 부족, 어린이를 위한 오락시설 부족, 식단의 다양성

65 Ibid. pp. 32-42.

부족, 특히 육류 단백질의 가용성 부족, 식수 부족으로 인한 열악한 건강 및 위생 상태, 식량 부족으로 인한 광범위한 영양실조, 산업 부족으로 인한 소득 저하 등 사회적, 경제적 불안정을 조장하는 여건을 자세히 설명했다.[66] 그러나 1953년 2월 UNESCO에 제출된 최종 보고서에서는 사회 불안 문제에 대한 관심이 덜 강조되었고, 그 대신 코트렐은 한국 정치가 한국 교육을 침해하는 것에 대해 통렬한 비판을 가했다.[67] 한국의 교육 상황과 교육의 정치적, 경제적 기반을 주제로 한 1장에서 코트렐은 평소의 조심스러운 방식에서 벗어나 한국의 교육이 정치적 목적을 위해 활용되는 것을 혹평했다. 그는 "어떤 민주주의 국가에서도 교육은 정치의 도구로 인식되지 않지만 교육은 정치 전개에 민감하며 가장 넓은 의미에서 국가의 정치적 운명에 달려 있다"고 지적했다. 그런 다음, 그는 이러한 정치적 권력 남용이 한국 교육에 끼친 피해를 다음과 같이 지적했다.

> 많은 한국인들은 심지어 전쟁과 북한의 미래를 차치하더라도 현재의 정치 상황이 위태롭다고 생각한다. 이는 학교에서 화합과 민주적 의도에 대해 큰 소리로 항의하는 것과 동시에 어떤 종류의 성과가 국가의 구원으로 이어질 것인지에 대한 계획이 형식적인 언어로 모호하게 표현되었다는 것에 반영된다. 이 상황에 대해 학교와 대학이 무엇을 할 수 있는지 말하기는 쉽지 않다. 분명히 학교와 대학은 정치적 논쟁의 장에

66 Donald P. Cottrell et.al., *Educational Conditions in the Republic of Korea — A Preliminary and Factual report by the UNESCO/UNKRA Educational Planning Mission to Korea* (Paris, FR: United Nations Education, Science and Cultural Organization, 1952), pp. 8-9, https://unesdoc.unesco.org/ark:/48223/pf0000179162?posInSet=7&queryId=e63792c3-76aa- 497b-ae75-ddd0140f5643 (2015. 9. 23 접속).

67 United Nations Education, Science and Cultural Organization, *Rebuilding Education in the Republic of Korea: The Final Report of the UNESCO/UNKRA Educational Planning Mission to Korea* (Paris, FR: United Nations Educational, Science and Cultural Organization, 1953), https://unesdoc.unesco.org/ark:/48223/pf0000179163?posInSet=6&queryId=a6f5e91f-f74a- 4625-bde8-2472ce66b7b5 (2021. 11. 10. 접속).

들어가거나 한국을 위한 특정 계획을 홍보하는 도구로 사용되어서는 안 된다.[68]

정치적 이익을 위해 교육을 노골적으로 오용하는 것에 당황한 그는 교육이 민주 정치를 촉진하는 데 미칠 수 있는 긍정적인 효과에 대해 다음과 같이 권고했다: "…교육은 사람들이 사실들에 도달하고 그 사실들의 중요함을 모든 형태의 정치적 행동과 관련하여 이해하도록 도움으로써 정치적 질문들을 조명할 수 있고 해야만 한다. 이것은 민주주의 교육의 주요 원칙 중 하나이다." 그런 다음, 그는 "교육 기관과 당국은 가용한 모든 의사소통 수단을 통해 공개적으로 토론하는 것과 보편적 정보를 전파하는 효용을 지원해야 한다"고 권고하며 결론을 내렸다.

한국 정치에 대한 이 맹렬한 발언은 "궁핍"과 "공포"로부터 해방된 새로운 세계의 비전에 대한 코트렐의 깊은 변함없는 믿음을 보여주었다. 이 새로운 세계를 창조할 교육과정을 구체적으로 설명하기까지 한 이 뉴딜 교육자에게는 도착하자마자 한국어로 접한 내용이 그를 크게 불쾌하게 하고 심지어 혐오스러울 수도 있었다. 그는 공포의 정치가 민간인 생활의 모든 측면을 지배하는 나라를 보았고 정치적 목적을 위해 공교육을 노골적으로 남용하는 것을 목격했다. 정치적 목적을 위한 교육의 이용은 극단적인 민족주의로 잘 알려져 있고 나치즘이 종식된 후에도 나치즘에 대해 공개적인 찬사를 표했던 초대 교육부 장관 안호상의 사례에서 엿볼 수 있다.[69] 5년 전인 1948년에 코트렐은 독일에서 교육 자문위원으로 일하면서 이전 나치 교육 시스템의 점검을 도왔다. 코트렐에게 독일에서 나치즘의 부상은

68 Ibid., p. 3.

69 안호상, 『우리의 부르짖음』 (문화당, 1947), 39–40쪽; 김종준, "해방 이후 파시즘적 역사인식의 정립 과정", 『인문학연구』 50 (2022), 251–289쪽.

민족주의를 장려하고 민주적 사고를 저해한 독일 교육 시스템에 기인했었을 수 있다.[70] 신생 한국 공화국은 과거의 나치 독일과 매우 유사해 보였을 것이며, 그 독일에서 그들은 폭정에서 벗어났지만 여전히 "네 가지 본질적인 자유"를 누리지 못하게 하는 공포의 정치에 의해 지배되고 있었다. 그리고 바로 이러한 "건강하고 강력한 민주주의의 기초"에 대한 깊은 헌신으로부터 코트렐이 평소의 용의주도함을 깨고 공교육에 대한 한국 정치의 개입을 공개적으로 비판한 것이다.[71]

결론

베를린 장벽이 무너진 지 5년 후인 1994년, 유엔개발계획(UNDP)은 인간안보(human security)에 관한 연구 결과를 발표했다. 1994년 인간 개발 보고서(The Human Development Report 1994)라는 제목으로 이 기관은 새롭게 변화하는 세계질서 속에서 전 세계의 저개발 문제를 해결하는 유엔의 역할을 검토하고 재구성하려는 노력의 일환으로 인간안보 개념을 도입했다. 보고서 작성자들은 "너무 오랫동안 안보의 개념은 국가 간 갈등의 가능성에 의해 형성되어왔으며," 또한 "지나치게 오랫동안 안보는 국가 국경에 대한 위협과 동일시되어왔다"고 설득력 있게 비난함으로써 "오늘날 대부분의 사람들에게 있어서 불안감은 세계적으로 격변적인 사건에 대한 공포보다는 일상생활에 대한 걱정에서 더 많이 발생한다"고 주장했다. 인간의 삶에 깊

70 Donald P. Cottrell, "Higher Education and the Problem of Germany Today", *The Educational Forum* 12:3 (1948), pp. 267–275.

71 Franklin D. Roosevelt, "January 6, 1941: State of the Union (Four Freedoms)," https://millercenter.org/the-presidency/presidential-speeches/january-6-1941-state-union-four-freedoms (2022. 8. 4. 접속).

은 영향을 미치고 결정적으로 형성하는 것은 바로 "직업 보장, 소득 보장, 보건안보, 환경안보, 범죄로부터의 안전"과 같은 문제였다. 이러한 안보 또는 불안이 모든 인간의 삶에 가장 중요한 영향을 미친다는 점을 고려하여 저자들은 글로벌 인간 개발이라는 새로운 목표를 더 잘 포착하기 위해 "인간안보" 개념의 사용을 제안했다. 그런 다음, 저자는 인간안보를 경제안보, 식량안보, 보건안보, 환경안보, 개인안보, 지역사회안보, 정치안보라는 7가지 하위 범주로 세분화했다.[72]

UNDP가 인간안보라는 개념을 도입하기 42년 전인 1952년 한국 방문을 통해 FAO, WHO, UNESCO의 3개 UN 전문기구는 한국의 장기 재건 계획에서 인간 생명과 관련된 모든 것에 대한 안보화(securitization)를 분명히 하고자 했다. FAO는 두 보고서에서 전쟁으로 피해를 입은 한국의 농업과 경제 개선에 필요한 식량안보와 경제안보 사이의 긴밀한 관계를 강조했다. 스리랑카에서 시작된 보건소 프로그램을 한국에 도입함으로써, WHO 주한 대표단은 공중보건 계획이 세계 보건 발전의 오랜 역사 속에서 존재하는 인간안보를 실현하기 위한 수단으로서 보건안보의 연속임을 보여줬다. 그리고 UNESCO 사절단은 민주교육 커리큘럼의 도입을 통해 식민지 국가재건을 위한 사회보장과 정치적 안보의 중요성을 호소하고자 했다. 그렇게 함으로써 이들 3개의 UN 전문기구는 보건의 안보화(securitization)에 대한 가장 설득력 있는 사례 중 하나를 보여줬다. 본 논문은 UN 전문기구 3곳의 재건 노력을 생물안보라는 표현으로 독해함으로써 한국의 UNKRA 활동과 글로벌 전후 재건 노력을 좀더 섬세하고 다원적으로 독해하고자 했다.

72 United Nations Development Programme, *Human Development Report 1994* (New York, NY & Oxford, UK: Oxford University Press, 1994), pp. 24–25.

해방 직후 보건의료체제 논쟁과 통일국가 보건의료정책 구상*

김진혁 (고려대학교 여성의학사연구소)

1. 서론

해방 직후 보건의료체제 논쟁은 바로 부상하지 않았다. 해방은 분단을 동반하였고 이남에서 좌우갈등은 격화되었다. 보건의료정책 논의를 이끌어갈 의사단체도 역량을 충분히 갖추지 못하였다. 남한의 의사단체는 개업의와 학술 조직으로 나뉘었고 이를 통합한 전국단위 조선의사협회는 1947년 4월 9일 창립되었다. 이북에서도 통일정부의 보건의료정책을 논의하기 어려운 조건에 있었다. 이북은 민주기지를 세워 이남을 해방하겠다고 여러 사회개혁정책을 실시하였다.

미소공동위원회(이하 미소공위)의 개최는 보건의료체제 논의를 시작하는 계기가 되었다. 모스크바삼상회의는 최대 5년간의 신탁통치 실시를 결정

* 본 논문은 김진혁, "해방직후 보건의료체제 논쟁과 통일국가 보건의료정책 구상", 『의사학』, 30:3 (2021), 499-545쪽을 수정 보완한 것이다.

하였고 이후 수립될 정부에 대한 준비를 위해 미소공위를 개최하도록 했다. 미소공위는 1946년 3~5월, 1947년 5~10월 개최되었지만, 남북 모두 임시정부 구성을 논의할 정당 및 사회단체가 자신에게 유리하도록 조직되기를 원하였다. 회의에 참여할 단체 구성에 관한 입장은 충돌하였고, 이후 한국 문제는 유엔(UN)으로 이관되었다.[1]

그런데 미소공위가 개최되고 결렬되는 과정에서 향후 구성될 통일정부의 보건의료정책에 대한 논쟁이 전개되었다. 1946년 중후반부터 의사들은 보건의료정책 지향을 밝혔다. 특히 제2차 미소공위 기간 여러 정당, 사회단체는 향후 구성될 정부가 어떤 보건의료체제를 가져야 할지에 대한 안건을 제출하였다.

이와 관련하여 해방 직후 보건의료 논쟁에 관한 연구는 미국식 의료체계 지향과 소련식 의료체계 지향으로의 분화에 주목하였다. 이용설과 최응석은 남북한으로 수렴된 보건의료체제에 대한 실마리를 찾기 위한 핵심 인물로 파악되었다.[2] 사회 전반에서 심화된 좌우갈등이 의료계에서도 재현되었고, 미군정의 보건후생국장이자 우익 성향의 인물인 이용설과 경성대학 의과대학 '좌익' 교수였던 최응석의 대립 구도는 부각되었다. 아울러 미국식 의료는 '자유개업의'제도, 소련식 의료는 의료국영제도로 양분되어 남북한 보건의료제도는 인식되었다.[3]

자본주의와 사회주의 보건의료 양측으로 대립된 이해에 기초하여 연구는 심화되었다. 최응석의 생애와 보건의료 지향에 대한 연구,[4] 최응석의 지향과는 상반되면서도 북한 의료교육의 책임자로서 역할한 최명학과 이남

1 정용욱, 『해방 전후 미국의 대한정책』 (서울대학교출판부, 2003), 224, 405-407쪽; 심지연, 『미·소공동위원회 연구』 (청계연구소, 1989).

2 신좌섭, "군정기의 보건의료정책" (서울대학교 석사학위논문, 2001).

3 전우용, 『현대인의 탄생』 (이순: 2011); 여인석 외, 『한국의학사』 (한국출판협동조합, 2018).

4 신영전·김진혁, "최응석의 생애", 『의사학』 23-3 (2014), 469-511쪽.

의 이용설의 의학 인식에 대한 연구,[5] 자본주의체제에서 의료공공성을 추구한 우익 성향의 백인제와 그의 재단법인 설립에 관한 연구[6] 등의 성과가 이어졌다. 보건의료정책이 남북한으로 수렴되는 과정에서 해방 직후 의사들의 보건의료 활동과 인식을 파악할 수 있었다.

그런데 이상의 구도는 백인제와 최명학과 같은 인물을 해방정국의 의학계에서 예외적인 존재로 위치시켰다. 하지만 자본주의 질서 아래의 이남에서 의료의 공적 역할을 중시하며 의료공공성을 추구하는 중간지대가 남아 있었고,[7] 이북에서 의료국영제도를 원하지 않았던 의사들도 하나의 경향[8]으로 파악되었다.[9] 체제와 개인의 지향이 일치하지 않았던 이들의 존재는 체제와 개인의 지향을 분리하여 개별 인물의 지향부터 다시 짚어볼 필요가 있음을 의미하였다.

본 연구는 그간 연구의 전제가 되었던 이용설과 최응석이 각각 미국식, 소련식 보건의료체계를 지향하였고, 이용설로 대표되는 우익의 지향이 남한으로 이어지며 최응석의 지향은 남한에서 결과적으로 소멸되었다는 기존의 논의를 재검토할 것이다. 의료의 공공성이 상대적으로 독립적인 가치로 한국 의료의 발전을 추동했고 그것이 이념과 진영이 좌우할 수 없는 것으로서 한국 현대사를 관통[10]하였다는 흐름 속에서 살펴본다면, 해방 직

5 신규환, "해방 이후 남북 의학교육체계의 성립과 발전", 『人文論叢』 74-1 (2017), 215-245쪽.

6 박윤재, "백인제의 근대인식과 실천", 『의료사회사연구』 2 (2018), 103-126쪽; 신규환, "해방 전후기 의료계의 의학인식과 사립병원의 발전", 『의료사회사연구』 1-2 (2018), 75-103쪽.

7 박윤재, 『한국현대의료사』 (들녘, 2021), 42쪽.

8 김진혁, "재북(在北)의사의 식민지·해방 기억과 정체성 재편(1945~1950)", 『역사문제연구』 34 (2015), 393-434쪽.

9 남한의 병원체제를 개업의 중심 혹은 사립병원 주도라고 보는 것은 지나친 단순화라는 비판이 있었다. 신규환·서홍관, "한국 근대 사립병원의 발전과정 1885년~1960년대까지", 『의사학』 11:1 (2002), 85-110쪽; 우익 인사들에게도 의료국영에 대한 요구가 높았다는 지적도 있었다. 신영전·김진혁, "최응석의 생애: 해방직후 보건의료체계 구상과 역할을 중심으로", 『의사학』 23:3 (2014), 493-494쪽.

10 박윤재, 『한국현대의료사』, 288쪽.

후의 보건의료 논쟁과 미소공위에 제출된 정책을 좌우의 이념적 차이가 반영된 대상이 아니라 각각의 지향 속에서 의료의 공적 가치를 어떻게 추구하였는가에 초점을 두어 다시 살펴볼 수 있을 것이다. 이를 통해 해방 이후 보건의료 논쟁 과정에서 제기되었던 여러 주장과 그 맥락은 좀더 풍성히 확인할 수 있을 것이다.

본 연구의 질문은 다음의 세 가지이다. 첫째, 이용설과 최응석이 가졌던 정책 지향의 배경은 무엇인가, 둘째, 해방 이후 보건의료 논쟁에 이용설과 최응석 외 다른 논자들이 있다면 이들은 어떤 지향을 설정하며 주장을 했는가, 셋째, 이용설과 최응석 등의 지향은 미소공위 답신안으로 어떻게 수렴되는가. 이에 답하기 위해 본 연구는 해방 직후 논쟁에 나섰던 의사들의 발화 내용에 주목하여 맥락을 짚고 그 의미를 파악할 것이다.

위 질문은 각각 장절 구성에 대응한다. 2장에서는 이용설과 최응석의 정책과 주장을 살펴보고 이들의 인식을 살펴봄으로써 이용설과 최응석의 지향이 어디에서 비롯했는지를 짚을 것이다. 3장에서는 이용설과 최응석 외 논쟁의 참여자들을 포괄하여 각자가 가진 보건의료의 지향과 정책이 이들 자신의 맥락에서 어떻게 이해하였는지 살펴봄으로써 기존에 다뤄지지 않은 보건의료 논쟁의 지형을 확인할 것이다. 4장에서는 이용설과 최응석 등의 주장이 미소공위 답신서로 어떻게 수렴되었는지 파악함으로써 향후 남북한 정책에 어떤 기반을 제공했는지 확인할 것이다.

사료 발굴과 이에 대한 검토가 충분하지 못했던 것은 과거 연구의 구도를 반복하게 만들었던 이유 중의 하나였다. 해방 직후 보건의료 논쟁에 관한 최초 연구[11]에서 참조된 『조선의학신보』, 『주보민주주의』를 비롯해 『조

11 신좌섭, 앞의 논문.

선의보』,[12] 미군정 자료, 미소공위 답신서, 신문 등 새로운 자료의 검토를 통해 이 논쟁과 담론에 개입된 인물들을 확대하고 논의의 흐름을 파악하고자 한다.

2. 보건의료정책의 방향과 개혁의 범위

1) 수준 높은 의사 양성과 급진적 개혁의 보류: 보건후생국장 이용설

본격적으로 보건의료체제 논쟁을 살펴봄에 있어서 중요 문헌은 『조선의학신보』 제2집이다. 이 지면에는 이남의 보건후생행정 책임자였던 이용설과 월북 이후 북조선보건연맹 위원장을 맡은 최응석의 글이 함께 게재되었다. 이용설의 "保健厚生行政에 對하야"와 최응석의 "現段階 保健行政의 根本的 任務"가 게재된 코너의 제명은 「설원(說苑)」이었다. 「설원(說苑)」은 한나라의 유향(劉向)이 편찬한 도서로 다양한 해석을 모두 수록한다는 취지를 가진 것으로 미소공동위원회가 재개된 가운데 향후 국가가 지향할 보건의료체제의 방향성에 대한 논의를 하기 위한 『조선의학신보』 편집자의 의도를 담고 있었다.

12 『조선의사시보(朝鮮醫事時報)』는 문교부 의학교육과에서 발행되었으나, 이를 인수한 김두종의 조선의보사가 『조선의보』로 이름을 붙이고 다시 창간하여 발행하였다. 김두종, "創刊의 말", 『조선의보』 1:1, (1946.12), 쪽수 없음.

〈그림 3-1〉『조선의학신보』 제2집 「설원(說苑)」[13]

Figure 3-1. *Seol-Won, Chosun-Uihak-Sinbo* Vol.2

保健厚生行政에對하야

現段階保健行政의根本的任務

(조선의보사, 1947.5: 17)

1947년 5월 『조선의학신보』에 발행된 "保健厚生行政에 對하야"에서 미군정청 보건후생부장 이용설[14]은 보건의료 수준에 대해 평가하고 이를 해결하

13 『조선의학신보』 제2집은 아단문고 소장본으로 연세대학교 의과대학 의사학과에서 아단문고에 의뢰하여 소장한 파일을 확인한 것이다.

14 이용설(李容卨, 1895-1993): 평북 희천 출생. 1919년 세브란스 졸업 및 3·1운동 참여. 1920~22년 베이징협화의학원, 1924-1925년 시카고 노스웨스턴의대 수련(1926년 미국 M.D. 취득). 1925년 이후 세브란스의학전문학교 외과교수 근무, 1937년 경성제대 의학부 의학박사 취득. 1940년 동우회 사건으로 종로 견지동 외과 개업. 1945년 미군정 보건후생부장, 1950년 제2대 국회의원, 1956-61년 세브란스병원장을 역임하였다. 신유섭·신재의·유형식, "여천(輿天) 이용설(李容卨)의 의료 계몽과 학술활동", 『연세의사학』 17:1 (2014), 8-9쪽.

기 위한 진단[15]을 내렸다.[16] 그의 글은 다음과 같이 시작하였다.

> 보건후생행정은 어떤 나라에서나 중대한 부문이겠지만은 조선에 있어는 더욱 그러하다. 보건은 우리의 건강을 保持하며 나아가서는 향상증진케 함이오. 후생은 우리 사회에 한 사람이라도 헐벗고 굶주리고 노숙하는 이가 없도록 하는 행정을 의미합니다. 그럼으로 사업 범위는 한계가 없으리만키 크며 영속적일 것이다[이하 인용문의 밑줄은 필자].

행정가로서 이용설이 책임져야 했던 보건의료 관계 제 분야는 후생을 포괄하면서 범위가 넓었다. 그가 설명한 후생(厚生)은 "굶주리고 노숙하는 이가 없도록" 하는 것이었다. 이용설은 보건후생부장으로서 행정적 차원의 구호를 관리해야 했고, 보건후생의 역할은 질병 관리의 차원만이 아니라 피난민 생활 보호라는 측면을 포괄하였다.[17]

해방 이후 약 2백만 명이 중국, 태평양, 일본에서 귀환하였다. 이에 대한 대처가 우선 이뤄져야 했다. 이용설은 귀환자들에 대한 의식주 해결과 함께 이들이 곧 실업 문제를 야기[18]할 것이기 때문에, 집단주택 건설, 도시 문제를 완화하기 위해 귀농 유도, 간이 수공업과 대공업 지원을 통한 귀환민 흡수, 공장 및 광산업 지원 등을 구체적으로 제시했다. 이러한 대책은

15 이용설, "保健厚生行政에 對하야", 『조선의학신보』 2 (1947.5), 17쪽.

16 이후 이용설의 주장은 해당 기고문을 주로 참조한 것이다.

17 미군정은 일제 행정기구를 개편하는 과정에서 1945년 9월 24일 공중보건국(Bureau of Public Health)을 설치했고, 1945년 10월 27일 경무부 및 학무부 산하의 후생(Welfare) 기능을 담당하는 과들을 통합하여 보건후생국(Bureau of Public Health and Welfare, 이후 부[Department]로 개편)으로 재편했다. RG 554, Records of General Headquarters, Far East Command, Supreme Commander Allied Powers, and United Nations Command, 1945-1960, Box 40, *History of the Dept. of Public Health and Welfare to May 1947*, 1948a, p. 1.

18 식민지시기 조선인은 토막민, 화전민, 실업자 등으로의 하방 분화가 이뤄졌고 해방 이후 귀환민의 증가는 대중 생활 문제를 전 사회적인 문제로 가중시켰다. 식민지시기 빈민 생활과 총독부의 대응에 대해서는 다음의 연구를 참조. 강만길, 『일제시대 빈민생활사 연구』 (창비, 2018).

1947년 보건후생부에 배정된 예산에 일정하게 반영되었으나 의료체제 개혁에 관한 조치까지 나아가지 않았다.

보건후생부의 활동은 구호 활동에 치중되어 귀환민 긴급구호와 보호에 맞춰져 있었다. 미군정 보건후생 재정의 세목까지 확인할 수 있는 〈표 3-1〉의 1947년 구호에 해당하는 비용(구호경비, 보건시설 수용 구호비 보조, 월남민 구호비는 "◎"로 표시)은 총 542,250,000원으로 전체 보건후생 재정의 약 70%를 차지하였다.

이용설은 보건행정의 제일 과제를 전염병에 대한 대책으로 보았다. 다수의 귀환민 유입과 해방 이후 혼란 속에서 발생한 위생 상황 악화에 대처해야 했다. 급성전염병을 예방하고 전염병 연구소를 설치하여 예방접종에 사용할 백신을 생산해야 했고, 음용수가 하수와 혼입되지 않도록 하는 개선 조치가 필요했다. 시급히 해결해야 할 문제가 산적한 상황에서 보건의료 전반을 개선할 제도적 조치는 후순으로 밀리게 되었다.

〈표 3-1〉 1947년 보건후생비 세출예산 (단위: 원, %)
Table 3-1. Expenditure Budget for the Health and Welfare Expenses in 1947 (Unit: KRW)

과목	세목	금액 및 비율	
일반 경상비	보건후생부 본부*	52,370,200	6.70
	보건소설치에 要하는 경비 ◻	2,134,000	0.27
	결핵요양소* ◻	6,683,200	0.86
	나병요양소* ◻	48,166,000	6.20
	항만검역소설치에 要하는 경비	5,126,800	0.66
	방역연구소*	10,951,200	1.40
	화학연구소*	3,452,500	0.44
	가축연구소*	16,224,900	2.09
	후생시설비*	6,380,700	0.82
	일반경상비 총액	151,489,500	19.50
일반 임시비	生政통계사업에 要하는 경비	2,400,000	0.31
	도립병원보조 ◻	15,523,700	2.00
	나병원비 보조 ◻	15,400,000	1.98
	방역에 要하는 경비	25,000,000	3.22
	보건소설치에 要하는 경비 보조 ◻	2,825,000	0.36
	생약생산장려비 보조	2,000,000	0.26
	가축전염병 예방 및 질병치료에 要하는 경비	13,484,000	1.74
	유육(乳肉)위생비 보조	3,119,200	0.40
	구충비 보조	2,400,000	0.31
	구호에 要하는 경비 ◎	210,400,000	27.08
	보건시설 수용 구호비 보조 ◎	32,850,000	4.23
	일반임시비 총액	325,401,900(340,510,300)*	41.89
응급비	남하동포구제대책에 要하는 경비 ◎	300,000,000	38.62
합계		776,891,400(791,999,800)*	100.00

(조선은행조사부편, 1948: Ⅰ-268, Ⅰ-274)
* 주 1. 위 『연감』의 Ⅰ-274은 〈1947년도 본예산세출명세표〉, Ⅰ-268에는 〈1947년도 세출중요과목명세표〉가 기재되어 양자 간 과목과 액수의 차이가 있다. 〈본예산〉에 추가된 내용과 차이는 (*)로 표시했다. 강조는 필자.
* 주 2. 비율은 소수점 둘째자리 반올림.

보건의료제도 개편을 이후의 일로 둔 그는 "당분간 인재를 양성"하자고 말하며, 의료국영론 주장에 대해서 다음과 같이 언급하였다.

현재에 전조선에 정규의사가 3천여인이니 인구 매 만인에 의사 일인쯤 되는 셈이다. 이 의사들도 다 완전한 시설을 가진 이들이 않임으로 중하고 급한 병이 발생하였을 때 안심하고 치료를 받을만한 병원 수라는 것은 매우 소수이다. 조선에서도 의료국영론을 제창하는 이가 있는 모양이나 의료의 現狀으로 보아 당분간 국영은 극히 곤란할 줄 안다. 그 이유로는 제일 국민의 의료를 국가에서 책임지고 담당할만한 시설이 없다. 이런 시설이 없이 국민에게 의료납세를 부가시킬 수 없다. 시설이 부족한 것과 같이 의사수가 부족하다.

이용설은 보건의료자원의 부족으로 총체적인 난관이라고 판단하였다. 아울러 의료시설과 시설에 배치할 의사가 충분하지 않은 상황에서 의료를 제공하기 위해 세수(稅收)만 부과할 수 없다는 것이었다. 앞서 〈표 3-1〉에서 보듯이 의료시설에 관한 예산(보건소설치에 要하는 경비, 결핵요양소, 나병요양소, 도립병원보조, 나병원비 보조, 보건소설치에 要하는 경비 보조는 "ㅁ"로 표시)은 약 13.6%였고 절반가량은 나병요양소에 배정되어 있었다. 의료시설에 투입할 수 있는 재원이 한정된 상황에서 전체 의료기관 재편이 요구되는 의료국영은 "당분간" "극히 곤란"한 것이었다. 의료자원과 재정이 부족한 상황에서 이용설이 선택할 수 있는 것은 많지 않았다.

이용설은 1946년에 기고한 글에서 의료인력 자원에 대해 좀더 자세히 논했다. 그는 현재 의료인이 부족하지만, 당시 7~8백 명의 의사들이 배출되어 10년 이내에 문제가 해결되리라 보았다.[19]

양적 문제가 자연스럽게 해결될 것이라고 보았던 이용설은 의료 문제 해결에 대한 초점을 의료의 질적 문제에 두었다. 그중 하나가 미국으로 보건

19 "今後朝鮮의 醫療政策", 《경향신문》, 1946. 11. 17.

학을 연수할 유학생을 파견하는 것이었다.[20] 1948년 미군정의 의료에 대한 평가를 보면, 현재 정부병원에서 지급되는 적은 액수의 봉급으로는 제대로 훈련받지 못한 자격이 의심되는 이들만 모이게 하고 있다고 보았다. 이에 따라 치료 결과도 좋지 않은 것으로 보았다.[21] 이용설은 개업의의 국가시험제도, 연구제도의 개혁, 의학자의 해외 유학 등 의료 전문화를 통해 이 문제를 해결하고자 했다.

이용설의 또 다른 제안은 종합병원 설립을 유도[22]하여 낙후한 소규모 의업의 질적 향상을 도모하자는 것이었다. 이것은 미군정에서 공식적으로 권장하는 것이었다. 보건후생부에서는 도시로 의사들이 과밀화하는 현상을 해소하기 위해 지역 당국에 지역사회 의사들이 병원을 설립하도록 독려했다.[23] 소규모 의원의 난립은 의업의 경쟁을 심화시켰고 이들을 지역적으로 통합할 수 있는 상급 의료기관을 필요로 하였다.[24] 의료자원 자체가 부족한 상태에서 규모 있는 병원 운영을 통해 전체 의료자원을 보다 효율적으로 사용할 수 있도록 해야 했다. 이용설의 처방은 보건후생의 책임자로서 현실에 기반한 정책이라고 말할 수 있다.

선교의학교육기관과 미국에서 교육을 받은 그의 배경을 감안하면, 이용설이 참고했을 예를 1930년대 미국에서 찾아볼 수 있다. 1936년 미국 위

20 김진혁, 「미군정기 보건학유학생 파견과 유학정책 갈등」, 『의료사회사연구』 12 (2023), 41-72쪽.

21 RG 554, Records of General Headquarters, Far East Command, Supreme Commander Allied Powers, and United Nations Command, 1945-1960, Box 40, *History of the Dept. of Public Health and Welfare to May 1947*, 1948a, p. 10.

22 행정자원의 경감을 위해 자선이라는 방식은 종합병원을 설립할 수 있는 국내 재원이 없는 상황에서 자선병원은 해외선교회로부터의 기독자선병원을 의미한다고 지적되기도 하였다. 여인석, "대한민국 건국과 기독교 의료", 『연세의사학』 15:2 (2012), 15쪽.

23 주한미군정청, "Summation No.20. (1947.5)", 『미군정활동보고서. 3: NO13-21』 (원주문화사, 1990c).

24 "今後朝鮮의 醫療政策", 《경향신문》, 1946. 11. 17. 종합병원 설립이라는 말로 인해서 이용설은 자본주의 국가형태의 미국식 의료를 지향한다는 지적을 받기도 했다. 이러한 평가는 다음의 연구를 참조. 신좌섭, "군정기의 보건의료정책" (서울대학교 석사학위논문, 2001).

싱턴주에서 모든 과를 종합 망라한 대중병원의 설립이 유행하기 시작했다. 이 종합병원제도는 환자와 계약관계로 되어 있어서 매달 1.5달러를 지불하면 언제든지 진찰과 치료를 받을 수 있는 제도로 의료비를 합리화하는 시도였다.[25] 미국에서의 제도 실험은 이용설이 문제를 타개하기 위한 방안으로 종합병원 설치를 고려하게 한 예시가 될 수 있었다.[26]

이상에서 검토한바 이용설이 영리의료를 비판했음은 분명하나 급진적인 정책의 여지가 있는 의료국영론을 지향한 것으로 보기는 어렵다.[27] 다만, 당시 지면에서 이용설과 같이 의료국영에 대해 보류하는 입장을 표명한 것은 거의 없었다. 그렇다고 해서 소수만이 그의 입장을 지지했다고 보기 어려운 것은 보건후생국장이라는 직위가 가진 권력을 감안해야 하기 때문이다. 이용설의 입장은 개인의 의견을 표출하는 것 이상이었고, 미군정의 정책을 반영하였다는 점을 간과할 수 없었다.

의료국영이 사회 전반적인 차원의 처방으로 현실화될 수 없다고 보면서도, 이용설은 이를 전면적으로 반대할 이유는 없었다. 미군정 보건후생부의 난민구호정책은 기아와 극단적 사유화를 막기 위한 조치들도 기본적으로 포함하고 있었다.[28] 이용설은 자원이 부족한 구호, 사회정책에서 "공유공영하겠다는 정신"을 갖고 "대아를 구원"하며 "우리 민족의 우월성"을 발휘하자고 말하며,[29] 의료를 넘어 사회 전반의 요구도 받아 안고 있었다. 이것은 사회 전반의 대중적 의견이 산업 전반의 국유화, 국가 관리에 대해 호의적인

25 "醫療데파트出現", 《동아일보》, 1936. 8. 11.

26 자발적으로 백인제병원을 법인화한 백인제도 지역의료네트워크를 실험했던 미국 미네소타의 메이요 클리닉(Mayo Clinic)을 방문한 경험이 있었다. 박윤재, "백인제의 근대인식과 실천", 『의료사회사연구』 2 (2018), 120쪽.

27 이용설이 의료국영을 주장한 것으로 보는 입장도 있다. 신규환, "해방 이후 남북 의학교육체계의 성립과 발전 — 이용설과 최명학의 생애와 의학인식을 중심으로", 『人文論叢』 74:1 (2017), 215-245쪽.

28 RG 554, Records of General Headquarters, Far East Command, Supreme Commander Allied Powers, and United Nations Command, 1945-1960, Box 19, *Public Health Chapter 1 and Footnote*, 1948b, pp. 38. 52.

29 이용설, 앞의 글, 17쪽.

상황에서도 비롯하였다. 〈표 3-2〉의 미군정의 여론조사는 이를 반증했다.

〈표 3-2〉 산업국유화 설문조사(%)
Table 3-2. Survey on the Industrial Nationalization(%)

	사업·전문직 계층	노동 계급	농민 계급	경기도 (가중치 부과)	남한 (가중치 부과)
모든 주요 산업의 정부 소유, 그러나 기타 재산의 제외	41	28	36	33.3	34.1
순전한 사적 성격의 재산(주택, 가구, 기타)을 제외한 모든 재산(산업, 토지, 건물, 기계, 광산, 기업체, 기타)의 정부 소유	14	27	21	22.7	22.3
모든 주요산업의 정부 통제, 그러나 소유하지 않음	32	31	35	33.1	33.9
주요 산업에 대하여 정부가 통제나 소유하지 않음	13	14	8	10.9	9.7
합계	100	100	100	100	100

* 출처: 한국 서울주한공보국, "농지분배와 산업 및 기타 재산의 국유화에 관한 한국인들의 여론 조사", 서울역사편찬원 편, 『미군정방첩대 서울문서』, 2019, 247쪽에서 수정.
* 1946년 3월 5일~11일 서울과 그 주변에서 수집한 2,647명에 대한 설문조사.
* 주: 모든 재산은 산업, 토지, 건물, 기계, 광산, 기업체, 기타를 포함

〈표 3-2〉의 문항은 의료를 대상으로 하지 않았지만, 산업 전반에 대한 통제 방식과 직업별 구분을 두어 설문한 것이었다. 주요 산업에 대한 정부 통제와 소유를 원하지 않는다는 응답이 10% 내외로 적게 나타났고 모든 산업에 대한 정부 소유, 사적 재산을 제외한 정부 소유, 주요 산업에 대한 정부의 관리에 대한 선호가 각각 약 20~40% 사이에 있는 것으로 나타났다. 대중들이 주요 생산기관과 물자에 대한 국가 소유 및 관리를 요구했고, 이것은 해방 이후 사회 공(公)개념을 일정하게 반영한다고 볼 수 있다. 대중 의식은 국가가 적산(敵産)을 귀속하듯 일본인 병원의 국가 관리 요구로 이어질 수 있었고,[30] 의료국영화를 지향하는 경향도 높게 나타날 수 있

30 의료인 사이에서 일본인 적산의 소유권 문제로 인한 행정적 어려움이 발생하였다. 이원규, 『하늘은 아신다』(현존사, 1999), 94쪽.

었다.

하지만 앞서 보았듯이 이용설이 정책을 구상할 수 있는 폭은 제한되었다. 보건후생행정 책임자의 위치에서 정책 발표는 군정의 정책으로 직결되는 사항이었다. 재정적 어려움은 급진적 정책에 대해 보수적으로 접근하게 했다. 물론 후일을 도모하고 후학을 양성하자는 그의 논리에는 10여 년 이후에는 의사 숫자가 충분하게 된다는 계산에 따른 것이기도 했다. 선택항이 많지 않았던 정책가로서 이용설은 의사들이 스스로 나서서 종합병원을 설립하여 의료체계의 효율성을 더할 것을 권유하는 정도에 그쳤다.[31]

2) 농촌 보건의료 개선을 비롯한 사회개혁의 전개: 보건운동가 최응석

해방 직후 경성대학 의학부 교수였던 최응석[32]은 1946년 10월 말 김일성대학 총장의 초청을 받아 1946년 11월 3일 평양에 도착하였다.[33] 1946년 11월 17일 김일성대학 의학부 부장 겸 병원장으로 취임한 후 그는 이북에

31 그의 보수적 태도는 미군정이 급진적 정책의 실시를 부담스러워 했던 것에도 관련되었다. 군정 초기 의료법에 대해 검토했던 법제과의 바이스만(Weissman) 중위는 미군정의 일반정책이 향후 세워질 정부의 정책을 제약하는 것을 우려했고 미군정의 조치는 본질적으로 임시적인 것이라고 보았다. RG 332, USAFIK, XXIV Corps, G-2, Historical Section, Records Regarding the Okinawa Campaign, USAMGIK, Box No. 19, *Interview with 1st Lt. A. Weissman, Legal Section, Bureau of Public Health and Welfare*, 1946. 1. 6., p. 3.

32 최응석(崔應錫, 1914-1998): 평양 유정 출생. 1926년 평양중학교 입학, 1930년 도쿄제국대학 예과 입학, 1933년 같은 대학 의학부 입학, 울산 달리 사회위생조사 활동. 1943년 같은 대학 박사학위 취득. 1944년 요코하마 사건 이후 치안유지법 위반으로 체포. 1945년 경성대학 의학부 제2내과 교수 재직, 조선산업의학회, 조선과학자동맹 참여. 서울시의사회 학술부장 및 민주주의민족전선 중앙위원. 1946년 11월 김일성대학 의학부 부장 및 병원장. 북조선보건연맹 위원장을 지냈다. 다음의 연구에서 참조. 신영전·김진혁, "최응석의 생애: 해방직후 보건의료체계 구상과 역할을 중심으로", 『의사학』 23:3 (2014), 469-511쪽.

33 최응석, "자서전", 『평양의학대학 교직원이력서』 (1949); 그는 월북 이후 두 편의 글을 이남 지역 잡지에 게재했다. 최응석, "血漿蛋白과 臨牀: 血漿蛋白體의 由來: 綜說. 1", 『조선의학신보』 1 (1946. 12); 최응석, "현단계 보건행정의 근본적 임무", 『조선의학신보』 2 (1947. 5). "현단계 보건행정의 근본적 임무"에서 그는 소속과 지위를 전 경성대학 의학부 교수로 밝히고 있다.

서 활동을 전개하기 시작했고[34] 1947년 2월 북한 의료인의 정치사상성을 고양시키는 북조선보건연맹 위원장으로서 책임자 역할을 맡았다. 이용설과 함께 같은 지면에서 논쟁을 벌였던 최응석은 월북한 상황에서 "현단계 보건행정의 근본적 임무"를 기고하여 이남 지역의 논쟁에 개입하며 이후 정부의 정책안을 제시했다.

최응석은 장기적으로 국가가 모든 개인에 대해 전 생애의 건강을 기록하는 "건강관리제도"가 필요하다고 주장하였다. 모든 개인들이 전 생애에 걸친 건강조사가 가능하기 위해서는 그에 필요한 행정뿐 아니라, 국가가 보건의료 전반을 관리할 수 있는 제도가 필요하였고 사회보험제도와 '의료사회화'[35]는 이를 가능하게 하는 방안으로서 제시되었다. 하지만 "이 길은 요원하다"고 본 최응석은 현실적으로 할 수 있는 것에 대해 논하였다. 그는 이를 "독립적" 보건 분야에 대한 대책과 전체 대중의 생활 개선을 위한 보건대책으로 나누었다. 후자의 대책은, 첫째, '자혜적인' 후생시설 개념의 배제, 둘째, 노동인민의 자유보건활동의 앙양(昂揚), 셋째, 생활 개선과 노동보건방책 확립, 사회보험제도 등 기초 보건 분야의 발전이었다.[36]

그의 보건의료정책 지향은 소련공산당의 인민보건정책의 기본인 예방의

34 이북에서 북조선분국이 설립된 이후 조선공산당 2차 당대회가 진행되면서 조선공산당 지도부에서 리더십을 둘러싼 경합이 이뤄졌고 이남 지역의 사회주의 지도부는 월북한 상태에서 운동을 지도했다. 이에 따라 이남에서 좌파 세력의 지도급 인사, 인텔리들도 평양으로 이동하기 시작했다. 1946년 중반부터 조선공산당은 신전술로 미군정의 탄압에 역공세로 전환되었고 남로당 계열의 수장인 박헌영은 1946년 10월 월북한 이후 이북에서 이남 지역의 사회운동을 지도했고 이남 조선공산당 세력의 중심은 이북으로 이동하였다. 김무용, "해방 후 조선공산당의 신전술 채택과 당면과제", 『역사연구』 5 (1997), 213-321쪽; 유영구·정창현, 『김일성과 박헌영 그리고 여운형』 (선인, 2010), 99쪽.

35 일본에서 전개된 의료사회화운동에 관련하여 다음의 연구를 참조. 佐口卓, 『医療の社会化』 (勁草書房, 1964); 川上武, 『現代日本醫療史』 (勁草書房, 1965).

36 그 외의 사항은 노동법제상 개혁으로 8시간 노동제, 14세 이하 유년공의 육체노동 금지, 연차 휴가 2주일 제정 등이었고, 부녀 해방에 관한 생활 개선은 온돌 폐지, 주택의 전기 사용, 양복제, 공영주택, 조혼 폐지, 공창제 폐지 등 전 사회적 개혁을 망라했다. 이와 함께 의료보험, 일시 노동능력 상실에 대한 수당, 폐질·노령·실업 등 보험에 대해서도 제안했다. 최응석, "현단계 보건행정의 근본적 임무", 『조선의학신보』 2 (1947.5), 18-19쪽.

학을 기반으로 한 종합적인 건강관리와 위생 조치였다. 최응석은 이러한 취지 아래 소련의 의료제도 등을 소개하였다.[37] 그런데 그는 일본 의료운동의 경험에 입각해서 주요 정책을 제시했다. 이것은 일본에서 유학하며 사회운동을 했던 인물의 특징을 보여준다. 그는 다음과 같이 말했다.

> 파행적 반봉건적인 일본자본주의 하에서도 도시에서는 실비진료소 노동자건강보험제도 등이 일즉히 발달되였고 농촌에서는 수공업적 개업의 제도로부터 산업조합법에 의한 의료이용조합으로써의 종합적 대병원의 조직망이 상당히 진전되였든 것이다. 이 병원을 중심으로 분원 ─진료소 ─지방순회반 등을 배치하여 농촌진료제도의 조직화를 기도하였든 것인데 의료사회화운동의 거대한 進步이였든 것이다(최응석, 1947: 19).

그가 실비진료소와 노동자건강보험제도, 의료이용조합이 발달했다고 지칭하는 곳은 식민지 조선이 아니었다. 산업조합법에 의한 의료이용조합은 일본에서 1930년대 활성화된 지역의료운동에서 비롯한 것이었고, 최응석은 의료이용조합을 통한 의료망 확대를 '의료사회화'운동의 진보라고 보았다. 최응석은 아래로부터의 의료망 확대에서부터 종합적 대병원까지 이르는 조직망이 필요하다고 보았다. 이에 반해 이용설은 소규모 의원을 양산하는 것보다 우선되어야 할 것이 종합병원의 설치라고 인식했다. 최응석과 이용설의 문제 해결의 방향은 상반되었다.

일본의 '의료사회화'운동에 관련한 최응석의 구체적인 경험은 그가 1933년 도쿄제국대학 의학부에 입학한 이후 울산 달리(達理)에서의 사회위

37 최응석이 말했던 주요 내용의 상당 부분은 소련의 보건의료체계에 기초한 쉐마쉬코의 내용과 전반적으로 일치한다. 쉐마쉬코에의 보건의료정책은 다음의 역서를 참조. N. A. 세마쉬코, 신영전·신나희 옮김, 『소련의 건강보장』(건강미디어협동조합, 2017). 소련공산당의 기본정책은 이 책의 17쪽 참조.

생조사활동에 참가했던 것에 기반했다.[38] 울산 달리에서의 조사보고서인 『조선의 농촌위생』(1936)에 의하면 농민들은 1인당 평균 4.1개의 병을 가지고 있고, 기생충병(98%), 소화기병(66%), 트라코마를 비롯한 안질환(58%)의 순이었다. 이와 함께 농민들이 많이 앓고 있는 '체증'과 '신경통'은 농민들의 노동과 생활 관계에 질병인데 이것은 조선에서만 특수하게 나타나는 것은 아니며 중국과 일본 농촌에도 공유하고 있는 것이라고 보았다(최응석, 1946: 32-33). 이에 대해서 그는 근본적으로 다음과 같이 진단했다.

> 중국, 조선, 일본을 개괄하여 동양의 농업경영은 봉건체제 속에 있으며 지주의 고율소작료 밑에서 일반 농민은 극단한 빈궁 속에서 그 의식주를 하고 있기 때문이다. 이것이 즉 「아세아적 정체성」인 것이다. 아세아적으로 정체된 봉건적 생활양식이 지배하는 곳 이곳에 필시 상기 농촌의학의 특수성을 보는 것이다.

그는 아시아 농촌에서 나타나는 봉건적 양식에 의해 "주택의 봉건적 왜소성", 육류섭취를 못 하는 영양상태와 "오염된 백의생활"이 초래되었다고 지적하였다. 따라서 농촌의 노동 환경의 변혁, 농촌의 봉건제도 타파, 자작농지 부여 등의 대책이 필요하다고 보았고, 그가 보건당국자에게 요청하는 것은 농촌협동조합병원제도의 창설이었다.[39] 그가 제안한 농촌협동조합병원은 사회보험과는 구분되는 형태이고 강제 가입을 의무조항으로 하지 않은 것이었다. 조합비를 농민 소득에 누진하는 원칙 아래 재산보험, 재해보험 등과 함께 건강보험이 포괄되는 협동보험조합을 구성하고, 이러한 재

38 그의 활동은 도쿄제대 의학부에서 1926년 설립된 사회의학연구회의 영향을 받았고 단적으로 울산 달리 보고서의 서문은 일본의 사회위생학자 데루오카 기토가 쓴 것이었다. 신영전, 김진혁, 앞의 글, 483쪽.

39 최응석, "농촌의 보건대책 협동조합병원제를 창설하자", 『현대과학』 2 (1946. 8.), 34쪽.

원에 바탕한 조합병원을 운영하는 것이었다.[40]

또한 그는 의료국영화를 지향하면서 대중의 의료접근성을 확대하는 방향으로 이뤄져야 한다고 하였다. 그 방안으로 일본인 병원을 국영병원으로 재편하여 145개 병원을 확보한 후 1개 군에 1개 인민병원을 설립하고, 이를 협동조합병원 형식으로 촌락병원, 촌락진료대 조직망을 강화할 수 있다고 보았다. 소요될 경비는 1년에 1인당 보건비 10원을 각출하면 전 조선에서 2억 원의 재원을 조달할 수 있다고 했다. 아울러 의료종사자들에게 정신적, 물질적 원조를 통해 이들을 농촌지역에 이동시키고 이탈을 방지하는 것이 필요하다고 보며, 이를 통해서 의료기관의 도시 편재를 해소할 수 있다고 전망하였다.[41]

이와 같은 대책은 이용설의 급진적 보건의료정책의 보류와 교육을 통한 후일의 기약과는 상반되며 급진적 사회개혁이 필요하다는 것이었다. 최응석은 미군정의 의사 양성 정책에 대해서 정반대의 주장을 했다. 이용설은 매년 졸업생 700~800명을 배출하게 되면 10년 뒤 전체 의사 수는 10,000명이 되고 인구 3,000명당 의사 1명이 된다고 의사의 양적 배출을 늘릴 필요가 없다고 말했지만, 최응석은 10년 뒤 일본이 의사 1인당 의사 수 약 1,000명, 소련이 약 1,000명, 미국이 약 600명이 될 것이라고 말하며, 10년 뒤에도 의사 수는 모자라며 양적 확보를 위한 노력이 필요하다고 주장하였다.[42] 의사 양성에 대한 예상과 그 결과를 두고 이용설과 최응석은 반대의 해석을 하였다.[43]

의료인력의 부족을 염려하였던 최응석은 의사뿐 아니라 중등 전문학교

40 최응석, "현단계 보건행정의 근본적 임무", 『조선의학신보』 2 (1947. 5.), 19쪽.

41 위의 글, 19쪽.

42 위의 글, 21-22쪽.

43 최응석은 미군정이 추진했던 서울대학 의학부 통합안이 "타당하지 않은 망상(妄想)"에 지나지 않으며 여러 의학전문학교를 서울대학 의학부와 같이 각각 승격시켜야 한다고 주장했다.

에서 방역기술자, 산파, 보건부,[44] 간호부, 약제원 등을 대량 양성할 것을 제안했다. 더해서 서양의학교육을 한의들에게 실시하여 국영병원과 교육기관에서 제공하는 재교육을 하도록 하며 한지의사(限地醫師)도 마찬가지의 교육이 필요하다고 주장했다.[45]

다만 그는 "의료국영화를 제창"하는 사람에 대한 경계에 대해 '의료사회화'가 급진론이 아님을 밝혔다. 의료의 사회화가 개인병원 폐쇄, 개인개업 금지를 하는 것이 아니며, 모든 사람이 무료로 혹은 실비로 적당한 치료를 받는 책임을 국가와 인민이 지는 것으로서, 이것이 실질적 '의료사회화'라고 부연하였다. 다만, 국영의료를 발전시켜나가면서 영리적 개인개업의를 점진적으로 축소시켜갈 것이나, 국영·공공병원의 근무를 마친 이후 의사들의 개인영업을 허용하여 자유개업의를 통제 아래 허가해야 할 것이라고도 밝혔다.[46] 장기적 차원에서 의료국영의 방향을 제시한 것이었다.[47]

최응석은 일제시기 사회주의운동과 연결된 의료운동의 경험 속에서 해방 이후 한반도 보건의료 문제 해결을 주장했다. 소련의 핵심적 보건의료제도인 건강관리제도를 지향하나 당장은 보류하고 국영병원을 증설하는 가운데 농촌에서의 협동조합병원을 설립하여 대중의 의료접근성을 확대하고자 했다. 이에 필요한 인력과 재원 마련에 대해서도 안을 제시했다.

이상을 정리하면, 의료계에서 좌우를 대표하는 인물들이었던 이용설과 최응석의 의료국영화에 대한 입장 차이는 분명했다. 이용설은 의료국영화를 반대하는 것은 아니었지만 급진적 정책을 보류하고 후일을 준비하자는

44 보건부는 일제시기 **일본**에서 실시되었던 제도였다. 준전시체제에서 장정의 체위 문제가 중시되었고 그러한 시책으로서 무의촌에서 의사를 대신하여 농촌보건 문제, 유아사망 문제를 해결할 역할을 맡았다. 보건부는 1939년(소화 14)부터 양성되었다. 川上武, 앞의 책, 424쪽.

45 최응석, "현단계 보건행정의 근본적 임무", 22쪽.

46 최응석, "현단계 보건행정의 근본적 임무", 19쪽.

47 의료국영화의 급진성을 경계하는 것에 대해서는 다음 장에서 살펴볼 김연주와 같은 입장을 공유하고 있었다. 김연주, "민주건설과 의료계의 전망", 『조선의보』 2:1 (1948.3), 38쪽.

것이었다.[48] 다른 우익적 성향을 지닌 인물에게서 나타나고 있지 않았던 이용설의 입장은 재정이 허락하는 것을 실시하자는 행정가의 보수성에서 비롯하였다. 최응석은 의료국영화를 지향하며 협동조합병원 운영을 내세우면서도 그의 경험에서 진보적이었다고 평가하는 일본 의료운동에서 활용했던 제도를 제안하였다.[49] 이용설이 이남의 현실에 입각한 보건의료정책을 제시했다면 최응석은 사회주의 지향과 결합된 그의 경험에 기초한 정책을 내놓았다.

3. 보건의료체제의 표상과 '의료사회화'로의 경도

1) 사회진화론적 인식으로의 소련 모델 흡수: 의학교육자 정구충

이용설과 최응석 외에도 논쟁에 참여한 의사들이 있었다.[50] 당장의 개혁 조치를 보류했던 이용설을 제외하면 대부분의 의료계 논자는 '의료사회화'라는 개혁 조치가 필요하다는 입장이었다.[51] 미군정의 보건행정 자문 역

48 이용설이 의료국영화를 반대한 것은 아니었다고 지적된 바 있다. 신규환·서홍관, 앞의 논문, 104쪽; 이용설이 미국식 의료를 지향하고 의료국영화를 반대했다는 지적은 다음의 연구(신좌섭, 2001)를 참조.

49 북한에서 제시하는 정책과는 차이가 있다. 이후 미소공위 답신서를 통해 확인할 것이다.

50 기존에는 최응석과 유사한 입장으로 박영서, 이부현(신좌섭, 2001)이 간략히 소개되었다. '의료사회화'(의료민주화) 주장을 했던 인물들은 이 장에서 다루는 정구충, 김연주 외에 박영서, 정근양, 이부현 등을 찾아볼 수 있으나, 본 연구에서는 체제 지향의 표상에 초점을 맞춰 정구충과 김연주를 집중 조명하였다.

51 해방 이후 최응석 등 사회주의 보건의료체제를 지향하는 이들의 월북 이후 미군정기 사회의학의 전통은 제거되거나 단정 수립 이후 공백으로 남겨진 것으로 파악되었다. 최규진, 『한국 보건의료운동의 궤적과 사회의학연구회』 (사회의학연구회, 2016); Dal Sun Han, Sang-Soo Bae, Dong-Hyun Kim, Yong-jun Choi, Origins and Evolution of Social Medicine and Contemporary Social Medicine in Korea, *J Prev Med Public Health* 50:3 (2017); 하지만 급진적인 개혁을 지향하는 이들이 두드러지지 않았을 뿐 의료사회화 지향은 아래 김연주를 비롯해서 우익적 성향의 정구충에게서도 나타날 정도로 보건의료 문제에 대한 스펙트럼이 넓었다.

할을 한 정구충[52]도 마찬가지였다. 정구충은 해방 이후 의료계뿐 아니라 정치의 영역에서도 폭넓게 활동하였다. 그는 건국준비위원회에서 인민공화국을 설립하자 후생부를 책임졌고, 헌법 초안을 작성한 행정연구회의 전문위원이기도 하였다.[53]

1946년 12월 발행된 『조선의보』 1권 1호에서 경성여자의과대학 학장이었던 정구충은 새로운 국가가 지향해야 할 의료제도로 민주주의국가로는 미국, 사회주의국가로는 소련에 대해 관심을 가지고 있다고 밝혔다. 미국의 의학기술 수준, 조직제도, 의료교육제도 및 시설이 세계의 첫 번째라는 그는 세계가 독일의 제도는 버리고 미국의 제도를 따라왔다고 보았다(정구충, 1946: 63).[54] 이런 인식에 기초하면, 독일의 방식을 본받았던 일본의 방식도 문제가 되는 것이었다. 정구충은 미국과 소련 의료제도에 대해 정치적 입장에 따라 어느 한쪽을 결정하는 것이 아니라 의료의 높은 수준을 갈망하는 가운데 본받을 표상을 설정하였다.

그의 인식은 어디에서 비롯한 것일까. 1935년 우생협회 주최 우생학과 성병의 관계에 대해 강연했던 정구충은 인종과 문명의 위계 관념을 충분

52 정구충(鄭求忠, 1895-1986): 1895년 충청북도 옥천 출생. 1913년 한성고등보통학교 졸업. 관비유학생 자격으로 일본 오사카의과대학을 1921년 졸업한 이후, 동 대학 부속병원에서 외과수련. 1923년 경상북도 안동도립병원 외과과장, 1925년 황해도 해주도립병원 외과과장, 1927년 평안북도 초산도립병원 외과과장 역임 후, 1928년 오사카의과대학에서 결핵연구소 연구원 재직, 1932년 의학박사 취득. 1935년 한성의사회 회장. 1939년 경성여자의학전문학교 외과교수. 1945년 경성여자의과대학 학장, 건국준비위원회 자문위원, 군정청 후생부 자문위원, 문교부 자문위원(의학교육), 문교부 의학교육심사위원 등 활동. 1946년 대한외과학회 회장, 1948년 보건부 독립촉성위원회 부회장, 대한적십자사 조직위원, 1953년 대한적십자사 서울지사장. 1959년 대한의학협회 회장을 역임하였다. 유승흠, 『우리나라 의학의 선구자 1』(한국의학원, 2007), 67-70쪽.

53 여운형과 안재홍이 주재했던 건국준비위원회가 인민공화국으로 재편되자 정구충은 최영재 차장 이문세, 정운근과 같이 후생부를 책임졌다. 한편 1945년 12월 17일 소집되어 헌법의 기초안을 준비한 단체인 행정연구회는 후생 부문 전문위원으로 최동, 정구충이 포함되었다. 정구충, 『한국의학의 개척자 (I)』(동방도서, 1985), 339쪽; 김수용, 『건국과 헌법』(경인문화사, 2008), 25-26쪽.

54 경성제국대학 위생학교실에서 독일식 의학 지식보다 미국식을 따르는 경향이 1930년대 이후 나타났다는 지적도 있다. 박지영, "제국의 생명력: 경성제국대학 의학부 위생학예방의학교실의 인구통계 연구, 1926-1945"(서울대학교 박사학위논문, 2019).

히 내재했을 가능성이 높은 인물이었다.[55] 물론 이러한 우생관은 그에게서 만 발견되는 것은 아니었다. 우생협회에 참여한 인사들은 당시 의료계 인사 전반을 망라했고, 이후 제정되는 1951년까지도 국민의료법 논의안에 "민족의 우생적 발전"이 제안될 정도로 공유했던 인식이었다.[56] 문명 위계에 입각한 우생관은 사회진화론과 결합되기 쉬웠고 이는 새로운 세계질서에서 우수한 국가의 제도를 최상단에 배치시키며 우열을 가리는 것이었다.[57] 제국 독일과 일본을 중심으로 한 위계[58]에서 추축국이 연합국에 패배한 이후 미국을 정점으로 한 구도는 다음과 같이 구성될 수 있었다. 미국-소련-(독일-일본)-조선. "독일-일본"이 빠져나간 자리에 조선은 이에 걸맞은 위상으로 올라서야 했다.

이런 맥락에서 해방된 조선의 제도는 미국의 제도를 따르면 된다는 것이 그의 결론으로 이어질 수 있었다. 그러나 그렇지만은 않았다. 그는 소련의 제도가 조선에 필요하다고 주장했다.[59] 그리고 소련의 모든 계획의 근본이 미국에서 수입한 정책이라고 했다. 소련의 제도를 따르는 것이 미국의 방식을 따르는 것과 마찬가지가 되는 것이었다.

55 정구충의 강연은 『우생』(1936) 2권에 "우생학상으로 본 화류병"이라는 제목으로 게재되었다. "種族改良의 獅子吼 今夜의 優生大講演", 《동아일보》, 1935. 1. 23.

56 국민의료법 초안의 총칙에는 "본법은 민족의 우생적 발전을 도모하기 위하야 국민의 보건 향상과 국민의료의 적정을 기함을 목적으로 한다"는 문장이 기재되었다. 國會事務處, 『國會速記錄(제2대 제11회-제25호(1951년 7月13日)』 (1951), 1.

57 파시즘은 경제 지상의 기치 아래 정치 영역을 삭제했는데, 이것의 기초에는 우생관이 있었다. 해방 후 이남에서 제3세계 식민지 경험을 가진 자본주의와 공산주의 사이의 사상적 분화도 분명하지 않았고 정치사상적 저변에 파시즘이 가진 영역이 넓었음은 다음의 연구에서 지적되었다. 후지이 다케시, 『파시즘과 제3세계주의 사이에서』 (역사비평사, 2012).

58 1937년 세계 의학을 시찰한 세브란스병원 산부인과 의사 조동협은 수술은 독일이 제일이고 설비는 미국이 세계 제일이라고 평했다. 이 당시에 이미 미국이 설비의 측면에서 독일과 일본을 10년가량 앞서 있다고 그는 보았다. "設備는 米國 手術은 獨逸 趙東浹醫師歐米視察 談", 《조선일보》, 1937. 11. 4.

59 의학계에서 확인되는 이러한 그의 판단은 과학기술계 인사들에게서도 나타났다. 그 이유에 대해서 경제성장을 위한 총동원체제가 일본과 소련에서 유사하게 나타났다는 것이 지적되었다. 홍성주, "한국 과학기술 정책의 형성과 과학기술 행정체계의 등장, 1945-1967" (서울대학교 박사학위논문, 2010), 27-30쪽.

그럼 소련은 왜 적합한 모델로 제시되었을까. 체제의 적합성과 민도(民度)에 대한 고려였다. 미국의 의료제도가 조선에 맞지 않다고 보았는데 미국의 경우 민중의 발달(민도의 발달)에 의해서 방임해두어도 운영되는 것이었다면, 소련에서는 여러 국가정책적 개입이 이뤄졌고 이런 형태가 민도가 낮은 민중에게 적합하다는 것이었다.[60]

그런데 민도가 낮은 대중에 대해 국가가 개입하기 위해서 해결해야 할 문제가 있었다. 민도가 낮은 대중을 관리할 이들의 문제가 선결되어야 했다. 그는 보건행정망에 배치된 인력들도 일반인들과 차이 없는 수준이었고 이들이 보건 지도를 할 수 있도록 하는 교육이 우선 필요하다고 지적하였다. 그리고 의료기관의 도시집중을 해소하기 위해서는 의사들과 시설을 지방에 배치해야 한다고 보았다. 의학교육 측면에서도 독일식 이론교육의 폐해로 '처방전 하나 쓰지 못하는 의사를 제조'하는 것이 아니라 실습을 충분히 한 의사들이 필요하다고 인식하였다. 이에 대한 체계적 준비는 국가에 의해서 보장되어야 했고 '보건사(保健士)'에 대한 교육과 지도가 요구되었다.[61]

이처럼 소련의 경험이 소환되는 것은 실질적으로 해방 직후 조선에 필요한 의료가 무엇인가라는 문제의식의 맥락 하에 있었다. 정구충이 인식한 소련은 '이민족'에 대한 통치에도 최고 수준의 의료예방시설을 보급했고, 이를 위한 막대한 사회문화비를 책정·운영한 국가였다. 그에게 소련은 170여 이민족을 통치하며 이를 위해 보건, 후생을 이용하는 "혜안"을 가진 국가로 인식되었다.[62] 대중의 생활 수준을 보편적으로 향상시키고, 위생주택을 보급하며, 의료기관을 균등하게 증가시키면서도 이를 뒷받침하는 예

60 정구충, "의료의 민주주의화", 『조선의보』 1-1 (1946), 65쪽.

61 위의 글, 64쪽.

62 위의 글, 64쪽.

방의료의 원칙을 세웠던 소련은 선망의 대상이 되었다.

보다 거시적인 차원에서 정구충은 전체적인 의료제도 개혁에 무게를 싣고 있었다. 여러 정당에서 내걸었던 토지분배, 대산업시설의 국가경영에 대해 이론(異論)을 가지지 않았던 그는 사회개혁 조치에 대해 동의했다. 그리고 앞으로 과거 일본인 중심이었던 의료 운영에 대한 근본적인 개혁이 필요하다고 말했다. 그는 정당과 사회단체의 토지 문제와 대산업국영에 대한 정책 지향에 발맞춰 의료와 의학의 사회화를 기도해야 한다고 하며, 사회위생학의 발전에 주력해야 한다고 판단했다. 그리고 이런 개혁에 소련의 방식이 잘 맞는다는 것이었다. 특히 이남 지역의 상황은 급격한 인구이동과 마비된 보건위생시설로 인해서 전염병이 창궐하던 조건에 있었고, 이는 러시아혁명 이후 소련이 마주하였던 난관과도 비슷하였다.

정구충의 주장은 미국식 의료제도의 우월함을 인정하는 가운데 당면 과제를 해결하기 위해서 소련의 경험이 당장 유효하기에 이들 제도를 따라야 한다는 것이었다. 이는 그가 모델로 하는 제도를 소련으로 설정했지만 조선에 적합하다면 그것이 다른 것으로 대체될 수 있는 것을 의미하기도 했다. 일제시기 일본에서 의료사회화가 군국주의 전쟁을 뒷받침하기 위해 결합되었던 것처럼 정구충은 우생관에 결합된 사회진화론에 바탕하여 '의료사회화'를 흡수하고 있었다. 정구충에게서 소련 모델은 미국과 대립하는 냉전적 근대화 모델 이전에 그의 사회진화론적 인식에서 지향할 대상으로 설정되었다. 이런 그의 인식은 좌우익의 이념적 판단이 사회주의 보건의료제도, 의료국영 지향 여부를 단순히 결정하지 않는다는 것을 보여주며, 보건의료정책 지향이 단계적 발전론에 입각할 수 있다는 것도 고려해야 함을 시사하였다.

2) 조선 의료의 주체성 회복과 사회개혁 지향: 사회단체활동가 김연주

해방을 맞아 간행된 『朝鮮齒界』의 창간 축하 변에서 경기도치과의사회 위원장 문기옥(文箕玉)[63]은 다음과 같이 말했다. "아모리 미풍소속(美風蘇俗)이 조흘지라도 미소의 식민지가 아닌 이상 가마귀(烏)가 공작이 될랴드시 허영심에 날뛰어 그 풍속만을 모방하지 말" 것과 "미풍소속(美風蘇俗)을 모방하랴는 망국적 행동을 빨이 근절하야" 기현상을 수정해야 한다고 말했다. 미풍양속(美風良俗)이라는 말도 바꿔버린 해방정국의 사회 분위기에서 그는 미국과 소련을 추종하는 것에 경종을 울렸다.[64] 미국과 소련의 것이 새 국가 건설에 유익하지 않으니 조선에서 비롯한 것으로 돌아가자는 말이었다.

이와 같은 주장과 같이 조선적십자사 구호부장 겸 보건부장 김연주[65]는 『조선의보』에서 조선 의료계만의 방향을 개척할 것을 제안했다. 그는 일제 시기의 의료가 영리를 취하기 위하여 도시로 집중되었던 현상과 사회문제를 만들어내게 한 자유개업의제도를 비판하였고, 조선 의학의 주체적 발전을 강조했다.

> 조선의학은 미국이나 쏘련의학의 수입 모방으로서 건설완성될 수는 없는 것이다, 조선의학이 "씨"도 조선 안네 있을 것이고, 자라기도 조선에

63 문기옥은 1938년 한성치과의사회 임원, 종로제일청년단 명예단장을 지냈다. 1956년 서울시 시의원(종로구)에 당선되었으나, 1957년 사망했다. "漢城齒醫任員改選", 《동아일보》, 1938. 2. 21.; "鍾路第一靑年團役員改選", 《동아일보》, 1938. 11. 12.; "서울市議當選者", 《경향신문》, 1956. 8. 15.; "八日中에 結果判明", 《경향신문》, 1957. 5. 8.

64 文箕玉, 「祝『朝鮮齒界』創刊」, 『朝鮮齒界』 1-1 (1946. 4.), 41쪽.

65 김연주(金鍊珠, 1922-1995): 1936년 평양의학전문학교 7회 졸업. 1946년 경기도 보건후생국 예방의학과장, 1947년 6월 조선적십자사 구호부장과 보건부장(~1949년 말). 1950년 보건부 보건 및 위생과장(~1958년), 1955년 미시간대학교 보건학 석사, 1958년 국립 오류동 구호병원장(~1960년), 1961년 대한적십자 보건부장, 구호부장, 섭외부장. 남북적십자 예비회담에서 첫 번째 수석대표 및 본회담 실무회의 교체수석대표를 역임했다. 權彛赫, "내가 아는 平医 同門들", 『平医』 9 (1978), 143쪽; "金鍊珠 前남북회담대표", 《경향신문》, 1995. 12. 21.

서 자랄 것이요 (마치 독립을 남이 주는 것이 아님과 같이) 조선민족의학 완성만이 전인류 의학완성에 공헌하는 길인 것이다.[66]

김연주에게 "조선 의료"의 길은 미국의 의료나 소련의 의료를 통해서 만들어낼 수 없는 것이었다. 남북 단독정부로의 귀결이 확정되지 않은 상황에서 한반도 통일국가를 수립할 가능성은 남아 있었다. 이남은 좌우 이념 투쟁으로 혼란했고 이북은 인민위원회체제 중심으로 통일해야 한다는 입장이었지만, 미국과 소련 사이 양자택일을 거부하며 끝내 남북협상에 나섰던 이들도 있었다. 조선의 의료가 미국과 소련의 것으로 수렴되어서는 안 된다고 판단했던 김연주도 주체적 입장에서 그 방향을 강구하고 해답을 "조선 안"에서 찾아야 한다고 보았다. 보건의료체제의 표상을 다른 곳에서 찾을 것이 아니라 조선에서 찾아야 한다는 것이었다.

그는 36년간의 식민지 아래에서 조선 의료는 일본 의료의 파생적 존재가 되었다고 비판하였다. 그런데 조선의 식민지적 성격 이전에 그는 일본 의료 자체에도 문제가 있다고 보았다. 일본 의료는 서구의학의 수입에 주력하면서 근대의학의 전통을 잇는 기반을 갖추지 못하였기에 농촌과 도시에서 각각 의료의 파행이 점철되어 기형화되었다고 보았다. 이런 영향이 조선 의료에 그대로 남아 있다는 그는 자유개업의제도의 존속을 비판했다. 수공업적인 개업의는 구매력을 잃은 농촌을 떠나 의사의 도시집중은 가중되었고, 의료가 조선인들을 영리에 따라 차별하는 유해한 존재가 되었다고 하였다.[67]

따라서 그는 사회혁명으로서 봉건적 잔재와 반민주주의를 배제해야 하며 사회의 요청을 대변해야 할 의료가 의료혁명을 수행해야 한다고 주장

66 김연주, "민주건설과 의료계의 전망", 『조선의보』 2-1 (1948. 3.), 37쪽.

67 김연주, 위의 글, 36쪽.

하였다. 민주화된 사회에서는 "의료의 민주화"가 뒤따라야 한다고 보았고, 반대로 의료는 사회의 민주화를 이끄는 책임적 지위에 있다고 강조하였다.[68] 그것은 의료가 사회발전의 동력을 갖고 있기 때문인데 그 역할을 수행하지 않는다면 민주주의 건설을 가로막게 된다는 것이었다.

이런 인식은 질병 관리에 대한 국가와 사회의 책임을 전제한 것이었다. 질병은 사회생활 양식에서 비롯하기 때문에 이를 해결할 책임도 국가와 사회가 가지며 이 정책에 의해 실현된 혜택은 균등히 나눠져야 할 것이라고 보았다. 이를 위해서는 의료제도의 개혁이 필요하고 이것은 실현 가능성을 따져야 할 문제가 아니라 국민의 권리로서 요구되는 것이었다.[69]

이러한 그의 판단에서 김연주의 "민족의료"의 정책과 방침은 의료기회 균등정책과 의료국영론이었다. 균등한 의료기회를 통해서 계급사회에서 볼 수 없는 위대한 발전을 기할 수 있고 『인민을 위한, 인민에 의한, 인민의』 의료로서 전 민족을 치료하는 민주주의적 의료를 표방할 수 있다고 하였다. 의료기회의 균등정책을 위해서 구체적으로 국가재정에 의한 의료시설의 확충, 사회보건의 강행, 생활낙오자를 위한 특별 조치 등이 이뤄져야 한다고 했다. 더불어 그의 의료국영론의 골자는 다음과 같았다. 각 도에는 국립병원, 각 군에는 국립병원의 분원, 읍면에는 진료소, 리동에는 출장소를 설치하는 것이었다. 그리고 보건소를 면마다 1개소씩 배치하고, 협동조합을 활용하는 안을 제시했다. 이를 통해 실질적인 '의료사회화'가 이뤄질 수 있다고 주장했다.[70]

김연주의 자주적 조선 의료는 민족의료를 의미하는 것이었고, 민족의료는 일제시기 기형화된 일제 의료의 영향을 받아 만들어진 조선 의료를 의

68 김연주, 위의 글, 35-36쪽.
69 김연주, 위의 글, 38쪽.
70 김연주, 위의 글, 37-38쪽.

료의 사회적 역할을 회복하고 수행하는 가운데 새롭게 재구성하는 것이었다. 그의 민족의료는 의료기회 균등정책과 의료국영론으로 모든 대중이 의료를 실질적으로 받을 수 있도록 하는 것이었다.

이상을 정리하면, 당시 논쟁에 참여했던 위의 논자들 중 의료국영을 옹호하지 않았던 인물은 이남의 보건후생 책임자였던 이용설 외에는 없었다. 물론 그 역시 앞서 짚었듯이 보건후생재정의 부족에서 기인하는 바가 일차적인 이유였다. 또한 소규모 개업의가 의료의 수준을 떨어뜨리고 있기에 의료자원의 효율화와 수준의 향상을 위해 의사들에게 종합병원을 설립할 것을 권장했다. 이에 비춰보면 해방 직후 의료 논쟁의 논자들은 모두 이남 지역에서 의료영리화 경향, 소규모 자유개업의, 병의원 및 의사들의 도시 편중을 우려하는 점에서는 일치했다.

문제를 해결하려는 방향은 각기 차이를 보였는데, 최응석, 정구충, 김연주는 보건의료의 문제 해결에 사회개혁이 동반되어야 함을 주장하였다. 특히 모델이 되는 국가 설정에 관해서 정구충은 사회진화론의 차원에서 소련의 모델이 조선의 현실에 적합함을 주장했다. 그는 우익적 성향이었지만 생활 수준의 향상과 의식주 문제의 해결에도 주안을 두는 통합적 보건의료정책을 주장했다. 반면 김연주는 소련과 미국의 모델을 따를 것이 아니라 식민성을 가진 조선 의학 자체의 문제를 해결하기 위한 사회적 개혁이 필요하며 의사의 의료민주화에 대한 책임을 강조하였다. 의사에게 의(醫)의 사명을 가진 사회개혁가의 역할을 부여하는 것이었다.

〈표 3-3〉 보건의료 논쟁의 지형

Table 3-3. Outline of the Health and Medical Debate

개혁 대상	개혁 방법	해결방안	인물	거취
의료제도	의료교육	의료의 질적 향상을 위한 유학, 종합병원 설치	이용설	이남
의료제도와 사회제도	의료정책 및 의료사회화	소련 모델에 기반한 전사회 개혁	정구충	
		민족의료 추구와 의료균등, 의료국영	김연주	
		일본의 '의료사회화'운동에 기초한 사회주의 보건의료제도 추구	최응석	월북

지금까지 살펴본 해방 직후 보건의료 논쟁의 지형은 〈표 3-3〉과 같이 분류된다. 이 표를 통해 여러 논자의 주장을 다시 정리하면, 우선 이용설은 의료교육과 종합병원 설치를 통해 후일을 도모하자는 입장이었다. 그 외에 사회개혁이 필요하다는 측의 입장은 의료수요자의 입장에서 의료접근성의 확대, 대중생활의 개선이 필요하다는 것이었다. 이는 사회의 개혁, 개조가 필요한 차원으로 나아가는 것이었다. 이 같은 입장에 다수의 논자들이 포함되었는데 최응석, 김연주와 의학계 중진인 정구충도 여기에 속했다. 이들 논자와 미군정기 여론조사를 미뤄볼 때 이들이 대중 의견을 대변했을 가능성이 높았다.

앞 장에서 이용설과 최응석은 이들의 현실과 경험에 기반한 보건의료정책을 제시했다면, 이번 장에서 살펴본 정구충과 김연주는 이들 각각 조선에 필요한 보건의료체제의 표상을 조선 내외부에서 찾으려고 노력했다. 정구충은 소련 모델의 적합성을 그의 문명관에 입각해서 주장했고, 김연주는 조선 내의 민족의료를 강구했다. 이 둘의 접근은 달랐으나 의료국영, 의료균등정책을 비롯한 제 사회개혁으로 모두 수렴되어 나타났다. 정구충과 김연주 같은 인물의 주장은 해방 직후 보건의료 논쟁이 이용설과 최응석으로만 대표되지 않음을 확인시킨다.

4. 미소공동위원회 답신서에 수렴된 보건의료체제 지향: 일본 보건의료제도 등장과 조합적 지향의 공유

제1차 미소공위(1946년 3월 20일 개최)에서 제2차 미소공위(1947년 5월 21일 개최)를 전후하는 시기, 이상과 같이 여러 논자들은 보건의료정책에 대한 입장을 피력했다. 그리고 이들의 주장은 다시 개최된 회의에서 제 정당, 사회단체의 논의로 수렴될 수 있었다. 제2차 미소공위에서는 임시정부에 대해 협의할 단체들에게 답신서를 제출하도록 했다. 참여할 단체에 대해서 임시정부가 지향할 방향에 대한 설문을 담은 미소공위 제5호, 제6호로 발표하여 자문받았다.[71]

이때 제출하도록 했던 자문내용 제6호는 경제, 정치, 사회를 망라했다. 구체적으로는 일제 잔재 청산 방법, 토지 소유 형태, 노동과 물가정책 등이 제시되었고 마지막 "사"항(項)에는 "조선민주주의 임시정부의 교육 문화정책"이 포함되었다. 해당 항에는 성인층 문맹 교육, 초등·중등·고등교육의 발전 계획, 정치경제 등의 분야에 필요한 전문가 양성 계획이 포함되었고 마지막 목(目)에서 "사회보건사업 계획 및 대책여하"에 대한 정책을 밝히도록 요구하였다.[72] 435개의 단체가 답신서를 제출하였고, 이 답신서를 기초로 제2차 미소공위에 참여할 단체를 추려야 했다.[73]

제출된 답신안은 많았지만, 답신서의 내용은 유사하였다. 각 사회단체들은 연합체를 구성했고, 연합체들 사이에서도 같은 입장으로 합치를 보고 정책을 공동 결정하는 등의 방식으로 공유하였다.[74] 따라서 세 가지 주

71 "美蘇共委第五號第六號諮問에 主要政黨의 答申比較", 《경향신문》, 1947. 7. 6.

72 북조선민주주의민족통일전선 중앙위원회 서기국, "쏘米共同委員會 共同決議 第六號", 『쏘米共同委員會에 關한 諸般資料集(增補版)』 (共榮社印刷所, 1947), 152-157쪽.

73 정병준, "해방 직후 각 정파의 정부수립 구상과 그 특징", 『統一問題研究』 10-2 (1998), 17쪽.

74 463개 정당과 사회단체가 미소공위 참여를 신청했고, 435개 단체가 서면 답신서를 제출했다. 허위 단체인

요 단체로 좁혀볼 수 있다. 새한민보사의 설의식(薛義植)[75]은 임시정부수립대책협의회(이하 임협),[76] 시국대책협의회(시협),[77] 남조선과도입법의원(입의),[78] 민주주의민족전선(민전)[79]으로 분류했으나, 보건의료정책에 관해서 민전을 제외하고 다른 단체들의 답신은 동일했다. 민전은 좌익, 시협은 중간파, 임협은 우익, 그리고 입의는 우익과 중도의 혼합적 성향으로 구성되어 있었다.[80] 남한의 중도 세력 단체와 우익 단체들은 합의된 내용을 제출하였으나 이남 좌익 성향 단체인 민전과 남조선노동당, 이북 북조선노동당의 답신서 내용의 입장은 약간의 차이를 보였다. 이것은 〈표 3-4〉와 같이 정리된다.

3개를 제외하고 미군정에서 분류한 432개의 단체 성향은 우익 222개(51.4%), 중간파 81개(18.7%), 좌익 129개(29.9%)였다. 심지연, 『미·소공동위원회 연구』(청계연구소, 1989), 84쪽.

75 설의식(1900-1954): 함경남도 단천 출생, 니혼대학(日本大學) 사학과 졸업. 1922년 동아일보 입사 후 주일특파원, 편집국장 역임. 해방 후 동아일보 주필, 부사장 역임. 1947년 순간(旬刊) 새한민보 창간. https://terms.naver.com/entry.naver?docId=575329&cid=46668&categoryId=46668 한국민족문화대백과 참조. (2021. 9. 27. 접속.)

76 '임정'은 '한국민주당(이하 한민당)'이 '미소공위'와의 협의에 참여하기로 당론을 정하고 난 후 '한민당'이 주도적으로 결정한 단체이다.

77 '좌우합작 7원칙'에 합의를 본 후인 1946년 10월 11일에 김규식, 여운형, 안재홍 등 좌우합작위원들이 중심이 되어 결성하려 했고 마침내 1947년 7월 3일 결성된 단체이다.

78 1946년 12월 12일 개원한 미군정시대의 입법기관으로서 1946년 5월 '미소공위'가 무기한 휴회하자 미군정에서 구성한 과도입법의원이었다. '남조선과도입법의원'은 미군정에 대한 한계에도 불구하고 「남조선과도입법의원법」, 「하곡수집법」, 「미성년자노동보호법」, 「부일협력자·민족반역자·전범·간상배에 대한 특별조례법률」 등을 제정하였다.

79 1946년 2월 15일 조직된 좌익통일전선이다. 1945년 12월 '모스크바 3상 회의'에서 한반도 신탁통치안이 결정되자 '인민당' 등 좌익계 정당 및 '조선공산당'의 외곽 단체를 총망라한 좌익 통일전선체를 구축하였다.

80 1946년 6월 3일 정읍 발언 등 단정 수립에 나선 이승만을 경계하던 미군정은 온건한 우익 정치지도자 김규식을 중심으로 정치세력을 재편하려고 했고 그 결과가 과도입법의원의 설치였다.

〈표 3-4〉 사회보건사업의 계획 및 대책 여하 대한 답신안

Table 3-4. Survey on the Plan and Measurement of the Social Health Program

임시정부수립대책협의회· 시국대책협의회· 남조선과도입법의원	민주주의민족전선	남조선노동당	북조선노동당
보건의료체계 조직 및 계획			
1. 보건행정의 강화 보건행정의 강화에 관하야서는 중앙정부지방(시도군읍 및 면) 행정기관내의 행정부문을 독립 단일체로 한다. 3. 보건소의 설치 **보건소를 1면 1개소**까지 추진 점차 설치한다. 6. 군립병원설치 현재 도병원의 하부조직을 군립병원까지 추진 설립한다. 단 관영 및 군단위의 **의료공제조합제도**를 실시한다. 7. 사회사업적 의료기관의 확충 **건강보험법**의 현실화와 **자선의료기관**을 장려한다. 8. 국영 또는 공영의 고아원 탁아소, 양로원 등을 확충한다. 10. 의료기관의 기획화 상기 제반 의료기관은 장래 국가적 기획화를 목표로 하야 점진적으로 추진케 한다.	1. **의료제도는 국립병원, 협동조합병원, 개인개업의**의 3종으로써 조직한다. 2. 국립병원은 일본 통치시대의 관립병원, 공립병원 및 일본인 소유 대병원으로써 한다. 3. **협동조합병원은 농촌에 대한 급속한 의료 조직망을 건설**키 위하야 협동조합사업의 부속된 사업으로써 국가원조 하에 그 설립을 촉진하여야 한다. 4. **개인개업의의 도시집중을 방지**하고 이를 균포하는 대책을 강구하여야 한다. 5. 공장, 광산 등의 병원을 확대하여야 한다. 7. 의사를 급속히 대량 양성할 필요가 있음으로 학교를 증설하고 한편에 있어 **자학(自學)의사의 국가시험제도**를 실시하여야 한다.	1. 의료제도는 **국립병원, 협동조합병원, 개인병원**의 3종으로 조직한다. 2. 국립병원은 1945년 8·15 이전에 있든 관-공립병원과 일본인 소유의 대병원으로서 광범위하게 조직한다. 3. **협동조합병원은 농촌에 있어서의 의료기관 즉 촌락병원, 촌락진료소 또는 이동진료대 등은 급속히 또 광범위하게 조직**하기 위하여 국가의 적극적인 원조하에 협동조합의 부속사업으로서 설립한다. 4. **국영병원과 협동조합병원은 상호협조하여 이 국립병원과 협동조합 병원이 중추**가 되어 지방 각지에서의 의료망을 조직하여 의료제도의 기본이며 중심체로 되게 하여야 한다. 5. 개인개업의는 과도로 도시에 집중되고 있고 더구나 **개인개업의**의 과반수가 서울에 집중되고 있음으로 이를 **지방에 분산시킬 대책**을 취하여야 한다.	(일제시기 조선인을 위한 보건시설은 없었고 농촌에는 무의촌을 양산함, 미신의 팽배, 방역책 전무. 이상 서설 줄임) 1. 민족적 건강을 회복 향상시키며 인민들의 의료를 보장하기 위하여 **국가의 시설로써 인민보건사업을 조직**하여야 할 것이다. 2. 몰수된 이전 일본병원들은 확장하여 개선하며 새로운 진료소와 의료기관을 신설하여 인민들로 하여금 이것을 이용할 수 있도록 하여야 할 것이다. 4. 각 공장과 농촌마다 의료기관을 설치하는 동시에 순회진료를 수행할 것이다.
전염병 및 위생 대책			
2. 사회보건에 관한 질병의 대책확립, 급성전염병 및 만성전염병 특히 결핵병, 성병, 나병 등과 정신병에 대한 예방 및 치료에 관한 제 대책을 확립한다. 5. 공중위생시설의 완비 상하수도 및 오물처치 등을 개선한다.	6. 폐질 기타 전염방지를 위한 특수한 치료원을 증설하여야 한다.		3. 결핵, 성병 등 사회적 질병을 근본적으로 퇴치하고 전염병을 철저히 방지하기 위하여서는 세균학연구실과 방역소독소, 결핵요양원 등을 설치할 것이며
대중위생교육			
9. 공중 보건위생교육의 철저 ㄱ. 문교부를 통하야 중등, 초등학교에까지 보건위생교육의 과목을 다량 취재케한다. ㄴ. 일반시민 및 농민에 대하야 광범위로 차에 관한 교육 및 선전에 노력한다.	9. 체육의 선수편중제도를 청산하고 체육인민화 방면으로 지도할 것이다. 이것을 위해서는 [광]범히 체육지도기관을 창설하야 경제적 소비[를] 과중히 부담치 않는 체육종류를 선택하야 그 보편화를 지도하여야 한다.	6. 체육의 선수편중제도를 청산하고 체육대중화 방향으로 지도할 것이다. 이것을 위하여는 광범히 체육지도기관을 창설하야 경제적으로 과도히 부담치 않는 체육종류를 선택하야 그 보편화를 지도할 것이다.	4. 임시정부는 인민대중 속에 의학상 지식을 보급시키며 중견 의료간부를 시급히 양성하는 동시에
기타			
4. 보건위생통계의 정비	8. 의약품 생산을 확장하여야 한다.		5. 제약설비를 확장하여 근로인민에 대한 의료구호를 더욱 향상시켜야 할 것이다.

(새한민보社, 『臨時政府樹立大綱: 美蘇共委資問案答申集』 (새한민보사, 1947), 39, 73, 101, 120쪽; 심지연, 앞의 책, 322-323쪽; 北朝鮮勞動黨 中央委員會 (1947), 27-28쪽.

* 주. 답신 내용의 번호는 답신서에서 기재된 순서이며, 북조선노동당의 답신서는 필자가 숫자로 구분함. 밑줄과 강조는 필자.

이들 단체가 제출한 정책을 구체적으로 살펴보기 이전에 답신서를 준비했던 인물을 살펴보고자 한다. 의료계 인물 중에서 정치적 활동이 두드러지며 좌익 성향이 뚜렷했던 최응석은 민전과 강하게 연결되었다. 그는 민전 중앙위원과 남조선노동당 당원이었고, 이런 영향에 의해 민전과 함께 남조선노동당의 정책은 그의 입장과 공유하는 내용이 많았다. 특히 남조선노동당의 내용의 경우 그의 글에서 사용했던 용어들도 일치하여 그가 답신서의 작성자이거나 최응석이 작성한 글을 기반으로 정리한 답신서를 제출했을 가능성이 매우 높았다.

임협, 시협, 입의 3단체(이하 3단체)에는 속한 단체의 숫자가 많았다. 하지만 연합단체의 답신안 준비와 승인 시기를 보면 작성자를 추적할 수 있다. 입의에서는 1947년 5월 19일 미소공위대책위원회를 결성하고 6월 12일 답신안 작성에 착수했다. 입의에서 가장 빨리 움직였고 성안 이후 다른 단체들에서도 일부 부분에서 차이가 있으나 거의 동일한 내용을 담은 답신안을 결정했다. 입의에서 답신안이 만들어지고 답신안이 임협에서 승인된 후 다른 단체들에서 그 안에 대해서 동의를 받는 형식으로 이어졌던 것으로 추정된다.

입의의 문교후생위원회에서는 자문내용 제6호의 제"사"항에 대해 구체적인 성안을 작성했다.[81] 문교후생위원은 10명으로 구성되었는데 보선으로 선출된 이갑수(李甲洙)[82]가 포함되어 있었다.[83] 문교후생위원 중 의료인은 이

81 "共委對策委員會를結成 77次立議本會議에서遂決定",《경향신문》, 1947. 5. 21.; "共委에建議書提出決議 立議에서答申案作成에着手",《경향신문》, 1947. 6. 15.

82 이갑수(李甲洙, 1893-?): 서울 관수동 출생, 1912년 경성고등보통학교 졸업 후 1917년 오카야마의학전문학교 졸업, 1919년부터 3년간 교토제국대학 생리학교실 조수로 연구 생활, 1926년 경성제대 의학부 생리학교실 조수로 연구 후 1930년 교토제국대학 의학박사 졸업. 1931년부터 해방 이전까지 경성제대 의학부 강사. 1930년 조선의사협회 창립, 1932년부터 7년간 간사장 역임. 1947~1950년까지 서울의대 학장 역임. 1945년 조선생리학회 창립 및 제1~6회 회장 역임. 1950년 한국전쟁 중 납북. 경성여의전 이갑수(李甲秀)와는 다른 인물이다. 유승흠, 『우리나라 의학의 선구자 2』(한국의학원, 2009), 7-10쪽.

83 문교후생위원회는 다음의 최명환(崔鳴煥), 백남용(白南鏞), 장면(張勉), 김법린(金法麟), 유진희(兪鎭熙), 정광조(鄭廣朝), 황신덕(黃信德), 황보익(廉廷權), 염정권(廉廷權), 하경덕(河敬德), 김용모(金溶模), 김광현(金光顯) 12명으로

갑수 외에는 없었다. 이에 비춰볼 때 입의가 제출한 답신안 자문내용 제6호의 제"사"항의 보건의료정책은 이갑수가 기초했을 가능성은 높았다. 그는 일제시기 조선의사협회 간사장(회장)을 1932년부터 8년간 역임했고, 해방 이후에는 1947년 서울대학교 의과대학 학장으로 부임하였다. 이갑수가 의료계의 핵심인물 중 하나였다는 점은 분명하였다.

아쉬운 점은 그가 남긴 글이 많지 않고 한국전쟁 중 납북된 탓에 그의 생각을 파악하기는 어렵다는 것이다. 다만, 그가 일제시기 조선의사협회의 간사장을 맡았던 시점은 의료에 대한 대중의 요구가 높았던 때였다. 그는 실비진료소나 시료시설 확충 문제에도 관여하며 조선의 의료 문제에 대해 고민해야 했는데, 당시 조선의사협회의 결론은 실비진료소의 운영이 기존의 "제대병원"이나 "의전병원"보다 환자들에게 진료비 경감의 효과가 없다고 판단하며, 시료소 설치를 요구하는 것이었다.[84] 이 외에는 그의 정책 지향에 대해 뚜렷한 입장을 찾아보기 어렵다. 식민지의 구조적인 한계는 제도적인 차원의 개혁을 논의하거나 요청하기 어렵게 했을 것이다. 하지만 이 시기는 일본에서 '의료사회화'운동이 전개되었던 때였고, 일본에서 실시되었던 정책이 조선에서 실현되지 못한 아쉬움은 미소공위 답신서의 3단체 안으로 반영될 수 있었을 것이다.

3단체와 민전 및 남조선노동당, 북조선노동당의 핵심 주장은 〈표 3-4〉의 "보건의료체계 조직 및 계획"에 해당하는 내용이다. 우선 이남 지역의

구성되었으나, 이후 보선에 의해 선출된 이갑수를 포함한 10명으로 재조직되었다. 기존 인원에서 제외된 인물이 누구였는지 상세히 파악되지 않는다. 다음의 회의록과 기사들을 참조. 秘書處, 『速記錄 (略記) 第12號』 (南朝鮮過渡立法議院, 1947a); 秘書處, 『速記錄 (略記) 第38號』 (南朝鮮過渡立法議院, 1947b); "分科委員氏名", 《조선일보》, 1947. 1. 10.; "各分科常任委員數 卅四次立議서決定", 《동아일보》, 1947. 3. 21.

84 "施療所設置要望", 《동아일보》, 1932. 11. 13.; 이후 이갑수 등 의학자들은 『조선가정의학전서』의 발간, 위생계몽강연 등을 하는 등 의학 지식 보급에 나섰다. 이와 관련된 1930년대 초 경성부 의료 문제에 대해서는 다음의 연구를 참조. 이순영, "1930년대 초반 경성의 의료접근성 문제와 부립경비진료소 설치 논쟁", 『역사와 현실』 114 (2019), 205-247쪽.

제 정당, 사회단체를 중심으로 살펴보자. 이남 지역의 3단체와 민전 및 남조선노동당의 가장 큰 차이점은 보건의료체계의 구성이었다. 3단체의 경우 일제 관립 및 공립병원, 일본인 병원의 몰수와 국영화를 명시하지 않았다. 미군정에서는 대병원을 제외하고 중소 규모의 일본인 병원은 적산 불하를 하는 상황이었다. 이남 지역 좌익과 북조선노동당은 이와는 반대로 이들 기관을 공영, 국영화하는 정책을 제출하였다. 3단체의 의료국영 혹은 국가 중심의 의료체계 강화에 대한 의지는 민전이나 남조선노동당에 비해 상대적으로 떨어졌다고 볼 수 있다.

그렇지만 3단체들이 구조적인 대책을 소극적으로 제시한 것은 아니었다. 민전 및 남조선노동당이 국립병원, 협동조합병원, 개인개업의 3종체계(이하 3종체계)를 명시하고 국립병원과 협동조합병원을 주축으로 삼을 것으로 제시했다면, 3단체는 국가행정기관에서의 보건행정 독립화, 군립병원 및 보건소 설치를 근간으로 제시했다. 그것은 관영 및 군 단위의 의료공제조합 제도, 건강보험법의 현실화 제안으로 나타났다.

군립병원을 설립하기 위해서 의료공제조합제도를 활용하겠다는 것인데, 도(道) 병원의 하부조직으로 국영이면서도 공영의 형태로 운영하겠다는 취지였다. 일본에서 국민의료법을 실시하기 전에 구현하였던 의료공제조합은 해방 이후 남한의 의료비 경감과 지역의료기관 설립을 위해서 등장하였다.[85] 지역단위 기반의 의료공제조합은 이후 남한에서 의료이용조합으로 이름을 바꿔 이 답신안에 제시한 1면 1개소의 보건소와 결합되었고, 1950년대 남한의 기층 보건의료 조직으로 구성해나가고자 했다.[86] 이것은 식민지부터 해방 직후까지 보건후생 측면에서 요구되었던 행정의 정비, 의료 수혜 지역의 확대 등을 반영하였다.

85 식민지 조선에서도 1930년대 적색농노조운동의 결과 의료이용조합이 운영되었던 사례도 일부 나타났다.
86 "醫療利用組合組織 無醫村落一掃", 《동아일보》, 1950. 3. 23.

의료공제조합제도와 함께 제시된 건강보험법도 특기할 것이다. 의료공제조합과 함께 건강보험법은 모두 1930~1940년대 일본에서 실시되었다. 식민지 조선에서 건강보험은 실시되지 않았고, 의료공제조합은 일부 직장에서 운영되었다. 미소공위 답신안에서 건강보험법이 등장했던 것은 중도부터 우익 성향의 집단까지 건강보험법에 합의할 수 있을 정도의 인식을 공유했다는 것과 함께 의료계에서 건강보험에 대한 지향이 식민지시기에 표출되지 않은 상태로 내재되어 있던 것으로 볼 수 있다. 이와 덧붙여 일본에서 많이 만들어진 보건소는 식민지 조선에서 한두 곳 설치된 정도였다.

건강보험법의 현실화, 의료공제조합제도 운영, 1면 1개소의 보건소 설치 등은 일제시기 조선에서 실현할 수 없었던 것들을 실현한다는 의미가 있었다.[87] 즉, 식민지시기 식민권력이 조선인들에게 부여하지 않은 기층 단위의 보건의료 조직과 구성 형태, 국가 단위의 건강보험이 해방 이후에 답신안을 통해서 이후 정부의 정책으로 구현하자는 주장이 나오게 된 것이었다. 해방 직후 이북에서 간이진료소를 설치[88]하며 사회보험법을 실시하였던 것을 고려하면 이남의 정책은 이북에서 실시하는 정책과 큰 틀의 궤를 같이하고 있었다.[89]

민전안의 3항(남조선노동당안 3항)에 해당하는 국가원조 아래 농촌 협동조합병원 설립, 이를 통해 급속히 의료 조직망을 건설한다는 것은 국가 주도에 의한 의료공급의 재편과 관리, 무의촌 지역에 의료수혜의 확대라는 맥락에서 닿아 있는 것이었다. 남조선노동당안 3, 4항에서는 협동조합의

87 건강보험법은 일본에서 실시했던 것과 명칭도 일치한 것이었다.

88 北朝鮮人民委員會, 「簡易암불라토리(診療所) 및 簡易産院規程(1947. 8. 8.)」, 『북한관계사료집』 5 (국사편찬위원회, 1987).

89 보건소는 보건행정의 말단을 강화하기 위한 것이었는데, 한국전쟁 이후 남한에서 보건소는 보건진료소의 형태로 우선 구축되었다. 강재구, "1945-60년대 보건소 예방사업과 보건개념의 구현" (경희대학교 석사학위논문, 2021).

운영 형태와 그 의미에 대해서 좀더 상술하였는데, 협동조합병원은 촌락병원, 촌락진료소, 이동진료대의 형태로 조직되며, 국가의 원조하 협동조합의 부속사업으로 성립한다는 것이었다. 남조선노동당의 안은 국영병원과 협동조합병원이 의료제도의 중심이 되며, 이 협동조합병원은 협동조합의 부속사업이라는 것이었다.

이것도 앞서 3단체 안의 3, 6항과 교차하는 지점이 있었다. 3단체는 의료공제조합제도에 의한 군립병원을 추진하겠다고 밝혔다. 이것은 국가에서 일부 출자할 수는 있지만, 의료공제조합의 실시를 기반으로 하는 것이었다. 지역단위 공제조합의 특성은 주민들의 출자를 기본으로 운영되는 것으로 그 병원의 성격은 민전안에서 제시한 협동조합병원과 상통하는 지점이 있었다.

3단체안에서 협동조합병원에 대응하는 것은 보건소였다. 보건소 설치와 관련해서는 지역단위 보건의료기관의 확대 및 해당 기관의 명시라는 차원에서 제시되었다. 미군정기 남한 전체에 10여 개의 보건소가 설치·운영되었지만, 지역단위의 보건의료기관의 확대는 이후 정부가 해야 할 내용을 담은 답신서였던 만큼 이후의 과제로 주어지게 되었다. 그리고 이것은 무의면 퇴치라는 측면에서 특히 남한 정부의 지속적인 과제로서 남겨지는 일이기도 했다.

보건의료행정 조직의 차원에서 3단체 안과 민전·남조선노동당의 정책이 성격상 유사성을 띠는 것은 보건의료자원이 부족한 상황에서 제출될 수 있는 정책이 크게 다를 수 없고, 이들의 제안도 식민통치의 경험적 기반에 있었기 때문일 것이다. 이런 맥락에서 민전안의 1항의 국영병원, 협동조합병원, 개인개업의라는 3종체계 규정은 3단체안에서 전면화되지 않았을 뿐 의료공제조합을 기반으로 한 병원 설치를 통해서 지역에서의 의료 문제 해결이라는 공통문제에 대처하고자 하였다.

다만, 3단체안의 10항에서 "의료기관의 기획화"는 의료기관계획을 장기적인 관점에서 마련하겠다는 것으로 당장은 그 형태를 분명히 제시하지 않는 것이었다. 점진적으로 추진될 것이라는 말이었다. 장기적이고 구체적인 계획이 마련되지 않은 상황에서 민전안과 같은 3종체계 규정을 하기는 어려웠을 것이다. 좌익 성향의 단체들에서의 3종체계론, 북조선노동당의 국영의료 중심성을 보여주었던 안들과는 거리가 있었다. 이용설이 3단체안의 작성 과정에 참여했을 가능성은 높지 않지만, 장기적 정책으로서의 기획의 필요는 급진론에 대한 경계와 맥락이 같았다.

그런데 이용설이 말했던 자선의료기관 장려는 3단체안 7항에 포함되어, 그가 제기한 정책의 취지가 수렴되었음을 알 수 있다. 사회사업적 자선의료기관의 확충은 미군정의 정책으로도 유지되었던 것이었고, 구호후생사업으로 고아원, 탁아소, 양로원 등을 확충한다는 기조도 계속되었다. 이남의 3단체안이 자선활동에 의한 병원 설립을 장려하고 있었던 반면 민전이나 남·북조선노동당은 자선병원에 대한 입장을 밝히지 않았다. 사회주의 지향의 입장에서 자선의료기관은 비판 대상이 되었다.[90] 국가 중심의 의료체계를 구축하려고 하였던 이북에서 자선의료기관은 국영으로, 사회단체병원으로 재편하고 통합해야 할 조직이었다.

이상의 내용에서 핵심은 3단체안에 일본의 의료제도가 등장했다는 것이다. 그리고 3단체안의 작성자는 식민지시기의 실현하지 못한 제도에 대한 아쉬움을 담았을 이갑수일 가능성이 높았다. 그리고 이 제도들은 이후 새로운 정부의 정책으로 고려될 수 있었다. 사실 이용설과 미군정의 정책은 급진안에 대한 경계였기 때문에 그 자체가 이후 정부의 정책이 되는

90 북조선노동당의 기관지 《노동신문》에서는 구호, 자선에 대해서 선교 활동에 의한 학교, 병원 건설을 해외원정 사업의 하나로서 제국주의를 비판하였다. "조미관계사에 나타난 미제국주의의 배신행위", 《노동신문》, 1948. 1. 10., 김광운, 『북조선실록 17』 (Korea Data Project, 2018), 113쪽.

것은 어려웠다. 다만 의료기관의 기획화, 자선의료기관의 장려는 이용설이 이전에 제기한 주장이 답신안에 수렴되었다는 것을 확인시킨다.

아래에서는 마지막으로 이남 좌익단체와 북조선노동당 간의 차이에 대해 살펴본다. 북조선노동당 대책의 핵심은 "국가의 시설로써 인민보건사업 조직"이라는 것에 있었다. 국가의 시설은 국영의료기관을 의미하는 것이며, 이를 통해 인민을 위한 보건사업을 만들겠다는 말이었다. 이북 당국은 국영의료체계의 구축을 의도하였고 이것은 '인민보건사업을 조직'하는 과정을 내포하였다.

이북에서는 '인민보건사업' 조직을 명목으로 1947년 시점 이후로 국영의료기관의 비중을 빠르게 확대하였고, 민전 및 남조선노동당의 정책과 마찬가지로 일본 병원을 몰수하여 국영화하자는 안을 공유하고 있었는데, 이러한 상황은 답신안에 반영되었다. 민전과 남조선노동당의 입장이 38선 이북에서 실시되고 있는 인민민주주의 개혁과 보건의료개혁 그리고 의료국영이라는 지향과 유사하였지만, 정책 실시에서의 급진성에서 차이가 나타났다. 북한에서 협동조합병원은 1950년 이전까지 이북에서 나타나지 않았다. 국영의료기관의 증가, 사회보험제도의 적용 범위가 확대됨에 따라 협동조합병원이 등장할 정책적 공간은 사라졌다.[91]

의료 불균형 해소에 대한 방안에도 차이가 있었다. 민전안 4항은 "개인개업의의 균포"할 대책을 찾는 것이었고, 남조선노동당안 5항도 "개인개업의 지방 분산"에 대한 것이었다. 민전안의 4항(남조선노동당안 5항)은 5항, 7항과 모두 일맥상통하는 내용으로 노동자들이 많은 광산 및 공장에 병원을 확대 설립하고, 개인개업의의 도시집중 방지 및 이들에 대한 균포 대

91 1946년 노동자, 사무원에 대한 사회보험제도를 실시한 이후 병원 구분에서 중요한 것은 사회보험지정 여부였다. 1952년부터는 무상치료가 적용된다. 김진혁, "북한 사회보험제도와 의료국영화: 무상치료의 원형, 이상과 현실(1945~1950)", 『의료사회사연구』 10 (2022), 137-171쪽.

책 강구가 필요하다고 제시한 것이었다. 즉, 의사가 부족한 지역인 농촌에 보내야 한다는 것이었다. 그렇게 하기 위해서는 현재 있는 의사만으로는 충분한 의료인력이 부족하니 "자학"(自學)한 의사들도 검정자격시험을 치러 정규자격의사로 만들자는 것이었다. 의료가 필요한 곳에 의사들을 충분히 공급하자는 보건의료 확대에 부합하는 것이며, 이러한 체제를 국가가 주도하여 만들고자 하는 지향이었다. 민전안은 적극적이고 구체적으로 의료체계를 개혁해야 함을 제안했고, 의사의 도시집중 방지, 의사자격증이 없던 의료인, 즉 의생, 한지의사 등에게도 시험자격을 주고 의료인을 확충시키겠다는 것이었다.

하지만 이에 대해서 북조선노동당안은 지면 할애가 적었다. 북조선노동당안은 4항에서 의료 필요 및 소외지역인 "공장과 농촌에 의료기관을 설치"하는 것과 "순회진료"를 제안하여, 의료 공백을 메우는 조치를 설명하였다. 이것은 북조선노동당의 입장이 소외지역 의사 배치에 대해서 주의를 기울이지 않았던 것으로 보기보다 국영의료체제 내로 의사들을 포섭하는 상황에서 의사들이 국가에 의해 고용된 의사로 자연스럽게 재편되기 때문에 이들의 배치에 관해서 별도의 논의가 필요 없는 상황이 나타난 것으로 볼 수 있다. 즉, 국가의 명령에 의해서 이들은 자동적으로 균포될 것이기 때문이다.

북조선노동당의 답신안은 민전과 남조선노동당에 비해 전반적으로 계획이 상세하지 않았다. 민전이나 남조선노동당에서 제시한 협동조합병원의 설치나 개인개업의에 대한 조치를 별도로 명시하지 않았다. 3단체의 보건소 그리고 민전과 남조선노동당의 협동조합병원(촌락병원, 촌락진료소, 이동진료대)과 같은 새로운 중심 기관이 될 형태를 제시하지 않았다. 북조선노동당안은 상대적으로 소략했지만 대책을 제시하기 전에 서설을 길게 넣어 보건의료정책의 맥락이 식민체제 비판에 있음을 분명히 했다.

민전·남조선노동당 안이 최응석 주장과 매우 유사했다는 것을 고려하면 이들과 북조선노동당과의 차이는 최응석의 주장이 북한의 정책으로 그대로 이어지지 않았음을 의미했다. 최응석은 한반도 전체를 조망하면서도 이남 지역의 조건에 기초한 조합 중심의 병원을 중시했지만, 북조선노동당의 안은 이남 지역에서 의료국영의 급진성을 비판하는 대상이 될 수 있었다.

이상을 통해서 미소공위 답신안이 이용설, 최응석의 안으로 일률적으로 수렴된 것은 아니었음을 확인할 수 있었다. 답신서 작성 이전에 논의되지 않았던 식민지기 일본의 보건의료제도는 다시 이갑수를 통해 3단체안으로 등장할 수 있었고, 자선의료기관 장려 및 의료기관 기획의 점진적 추진 등으로 이용설의 제안도 함께 수렴되었다. 그리고 조합적 형태로의 의료 문제 해결이라는 것은 민전과 남조선노동당의 안에서도 공유되었다. 좌익안에 대해서 기존에는 민전안에 대해서만 확인하고 최응석의 제안이 모두 이어진다고 보았지만, 민전, 남조선노동당과 북조선노동당 안에는 차이가 있었다. 최응석은 월북한 상태였지만 그의 제안이 북조선노동당의 안으로 흡수되었다고 보기 어려우며, 이남 지역의 좌익단체와 정당의 안으로 남아 있었다. 북조선노동당은 민전과 남조선노동당의 안과는 구별되는 급진성을 가지고 있었다.

5. 결론

지금까지 해방 직후 보건의료 논쟁을 재검토하고 미소공위 답신서를 통해 보건의료정책 지향이 어떻게 수렴되었는지 살펴보았다. 결론은 서론에서 제기한 질문에 대한 답변을 정리하는 것으로 대신한다.

첫째, 이용설과 최응석의 보건의료정책은 각각 현실론과 경험론에 근거하여 제기되었다. 이용설은 미국식 제도를 지향하는 것을 드러내지 않았다. 그는 정책가로서 현실론에 따라 의료국영을 보류하고 의학교육 및 의료제도의 수준을 높이는 것을 중시했다. 다만, 미국식 제도는 이용설에게 그의 판단 근거와 행정적 자산으로 동원되었다. 그것은 그가 종합병원의 설치를 고려할 때 참고할 수 있는 실험으로서 미국식 제도, 유학생을 파견할 지역으로서 미국이 상정되는 것으로 찾아볼 수 있다.

반면, 최응석은 건강관리제도 등과 같은 소련식 제도를 지향하나, 이는 현실적으로 보류되었다. 그는 일본의 의료사회화운동에서 나타났던 의료이용조합, 농촌협동조합병원의 설치를 주장하였다. 그의 의료국영 또한 점진론에 가까웠다. 정리하면 해방 직후 이용설과 최응석의 정책 주장은 조선에서 실시할 수 있는 정책에 기반했고, 그 정책적 자원에 미국식 제도, 소련식 제도는 준거로서 작용되었다.

둘째, 정구충과 김연주는 해방 직후 보건의료 논쟁의 지형이 이용설, 최응석만으로 대변되지 않았음을 보여준다. 정구충과 김연주는 모두 결과적으로 사회개혁을 포괄하는 보건의료제도 실시인 '의료사회화'로 경도되었지만, 그 맥락은 달랐다.

정구충은 그의 우생관에 입각한 사회진화론의 관점에서 미국을 정점으로 하는 보건의료제도의 위계를 그렸으나, 조선에 적합한 표상은 그의 입장으로 흡수된 소련의 모델이었다. 김연주는 반대로 조선에 맞는 표상을 조선에서 찾아야 한다고 주장했다. 민족의료로서 조선 민족 모두가 누릴 균등한 기회가 주어지는 의료, 의료국영을 지향했다.

셋째, 미소공위 답신안에는 이용설, 최응석의 주장이 수렴되었으나, 3단체안에는 이갑수가 기초한 것으로 보이는 식민지기 일본의 의료제도가 등장했고, 이들의 안은 이남의 좌익단체의 안과 조합제도의 활용에서 상통

했다. 식민지의 조건에서 벗어나 지역으로 보건의료를 확대하기 위한 공통된 과제에 따른 것이었다.

의료공제조합, 건강보험 실시 그리고 보건소 설치 등의 3단체안은 일본에서 실현되었던 정책들로 조선의사협회 간사장이었던 이갑수는 이 제도를 등장시켰을 가능성이 높았다. 이용설의 주장은 선교의료기관 장려, 의료기관의 기획화 등에서 수렴되었다. 최응석의 주장은 민전과 남조선노동당 안으로 수렴되었고 농업협동조합병원 등의 설치는 조합의 활용이라는 측면에서 3단체안과 공유하는 지점이 있었으나, 의료국영의 급진성을 가졌던 북조선노동당안과는 차별성을 띠는 것이었다.

본 연구는 해방 직후 보건의료 논쟁을 통해 식민지기와 해방 이후 사이 보건의료체계의 변형 과정에서 의사들의 체제 전망과 지향을 살펴보고자 했다. 다만, 전반적인 흐름을 확인하는 과정에서 개별 인물들의 개념 사용의 용례나 그 의미에 대해 섬세하게 짚지 못한 한계가 있다. 이런 한계는 개념사 연구를 비롯해서 개별 인물의 생애사 연구가 이뤄지는 가운데 해소될 수 있을 것이다.

2부

공중보건의 내재화

농촌사회 보건의료 환경 변화
—전라북도 임실을 중심으로—

문만용 (전북대학교 한국과학문명학연구소)

1. 머리말

1948년 설립된 세계보건기구(WHO)는 건강을 모든 인류의 기본권으로 보았으며, 건강을 단순히 질병이 없는 상태가 아닌, "신체적으로 건강하고 정신적, 사회적으로 안녕한 상태"(a state of physical fitness and mental and social well-being)로 정의했다.[1] 이는 건강한 시민으로 살아가기 위해서는 일정 정도 사회의 전반적인 발전이 뒷받침되어야 함을 시사한다. 실제 한국 사회에서 다수의 국민이 충분한 의료서비스를 누리면서 자신의 건강을 지킬 수 있게 되기까지는 상당한 시간이 소요되었다. 2021년의 통계에 의하면, 한국인의 기대수명은 83.5세로 OECD 32개국 중 최상위권이지만, 임상의는 한의사를 포함해 인구 1,000명당 2.5명으로 하위권이다. 그럼에도 불

1 Amy L. S. Staples, *The Birth of Development: How the World Bank, Food and Agriculture Organization, and World Health Organization Changed the World, 1945-1965* (Kent, Ohio: The Kent State Univ. Press, 2006), p. 153.

구하고 한국인 1인당 외래 진료 횟수는 연간 17.2회로 OECD 국가 중 가장 높았다.[2] 1940년 한국인의 기대수명이 40세였고, 1970년의 경우 여자만 60세를 겨우 넘겼지만, 이제는 남녀 모두 80세를 넘기게 된 것이다.

오늘날 당연하게 여기는 한국인의 건강 상태와 보건의료서비스는 한국전쟁을 겪고 국가재건에 나섰던 1950년대에는 상상하기 힘들었다.[3] 특히 한국의 의료시설이 수도권과 도시에 집중되어 있는 상황에서 농촌사회의 건강 유지를 위한 인프라와 제도는 상대적으로 매우 더디게 성장했다. 소위 의사가 한 명도 없는 무의면(無醫面) 혹은 무의촌은 1980년대 전반까지 존재했으며, 지역에 따른 의료서비스의 접근성이 크게 차이가 났다. 1980년대 들어 농어촌의 의료 환경을 개선하기 위한 제도적 장치가 연이어 마련되면서 농촌 주민들이 건강을 지키기 위해 찾는 의료기관과의 물리적·심리적 거리가 크게 좁혀졌다.

이 글은 한국 농촌사회의 보건과 의료 여건의 변화 과정을 이해하기 위한 사례 연구의 하나로, 전라북도 임실을 대상으로 살펴보고자 한다. 1997년에 나온 『임실군지』는 당시 보건사업을 소개하면서 보건의료원, 보건지소, 보건진료소가 농촌 보건의료 취약지역 주민들에게 보건의료를 효율적으로 제공하기 위해 노력하고 있다고 밝혔다.[4] 임실이 이러한 환경을 갖추기까지 적지 않은 여정을 거쳐야 했으며, 본 논문은 그 과정을 추적하고자 한다.

지역사회의 보건 환경을 보여주는 연구는 그리 많지 않다. 이원희와 김대기는 가톨릭 의료선교 활동을 중심으로 강원 지역의 보건의료 환경의

2 보건복지부·한국보건사회연구원, 『OECD Health Statistics 2021』 (2021).

3 해방 이후 현대 한국 사회의 보건의료에 대해서는 많은 연구가 존재한다. 최근에 나온 성과로, 전체적인 역사는 박윤재, 『한국현대의료사』 (들녘, 2021)가 유용하며, 공중보건에서 가장 중요한 과제였던 전염병에 대해서는 대한감염학회 편, 『한국전염병사Ⅱ』 (군자출판사, 2018)가 풍부한 정보를 담고 있다.

4 임실군지편찬위원회 편, 『임실군지』 (1997), 939-945쪽.

변화를 추적했고,[5] 정다혜는 1960년대 말부터 10여 년간 진행된 거제 지역 사회건강사업을 통해 1970년대 거제의 보건 환경을 살펴보았다.[6] 기본적으로 보건의료에 대한 연구들이 대체로 국가 차원의 정책에 초점을 두고 있는데, 이는 지역의 보건 환경 역사를 보여주는 사료가 제한적이기 때문일 것이다.

본 논문은 일제강점기부터 1990년대에 이르기까지 전라북도 임실의 보건의료 환경 변화를 살펴볼 것이며, 이를 위해 각종 공식 기록과 함께 임실 거주민에 의해 작성된 두 편의 일기를 자료로 활용하고자 한다. 1950년대 중반 임실군 삼계면사무소의 공무원을 지냈던 이강운(李康惲, 1931-2015)의 『삼계일기』와 임실군 신평면 창평리에서 도정공장을 운영했던 최내우(崔乃宇, 1923-1994)의 『창평일기』가 그것이다.[7] 『삼계일기』는 1954년 5월부터 1957년 9월까지 작성되었으며, 한국전쟁으로 입은 피해를 국가가 제대로 보상하지도 못하면서 무리하게 각종 세금과 비용을 징수했던 '약탈국가'와 이에 저항하는 국민 사이에 낀 면사무소 공무원의 고충이 잘 드러나 있다.[8] 이 일기를 쓴 이강운은 당시 혈기 왕성한 20대 중반의 장정이었기 때문에 병치레나 의료기관 등 보건의료에 대한 서술이 매우 제한적이다. 그렇지만 종두 접종 등 당시 관공서에서 담당했던 공중보건 활동의 일단과 1950년 중반 농촌사회의 일반적인 질병 대처 상황을 살필 수 있다. 『창평일기』는 1969년부터 1994년까지 작성되어 소위 '압축적 근대화' 시기를

5 이원희·김대기, "한국전쟁 이후 강원지역 의료보건환경의 변화와 가톨릭 의료선교", 『의료사회사연구』 5 (2020), 27-72쪽.

6 정다혜, "병원에서 마을로—거제 지역사회건강사업으로 본 1970년대 의료 소외지역의 지역보건 실험", 『사회와 역사』 129 (2021), 107-146쪽.

7 이정덕 외, 『1950년대, 공무원 이강운의 『삼계일기』』 (전북대학교출판문화원, 2021); 이정덕 외, 『창평일기』 1-4 (지식과교양, 2012-2013).

8 박지환, "약탈국가와 절량농가 사이에 끼인 면사무소 공무원", 이정덕 외, 『국가와 농민사이, 면서기의 경험과 심성: 이강운의 『삼계일기』 분석』 (전북대학교출판문화원, 2021), 14-32쪽.

살아온 농촌사회가 겪었던 다양한 사회상을 담고 있다.[9] 또한 일기를 쓰기 이전 시기에 대해서는 『월파유고』라는 제목의 회고록을 통해 상당한 정보를 제공한다. 특히 1980년대부터는 대가족 구성원들의 병원 방문과 관련된 기록이 많이 늘어나 이 시기 지역의 의료 환경을 엿볼 수 있게 한다. 그렇지만 일기의 필자들이 남성이기 때문에 가족계획 등 모자보건이나 건강과 밀접한 관련이 있는 식생활 등 가사노동에 대한 정보는 매우 제한되어 있다. 이런 한계에도 불구하고 장기간 기록된 일기는 사회 변화를 독해할 수 있는 흥미로운 사료로 활용될 수 있다.

박승만은 경기도 평택의 신권식(申權植, 1929-)이 쓴 『대곡일기』의 의료 관련 기록을 통해 1960~70년대 농촌의 의료 상황을 흥미롭게 서술한 바 있다.[10] 이 논문은 의료서비스가 부족한 농촌에서 서양의학이 아닌 민간의료에 많이 의지했을 것이라는 일반적인 통념과 달리 민간의료가 서양의학과 명백하게 구분되는 영역이 아님을 "반의사(半醫師)" 신권식이 행했던 다양한 의료행위를 통해 설득력 있게 보였다. 물론 약을 구입해 직접 주사를 놓으면서 자신은 물론 이웃의 병을 치료하려 했던 신권식의 사례가 일반적인 농민의 모습이라고 보기는 어렵다. 그렇지만 이 연구는 일기를 통해 당시 한국 농촌의 일반적 의료 실태를 파악할 수 있는 여지가 충분함을 보여주었다.

비록 두 편의 일기만으로 임실의 보건의료 환경을 재구성하기는 어렵지만, 개인 기록을 통해 공식 기록 이면의 상황을 확인하고 공적 서술의 미비점을 보완하려는 시도는 의미가 있다고 생각한다. 본 논문은 일제강점기, 해방부터 1950년대, 1960~70년대, 1980~90년대의 네 시기로 나누어

9 이정덕 외, 『압축 근대와 농촌 사회: 창평일기 속의 삶·지역·국가』 (전북대학교출판문화원, 2014).

10 박승만, "어느 시골 농부의 '반의사'(半醫師) 되기: 『대곡일기』로 본 1960~80년대 농촌 의료", 『의사학』 27:3 (2018), 397-446쪽.

임실의 보건 환경을 살펴보고자 한다.[11] 개인 기록에 앞서 한국 현대 보건 의료사에 대한 여러 선행 연구와 통계, 그리고 신문 자료를 활용하여 한국 현대사회의 발전 속에서 전라북도와 임실의 보건의료 환경이 어떻게 성장하여 오늘날에 이르게 되었는지를 규명할 것이다. 이 논문은 긴 시기에 걸쳐 특정 지역의 보건의료 환경 변화를 추적하고자 한 시론 격인 연구로, 지역사를 보는 새로운 소재와 관점을 제공할 것으로 기대한다.

2. 위생경찰의 시대 농촌의 의료 환경

조선시대도 중앙에서 지방에 이르기까지 일련의 의료기관을 구축했지만, 백성의 보건과 관련된 국가의 역할은 상시적인 인구·건강 관리보다는 전염병 등이 돌았을 때 구호, 구제가 중심이었다. 공중보건은 국민국가의 발전상 중요 개념이다. 국민의 건강을 보호해 국가 생산력을 보전하고, 국력을 신장시킬 수 있기 때문이다. 국가는 위생을 명분으로 한 검진을 통해 국민의 신체에 대한 통계를 확보했고, 이를 활용해 국민에 대한 통제력을 확보할 수 있었다. 제국주의적 관점에서 위생은 문명의 척도였으며, 제국주의가 식민통치를 정당화할 수 있는 유력한 도구가 병원 등 위생, 보건과 관련된 각종 기관과 제도였다. 1876년 개항 이후 조선도 일상적인 인구 및 건강 유지에 신경을 쓰게 되었고, 대한제국기 이후 근대의학을 배운 의료

11 전북대학교 한국과학문명학연구소는 2021년부터 한국연구재단의 지원 아래 "과학·보건·사회의 초국적 공진화로 본 한국현대사"를 주제로 인문사회연구소 지원사업을 수행하고 있다. 이 사업에서는 식민지시기(위생의 시대), 해방부터 1950년대(공중보건의 시대), 1960~70년대(역군의 시대), 1980~90년대(권리의 시대), 2000년대(웰빙의 시대), 팬데믹을 겪고 있는 현재(뉴노멀의 시대)로 구분하여 한국 공중보건의 역사를 재구성하는 연구를 진행하고 있다. 본 논문도 이 같은 구도를 받아들이되, 『창평일기』가 끝나고, 농촌사회의 보건의료 인프라가 어느 정도 구비되는 1990년대까지만 다루고자 한다.

인을 배출하기 시작했으나 그 숫자는 매우 작았다.

일제강점기 조선총독부의 식민지 조선에 대한 위생정책의 핵심은 위생경찰이었다. 전염병예방규칙 등 여러 위생 관련 법규를 강압적으로 따르도록 요구하고, 그 과정을 위생경찰이 관리했다. 위생경찰은 환경 상태, 전염병 관리, 의약인 단속, 식품위생 등을 망라해 전 국민을 통제 대상으로 삼았다.[12] 전문적인 의학적 역할을 위해서 경찰의(警察醫)도 두었으나 전체 공중위생 사무에 대한 의사결정은 의사가 아닌 경찰이 쥐고 있었다.

강점기 지방의 공공의료는 자혜의원과 공의(公醫)가 담당했다.[13] 각 지방에 자혜의원이 설치되었지만, 그 혜택을 볼 수 있는 조선인은 극소수였다. 이에 따라 부족한 의료서비스를 의생(醫生)으로 격하시킨 한방 의료인에게 의존할 수밖에 없었다. 사실 강점기에 보통의 조선인이 근대적 의료기관에서 의료 혜택을 받는 일은 매우 드물었다. 특히 농촌지역에 거주하는 조선인들이 "의사에게 치료를 받으러 가는 것 자체가 매우 진기한 일"이었으며,[14] 최대한 참으면서 낫기를 바라거나 약종상을 통해 약을 구입하는 정도가 전부였다.[15] 1914년부터 시행된 공의는 배치된 지역에서 개업을 할 수 있었고, 일정 금액의 수당을 받아 관의 지휘 아래 전염병 예방, 종두 시행 등 공중위생 및 의료 관련 공무에 종사했다. 국비로 운영되는 공의뿐 아니라 도비로 운영되는 도공의(道公醫)도 있었다. 공의는 개업을 병행

12 신동원, "위생경찰, 식민지 조선의 통치 기반: 일제강점기의 위생경찰", 강신익 외, 『의학 오디세이』 (역사비평사, 2007), 202-209쪽.

13 박인순, "일제통치기의 제주자혜의원(~전라남도도립제주의원) 一考", 『제주도연구』 46 (2016), 115-154쪽; 박인순, "일제통치기 제주도 공공보건의료행정의 전개과정—경찰의, 공의, 의생을 중심으로", 『제주도연구』 48 (2017), 137-176쪽.

14 조명근, "1930년대 후반 식민지 조선 농민 생활상의 재구성—충청남도 당진군 오곡리 사례를 중심으로", 『역사와 담론』 76 (2015), 262쪽.

15 약종상은 허가를 받고 지정된 장소에서 의약품을 판매하는 사람으로 약을 조제할 수는 없고, 완제품 약을 팔 수만 있었다.

할 수 있었지만 대체로 낙후된 지역에 배치되어 월 수당이 사실상 월급인 경우가 많았다.[16] 당초 일본 의사들을 공의로 세우려 했으나 점차 조선인들이 늘어났으며, 1940년부터는 한방 의료를 담당했던 의생을 공의생(公醫生)으로 선발하여 수당을 지급하면서 공중위생 업무를 맡기기도 했다.[17] 위생경찰의 시대에 지역에서 의료 전문가로서 주민과 만나는 창구였던 공의에 대해 무료 약품을 공급해주는 고마운 존재였다는 긍정적 기억도 있지만,[18] 현재까지 그들의 활동은 충분히 알려지지 않았다.

강점기 농촌사회의 보건의료 환경은 신흥 읍내를 중심으로 한 근대적 의료기관과 전통 의료를 대변하는 의생과 의약품을 파는 약종상이 혼재된 상태였다.[19] 하지만 읍내에서 멀어질수록 근대 의료에 대한 접근성은 크게 떨어졌고, 높은 치료비 때문에 당시 조선인들의 병원 이용도는 매우 낮았다. 조선농촌사회위생조사회가 펴낸 『조선의 농촌위생(朝鮮の農村衛生)』이나 충청남도 당진군 오곡리 주민 대상의 조사 결과는 1930년대 농촌사회의 열악한 위생 상태를 잘 보여준다.[20]

일제강점기 전라북도 지역의 의료 환경은 전국적인 평균에 많이 미치지 못하는 편이었다. 1909년 전주 자혜의원이 설립되었고, 1925년 도립의원으로 개편되어 도립군산의원, 도립남원의원과 함께 강점기 전라북도의 최상층 공공의료기관으로 기능했다. 임실 주민은 지리상 도립남원의원을 이용

16 이흥기, "한국 근대 의사직의 형성과정(1885~1945)" (서울대학교 박사학위논문, 2010), 149-152쪽.

17 공의제도에 대한 전반적 논의는 문명기, "일제하 대만·조선 공의(公醫)제도 비교연구: 제도 운영과 그 효과", 『의사학』 23:2 (2014), 157-202쪽 참고.

18 박노례 역, 『1957~1960 한국의 보건사업 Health Service Report in Korea by USOM』 (국제보건연구소, 2013), 29쪽.

19 마쓰모토 다케노리·정승진, "호남 지역의 위생·의료문제: 일제 '위생규율'의 식민지 지역사회에 대한 침투와 한계", 『의사학』 27:3 (2018), 357-395쪽.

20 이상의, "『조선의 농촌위생』을 통해 본 일제하 조선의 농민생활과 농촌위생", 『역사교육』 129 (2014), 227-259쪽; 조명근, 앞의 논문.

할 수 있었다. 도립의원은 총독부의 재원만으로 설립되지 않았으며, 각 지역별로 신축비를 배정하여 지역 유지들로부터 기금을 모았다.[21]

〈표 4-1〉 1935년 의료종사자 통계(단위 명)

	인구	등록 의사 면허자	의사 1인당 인구	한지의사	의생	치과의사
전국	2,188만	2,506	8,731	269	4,044	744
전북	147만	98	15,000	17	155	32
임실	75,160	2	37,580	0	6	0

자료: 『昭和十年 朝鮮總督府統計年報』(1937); 『全羅北道要覽』(1935)로 토대로 재작성

위의 표에서 확인할 수 있듯이 1935년 전국의 의사 1인당 평균 담당 인구에 비해 전라북도나 임실의 그것은 월등히 많았다. 당시 임실에는 의사 2명, 의생 6명 외에 입치업자(入齒業者) 1명, 산파 2명, 종두시술생 12명, 침술업(鍼術業) 1명, 구술업(灸術業) 1명 등의 의료종사자가 있었다. 전북의 다른 군 지역과 비교해도 이 같은 의료인력의 숫자는 작은 편이었다.[22]

조선총독부는 1937년 일본에서 제정된 보건소법을 근거로 주민 10만 명당 1개, 6대 도시 20만 명당 1개씩의 보건소 설립 기준을 제시했다.[23] 이러한 보건의료 시책은 '건강한 인적 자원의 수급'을 통해 장기적인 전쟁에 대비하기 위함이었고, 건강한 노동력을 확보하기 위해 1942년 국민의료법을 공포하기도 했다. "총후국민(銃後國民)의 체육 향상"을 위해 임실제일소학교 운동장에서 라디오 체조를 실시한다는 1940년의 기사는 그 같은 분위

21 "신축비를 배정, 전주도립의원", 《동아일보》, 1927. 1. 20.

22 全羅北道, 『全羅北道要覽』 (1935), 326-327쪽.

23 보건복지70년사편찬위원회 편, 『보건복지 70년사 제2권』 (보건복지부, 2015), 90쪽.

기를 보여준다.[24] 전시 총동원 체제하에서 후방의 국민들은 건강한 신체를 유지하는 의무를 부과받았다. 하지만 건강을 위한 인프라 구축에 필요한 재원이나 인력이 턱없이 부족한 상태에서 총독부는 계획했던 보건소 확충도 제대로 이루어내지 못했고, 당초 구상과 달리 의사 자격시험 기준도 완화할 수밖에 없었다.[25]

3. 국가재건기 농촌의 공중보건체제의 시작

1945년 해방을 맞이하고 9월 24일 미군정이 제1호로 공포한 군정법령이 "위생국 설치에 관한 건"이었다. 이는 경무국 위생과를 폐지하고 위생국을 설치한다는 것이었다. 미군정은 위생행정을 경무행정에서 분리시킴으로써 일제강점기의 위생경찰 중심에서 의사가 중심이 되는 미국식 보건시스템으로 전환을 꾀했다. 하지만 기본적으로 미군정의 보건의료정책은 미군의 안정적 주둔과 작전 수행에 중점을 두고 있었다. 따라서 전염병 관리가 중심이었던 공중보건정책에서도 한국인 일반의 건강보다는 미군에의 전파 가능성이 중요 변수로 작용했다.[26]

미군정은 예방의학을 강조하면서 1946년 서울 모범보건소(이후 국립중앙보건소로 개편)에 이어 이듬해 경남과 전북에 보건소를 추가로 세우면서 보건소 설립 정책을 추진했다. 한국의 의료시장은 일제강점기부터 자유 경쟁 체제에서 작동했기 때문에 시장이 작은 농촌은 의료시설 유인책이 작

24 "라디오 체조실시", 《동아일보》, 1940. 6. 2.

25 이흥기, 앞의 논문, 234-239쪽.

26 김진혁, "미군정기 보건후생행정의 구조와 변화", 의료역사연구회 외, 『국가와 건강관리: 보건의료의 지역적 확대』 (2021), 49-79쪽.

았고, 정부가 공공의료시스템으로 그 틈을 메워야 했다. 당시 정부는 재원 부족으로 지역마다 공공의료기관을 세울 여력은 없었고, 대신 작은 규모의 보건소를 다수 세워 최소한의 치료서비스와 공중보건과 관련된 업무를 추진하려 했다. 따라서 현실적으로 보건소는 도시 이외 지역에서 더 중요한 의미를 지니는 정책이었다. 1949년 한국 정부도 중앙보건소직제를 공포하고, 이듬해 보건소 및 무의면 농촌진료소 설치계획 등을 논의했다.

사실 보건소 자체보다 보건소에서 근무할 인력의 확보가 더 큰 과제였다. 정부는 1949년 의사가 없는 지역에 정부가 보조금을 주는 공의를 배치하여 무의촌을 없애겠다는 계획을 발표했다.[27] 이러한 논의는 한국전쟁으로 중단되었지만, 1951년 9월 제정된 국민의료법에 공의가 명시되었다. 제17조는 "주무부장관은 국민보건의 향상을 도모함에 필요하다고 인정하는 때에는 의료업자(의사, 치과의사, 한의사, 보건원, 조산원, 간호원)를 2년 이하의 기간을 정하여 그 지정한 장소에서 지정한 업무에 종사케 함을 명령할 수 있다"고 규정했으며, 제46조에 "지방의 의료시설 또는 무의촌의 의료보급상 필요하다고 인정한 때에는 주무부장관은 지방에 의사의 자격을 가진 자로서 공의를 배치할 수 있다"고 명시했다. 공의는 배치지에 거주하며, 그 지방에서 의업을 개설하고, 소관 지방행정 기관장의 지휘감독을 받아 전염병 관리, 환경위생, 법의학 등과 관련된 사무에 종사하며, 이에 대해 정부는 적절한 수당을 지급해야 한다고 밝혔다. 이는 의료 불균형을 완화하기 위한 제도적 장치의 마련이라는 의미가 있었지만, 무의촌에 근무를 자청하는 의사가 드물었기 때문에 이 규정은 실제적인 효력을 발휘하지 못했다.

한국전쟁은 공중보건에 위기의 시기였지만 역설적으로 공중보건의료체

27 "무의촌 일소 보건부 신계획", 《조선일보》, 1949. 6. 25.

제가 자리잡는 계기가 되기도 했다. 전쟁을 치르면서 민간에게 질병과 기아 및 소요를 방지하는 기능을 제공하기 위해 파견된 주한유엔민간원조사령부(United Nations Civil Assistance Command in Korea, UNCACK)가 전염병 관리와 공중보건 공무를 담당했다. UNCACK은 한국전쟁 기간 콜레라, 이질, 장티푸스, 두창 등에 대한 백신을 접종하고 DDT 대량 살포를 통해 급성감염병을 빠르게 줄이는 데 성공했다. UNCACK의 방대한 자료를 통해 한국전쟁기 전염병 대책과 보건의료에 대해 정리한 이임하의 『전염병 전쟁』은 그 같은 노력을 생생하게 보여준다.[28]

UNCACK은 예방접종과 의료구호를 위해 각 지역에 한시적으로 의사, 간호원, 보조 등 3인 혹은 5인으로 구성된 보건진료소를 설치할 것을 제안했다. UNCACK의 제안을 받아 한국 정부는 인구 5만 명 단위로 전국에 500개 국민공중보건진료소를 설치한다는 계획을 발표했다. 정부는 필요한 인건비를, UNCACK은 약품이나 의료기기를 제공하고, 지역 주민은 진료소에 사용될 공간이나 건물을 제공한다는 구상이었다. 이에 따라 1953년까지 15개 보건소, 417개 보건진료소가 설립되어 방역행정과 구호행정을 주로 수행하게 되었다. 하지만 실제로는 상당수 보건진료소가 임금 체불 등 부족한 지원으로 "유명무실한" 상태가 되었다.[29]

1952년 WHO가 파견한 3명의 전문가가 한국의 공중보건체제 구축을 위해 제출한 보고서는 "당면 방안", "장기 방안", "후속 방안"으로 구분하여 여러 과제를 제시했다. 당면 방안의 첫 번째로 "영양의 유지(maintenance of nutrition)"를 언급했는데,[30] 이는 당시 보건의료에서 전염병 예방에 앞서 기본적인 식생활과 영양 상태 유지도 쉽지 않았음을 보여준다. 실제 1950년

28 이임하, 『전염병 전쟁: 한국전쟁과 전염병 그리고 동아시아 냉전 위생 지도』 (철수와영희, 2020).

29 이임하의 책 6장 "민주주의의 가시적 공간, 보건진료소"는 당시 보건진료소가 처한 현실을 잘 보여준다.

30 G. Macdonald, W.G. Wickremesinghe and W.P. Forrest, *Health Planning Mission in Korea* (WHO, 1952) p. 8.

대 후반 한미경제협력위원회(United States Operations Mission, USOM)의 한국 보건사업에 대한 보고서에는, 당시 인터뷰를 했던 보건지소 직원의 "봄철에는 심한 영양부족으로 인한 신체 부종을 가진 환자가 클리닉에 온다. 문제는 필요로 하는 것이 쌀인 경우 방법이 없다"는 언급에서도 이 같은 문제를 확인할 수 있다.[31] 전쟁이 끝나고 국가재건이 마무리되던 시기에도 식량난에 의한 영양실조가 공중보건에 긴급한 과제였음을 의미한다. 1950년대를 살던 상당수 한국인들은 기본적 영양 조건을 충족시키기도 힘들었으며, 그들에게 예방의학은 사치일 수 있었다. 하지만 당시 '약탈국가'에게도 전염병 통제와 기생충 관리 등의 공중보건 활동은 미룰 수 없는 과제였다. 따라서 비록 실제 계획대로 구현되지는 않았지만, 보건소 설립이나 공의 배치 등 공중보건체제를 구축하기 위한 여러 계획이 수립되었다.

보건소는 의료기관이 없는 지역사회에서 기본적인 치료 기능을 제공하고 공중보건에서 중심 역할을 담당해야 했지만, 문제는 인력과 재원 부족으로 설치되었다 하더라도 그 기능을 충분히 수행하기 어려웠다는 점이다. 1956년 보건소법이 제정되었지만, 여전히 의료인력 부족을 피하지 못했다. 당초 계획은 189개를 설치하는 것이었지만 1961년까지 87개만 개설되었다.[32] 보사부는 보건소를 위해 의료인력과 보건간호사, 위생사를 위한 공중보건 단기 교육을 실시했고, 공의 배치를 확대하여 '무의면 일소'를 주장했지만, 의사가 없는 무의면은 1980년대 초까지 존재했다.

1955년 전북의 의사 숫자는 일제강점기에 비해 나아졌지만, 여전히 전국 평균에 크게 못 미치는 상황이었다. 1950년대 초반 전라북도에서 운영되고 있던 도립의원은 일제강점기와 동일하게 전주, 군산, 남원 세 곳이었는데, 무료환자(구료)의 비중이 높아 운영경비 상당 부분을 국고나 도비에 의존

31 박노례 역, 앞의 책, 63쪽.

32 보건사회부, 『보건사회 행정의 실적과 전망—보건사회행정백서』 (1971), 163쪽.

하면서도 안정적 운영이 쉽지 않았다.[33]

〈표 4-2〉 1955년 전국 및 전북과 1952년 임실의 의료 상황

	인구(명)	등록 의사면허자(명)	의사 1인당 인구(명)	무의면(개소)	보건소(개소)
전국	2,117만	6,141	3,448	777 (1,495개 읍면 중)	17
전북	212만	263	8,061	102 (175개 읍면 중)	2
임실	96,447 ('51년)	7	13,778	7 (12개 읍면 중)	0 (보건진료소 5)

자료: 『보건사회통계년보 단기4288-90년 합병호』; 『전북연감 53-54』

임실의 경우 1955년의 의료통계는 확인하지 못했지만 『전북연감 53-54』에 수록된 1952년의 기록에 의하면 의사나 의료기관 숫자가 전북 내에서도 낮은 편이었다. 이 연감에 의하면, 전북 지역의 보건진료소는 1951년 10월부터 설립되어 50개가 설치되었으며, 전염병 예방사업을 비롯하여, 피난민 전상환자, 지방 극빈자에 대한 무료진료와 공중위생 보건통계사무 등을 실시했다. 특히 중앙정부가 배정한 50개 이외에, 20개의 사설보건진료소를 증설 운영 중이며, 지방 유지들로부터 증치 신청이 쇄도하고 있어 앞으로 수십 개의 증설이 요청된다고 밝혔다. 1952년 9월 기준으로 임실군에는 5곳의 보건진료소가 설치되었으나, 오수와 임실제1은 정원을 확보하지 못한 상태였고, 임실읍, 청웅, 운암만이 3~4명의 인력을 갖추고 있었다.[34] 이는 증설 요청 이전에 기존 설치된 보건진료소도 인력을 확보하지 못하고 있음을 의미한다. 같은 시기 임실군에는 총 3명의 공의가 배치되었으며, 신평, 둔남, 신덕, 삼계, 강진, 덕치, 지사 등 12개 면 중 7개 면이 의사

33 전북일보사, 『전북연감 1953-54』, 83쪽.

34 같은 책, 84쪽.

가 없는 무의면이었다.

의료진이 부족한 보건 환경은 일상적인 질병뿐 아니라 감염병 대처에도 약점이 될 수 있었다. 휴전 이후 공중보건과 관련해서 임실이 등장하는 기사로는 뇌염 발생에 대한 경우가 많았다. 뇌염은 대표적인 여름 감염병으로, 1955년 여름의 경우 2개월 동안 전국 140개 시군에서 뇌염이 발생했으며, 최고 발생률을 보인 도는 경남, 시는 부산이었고, 군 단위는 임실군이 712명으로 가장 많았다.[35] 1950년대 가장 큰 일본뇌염의 유행은 1958년으로, 총 6,856명의 환자가 발생해 2,729명이 사망했다. 이듬해는 발병자가 2천 명대로 감소했지만, 이후에도 상당 기간 매년 천여 명 이상의 뇌염환자가 발생했다.[36] 이런 상황이기에 정부는 지역사회에서 감염병의 예방과 확산 방지에 일차적인 힘을 기울였다.

『삼계일기』는 공식 기록의 이면에서 실제 작동되었던 1950년대 중반 임실의 보건의료 환경의 일단을 보여준다. 물론 『삼계일기』에는 기본적으로 질병과 관련된 기록이 매우 소략한 편이고, 자신과 가족의 질병에 대한 기록도 단순하게 사실만 기록하고, 그에 대한 대처도 약을 사거나 병원에 가는 '근대적' 모습을 보였다.[37] 이강운이 거주했던 삼계에서 8km 정도 떨어진 오수면에는 병원, 약국, 약방, 보건진료소가 있었다. 그래서 아이가 아플 경우 오수의 약방에서 약을 사는 것이 우선이었다.

환자의 상태가 심할 경우 병원을 찾았는데, 이강운의 지인이 2주나 앓은 다음 남원의 경찰병원을 찾아 내과 의사로부터 진찰을 받았다. 이강운에게는 이때가 생애 첫 병원 출입이었다.(1955. 5. 23.) 오수에도 병원이 있어서

35 "총발생 2055명", 《조선일보》, 1955. 10. 23.

36 대한감염학회, 앞의 책, 46쪽.

37 공은숙, "1950년대 전북 농촌의 질병과 죽음의 심성—한 농촌면직원의 삼계일기를 중심으로", 이정덕 외, 『국가와 농민사이, 면서기의 경험과 심성』 (2021), 134-153쪽.

급한 사고의 경우 여기에 입원을 하기도 했지만, 당시 임실에는 큰 병원이 드물었기에 대체로 남원이나 전주의 병원을 가야 했다. 때문에 드물게 대한적십자사에서 오는 무료진료는 마을 주민들에게 유용한 기회였다.(1956. 2. 8.) 하지만 겨우 돌을 지낸 조카가 10여 일간 앓다가 세상을 뜨는 모습을 가슴 아프게 지켜봐야만 했다.(1956. 3. 23.) 일기의 짧은 기록으로는 어떤 질병이었는지 파악할 수는 없지만, 당시의 높은 영유아 사망률을 고려할 때 이 같은 아픔은 당시 많은 농촌 주민들이 겪는 일상이었다.

이강운이 일했던 삼례면은 1970년대 중반까지 무의면이었지만, 이 사실이 이 지역이 공중보건에서 방치되고 있었음을 의미하지는 않았다. 면장실에서 삼계 등 3개 부락 아동에게 종두를 접종했다는 기록을 통해 당시 면사무소에서 두창에 대한 백신 접종이 진행되었음을 알 수 있다.(1954. 5. 2.; 1954. 11. 12.) 종두 접종은 당시 공중보건에서 가장 중요한 사업 중 하나였으며, 그 덕분에 1955년 이후는 환자 발생이 크게 줄었고, 1962년부터 더 이상 새로운 환자가 나타나지 않았다.[38] 또한 보건진료소장이 교양강의에서 전염병에 대해 강의를 했다는 대목을 통해 당시 보건진료소의 활동 중 하나가 공중보건에 대한 교육이었음을 확인할 수 있다.(1957. 6. 24.) 비록 일기에 등장하는 보건진료소장이 어느 지역에 소속된 인물인지 확인되지는 않았고, 일기에는 임실의 보건진료소 설치에 대한 정보도 담겨 있지 않지만, 백신 접종이나 기본적 보건교육이 공중보건 활동의 일환으로 진행되고 있었음을 알 수 있다. 비록 '약탈국가'였지만 국민들의 건강을 위한 계획 수립이나 최소한의 서비스를 위한 노력은 방기할 수 없었다.

38 대한감염학회, 앞의 책, 42쪽.

4. 압축적 근대화 속 농촌 의료시설의 구축

1960년대 본격적인 경제개발, 산업화가 추진되면서 한국의 사회는 빠르게 변화했다. '압축적 근대화'로 불리는 빠른 산업화는 공업화와 도시화를 촉진했지만, 농촌의 의료 환경은 더디게 개선되었다. 농촌지역에 대한 의료서비스 공급을 늘리기 위해 1959년 정부는 3개년 계획으로 의사 1명, 간호원 2명, 위생기술관 1명, 사무직원 1명 등 총 5명으로 구성되는 보건소의 신설 3개년 계획을 세워 총 182개소에 보건소를 두기로 했다. 그에 따라 첫해 50개소가 신설되었고, 1960년 추가로 15개 보건소를 세우기로 했는데, 여기에 임실이 포함되었다.[39] 그 결과 1961년 임실군에 처음으로 보건소가 설치되었다.

또한 정부는 의사가 없는 지역에 공의를 배치하여 무의면을 없애겠다는 계획을 10년 만에 다시 수립했다. 1960년에 4개년계획을 세워 모든 무의면에 공의를 파견하여 무의면을 없애겠다고 발표했으며, 뒤이은 군사정부도 이를 받아 병역 미필 의사를 농어촌에 근무케 하고, 한편으로 한의사에게 예방의학 교육을 하여 무의면에 배치하고자 했다. 이를 위해 1962년 3월 의료법을 개정하여 지정업무종사 명령에 불응할 경우 면허를 취소한다는 규정을 추가했다. 실제로 정부는 무의촌 부임을 기피한 의사의 면허를 박탈하기도 했다.[40] 그러나 봉급이 밀리는 등 공의에 대한 처우도 나쁘고 활동을 위한 의료기구나 시설 지원도 제대로 안 되었다. 재원 부족과 강제로 근무하게 된 공의들의 비협조로 이 정책은 기대한 성과를 내지 못했다.[41] 결국 1965년 3월 개정 의료법에서 지정업무종사명령제도가 폐지되면서 박

39 "15개 보건소를 신설",《동아일보》, 1960. 1. 8.

40 "다섯명 면허취소",《조선일보》, 1962. 8. 11.

41 박승만, 앞의 논문, 409-410쪽.

정희 정부가 야심 차게 추진했던 무의면 일소 정책은 한풀 꺾이고 말았다.

사실 정부가 강제로 배치한 공의는 현지 주민의 비협조 속에 맡은 임무를 제대로 수행하기 힘들었다. 공의가 있더라도 주민들이 유료진료를 기피했고, 부락마다 주사를 놓고 약을 주는 부정 의료업자가 성업 중이었다. 말단 행정기관도 무면허 의료행위 단속에 적극적으로 나서지 않으면서 공의들은 부여받은 임무를 충실히 할 수도 없고, 그렇다고 임지를 떠날 수도 없는 난감한 처지에 놓였다.[42]

> "병이 들면 우선 참아봅니다. 그래도 낫지 않으면 그 다음에 한약방에 가서 한두첩의 약을 지어다 먹습니다. 약을 먹고 하루 이틀 기다려보다가 낫지 않으면 무꾸리를 한다, 굿을 한다, 그런 후에 찾아가는 것이 의사입니다."
>
> "어떤 무의면을 막론하고 사실은 무의면이 아닙니다. 전부 의사들이 다 있습니다. 심지어 매약상에서까지 주사를 놓아주어서 그 지방에서는 그 사람들을 의사라고 부릅니다."[43]

이러한 공의들의 하소연처럼, 무의촌에 배치된 공의들의 어려움은 단순히 정부의 강제적 동원과 미흡한 지원에서만 나오는 것이 아니었다. 지역사회 주민들이 의료서비스를 쉽게 받기 위해서는 공급의 확대뿐 아니라 수요자의 접근성을 높일 수 있는 유인책이 필요했다. 이는 의료에 대한 인식의 변화와 함께 의료비를 감당할 수 있는 경제력, 혹은 그를 보조할 수 있는 제도적 뒷받침을 의미했다.

1964년 기준으로, 전국 9,577개의 의료기관 중 42.4%, 전국 의료인의

42 "무의면 공의의 비애", 《동아일보》, 1962. 3. 14.; "개점휴업 시골의 공의", 《조선일보》, 1962. 7. 22.
43 "우리에겐 이런 애로가 있다. 무의촌에 배치된 공의가 말하는 실정", 《조선일보》, 1962. 8. 20.

56.1%가 서울과 부산에 집중되었다. 반면 전국 읍면의 16%는 의사, 한의사, 치과의사가 전혀 없는 순무의면(純無醫面)이었고, 35.8%에는 의사가 없었다.[44] 같은 해 전라북도의 경우 순무의면이 12곳이었다. 전북에서 일정 규모를 갖춘 종합병원은 전주에 두 곳, 군산, 남원, 정읍, 옥구에 각각 한 곳이 전부였다. 이 중 남원, 군산, 옥구, 정읍의 종합병원은 농촌을 주대상으로 했으며, 특히 옥구의 개정 농촌위생연구소는 농촌 위생 연구를 주로 하는 국내 유일의 기관이었다.[45] 남원병원이 남원, 순창, 임실, 장수군을 관장했기에 임실 주민들은 일차적으로 남원병원을 가는 경우가 많았다.

무의면 수치는 전쟁 이후 조금씩 개선되고 있었으며, 정부도 의사 인력을 무의면에 파견하기 위해 다양한 시도를 계속했다. 1964년에는 북한에서 의료행위를 하다가 월남해 면허를 받지 못한 의료업자들의 무의촌 근무제도를 도입했다.[46] 의사의 강제동원제가 폐지되면서 그 대안으로 이동진료반을 구성해 무의면을 찾아다니면서 치료를 하고 예방약품을 배부하려는 정책도 추진했다.[47] 1967년에는 1회 한지의사(限地醫師) 국가시험을 실시해 합격자 71명을 무의면에 배치하기도 했다.[48] 1972년 전공의 수련자를 6개월간 무의촌에 파견하는 전공의 파견제도를 도입했고, 1973년 의료법 전부개정을 통해 보건사회부장관은 보건의료시책상 필요하다고 인정될 때에는 의사, 치과의사, 한의사 및 간호원의 면허취득 조건에 2년 이내의 기간을 정하여 특정 지역 또는 특정 업무에 종사할 것을 면허의 조건으로 붙일 수 있다고 규정했다. 이는 신규 면허를 받기 위해 의료 벽지 근무를

44 보건사회부, 『보건사회백서—국민보건과 사회복지(1964년판)』 (1965), 39-42쪽.

45 전북일보사, 『전북연감 1966』, 205-206쪽.

46 "의사동원령 곧 해제", 《조선일보》, 1964. 4. 17.

47 "올해부터 공의제 철폐", 《조선일보》, 1966. 1. 9.

48 "한지의사합격자 71명을 무의면에", 《동아일보》, 1967. 10. 25. 1986년 의료법 개정으로 일정 기간 이상 의료업무에 종사한 한지의사들도 정규의료인의 면허를 취득할 수 있게 되었다.

조건으로 내세운 것이었다. 1976년에는 의사자격국가시험 탈락자에게 2년간 무의촌 근무 조건으로, 조건부 의사면허를 발행하는 특정의무지정의사제를 실시하기도 했다. 하지만 특정의무지정의사제는 진료 능력 부족으로 주민들의 보건소에 대한 신뢰를 떨어뜨리고 이용을 기피하는 부작용을 빚는다는 비판 속에 1980년대 초 폐지되었다.[49]

1960년대 들어 백신 접종 등 정부의 전염병 예방 대책에 의해 두창, 발진티푸스 등 여러 전염병이 점차 줄어드는 상황 속에서도 대표적 후진국형 전염병으로 꼽히는 장티푸스는 오히려 증가세를 보였다.[50] 1961년 장티푸스 환자가 급증하는 속에서 전국에서 전북이 가장 많이 발생하여 도내 일원에 예방접종을 확대했다. 이를 위해 전북간호학교 학생 41명을 각 군에 배치했는데, 이처럼 당시 전염병 예방을 위해 의과대학생이나 간호학교 학생들이 동원되어 방역 업무에 참여하는 일이 드물지 않았다.[51] 1962년 평택의 신권식은 보건소에 가서 장티푸스 접종액과 주사기를 받아 와 주민들에게 예방접종을 하기도 했다.[52] 이는 신권식의 의료 활동이 사실상 관의 동조하에 이루어졌음을 보여준다.

1962년 보건소법이 전면 개정되면서 설립 주체가 도에서 시군으로 이관되었고, 이는 보건소가 지방보건행정기관으로 확립되는 계기가 되었다고 평가받는다. 정부는 1962년 행정단위별로 총 189개의 보건소 설치를 완료함으로써 농촌지역의 보건의료를 위한 기본 틀을 갖추었다. 하지만 의료인력의 부족은 여전한 과제로 남아 있었다. 『전북연감 1966』에 의하면, 전북의 공의진료소 대상 지역 69개소 중 55개소에 공의가 배치되었고,

49 "특정의무 지정의사제 내년부터 폐지검토", 《중앙일보》, 1982. 1. 27.

50 대한감염학회 편, 앞의 책, 81-83쪽.

51 "장티브스 환자 전국 1554명", 《동아일보》 1961. 7. 31.; "전국이환 248, 사망 23명 의대생도 동원", 《조선일보》, 1963. 9. 25.

52 박승만, 앞의 논문, 420쪽.

10개 지역은 전남대 총장과 협의하여 공의를 배치하기로 했다. 1970년까지 전라북도에는 의과대학이 없었기 때문에 전남대에 의지할 수밖에 없었다. 1965년 7월 기준 임실의 의료기관으로, 의원 5곳과 한의원 1곳이 있었고, 이는 전북 내에서 당시 3곳뿐인 장수군 다음으로 작은 숫자였다. 약국 4명, 약종상 4명, 한약종상 16명과 매약상 20명이 임실의 약업자로 주민의 건강을 뒷받침하고 있었다. 이런 상황이기 때문에 이따금 있는 무료진료, 특히 무료이동치과는 여전히 유용한 기회였다.[53] 산간벽지 및 도서지대 주민에게 의료 혜택을 주기 위한 도내 순회진료를 위한 의료반은 1970년대에도 운영되었다. 한편으로 부족한 의료시설과 비용 때문에 낙도나 두메산골에서는 양귀비 등 마약성 식물을 몰래 길러 비상약으로 쓰기도 했는데, 산간지대가 많은 임실에서 밀경작(密耕作)이 종종 이루어지곤 했다.[54]

군 단위에는 보건소가 갖추어졌지만, 군의 중심지에서 떨어진 곳에 거주하는 주민들에게는 여전히 물리적 거리가 상당했다. 이에 정부는 1967년 보건소가 소재한 읍면을 제외한 나머지에 보건지소를 설치하기로 했다. 이듬해 1,334개소의 보건지소 설립을 추진했는데, 이는 읍면마다 1개 이상의 보건지소를 세우겠다는 계획이었다. 보건지소는 의사, 간호원, 의료보조원, 가족계획요원 등으로 구성되며, 전임의사를 배치하기 어려운 지역은 공의를 지정하고, 공의가 없는 곳은 일반 개업의사를 배치한다고 발표했다.[55]

하지만 그리 좋지 못한 처우 때문에 보건지소는 물론이고 보건소에서 근무를 희망하는 의사를 찾기가 매우 힘들었다. 1970년 6월 기준으로 전국 192개 보건소 중 23%인 44개 보건소가 의사인 소장이 공석 상태였다.

53 "임실과 순창서 무료개안수술", 《동아일보》, 1962. 7. 12.; "무료 이동 치과 16개 군에", 《조선일보》, 1962. 8. 7.; "대통령이 마련해 준 이동진료차를 배정", 《동아일보》, 1968. 6. 8.

54 "국제마약밀수 그 내막", 《조선일보》, 1966. 11. 17.

55 "국민보건에 5개년계획", 《조선일보》, 1966. 7. 9.

직제상 보건소장은 사무관의 낮은 대우를 받았고, 별도의 수당에도 불구하고 보수도 개업의보다 훨씬 적기 때문이었다. 이뿐 아니라 임명권자인 군수의 보건행정에 대한 이해 부족 등도 의사들이 보건소를 기피하는 큰 이유였다. 1970년 당시 전북의 보건소 중 군산, 옥구, 진안, 장수, 임실, 완주, 익산, 고창이 보건소장이 없는 상태였다.[56] 이 같은 현실적인 인력난은 1970년대에도 계속 이어지면서 보건지소의 활동이 유명무실하다는 비판을 피하지 못했다.

1970년대 들어도 전북의 의료 여건은 전국 평균에 크게 미치지 못했다. 특히 전북 지역에 의사를 양성하는 의과대학이 없다는 점이 장애 요소였는데, 1971년부터 전북대학교 의대가 신설되어 부속병원이 설치되고 신입생을 모집하기 시작하면서 이러한 상황이 조금씩 나아졌다. 1976년부터 전국을 55개 진료지역별로 구분해 의료보호병원(2차 진료기관)을 지정하고, 1, 2차 진료기관을 나누어 의료전달체계를 구비했다. 전북은 4개 지구로 편성되었고, 임실은 남원, 장수, 순창과 함께 도립남원병원이 2차 진료기관으로 지정되었다.[57] 이는 생활권을 중심으로 진료권을 설정하고, 단계별로 의료기관을 이용하도록 하겠다는 취지였다. 대도시의 대형 유명 병원으로 환자가 몰리는 현상을 막으려는 조치이자 의료자원을 지역 간에 균등하게 배분하기 위한 시도였지만, 지역사회에서 여전히 공급이 부족한 상황이었기 때문에 기대만큼의 효과를 가져오지 못했다.[58]

56 "연중공일 일선방역 의사없는 보건소 23%", 《동아일보》, 1970. 6. 18.
57 "진료지구별 의료보호병원", 《동아일보》, 1976. 11. 1.
58 박윤재, 앞의 책, 197-200쪽.

〈표 4-3〉 1966, 1970, 1977년 의사 1인당 인구 (단위 명)

	1966	1970	1977
전국	2,318	1,569	1,677
전북	5,236	5,304	4,070
임실	10,677('67년)	8,971('72년)	9,113

자료: 각 년도 『보건사회통계연보』; 『전북연감』

1970년대 후반 한국 보건의료 역사에서 중요한 사건 중 하나인 의료보험제도가 본격화되었다. 1963년 의료보험법이 제정되었고, 일부 직장이나 지역에서 의료보험조합이 조직되었지만, 강제 적용은 아니었다. 1976년 12월 강제 적용을 골자로 한 의료보험법이 공포되어, 이듬해 7월부터 시행되었다. 5백인 이상 사업장의 직장가입자부터 시작했으며, 1978년부터 공무원에게도 적용되었다. 이와 함께 빈곤층을 위한 공공부조 제도인 의료보호제도도 1977년부터 시작했다. 무료 대상자는 입원 외래 진료비 전액을 국가가 부담했으며, 치료비를 일시에 부담할 수 없는 일부 유료 대상자는 외래 치료비는 국가부담, 입원 치료비는 50% 국가 부담, 50%는 무이자로 분할 상환토록 했다.[59] 이러한 제도는 의료비에 대한 경제적 장벽을 다소 낮춤으로써 병원에 대한 접근성을 높이는 효과를 가져왔다. 의료서비스 공급 확대와 함께 의료소비자의 수요도 늘릴 수 있는 장치가 마련된 것이다.

압축적 성장이 이루어지던 시기 임실의 보건의료 환경의 변화는 『창평일기』를 통해 엿볼 수 있다.[60] 일기에서 확인되는 1960~70년대 동안 감기

59 전북일보사, 『전북연감 1980』, 292쪽.

60 4절과 5절에서 소개하는 『창평일기』의 보건의료 관련 기록들은 상당 부분 필자가 작성한 『창평일기』의 해제에도 들어 있다.

에서부터 피부질환, 치통, 자상, 화상, 교통사고, 위 수술 등 다양한 의료 기록이 등장하며, 1970년대 중반을 넘어서면서 기록의 양이 크게 늘어난다. 여기에는 의료기관의 증가와 함께 최내우의 경제력이 높아지고, 아들인 공무원의 의료보험을 이용할 수 있게 되면서 병원의 문턱이 조금 낮게 느껴진 것도 작용했을 것이다. 다양한 질병에 대처하는 방식은 질환의 종류와 정도에 따라 상이하지만, 전통적인 민간요법보다는 제도화된 의료기관을 이용하는 경우가 많았다.

최내우의 『월파유고』에 의하면 1964년 그의 모친은 병원 진료를 제때 받지 못해 맹장염이 복막염이 되어 보름 만에 별세했다.

> 病患이 난지 十五日만인데 처음에 배가 압부시다 햇다.… 二, 三日 지나니 腹部가 異常햇다. 체인 듯십다고 하시엿다. 任實 체를 잘 〈내〉린 사람이 잇다 하야 오라 햇다. 別 效果를 못 보왓다. 金城里 金氏 醫員이 영하다 하야 招請햇다. 針을 놋코 따라가서 藥을 몇 첩 지여 대려드려도 如意치 안햇다. 배는 날이 갈수록 부워가드라. 할 수 없이 택시를 貸切하야 寢具를 準備하고 全州로 갓다. 柳承國 病院에 診察햇든니 腹망염[腹膜炎]으로 判明이 낫다.[61]

복막염 판정을 받고 입원을 원했지만, 입원실이 없어 도립병원으로 옮겨야 했다. 그곳에서도 너무 늦었다고 입원을 거부당하고 귀가하여 며칠 앓다 모친은 세상을 떠났다. 처음부터 보건소나 병원을 찾았다면 바로 수술을 받을 수 있었겠지만, 남원이나 전주의 병원까지 가야 되는 상황에서 대개는 참거나 주변에서 구할 수 있는 약으로 대처하는 것이 일반적이었다.

61 이정덕 외, 『창평일기 1』 (지식과교양, 2012), 170-171쪽.

하지만 1970년대에 이르러 보건소나 병원 이용이 조금은 용이해졌다. 여전히 수의사나 자격을 갖추지 않은 것으로 보이는 사람에게 치료를 받는 경우가 있었지만, 보건소를 직접 방문해서 진찰을 받고 약을 받는 등 확대된 보건의료제도의 도움을 받을 수 있었다.

이 시기 『창평일기』에 자주 등장하는 질환 중 하나가 치아질환이며, 최내우는 치과 치료에서 치수(齒修)라 불리는 인물에 의한 치료, 치통수까지 여러 방법을 사용했다. 치통이 생길 경우 관촌에서 치통수를 사서 넣었는데,(1970. 6. 13.) 치통수는 일본에서 개발된 바르는 치통약 '콘지스이(今治水)'가 원조이며, 해방 이후 여러 회사가 유사한 제품을 만들어 판매했다.[62] 클로로포름(chloroform)을 원료의 하나로 사용했는데, 1976년 동물시험에서 발암성이 확인되어 FDA가 인체 사용을 금지했다. 하지만 국내에서는 1980년대 중반까지 공공연히 시판되었다.[63] 치통수 외에 민간에서는 약간의 소다를 탄 물로 치통을 완화하곤 했다. 또한 마을 사람의 소개를 받은 치수가 직접 집을 방문하여 가족들의 치아를 한꺼번에 치료해주는 경우가 있었는데, 1971년 개당 500원씩 22개 치아를 끝냈다는 기록이 나온다.(1971. 5. 29.) 또한 동네 주민의 딸로부터 간단한 치통 치료를 받기도 했다. 전주의 치과에 가서 문제가 되는 이를 뽑고 새로운 이를 해 넣기도 했는데, 1970년대 후반부터는 비의료인에 의한 치아 치료 기록은 나오지 않는다.

최내우는 간단한 질병이나 상처의 경우 가축병원을 운영하던 수의사를 찾아 약을 받거나 치료를 받았다.(1970. 10. 18; 1972. 7. 4.) 이는 당시 의사보다 수의사의 숫자가 더 많은 상황에서 이해가 가는 결과였다. 1970년 임실

62 "新今治水", 家庭薬ロングセラー物語 (日本家庭薬協会, https://www.hmaj.com/kateiyaku/konjisui/).

63 "이런 약은 조심", 《경향신문》, 1986. 3. 15. 클로로포름은 탄소와 염소로 이루어진 화합물로, 마취제로도 사용되었으며, 미국에서는 양치질 약이나 연고에도 사용되었다.

전체로 수의사는 9명이었고, 같은 시기 의사는 한지의사 1명을 포함해 5명에 불과했다. 병원 치료가 필요한 경우 임실 중앙병원을 주로 이용했는데, 자전거를 타고 가다 낙상을 해서 찢어진 상처를 치료하거나 잇몸병 치료를 받았으며, 치료비는 일부만 지급하고 외상으로 남기는 경우가 많았다.(1973. 9. 12.) 증상이 더 심한 경우 전주의 전문의나 종합병원을 찾기도 했다. 또한 한의사를 찾아 침을 맞고 약을 받아 오거나 발진 등 피부질환의 경우 관촌면의 나환자를 통해 약을 받아 치료를 하기도 했다.(1973. 12. 4.)

한편 『창평일기』에는 몇 가지 민간요법이 등장한다. 독감으로 종일 식사도 못 하다가 밤에 약감주로 치료했다거나,(1969. 1. 19.) 가슴 통증이 있을 때 소다와 설탕물을 마시며 답답한 속을 내리게 했다.(1971. 1. 6.) 특히 소다는 의료서비스가 충분하지 못한 농촌에서 가장 널리 사용되던 민간요법의 하나였다. 당시 소다(중탄산나트륨, $NaHCO_3$)는 제빵용 팽창제로 판매되었지만, 농민들은 소화제로 흔히 복용했다. 소다를 복용하면 위에서 중화작용을 일으켜 신트림이 나고 탄산가스가 발생하면서 속쓰림이 어느 정도 안정되기 때문이었다. 문제는 약용으로 복용하기 위해서는 99% 이상 순도가 보장된 것을 써야 했지만, 식품과 의약품에 사용되지 않는 공업용 소다를 먹고 사고가 발생하곤 했다. 임실에서 1970년 2월 모두 8명이 소화제로 소다를 먹고 사망하는 대형 사고가 발생했다.[64] 전북위생시험소 검정 결과 비소가 다량 들어 있었고, 이후 조사에 의하면 임실의 잡화상이 비소를 소다로 착각해 불법 소분하여 판매했기 때문으로 밝혀졌다.[65] 당국은 문제가 된 소다를 모두 수거하여 폐기토록 했지만, 당시 허가받은 한 곳 빼고는 모두 무허가 제조회사의 제품이었다. 이런 사고가 발생했음에도 최내우는 바로 이듬해 소다를 소화제로 사용한 것이다. 기생충 제거를 위해 기생

64 "살인소다 식품이다 약품이다 입씨름만", 《동아일보》, 1970. 2. 19.

65 "식용은 비소함유량 1백만분의 4이하라야", 《매일경제신문》, 1970. 2. 24.

충약을 복용했지만,(1975. 8. 29.) 미흡하다고 생각해 휘발유 한 홉을 마시기도 했다.(1976. 1. 30.)

최내우는 기본적으로 미신적 치료행위는 신뢰하지 않았다. 마을 주민이 정신질환으로 남문 옆 뇌병원에서 검진을 받고 입원 치료를 받게 되었을 때, 그의 가족이 와서 다른 마을 사람으로부터 용한 법사 점쟁이를 소개받았는데, 주문을 읽히고 굿을 하면 낫는다면서 퇴원을 시키겠다고 했다. 이에 최내우는 가급적 병원에 며칠 두는 것이 좋다고 권유했다.(1971. 2. 19.) 결국 그 가족들은 최내우의 권고를 따랐고, 일주일 뒤에 차도를 보이고 있다고 알려 왔다.

1975년 2월 손녀가 태어났는데, 전주 병원에서 출산을 했다. 이 시기에 이르면 출산은 많은 경우 병원에서 이루어지는 의료행위가 되었으며, 제왕절개수술도 드문 일이 아니었다. 1976년에 태어난 손자가 체중이 부족해서 도립병원에 입원해서 2주간 최내우가 아관(兒棺)이라고 표현한 인큐베이터에서 지내게 되었다.(1976. 10. 16.) 1950년대 후반 작성된 USOM의 한국 보건에 대한 보고서는 당시 농촌에서는 가정분만이 일반적이었다고 보고했는데,[66] 최내우의 자식들이 도시에 살고 있었기 때문이기도 했지만, 『창평일기』의 기록은 압축적 근대화 속에서 출산의 방식도 빠르게 변화했음을 보여준다.

오랫동안 도정공장을 운영했던 최내우는 기본적으로 새로운 기술의 수용에 적극적이었고,[67] 이는 의료에서도 마찬가지였다. 일상적인 민간요법을 활용하면서도 건강 문제는 의료 전문가에게 맡기려 했다. 고통을 참고 버티다 치료 시기를 놓쳤던 모친과 달리 그는 제법 아프다 싶으면 병원을 찾

66 박노례 역, 앞의 책, 48쪽.

67 손현주·문만용, "농민일기에서 나타나는 기술수용과 그 양가성에 대한 연구—『창평일기』와 『아포일기』를 중심으로", 『지방사와 지방문화』 19:1 (2016), 147-188쪽.

았고, 자식들에게는 병원을 최우선시했다. 비록 빠른 경제성장의 혜택을 상대적으로 더디게 받았던 임실이었지만, 의료 환경도 천천히 개선되고 있었다. 의료시설이 늘어나는 한편 도로망과 교통편이 확충되면서 도시로 이동이 상대적으로 쉬워지면서 병원 이용도 늘어나게 되었다.

5. 농촌사회 건강권을 위한 제도의 확립

1985년 내무부가 전국 1,398개 읍-면을 대상으로 토지이용현황, 경제기반, 생활환경 등 모두 64개 항목을 조사하여 살기 좋은 마을을 선정했는데, 조사 항목에는 의료서비스에 대한 접근성도 포함되었다. 전라북도에서 36개 마을이 선정되었고, 임실에서는 임실읍과 둔남면이 꼽혔지만 신평면이나 삼계면은 들어 있지 않았다.[68] 1997년 지방자치 2년을 맞아 진행된 평가에서 전북 임실은 군 단위에서 경북 군위군 다음으로 인천 강화, 충북 단양 등과 함께 2위권 다섯 곳 중 하나로 평가받았다. 조사 항목에는 자연 녹지율, 오-배수관 보급률 등 생활환경 지표와 함께 의료복지가 중요하게 포함되었다. 의료복지는 인구 1만 명당 병원 수, 병상 수, 의사 수, 보건소 근무 인원, 약국 수, 보건위생비 예산 등 6개 항목이 조사되었다. 비록 임실이 의료복지에서 수위를 차지하지는 못했지만, 종합 평가에서 2위권이었다는 점은 의료 환경도 일정 정도 수준에 도달했음을 시사한다. 흥미롭게도 임실군 삼계면은 1998년 "한국 톱 10"을 뽑는 프로그램에서 전북 장수마을이 톱으로 선정되었다. 면 단위 거주 인구 중 70세 이상 비율이 17.74%로 높은 지역으로 조사되었기 때문이었다. 하지만 제작진은 그 같은

68 "가장 발전한 읍은 군포, 각 도별 「살기 좋은 마을」", 《조선일보》, 1985. 8. 24.

숫자 이면에는 노인들만 남은 농촌 현실이 있다는 사실을 잊지 않았다.[69] 이 시기 농촌사회의 고령화는 임실만의 문제는 아니었고, 한국 농촌이 겪고 있는 일반적인 상황이었다. 그럼에도 불구하고 임실이 열악 조건이 아닌 우수 사례로 등장했다는 점은 이전과는 달라진 모습이었다.

1980년대 들어 농촌의 보건의료 여건은 새로운 전기를 마련하게 되었고, 그 속에서 전북과 임실의 환경도 지속적으로 변화했다. 우선, 1980년 12월, "농어촌 등 보건의료를 위한 특별조치법"이 제정되었다. 이는 농어촌 의료취약지역을 중심으로 군복무를 대신하는 공중보건의(공보의)를 배치하고, 5차 경제사회발전계획5개년(1982~86) 동안 전국에 2,000개의 보건진료소를 설치하고 보건진료원을 배치함으로써 보건의료 취약지역에 보건의료사업의 기반을 구축하겠다는 것이었다. 이 시기 들어 의과대학 졸업생이 군의관 수요를 초과하게 되면서 공보의 제도를 도입할 수 있게 되었다. 이는 보건사업에 혁신을 가져온 사례로 꼽히며, 덕분에 1983년부터 무의면 지역이 사라지게 되었다.[70] 이처럼 이 시기에는 구축된 인프라에 인력 공급을 촉진하고, 의료시설에 대한 이용 기회를 늘리기 위한 정책들이 많이 마련되었다.

1978년부터 군위군, 옥구군, 홍천군 등에서 실시한 시범사업의 효과를 토대로 마련된 보건진료원은 의사가 없는 농어촌 보건의료 취약지역 주민을 위해 만든 제도였다.[71] 특별 조치법에 따라 1981년부터 인구 1~5천 명 미만 마을 및 수 개의 리·동을 관할하는 보건진료원을 간호원 및 조산원 면허소지자 중 선발하여 24주간 직무 교육을 실시한 다음 보건진료소에

69 "각 분야 정상 통해 현대사 정리", 《조선일보》, 1998. 10. 19.

70 한국국제보건의료재단, 『2011 경제발전경험모듈화사업: 보건소중심 농어촌 보건의료개선사업』 (보건복지부, 2012), 25쪽.

71 정다혜, "벽지로 간 간호사: 보건진료원의 탄생과 지역사회보건의 제도화", 의료역사연구회 외, 앞의 책 (2021), 19-48쪽. 이 논문은 보건진료원의 기원을 거제 지역에서 실시된 지역사회 건강사업에서 찾고 있다.

서 근무토록 한 것이다. 전북의 경우 1981년 53명, 1984년 40명이 배치되었다. 보건진료원은 간단한 의료행위와 보건 예방 활동을 하게 하고 주민들로 구성된 운영협의회를 통해 자체 운영토록 했다. 이러한 시스템을 통해 보건소-보건지소-보건진료소의 보건의료서비스 및 행정체계가 완성되었다.

하지만 공식적인 제도의 완비에도 실제 운영 과정에서는 작지 않은 난관이 있었다. 운영비가 모자라 겉치레 진료가 불가피했거나 차관을 들여 건물을 지었지만, 문을 열지 못하는 경우가 드물지 않았다. 보건진료소나 보건소에 추가로 세운 모자보건센터가 제구실을 못하고 있다는 비판이 제기되었다. 1981년 보사부는 임실을 포함해 14개 군에 모자보건진료소를 세워 피임계몽, 임부의 산전산후관리 및 결핵관리사업을 담당하고, 점차 필요한 임상 각과를 설치해 1차 보건의료기관의 역할을 담당하게 할 계획이라고 발표했다.[72] 이렇게 세워진 임실의 모자보건센터를 비롯해 1984년 당시 전북 내 8개 지역에 설치되었으나 실제로 운영되는 곳은 임실과 옥구 등 세 곳뿐이었다. 벽지에 설치된 보건진료소는 독립 건물인 청사나 의약품실은 물론 진료 요원들의 숙소도 마련이 안 된 경우가 많아 어려움을 겪었다. 처우나 환경 때문에 보건진료원의 이직이 매우 높아 안정적인 운영이 어려웠다.[73] 동시에 민간병의원이 주도하는 의료시장에서 기본적인 치료 기능도 수행하는 보건진료소나 보건진료원이 지니는 애매한 지위는 쉽게 해결하기 힘든 근본적인 문제였다.[74] 의료 불균형 문제를 공공보건기관의 설치로 풀어보겠다는 정부의 오랜 구상은 의료인력 채용의 곤란 때문에 순탄하게 집행되지 못했다. 필수 전문 인력인 공보의, 보건진료원 제도의

72 "보사부 14개 군에 모자보건진료소", 《매일경제신문》, 1981. 6. 16.

73 "농어촌 공공의료 사업, 앓고 있다", 《동아일보》, 1984. 5. 11.

74 정다혜는 이를 "보건진료원 업무의 딜레마"라고 표현했다. 정다혜, 앞의 논문, 38쪽.

도입으로 무의면은 사라졌지만 민간의료 중심의 경쟁적 의료체계 내에서 의료취약지역에 양질의 의료서비스를 공급하는 것은 쉽지 않은 목표였다.

보사부는 1986년 민간병원이 없는 의료취약 39개 군의 보건소를 병원으로 개편하여 계획 중이었던 전국민의료보험 실시에 대비하고자 했다. 113곳의 보건소 소장을 의사로 바꾸고, 진료 과목을 늘리고 40병상 규모를 확보하여 경쟁력 있는 민간병원으로 운영하겠다는 계획이었다.[75] 전북의 경우 고창, 부안, 진안, 임실, 순창 등 5개 군이 대상이었다. 하지만 이듬해까지 민간병원 건립 운영 대상자가 선정되지 않아, 임실, 순창 등 7개 군은 보건소 기능을 보강하여 의료수요를 해결하기로 했다.[76] 이에 따라 1961년 설립된 임실군 보건소는 임실군 보건의료원으로 개편되었다. 공중보건 중심의 보건소가 치료 기능을 강화하여 지역의 핵심 의료기관으로 재탄생된 것이다. 2020년의 『임실군지』에 의하면, 현재 임실군의 공공보건의료기관은 1개 보건의료원, 11개 보건지소, 20개 보건진료소가 있으며, 20개 보건진료소에는 18명의 정원이 배정되었다.[77]

농촌사회의 공공보건기관의 확대와 함께 주민들의 의료서비스 접근권을 높이기 위해 의료보험제도의 개선도 이루어졌다. 1977년 의료보험 도입으로 보험수가와 일반수가에 차이가 생겼고, 비보장 계층에 대한 차별이 사회문제가 되었다. 1981년 의료보험법 4차 개정안이 공포되어, 주민의 소득 수준, 의료시설의 분포 등을 고려해 대통령령이 정하는 지역의 주민은 당연적용 피보험자로 규정되었다. 이는 임의방식에서 강제방식으로 지역의료보험의 성격이 변화했음을 의미했다. 1988년 농어촌지역으로 의료보험이 확대되었다. 보험료는 소득, 재산, 세대 및 가족 수 기준으로 지역 실

75 "보건소를 병원으로 개편", 《매일경제신문》, 1986. 7. 17.

76 "병원없는 농어촌 지역 건립대상자 선정", 《경향신문》, 1987. 3. 12.

77 임실군지편찬위원회 편, 『임실군지 5권』 (2020), 309쪽.

정에 따라 부과되었다. 그러나 저소득층의 보험료 부담이 너무 크다는 문제가 제기되었고, 과중한 보험료에 부담을 느낀 농촌 주민이 보험증을 반납하거나 타 지역으로 전출을 가는 일이 곳곳에서 발생했다. 임실군의 경우 한 달 만에 380가구가 보험증을 반납했고, 보험료를 내지 않으려고 1만 가구 중 1,600가구가 한 달 동안 전주, 남원 등 도시지역으로 전출했다.[78] 이에 정부는 정부의 재정 지원 비율을 높이기로 하여 농민의 이탈을 막고자 했다. 그리고 이듬해인 1989년 도시지역 의료보험으로 확대했다. 도시 자영업자를 포함해서 지역 주민에게 보험료를 부과함으로써 의료보험이 전국으로 확대된 것이다.[79] 이로써 도입 12년 만에 전국민건강보험 시대가 열리게 되었고, 제도적인 측면에서 농촌사회도 의료서비스에 대한 접근권이 훨씬 높아졌다. 물리적 인프라 구축과 인력 배치 확대를 통해 의료공급을 확대하는 한편 의료보험이라는 제도를 통해 의료비 부담을 줄임으로써 농어촌지역 주민들의 건강권을 지키기 위한 제도적 기반이 마련된 것이었다.

1981년부터 1994년까지의 『창평일기』는 이전에 비해 보건의료와 관련된 내용이 크게 늘었다. 우선 여러 명의 자식이 가정을 꾸리면서 가족이 크게 늘어났고, 최내우와 부인이 노년기에 접어들면서 병원을 찾는 횟수 자체가 많아졌기 때문이었다. 최내우 본인도 남원 주천면의 침술사에게 팔다리의 통증이나 중풍 때문에 자주 방문해 침을 맞거나, 백구면이나 전주대 근처 침술사를 찾아 침을 맞는 등 1970년대에 비해 침을 맞거나 한의원을 찾는 빈도가 현저히 늘어났는데, 이는 고령에 따른 노인성 질환에 한방 치료가 좋다는 믿음을 반영하고 있었다. 동시에 병원이 늘어나고 생활수준의 향상과 의료보험 등에 힘입어 의료기관 방문에 대한 경제적 부담

78 "의보 한달… 농어촌이 앓는다", 《동아일보》, 1988. 2. 1.

79 박윤재, 앞의 책, 187-191쪽.

이 다소나마 줄었기 때문이었다. 잦은 엑스레이 검사가 오히려 건강에 문제가 되지 않을까 우려할 정도였다. 때로는 특정 병원 의사의 태도나 진단 결과가 마음에 들지 않아 곧바로 같은 분야의 다른 병원을 찾기도 했다. 최내우 스스로 병원이나 보건소의 약이 효과가 없다고 판단하고 같은 질병에 대해 추가로 한의원에서 약을 짓거나 다른 병원을 찾기도 했다.(1990. 2. 20.) 같은 질병에 복수의 의료기관을 다니며 치료를 받고 약을 받다 보니 상태가 호전되더라도 어떤 치료의 효과인지 스스로도 잘 모르겠다고 밝히기도 했다. 특히 1980년대 후반으로 가면서 의료기관 방문 빈도가 매우 늘어나며, 최내우가 갑작스런 교통사고로 세상을 떠나는 1994년의 경우 병원 방문이 매일 일과 중 하나가 될 정도였다.

최내우는 고령이 됨에 따라 자신의 건강에 대해 많은 염려를 보이고, 자발적으로 질병의 사전 검사를 하기도 했다. 1990년이 되어 임실의료원에서 전부터 벼르던 종합검진을 받은 다음 건강에 큰 문제가 없다고 판정받고 매우 만족스러워했다.(1990. 2. 11.) 또한 1986년부터 정력주사라는 '미로뎁보'를 2주마다 한 번씩 맞고는 했는데,(1988. 12. 26.) 이 주사제는 씨피온산테스토스테론을 주성분으로 한 호르몬제제로, 월 1회 주사로 젊음을 유지할 수 있는 대표적인 정력제로 광고되었다.[80] 1991년에는 보혈주사라는 영양제 주사를 20일 정도의 간격으로 여러 차례 맞았는데, 주사를 맞아도 별로 효력이 없다는 불만을 표시하면서도 계속 규칙적으로 주사를 맞았다.(1991. 8. 13.) 그 밖에 보건주사나 링거주사 등을 맞았다는 기록이 자주 등장하는데, 이는 단순히 질병을 치료하기 위한 목적이 아니라 노년에도

80 마리뎁보 같은 단백동화 스테로이드(analbolic steroid)는 몸짱 열풍에 힘입어 2000년대까지 광범위하게 사용되었지만, 상당한 부작용이 있어 결국 복용과 판매가 엄격하게 통제되었다. "'단백동화 스테로이제제' 복약지도 각별 유의: 식약청, 남용시 치명적인 부작용 초래", 《약업신문》, 2007. 5. 25., http://m.yakup.com/news/index.html?mode=view&nid=91261&cat=all&cat2=1&kind=news (2024. 1. 22. 접속)

건강을 유지하여 삶의 질을 높이기 위한 노력으로, 어느 정도 경제력이 뒷받침되어야 실천할 수 있는 의료행위였다.

1992년 부인이 중풍을 겪고 자신도 크고 작은 질병을 앓게 되면서 최내우는 건강에 더욱 신경을 쓰게 되었다. 1994년 4월의 일기는 하루 생활에서 건강관리가 얼마나 중요한 비중을 차지하고 있는지 잘 보여준다.

> 새벽 5時면 起床하야 ◎ 保健所 藥을 복용하고 ◎ 水參[水蔘]을 갈아 우유하고 混合하야 마시고 ◎ 朝食 前에 예수{병원} 약을 복용하고 ◎ 또 朝食 後에는 예수 약을 복용하고 ◎ 또 食後에 1개 약을 복용한다. ◎ 午前 中에 漢藥을 복용하면 6回를 복용한다. 紅參골드까지 10餘 順이나 된다.(1994. 4. 19.)

당연히 건강관리에 드는 비용 역시 상당했으며, 돈이 없어 약이나 약재를 구입하지 못하게 되어 안타까움을 표시하곤 했다.(1994. 4. 22.) 그는 중풍으로 한방병원에 입원한 부인이 한 달 이상 지나도 큰 효과가 없자 퇴원을 결심하는데, 여기에는 치료비도 문제가 되었다. 그의 표현대로 효험이 있다면 돈이 문제가 아니지만 금방 차도가 나타나기 힘든 중풍 후유증으로 장기간 입원할 경우 병원 치료비는 상당한 부담이 아닐 수 없었다. 때문에 젊었을 때는 부정적으로 보았던 미신적 요법에도 관심을 두게 되었는데, 부인의 병세가 좋지 않아 무속인을 찾았고 선영에 제물을 갖춰 고사를 지내야 한다는 말을 듣고 실천에 옮기기도 했다.(1992. 12. 15.)

1994년 5월 22일 일기에서 다리의 통증이 극심해 "이쯤 되면 더 살고 싶지 않다"고 밝혔으나 임실에 새로 문을 연 병원을 찾아 물리치료를 무료로 받으면서 병원에는 미안하지만 매일 다니겠다는 의지를 밝혔다. 그는 바로 다음 날 일기에서 상태는 호전되었지만, 치료비에 따른 경제적 부담을 밝혔다.

> 1身에 服用藥은 ① 解糖錠 ② 예수病院 藥 ③ 聖바오로 任實 醫療원 藥(無料) ④ 물약 ⑤ 紅參골드 藥을 服用한바 6日부터 病勢가 良護해젓다. 生覺한바 手足이 異常이 없어진 듯십다. 注[主]로 밤이면 痛症이 深햇든바 어제부터 良護하며 밤에 잠이 잘 오고 小便도 藉〃히 보지 ㅁ는다[않는다]. 多幸인데 5가지 藥 中 何藥에 效果를 본지 알 수는 없다. 꼭 이련한 藥과 處身을 하며 繼續하야겟는데 問題는 金錢이 앞으며[없으며] 其 金額이 不足하야 不安하다. 子息들에 金錢 要求하기란 困難하며 차라리 世上을 등지고 싶은 心理 多分하다.(1994. 6. 7.)

의료보험이 되더라도 자기 부담금이 있었고, 보약 종류는 당연히 보험으로 커버가 되지 않는 고가였기 때문에 부담을 피할 수 없었다. 최내우는 늘어나는 의료비를 자식들에게 의지하고 싶지 않은 고령 부모의 마음을 여러 차례 밝혔다. 이는 농촌사회의 고령화에 따라 점점 더 불거질 수밖에 없는 문제였다.

최내우는 이후로도 날마다 임실의 신설 병원에 다니면서 치료를 받았으며, 보름째 병원을 다니면서 점차 양호해지는 건강 상태에 자신감을 갖고 "수명 연장은 자신 있다"고 밝혔다.(1994. 6. 17.) 하지만 그는 이러한 일기를 남긴 바로 다음 날 불의의 교통사고로 세상을 떠나고 말았다. 그해 1월부터 건강을 위해 시작한 한 시간 남짓의 아침 산책길에서 레미콘 공장의 차량에 사고를 당하면서 25년 넘게 계속된 그의 일기는 역설적이게도 장수에 대한 기대를 마지막으로 갑작스레 끝을 맺어야 했다.

6. 맺음말

일제강점기 대다수 조선의 의사들이 개업의 길로 나서면서 한국 의료는 기본적으로 시장경쟁체제에 기반해서 작동했다. 해방 이후 이를 보강하기 위한 정부의 공공의료 확충 노력은 취약한 재정으로 인해 계획대로 이루어지지 않았다. 이 때문에 민간의료는 수도권을 중심으로 한 도시에 편중되었고, 농촌의 의료시설은 상대적으로 미약한 상태가 될 수밖에 없었다. 특히 자유경쟁적 의료시장에서도 한지의사나 한지의생 등 위계적 의사 구조의 하부를 떠받쳤던 하위 단계의 의료 활동자가 점차 사라지면서 의료 자원의 불균형은 더 심화되었다.

의료시장의 불균형을 개선하기 위해 정부는 1950년대부터 지역에 보건소를 세워 예방의학과 기본적인 치료의학을 제공하고자 했다. 1960년대 들어 군 단위마다 보건소가 세워졌고, 뒤이어 의사가 없는 읍면에 보건지소 설립을 추진해나갔다. 하지만 물리적 시설이 확보된 다음에도 필요한 인력을 구하지 못하는 인력난을 겪어야 했다. 1980년대 들어 특별법과 그에 따른 의료인력의 파견이 제도화되면서 무의촌은 사라졌다. 또한 의료보험의 전국적 확대로 농촌 주민들이 병원을 찾는 기회가 늘어났다. 한국이 인구 대비 적은 의사 수에도 불구하고 1인당 외래 진료가 활발한 상황은 이러한 과정에서 만들어진 결과이다.

상대적으로 낮은 보건의료 인프라를 갖고 있던 전라북도 내에서 임실은 강점기부터 전북의 평균보다 낮은 의료시설과 인력 규모를 보였으며, 이는 해방 이후에도 크게 달라지지 않았다. 특히 1970년까지 의과대학이 존재하지 않았기 때문에 전라북도는 지역에서 활동하는 의사 인력의 확보에 더 어려움을 겪어야 했고, 의사 1인당 인구 등 양적 지표도 전국적으로 낮은 편이었다. 『삼계일기』의 제한된 의료 관련 기록에서도 기본적으로 약국과 병원을 이용했으며, 면사무소에서 두창 백신을 접종했다는 기록을 통해 보건지소도 없는 무의면이었지만 국가가 최소한의 보건 기능을 수행하고 있었음을 알 수 있다. 1960년대 중반 『창평일기』 필자의 어머니 경우처럼 병원은 물리적 거리뿐 아니라 병원비라는 장애물이 있어서 아프다고 바로 찾는 곳이 아닌, 최대한 버티다 마지막으로 가는 곳이었다. 때문에 치료 시기를 놓쳐 사망에 이르는 경우가 드물지 않았다. 따라서 무의면에 거주하는 주민들은 일상적인 대처법을 필요로 했으며, 드물게는 『대곡일기』 신권식의 경우처럼 반의사로 활동할 수도 있었지만 대체로 쉽게 구할 수 있는 몇 가지 약품이나 민간요법에 의존하는 경우가 많았다. 1970년 임실에서 발생한 '소다 사건'은 그러한 현실이 만든 비극이었다.

그러나 경제개발 속에서 교통망이 확대되고, 보건소 등 농촌 의료기관이 조금씩 늘어나면서 1970년대 후반부터는 상황이 개선되었다. 특히 1980년대 들어 특별법이나 의료보험제도의 출범으로 병원의 문턱이 낮아지기 시작했으며, 1990년대는 대체로 현재와 유사한 농촌지역 의료공급체제가 구축되었다. 1980년대 이후 크게 늘어난 『창평일기』의 의료 관련 서술은 그 같은 변화의 결과였다. 그러나 의료서비스 모두를 보험이 커버하지도 못했고, 보험이 있더라도 기본적으로 지출되는 의료비가 부담이 될 수밖에 없었다. 공급 증가에 따라 의료수요도 늘어나면서 그에 따른 경제적 부담도 커진 것이다.

임실에서 작성된 두 편의 일기가 보여주는 임실의 보건의료사는 한계가 있을 수밖에 없다. 두 편 모두 필자가 남성이었기 때문에 모자보건을 비롯한 공중보건의 중요한 부분들이 제대로 다루어지지 않았다. 『대곡일기』나 경북 김천의 『아포일기』[81]도 유사한 한계를 지니고 있다. 또한 보건소나 공

81 이정덕 외, 『아포일기: 농민 권순덕의 삶과 기록 1-4』 (전북대학교출판문화원, 2014-2015).

의 등 공공의료제도에 대한 언급도 제한적이다. 『창평일기』의 보건소는 약을 타 오고, 간단한 검진을 받는 의료기관의 하나로만 묘사된다. 이는 개인의 경험에서는 공중보건에 관한 예방의학적 업무보다 자신의 질병에 대한 치료서비스가 더 크게 느껴졌기 때문일 것이다. 결국 개인 기록이 지니는 이러한 공백 부분은 공적 자료 외에 지역 주민이나 당시 보건 업무 담당자와의 인터뷰 등 더욱 다양한 사료로 보강되어야 할 것이며, 이는 후속 과제로 남기고자 한다.

한국의 DDT 저항성 몸니와 살충제 저항성 지식의 형성

정준호 (인하대학교 의학교육 및 의료인문학교실)

1. 서론

역사상 최초로 상용화된 유기합성살충제 DDT[1]는 2차대전 이후 핵폭탄에 비견될 정도로 막강한 영향력을 발휘했으며, 동시에 과학기술의 힘을 전 세계에 알린 하나의 상징물이 되었다. 인간은 핵폭탄이라는 전대미문의 파괴적인 힘을 얻은 것과 동시에, DDT라는 살충제를 통해 전염병이라는 인류의 천형을 벗어날 수 있는 힘도 가지게 되었다. 하지만 DDT의 성공은 오래가지 못했다. 2차대전 종전 후 광범위하게 살포된 살충제들이 환경에 치명적인 영향을 미치고 있다는 사실이 1960년대 레이첼 카슨의 『침

1 DDT는 Dichlorodiphenyltrichloroethane의 약자로 1875년 오스트리아의 화학자 오트마 자이들러(Otmar Zeidler)에 의해 처음 합성되었으나, 살충 효과가 알려진 것은 1939년 스위스의 화학회사 가이기(Geigy) 연구원인 폴 뮐러(Paul Muller)에 의해서였다. 이 공로로 1948년 노벨 생리의학상을 수상했다. 세계에서 첫 번째로 광범위하게 사용된 유기합성살충제이며, 이후 유사한 형태의 유기염소계(organochloride) 살충제들이 개발되었다. 프랭크 A. 폰 히펠, 이덕환 옮김, 『화려한 화학의 시대』 (까치, 2021), 239-241쪽.

묵의 봄』을 통해 알려지며, DDT는 현대 과학기술 발전의 역설을 보여주는 대표적인 사례 중 하나가 되었다.[2] 또한 말라리아와 같은 곤충매개질환을 DDT와 같은 저가의 살충제를 이용해 박멸할 수 있을 것으로 기대했지만, 1955년 DDT 살포에 거의 전적으로 의존하여 시작한 세계말라리아박멸사업(Global Malaria Eradication Program)은 살충제 저항성 모기의 등장과 함께 불과 10년 만에 실패로 끝을 맺었다.[3]

현대 과학기술사에서 그 흥망성쇠를 극적으로 보여줄 수 있다는 점에서 DDT는 여러 분야의 연구자들에게 주목받아왔다. DDT와 관련된 연구가 가장 활발하게 진행되고 있는 분야는 환경사이다. DDT와 같은 살충제의 남용이 생태계의 광범위한 파괴를 불러오고 있음을 밝힌 1962년 레이첼 카슨의 『침묵의 봄』 발간은 학계뿐 아니라 대중적인 관심으로 이어지며 세계적인 환경운동을 촉발시켰다.[4] 환경사 분야의 후속 연구들은 인체에 완전히 무해하며 놀라운 살충 효과를 보이는 '현대 과학의 기적'인 DDT의 모습이 정부와 전문가들의 주도로 구성된 것이라는 점을 지적했다. 특히 DDT의 생태적 영향이 이미 1950년대부터 잘 알려져 있었으나, 전후 농업 생산성 증대를 위한 기업과 정부의 이해관계가 맞아떨어지며 그 활용 범위가 지속적으로 확대되고 위험은 과소평가되었다는 사실을 밝혀냈다.[5]

DDT가 의학사 분야에서 중요한 위치를 가지는 것은 2차대전 이후 1960년대까지 국제적 보건의료사업에서 가장 광범위하게 쓰인 기술 중 하나라는 점 때문일 것이다. 말라리아의 역사를 다룬 패커드[6]는 냉전이라는

2 임경순, "레이첼 카슨의 『침묵의 봄』(1962) 출현의 역사적 배경 및 그 영향", 『의사학』 5-2 (1996), 99-109쪽.

3 Packard, Randall, *The Making of a Tropical Disease: A Short History of Malaria* (Baltimore: Johns Hopkins University Press, 2007), pp. xiv-xv.

4 카슨, 레이첼, 『침묵의 봄』 (서울: 에코리브르, 2011).

5 Whorton, James, *Before Silent Spring (Princeton: Princeton University Press, 1974); Dunlap, Thomas, DDT, silent spring, and the rise of environmentalism* (Washington: University of Washington Press, 1981).

6 Packard, op. cit., pp. 150-216.

거시적인 지정학적 배경에서 1955년부터 1965년까지 전개된 세계말라리아 박멸사업을 분석하며, 당시 미국을 중심으로 한 서방세계의 우위를 보여주기 위해 DDT와 같은 신기술이 국제 사업에 적극적으로 도입되었고 반대로 질병 예방을 위한 지역사회 개발 등의 근본적인 조치들은 배제되었음을 비판했다. 동시에 DDT라는 단일한 기술적 해법에 사업이 치중되며 DDT 저항성 모기의 출현이라는 상황에 유연하게 대응하지 못하고 결국은 세계보건기구의 가장 야심 찬 사업 중 하나가 실패로 끝나게 되었다고 분석했다.

한국 의학사에서도 DDT는 중요한 위치를 차지하고 있다. 이임하는 미군정기부터 한국전쟁 시기까지 미군에 의해 전염성 질병의 통제 목적으로 "전 한반도의 DDT화"로도 일컬어지는 이 시기에 이루어진 보건학적 조치들을 세밀하게 살폈다. 당시 한반도의 주요 감염병을 매개하는 모기, 몸니, 진드기 등이 DDT 살포의 대상이 되었다.[7] 여인석은 미군정기 말라리아 관리 사업에서 DDT가 어떻게 활용되었는지를 분석하였으며,[8] 다른 전염병 부분에서도 한국전쟁을 전후해 DDT 살포가 말라리아, 발진티푸스, 일본뇌염을 옮기는 매개 곤충 관리에 다양하게 활용되어왔음이 밝혀져왔다.[9] 같은 시기 일본에서도 피란민과 귀환자들, 전쟁포로와 군인들을 대상으로 검역이라는 명목의 DDT 살포가 이루어졌으며, 이는 질병 통제의 목적을 지닌 것과 동시에 미국의 과학적, 기술적 우월성을 보여주는 도구로서 '더

7 이임하, 『전염병 전쟁: 한국전쟁과 전염병 그리고 동아시아 냉전 위생 지도』 (서울: 철수와영희, 2020), 133-170쪽.

8 Yeo, In-Sok. "US military administration's malaria control activities (1945-1948)", *Korean Journal of Medical History* 24-1 (2015), pp. 35-65.

9 대한감염학회, 『한국전염병사2』 (파주: 군자출판사, 2018), 33-36쪽; 여인석, "DDT는 서울의 보건위생에 기여했을까?", 서울역사편찬원 편, 『서울사람들의 생로병사』 (서울: 서울역사편찬원, 2020), 242-248쪽.

럽고 병든 아시아인의 몸을 정화'[10]하는 사물이기도 했다.[11]

이러한 선행 연구들은 DDT가 어떻게 활용되었고, 또한 사회에 어떠한 영향을 미쳤는지를 상세히 보여주고 있다. 하지만 앞서의 연구들, 특히 의학사 분야에서의 연구들이 충분히 주목하지 못한 부분은 DDT가 군대를 넘어 민간에까지 전 세계적으로 광범위하게 사용되는 1945년의 DDT는 대단히 새로운 기술이었다는 점이다. 1943년 미군에 의해 질병 통제 목적으로 DDT가 처음으로 대량 살포되기 시작했음을 고려하면, 해방 후 한국에서 DDT는 현장에 적용된 지 불과 2년여밖에 지나지 않았다.[12] 특히 식물성 혹은 무기물에 기반한 원료가 아닌 유기합성용제로 만들어진 살충제는 DDT가 역사상 최초였으며, 동시에 질병 관리 사업에서 살충제가 중요한 위치를 차지하게 되는 것 역시 2차대전이 처음이었기 때문에 DDT와 같은 유기합성살충제라는 기술, 그리고 그 활용과 결과에 대한 지식은 1950년대까지 초보적인 수준에 머물러 있었다.

코니스는 미국 DDT의 문화사를 추적하며 "과학의 기적"으로 묘사되던 DDT가 『침묵의 봄』 발간으로 한순간에 환경파괴의 주범으로 몰락하는, 즉 DDT를 시작부터 일종의 완성된, 혹은 안정화된 기술이자 사물로서 다루는 전통적인 서술을 문제삼았다.[13] 1944년 DDT 개발 및 활용 초기부

10 Aldous, Christopher, and Akihito Suzuki, *Reforming public health in occupied Japan, 1945-52: alien prescriptions?* (New York: Routledge, 2011), p. 102.

11 한편 DDT가 유기합성살충제로는 최초로 개발, 사용된 것임에도 불구하고 군사적 목적으로 빠르게 활용될 수 있었던 것은 1차대전 이후 축적되어온 화학전 역량에 힘입은 바가 컸다. 러셀(Russell, 2001), 히펠(2020: 229-263) 등 전쟁사 및 화학사 분야의 연구들은 유기용제를 적극 활용했던 화학전 연구 과정에서 개발된 항공 살포 기술, 분무 장치 등을 군대 내 유기합성 살충제 활용에 도입하였으며, 나아가 이후 민간의 농업 및 보건 분야 활용 역시 이러한 장치들을 동일하게 사용할 수 있었던 것이 DDT를 포함한 유기합성 살충제가 빠르게 확산될 수 있었던 주요한 원인이었다고 지적했다.

12 와이스너, 존, 『질병의 연금술』 (서울: 까치, 2022), 115쪽.

13 Conis, Elena, *How to Sell a Poison: the Rise, Fall and Toxic Return of DDT* (New York: Boldtypebooks, 2022), pp. 324-326.

터 인체 축적 및 장기 노출에 따른 독성이 이미 학계에 충분히 알려져 있었으나, 전시 총동원이라는 특수한 상황에서 정부가 이를 의도적으로 묵살했음을 지적했다. 또한 『침묵의 봄』의 발간이 환경운동에 중요한 기점이 되는 것은 사실이지만, 1960년대 후반 전 세계적인 DDT 사용 금지라는 광범위한 합의와 제도화가 진행되는 과정에는 DDT와 같이 특허가 만료되어 저소득국가에도 보급될 수 있는 저가의 살충제를 보다 고가의 새로운 살충제로 교체하고자 하는 농약 회사들의 이해관계와 지지가 자리하고 있었음을 보여주어, 과학의 기적에서 환경파괴의 주범으로 이어지는 DDT를 둘러싼 단선적 역사 서술의 문제를 드러냈다.

이임하도 지적하고 있다시피 한국전쟁 시기는 이러한 광범위한 DDT 살포가 이루어지는 보건의료사업 현장임과 동시에, 다양한 실험들이 진행되고 있는 공간이었다.[14] 하지만 해방 후 한반도라는 공간에서 DDT가 매우 광범위하게 활용되었기 때문에 연구자들에게 이 시기의 DDT라는 기술은 이미 완전히 안정화된 일종의 '블랙박스'로 간주되곤 했다.[15] 따라서 DDT의 활용 그리고 그 한계에 대한 지식과 인식이 계속해서 도전받아왔고 변화하는 과정에 있었음을 포착하기보다는, 일방적으로 DDT가 한반도 전역에 배포되고 사용되는 과정에 초점을 맞춰왔다. 그러한 맥락에서 '전 한반도의 DDT화'는 단지 보건학적 차원에서의 실행이 아닌, 여전히 불안정한 기술에 대한 지식을 축적하는 과정으로 살펴볼 필요가 있다.

DDT에 대한 논의는 주로 해방 직후 곤충매개질병을 통제하기 위한 보

14 이임하, 앞의 책, 151-152쪽.

15 기존의 연구들에서 하나의 완성된 기술로서 DDT를 다룬다는 점에서 행위자-네트워크 이론(Actor-Network Theory)에서 사용하는 블랙박스의 개념을 차용하였다. 블랙박스는 DDT와 같은 행위자가 만들어지는 과정에서 성공한 결과만이 부각되고 그 과정에서 일어난 실패들은 드러나지 않게 되어, 실제로는 복잡한 네트워크가 드러나지 않고 단일한 대상으로 보여지게 되는 것을 말한다. 홍성욱, 『인간·사물·동맹: 행위자네트워크이론과 테크노사이언스』(이음, 2010), 15-35쪽.

건의료 활동의 차원에서 다루어지거나, 혹은 1970년대 환경주의의 성장과 확산 과정에 중요한 영향을 미친 물질로 다루어져왔다. 하지만 해방 직후부터 한반도에서 그렇게 많은 DDT가 사용되었다면, 그 사용 과정에서 생산된 지식과 경험들은 과연 미군, 나아가 국제적인 살충제 연구 및 지식 형성에 어떤 의미를 가지고 있었을까. 또한 한반도에서 생산된 DDT 관련 지식들은 과연 이후 공중보건 차원에서의 살충제 사용에 어떤 영향을 미쳤을까.

미군정기부터 한국전쟁 시기까지 미군에서 보건의료사업을 총괄했던 크로포드 샘스(Crawford Sams)는 회고록에서 한국과 일본의 발진티푸스 유행에 DDT가 핵심적인 역할을 했다고 반복해서 기술하고 있다. 이 회고록에는 일본에서 DDT가 생산되는 과정이나 한국전쟁 중 DDT가 전장에서 활용되는 방법 등에 대한 상세한 기록들이 남아 있지만, 정작 DDT의 역사에 있어 중요한 전환점이 되는 한국산 저항성 몸니의 출현에 대한 기록은 전혀 남기지 않았다.[16] 미군에게 있어 DDT는 2차대전 중 전쟁의 부산물로 얻어진 놀라운 과학기술적 성취를 상징하는 사물로 남아 있어야 했다. 하지만 앞서 살펴보았던 것처럼 2차대전 종전 직전부터 DDT의 효과나 안전성에 대한 의문은 계속되어왔다. 한국에서 나타난 DDT 저항성 몸니는 놀라운 기술적 발전의 한계를 보여주는 단적인 사례였다.

이 논문에서는 한반도에서 DDT가 활용되었던 시기가 세계적으로도 DDT 사용의 초기 단계였음에 주목한다. DDT의 제조와 살포 방법, 이후 살충제에 대한 곤충들의 저항성 획득까지 합성살충제에 관련된 지식들은 완전히 확립되지 못한 상태였다. 특히 DDT라는 새로운 기술의 지식들을 미군정, 그리고 한국전쟁이라는 독특한 지정학적 배경에서 미군이 어떻

16 Sams, Crawford, *Medic: the mission of an American military doctor in occupied Japan and wartorn Korea* (New York: Routledge, 2016).

게 확보했는지를 보이고자 한다. 그 주요한 사료로서 미군이 발간한 연구 보고서들을 중심으로 한국에서 구체적으로 어떠한 지식들을 확보했고, 또한 어떻게 확보하고자 했는지를 살펴보고자 한다. 한편으로는 한반도에서 유기합성살충제라는 새로운 기술과 과학기술적 사물이 집중적으로 적용되고, 그 생태적 결과물로서 저항성 곤충이 나타나는 과정을 추적한다. 또한 저항성 곤충에 대응하기 위한 현장 연구로 축적된 지식들이 미국과 한반도를 넘어 국제적인 저항성 연구와 개념의 형성에 어떠한 영향을 미쳤는지 알아보고자 한다.

2. DDT 개발과 초기 활용 경험의 축적

한반도에서 상업적으로 제조된 살충제가 대중들 사이에서 널리 활용되기 시작한 것은 일제강점기였다. 이 시기에는 제충국(pyrethrum)이라는 생물학적 제제가 주로 사용되었다.[17] 제충국은 국화과에 속하는 식물에서 추출할 수 있는 물질로, 꽃에 살충 성분이 다량 함유되어 있어 그 꽃을 분말로 만들면 살충 효과를 보였다.[18] 원산지는 페르시아와 달마시아 지역으로, 1860년대 미국과 유럽으로 전파되어 주요한 살충제로 자리잡았다. 일본은 1881년 영국에서 종자를 들여와 재배하기 시작했는데, 1910년대 제충국 재배에 적합한 환경을 지닌 북해도에서 생산을 시작하며 1930년대 세계에

17 2차대전 이전에는 식물성 원료 기반의 살충제와 함께 파리스 그린(Paris Green)과 같은 비소계 살충제나 기타 독성 무기물을 기반으로 한 살충제들이 널리 사용되었다. 하지만 이러한 무기 독성물질을 기반으로 한 살충제들은 인체 독성도 높았기 때문에 사람도 함께 살충제에 노출되어야 하는 보건학적 용도로 사용되기는 어려웠다. Brooks, Gerald, *Chlorinated insecticides* (Boca Raton: CRC Press, 1974), p. 23.

18 히펠, 프랭크, 『화려한 화학의 시대』 (서울: 까치, 2021), 238쪽.

서 가장 큰 제충국 생산국이 되었다.[19] 일본산 제충국의 가장 큰 수출처는 미국으로, 전간기 미국의 제충국 수요 90%는 일본에서 조달되었다.[20] 하지만 중일전쟁 이후 제충국이 군수물자 중 하나로 분류되며 일본에서 생산된 제충국은 대부분 일본군에 비축되었다. 더불어 예부터 군대에서 가장 중요한 보건 문제 중 하나로 간주되었던 발진티푸스(typhus fever)의 매개체인 몸니(*Pediculus humanus humanus*)를 제충국으로 효과적으로 죽일 수 있었기 때문이었다.[21]

진주만 공습 이후 미국과 일본의 교역이 단절되자 제충국을 대체할 살충제가 필요해졌으며, 미 국방부는 전선에서 병사들을 곤충매개질환에서 보호할 새로운 수단이 필요하다는 사실을 절감하고 있었다. 1941년 미국 국방부와 농림부는 공동으로 올랜도에 위치한 미국 농림부 산하 미국 곤충 및 식물 검역소 올랜도 연구소(Orlando Laboratory of Bureau of Entomology and Plant Quarantine, 이하 올랜도 연구소)[22]에 자금을 투자해 전쟁 중 흔히

19 채의수, 양영택, 『달마시안 제충국』 (서울: 공옥출판사, 2014), 40쪽.

20 1935년 기준 일본의 연간 제충국 생산량은 약 15,000톤에 달했다. 중일전쟁 이후 총독부는 제주도에서도 제충국 생산을 적극 권장했고, 정부와의 계약 재배를 통해 전량 수매했다. 강만익, "일제하 제주도농회(濟州島農會)의 운영 실태와 성격", 『탐라문화』 38 (2011), 208쪽; Gnadinger, Charles, *Pyrethrum Flowers (2nd ed)* (Minneapolis: McLaughlin Gormley King co, (1936), p. 17.

21 발진티푸스는 몸니가 옮기는 리케차(*Rickettsia prowazekii*)에 의해 발생하는 전염성 질환으로, 몸니가 쉽게 전파될 수 있는 감옥, 군대 등 인구 밀집 지역에서 빠르게 유행한다. 1812년 나폴레옹의 러시아 원정 중 전투보다 발진티푸스에 의해 사망한 군인이 더 많다는 사실이 알려지며 군대에서 주요한 보건 문제 중 하나로 간주되었다. 1차대전 중 약 3천만 명의 환자가 발생해 그중 3백만 명가량이 사망한 것으로 알려져 있다. Zinsser, Hans, *Rats, lice and history* (New Brunswick: Read Books Ltd, 2012), pp. 167-170.

22 1913년 설립된 미국 곤충 및 식물 검역소는 미국으로 수입되는 각종 농산물의 검역과 해충 관리를 담당하는 검역 및 연구 담당 부서였다. 검역과 해충 관리를 담당하고 있었기 때문에 살충제 개발 및 효과를 평가하는 역할 역시 검역소에서 관할하게 되었다. 그중 1941년 미국 국방부의 자금 지원으로 신규 살충제 개발만을 전담할 목적으로 설립된 현장 연구소가 올랜도 연구소였다. 1951년 올랜도 연구소에서 질병 매개 곤충을 연구하는 부서는 별도의 인수영향곤충연구소(Insect Affecting Man and Animals Researh Laboratory)로 분리되었다. Worthley, Harlan, "Dedication of New Entomology Research Laboratories at orlando, Florida", *Journal of Economic Entomology* 47:2 (1954), p. 372.

발생하는 곤충매개질환에 대해 군인들을 보호할 수 있는 기술을 개발하도록 했다. 이 과정에서 발견된 것이 스위스에서 개발된 DDT였다.[23]

1942년 11월 연합군이 알제리로 진주하자 새로운 연구 공간이 열렸다. 지중해 인근에서 알제리는 티푸스 유행이 가장 심한 지역 중 하나였으나, 당시 도입된 백신은 예방 효과가 매우 낮은 것으로 나타났다.[24] 1943년 7월 록펠러재단 연구진은 알제리의 한 감옥에서 사람들을 대상으로 직접 DDT의 효과를 측정했다. DDT는 기존에 주로 사용되었던 영국제 제충국과 그 효과성을 비교했을 때 놀라울 정도로 높은 살충력과 지속성을 보였다.[25] 얼마 지나지 않아 연합군이 탈환한 나폴리에서 발진티푸스가 퍼지고 있다는 소식이 전해졌다. 1943년 12월부터 1월까지 나폴리 전역에 살충제 분무반이 설치되었고, 6~20명으로 구성된 분무반은 하루 5,000명 이상을 처리했다. 1944년 3월까지 총 225만 명 이상이 살충제 분무를 받았다.[26] 연합군은 먼저 비축하고 있던 제충국을 활용해 방역사업을 시작했고, 1943년 12월 유행이 한풀 꺾여가던 시점에 DDT가 도입되었다. 나폴리 방역사업 초기에 도입된 살충제는 영국제 제충국이었다. 연합군 방역

23 1939년 폴 뮐러가 DDT의 살충 효과를 확인한 이후, 스위스의 화학회사 가이기는 1940년 DDT에 대한 특허를 스위스에서 획득했다. 이후 가이기는 판로 개척을 위해 1942년 독일과 미국 양측 지부에 모두 DDT 샘플을 보냈으나, 독일에서는 별 관심을 얻지 못했다. 1942년 8월 가이기는 뉴욕 지사에 100kg의 DDT를 배송했다. 이 샘플 중 일부가 올랜도 연구소에 전달되었고, 1943년 1월 연구진들은 DDT가 지금까지 시험해본 어떤 후보 물질보다도 강력한 살충 효과를 가지고 있다는 사실을 깨닫게 되었다. 뿐만 아니라 DDT는 강력한 잔류 효과를 가지고 있었는데, 살포한 뒤 수십 일이 흐른 뒤에도 DDT와 접촉한 모기를 죽일 수 있었다. Russell, Edmund, *War and nature: fighting humans and insects with chemicals from World War I to Silent Spring* (New York: Cambridge University Press, 2001), pp. 124-125; Dunlap, Thomas, *DDT, silent spring, and the rise of environmentalism* (Washington: University of Washington Press, 1981), pp. 61-62.

24 Stapleton, Darwin, "A lost chapter in the early history of DDT: The development of anti-typhus technologies by the rockefeller foundation's louse laboratory, 1942-1944", *Technology and culture* 46-3 (2005), pp. 529-530.

25 Soper, Fred, "Report on Work with Louse Powders at the Prison Maison Carree, Algeria", The Fred. L. Soper Papers, National Library of Medicine, Bethesda.

26 Leary, James, William Fishbein and Lawrence Salter, *DDT and the insect problem* (New York: McGrow-Hill Book Company, 1946), pp. 68-69.

담당자는 제충국이 먼저 "유행의 허리를 끊어"놓았고 DDT가 도입된 것은 그 이후라고 회고했지만,[27] 나폴리 발진티푸스 차단의 공은 DDT에게 돌아갔다. 새로운 기술력의 승리임을 보여주고 싶었던 연합군의 의도였다.[28]

실험실과 현장에서 모두 확인된 바대로 DDT의 살충 효과는 놀라웠지만 문제는 공급이었다. 새로 개발된 물질이었기 때문에 이를 생산할 수 있는 업체가 많지 않았다. 당시 미국에서 생산되는 DDT는 군에서의 수요를 충족하기에는 터무니없이 적은 양이었다. 1943년 11월 미군이 화학회사에 요청한 공급량은 월간 175톤에 달했지만, 실제 생산량은 10%에 불과한 17.5톤이었다.[29] 미국 정부는 특허를 한시적으로 개방해 전쟁 물자로 공급하는 DDT에 대해서는 특허권 행사를 정지시켜주었다. 이에 미국 굴지의 화학기업들 뿐 아니라 영세한 공장들도 생산에 뛰어들어 1944년에는 11개 기업 14개 공장에서 DDT가 생산되었다. DDT의 제조 공정 자체는 비교적 단순해 간단한 시설만 있으면 만들 수 있는 수준이었다.[30] 1943년 말부터 미국 곳곳의 생산 공장에서 DDT가 쏟아져 나오기 시작했고 전량 군에서 매입했다. 생산량이 폭발적으로 증가하고 있었지만, 여전히 군에서의 수요를 전부 충족시킬 수 없었기 때문에 DDT 판매는 민간에 허용되지 않았다.[31] 1945년 6월 종전 직전 미국 내 월간 DDT 생산량은 1,500톤에 달했다.[32]

2차대전 중 비축된 미군의 DDT 중 상당량은 해방 직후 한국과 일본

27 Harris, CRS, *Allied military administration of Italy 1943-1945* (London: Her Majesty's Stationery Office, 1957), p. 422.

28 Bailey, Roderick, "Ends and Means: Typhus in Naples, 1943-1944," *Centaurus* 64-1 (2022), pp. 251-252.

29 Russell, Edmund, *War and nature: fighting humans and insects with chemicals from World War I to Silent Spring* (New York: Cambridge University Press, 2001), p. 147.

30 Conis, op. cit., pp. 51-53.

31 Leary, op. cit., p. 61.

32 Russell, op. cit., p. 161.

등 미군정 지역에서 광범위하게 사용되었다.[33] 특히 말라리아나 발진티푸스는 미군에게 전파될 수 있다는 점에서 즉각 대응해야 할 질병으로 간주되었다. 각각의 질병은 모기와 몸니로 옮겨지는 곤충매개질병이었으므로, DDT는 곧 핵심적인 보건학적 도구가 되었다.[34] 2차대전 종전 후 1945년 10월 1일부터 1946년 12월 31일까지 미군 해상 수송 작전을 통해 태평양 지역에서 본국으로 귀환한 인구만 650만 명에 달했다.[35] 해방 후 재조일본인이나 재일한국인들은 귀환 중 입출국 과정에서 필수적으로 DDT 살포와 백신 접종을 받아야 했다.[36] 2차대전 중 나폴리에서 활용된 이후 전후 서구에서는 상대적으로 드물어진 DDT의 인체 직접 살포가 한국과 일본에서는 일상적으로 이루어졌다.

보건의료사업을 통해 막대한 양의 DDT가 사용되었고 미군을 통해 과실수에 사용할 수 있는 분량도 일부 배포되기 시작하며, 한국에서도 DDT는 일상적인 물품이 되었다.[37] 미군과 민사처의 계획은 남한 전체 가구의 10%에 DDT 잔류분무를 수행하고, 전 인구의 20%가 최소 2회에 걸쳐

33 구체적인 DDT 살포 사업의 전개 과정에 대해서는 한국의 사례는 이임하, 『전염병 전쟁: 한국전쟁과 전염병 그리고 동아시아 냉전 위생 지도』 (철수와영희, 2020), 일본의 사례는 Aldous, Christopher, and Akihito Suzuki, *Reforming public health in occupied Japan, 1945-52: alien prescriptions?* (New York: Routledge, 2011), 한반도 말라리아 관리 사업에 DDT가 활용된 사례에 대해서는 Yeo, In-Sok, "US military administration's malaria control activities (1945-1948)", *Korean Journal of Medical History* 24:1 (2015), pp. 35-65를 참고하라.

34 일본에서 진행된 발진티푸스 방역사업에서는 DDT와 함께 제충국이 광범위하게 사용되었으며 경우에 따라서는 DDT와 제충국을 혼합하여 사용하기도 했다. 가능하면 미국산으로 대체하기보다는 일본 본토의 자원을 활용하려는 정책의 일환이었다. 1946년 8월 제충국 생산량은 1,819,000갤런에 달했으며, 분무기 역시 일본에서 자체 생산되었다. 티푸스 방역 과정에서 몸니 방제를 위해 DDT가 널리 사용되었고 큰 호응과 관심을 얻었던 데 반해, 모기 및 파리 방제에 있어서는 1946년까지 주로 제충국만 언급되었다. 제충국 생산을 DDT가 초과하게 되는 것은 1947년 말의 일이었다. Aldous et al., op. cit., pp. 78-80.

35 MacArthur, Douglas, *Reports of General MacArthur: MacArthur in Japan: The Occupation: Military Phase. Volume 1 Supplement* (Washington, D.C.: USGPO, 1966), 191-193.

36 김정란, 「경계, 침입, 그리고 배제 : 1946년 콜레라 유행과 조선인 밀항자」, 『해항도시문화교섭학』 25 (2021), 8.

37 허검, "DDT 이야기", 『현대과학』 3 (1946), 59쪽.

50g씩 DDT 살포를 받도록 하는 것이었다.[38] 가정 내에 살포하는 경우에는 등유에 DDT를 녹여 사용하는 방법이 개발되었다. 하지만 이렇게 등유에 희석된 DDT를 발진티푸스 방제용으로 사용하기는 어려웠다. 희석 및 살포 과정에서 화재가 날 수도 있었으며, 기름에 용해된 DDT의 경우 사람의 체내로 쉽게 흡수되었기 때문에 중독의 위험도 있었다.[39] 하지만 물에 녹지 않는 DDT의 화학적 특성상 사람들에게 직접 살포하기는 어려웠다. 이에 활석(talc)에 DDT를 혼합하여 분말 형태로 분무하는 방법이 널리 활용되었다.[40]

한국과 일본은 전후 미군에 남아 있었던 막대한 DDT 재고를 처리하는 역할을 했다.[41] 1950년 미군에서 조사한 내역에 따르면 미국에서 한국과

38 MacLaren, "Insect and rodent control activities of UNCACK (Extract from the medical bulleting of the US Army Far East May 1953 Vol1 No6 Medical Section HQ-AFFE)." Unclassified Subject Files, ca. 1955 – 11/03/1961. RG469. NARA. 이하 미국 국립문서기록관리청(NARA) 자료는 국립중앙도서관 영인본을 활용하였다.

39 Headquarters XXIV Coprs, "Cir No. 132, HqUSAFIK, 22 Nov 47", XXIV Corps ETMD 1947, RG112, NARA. p. 4.

40 흔히 흰색 분말 형태로 나타나는 DDT 제형이 이렇게 활석에 DDT를 혼합하여 제조한 형태였다. 제조 시 공업용 DDT는 100% 농도의 결정으로 공급되며, 이를 등유나 기타 유제에 혼합하여 사용하기도 한다. 사람의 피부에 닿는 제형은 분말을 주로 사용하며, 가정 내 잔류분무나 항공 살포는 등유에 희석한 것을 사용한다. USDA, *DDT and Other Insecticides and Repellents Developed for the Armed Forces* (Washington, D.C.: US Department of Agriculture, 1948), pp. 2-8.

41 한국에서는 계속해서 제조에 어려움이 있어 대부분의 DDT를 미국이나 일본에서 공급받았다. 공업용 DDT(Technical DDT)라 불린 순수 DDT 원자재는 주로 미국에서 공급되었으며, 이를 희석 및 재가공하는 작업은 주로 일본에서 이루어졌다. 활석에 혼합한 DDT는 부피와 무게가 크게 늘어나, 이렇게 가공된 분말을 미국에서 공수하는 것은 지나치게 많은 비용이 들었기 때문이었다. Sams, Crawford, *Medic: the mission of an American military doctor in occupied Japan and wartorn Korea* (New York: Routledge, 2016), p. 85. 해방 직후에는 DDT를 가공할 수 있는 농약 공장도 거의 남아 있지 않았었기 때문에 대부분의 후가공은 일본에서 이루어져, 한국으로 다시 공급되었다. 1947년 한국의 중앙화학연구소에서 DDT를 제조했다는 기사가 남아 있으나, 실제 한국에서 DDT 원료가 합성되었다는 기록은 남아 있지 않다. "DDT, 시험제조에 성공, 기계와 원료의 수입을 요망, 부원한 장래에 공업화",《공업신문》, 1947. 5. 18. 당시 기사를 살펴보면 DDT 분말의 부자재인 고품질의 활석이 한국에서 생산되기 시작했다는 내용으로 보아, DDT 원료 합성이 아닌 수입 원료를 활석과 혼합하는 공정에 성공했다는 것으로 보인다. "DDT 원료 다수 채취",《부녀일보》, 1946. 11. 5.; Conis, op. cit., pp. 54-55.

일본으로 공급된 DDT는 대부분 1944년에서 1946년까지 2차대전 종전을 전후하여 생산된 오래된 재고품들이었다.[42] 더불어 1945년을 전후로 DDT 보급 초기에 생산된 원료들은 품질관리에 문제가 있었다. 생산 및 보관에 대한 표준화가 이루어지지 않아 생산 업체에 따라 품질에 차이가 있다는 지적이 있었고, 1949년까지 점진적으로 원료 물질의 함량, 성상 및 표준적 품질 검사법이 개발되었다(WHO, 1950: 4-8). 동시에 한국과 일본에서의 경험을 통해 미군은 2차대전 이후 DDT 연구를 내부적으로 지속해갈 수 있었다. 특히 동아시아에서 대규모 수송 작전을 수행하며 수백만 명의 귀환자 전원을 대상으로 한 DDT 살포는 기존에는 시행된 적 없는 규모의 적용 사례였다.[43]

미군정기부터 한국전쟁 이전까지 DDT는 계속해서 널리 사용되었지만, 한국전쟁의 발발은 DDT의 수요와 활용을 폭발적으로 확대시켰다. 특히 대규모 포로수용소는 발진티푸스가 퍼지기에 이상적인 환경을 가지고 있었다. 이에 따라 발진티푸스 예방을 위한 몸니 통제는 미군 관리자들의 주요 관심사가 되었으며 정기적인 DDT 살포가 시행되었다.[44] 대부분의 포로들은 입소 시에 DDT 살포를 받고, 이후 월간 최소 1회 이상의 DDT가 살

42 EUSAK, "Essential Technical Medical Data Report (26 May 1951)," ETMD Far East 8th U.S. Army 1951. RG112, NARA, pp. 28-29.

43 이 시기 일반 도심지나 수용소를 대상으로 한 항공 살포는 농업 부문과 달리 모기와 같은 주요 질병 매개 곤충에 큰 효과를 보이지 못한다는 사실이 확인되었다. 모기는 대체로 집 안에서 휴식을 취하며, 몸니와 같은 곤충들은 사람의 옷 속에 자리잡고 있었다. 항공 살포로 뿌려지는 DDT가 닿기 어려운 곳들이었다. 결과적으로 방역조가 직접 분무기를 가지고 접근하기 어려운 오지나 전투 지역에서는 항공 살포가 효과를 보일 수 있지만, 도심지 살포 빈도는 점차 줄어들게 되었다. 그럼에도 불구하고 1950년대 후반까지 항공 살포가 계속되었던 것은 방역으로서의 의미보다는 정치적 의미를 지니고 있었다. 특히 한국의 정치인들은 미군 수송기가 도시 상공을 가로지르며 DDT를 살포하는 것이 주민들에게 "안정감"을 준다는 이유로 지속적으로 미군에게 항공 살포 협조를 계속해서 요청했다. MacLaren, "Insect Problem and Related Disease Control in Korea", Unclassified Subject Files, ca. 1955 – 11/03/1961, RG469, NARA.

44 성강현, 『6.25전쟁 시기 포로수용소와 포로들의 일상』 (서울: 선인, 2021), 201-202쪽.

포되었으며, 매번 50g 이상의 5% DDT를 살포하도록 했다.[45] DDT의 잔류 효과가 매우 높다는 점을 고려하면, 수용소 내 포로들과 몸니들은 계속해서 막대한 양의 살충제에 노출되어 있었던 셈이었다.

3. 한국 DDT 저항성 몸니의 출현과 실험 기법의 발전

1950년 11월 부산의 포로수용소에서 다량의 DDT 살포에도 몸니들이 잘 죽지 않는 것 같다는 보고가 올라오기 시작했다. 기존 문헌에 보고되었던 것보다 DDT 살포 이후 몸니가 사멸하는 데 더 오랜 시간이 걸리는 것 같다는 내용이었다.[46] 이에 대한 대응으로 1951년 1월 포로수용소에서 사용하는 DDT 분말의 농도를 5%에서 10%로 높이기로 결정했다.[47] 처음에 미군은 생산연한이 오래된 재고 DDT의 품질 문제라고 생각했다. 이 때문에 가능한 한 최근에 생산된 일본산 DDT 분말을 다시 공급받아 사용해보기로 했다. 실험실에서는 일본에서 다시 생산된 DDT 분말이 몸니에 효과적이라고 언급했지만, 실제 포로수용소에 사용되었을 때는 큰 효과를 보이지 못했다. 미국, 일본, 호주에서 생산된 DDT의 샘플을 채취해 미국 의무본부에 보내 효과 확인을 요청했다. 더불어 한국 몸니의 특성 때문인지 확인하기 위해 본토의 연구 시설로 몸니 알들을 수집해 보냈다.[48] 특히 미국에서 생산된 DDT 중 다수는 2차대전 중 태평양의 섬들에 보급되었던 것

45 EUSAK, "Essential Technical Medical Data Report MED-35 (22 Jan 1951)", ETMD Far East 8th U.S. Army 1950, RG112, NARA, p. 13.
46 EUSAK, "Annual Report of Army Medical Service Activities", (8th Army) Far East 1950, RG112, NARA, p. 47.
47 EUSAK, "Essential Technical Medical Data Report MED-35 (22 Jan 1951)", ETMD Far East 8th U.S. Army 1950, RG112, NARA, p. 13.
48 EUSAK, "Annual Report of Army Medical Service Activities", (8th Army) Far East 1950, RG112, NARA, p. 47.

을 그대로 회수해 사용하고 있던 것으로, 보관 및 운송 과정에서 물이 스며들어 있는 경우도 많았다. 보고에 따르면 오래된 DDT 중에는 여전히 눅눅한 것들이 많아 사용 전에 꼭 말려서 쓰라는 권고가 포함되기도 했다.[49] 하지만 이렇게 젖어 있던 DDT 역시 미국에서 한 번도 살충제에 노출된 적이 없었던 몸니에는 높은 살충 효과를 보였다. 즉, 불완전한 보관 상태에도 불구하고 높은 살충력을 유지하고 있었던 셈이었다. 이는 DDT의 잔류 능력을 증명하는 사례이기도 했지만, 동시에 살충제 자체의 문제가 아니라 한국의 몸니들이 DDT에 저항하기 시작했음을 의미했다.

미군이 수행한 연구의 결론은 한국의 포로수용소에서 DDT 살포가 24시간 이내에는 몸니에게 아무런 영향도 미치지 못한다는 것이었다. DDT는 즉각적인 살충 효과를 내는 살충제가 아니었지만, 이를 고려하더라도 비정상적으로 긴 생존 시간이었다. 현장 연구가 의미하는 바는 분명했다. DDT만으로는 한국에서 유행하는 몸니를 완전히 통제할 수 없었다. 이에 연구진은 한국에서 최대한 많은 저항성 몸니를 채집해, 보다 나은 실험장비가 있는 일본과 미국에서 사육을 시작해야 한다고 권고했다. 이렇게 일본과 미국에서 키워진 한국산 저항성 몸니를 대상으로 새로이 개발되고 있던 살충제들의 효과를 시험하고, 저항의 기전을 찾아야 한다는 것이었다.[50]

1950년 말에서 1951년 초까지 미8군 산하 의무부대에서는 자체적으로 몸니의 DDT 저항성을 측정하는 실험들을 우선 진행했다. 함대제1전염병관리부대(Fleet Epidemic Diseases Control Unit No.1), 제37예방의학중대

49 EUSAK, "Essential Technical Medical Data Report MED-35 (22 Jan 1951)", ETMD Far East 8th U.S. Army 1950, RG112, NARA, p. 14.

50 EUSAK, "Essential Technical Medical Data Report MED-35 (22 Jan 1951)", ETMD Far East 8th U.S. Army 1950, RG112, NARA, p. 33.

(37th Preventive Medicine Company), 제207말라리아조사파견대(207th Malaria Survey Detachment)가 각기 조사 업무를 수행했다. 포로수용소에서 이루어진 현장 연구는 미국 연구자들에게 통제된 환경에서 다양한 실험을 수행할 수 있는 환경을 마련해주었다. 1950년 포로수용소에서만 3,432,000명에게 10% DDT 분말을 살포해 여기에 사용된 DDT 분말만 134톤에 달했다.[51]

제207말라리아조사파견대에서 먼저 DDT 분말에 따른 살충력 차이가 있는지 확인하는 실험을 진행했다. 미군이 보유하고 있는 DDT는 총 24개의 각기 다른 제조사에서 만들어진 것이었다. 제조 시기와 국가도 천차만별이어서 미국에서 제조된 것은 1943년에서 1945년 사이, 영국에서 제조된 것은 1946년산이었다. 이렇게 각기 다른 제조사의 살충 효능을 검증하기 위해 별도의 실험 방법을 개발해야 했다. 헝겊 시험(patch test)이라 이름 붙여진 이 방법은 약 1인치가량의 정사각형 옷조각에 DDT를 적신 후 손가락으로 튕겨 분말이 조각에 고르게 분포하도록 했다. 이 조각을 배양접시에 올려둔 다음, 한국인들에게서 수집한 몸니를 각 10마리씩 올려두었다(그림 5-1). 이를 캔으로 만든 임시 사육기에 넣고 체온에 가까운 온도를 유지하며, 매 12, 18, 24, 36, 48, 60시간마다 죽은 몸니의 숫자를 확인했다.[52] 실험 결과에 따르면 10% DDT 분말을 살포했을 때 모든 몸니가 사멸하기까지 약 34.8시간이 걸렸다. 이는 기존 결과보다 약 11.4시간이 늘어난 결과였다.[53]

51 EUSAK, "Annual Report of Medical Service Activities for the Year 1951 (22 Feb 1951)", (8th Army) Far East 1951, RG112, NARA, pp. 67-68.

52 EUSAK, "Essential Technical Medical Data Report (26 May 1951)," ETMD Far East 8th U.S. Army 1951, RG112, NARA, p. 28.

53 EUSAK, "Essential Technical Medical Data Report (26 May 1951)," ETMD Far East 8th U.S. Army 1951, RG112, NARA, pp. 28-29.

〈그림 5-1〉 헝겊 시험(patch test)은 DDT에 적신 옷감 위에서 몸니가 얼마나 생존할 수 있는지 확인하는 시험법이었다.

보다 나은 장비를 갖추고 있었던 제37예방의학중대에서는 1950년 12월 29일부터 별도의 현장 연구를 진행했다. 257명의 새로 입소한 포로들을 대상으로 외부에서 새롭게 유입된 몸니들도 DDT에 대한 저항성을 지니고 있는지 확인하고자 하는 실험이었다. 품질 문제를 제외하기 위해 미국에서 새롭게 생산된 10% DDT 분말을 살포했지만, 86시간 이후에도 감염률은 26.8%밖에 낮아지지 않았다. 새로 입소한 사람들에서 채집된 몸니 역시 DDT에 잘 사멸하지 않았다는 것은 이미 한반도 전역에 DDT 저항성 몸니가 유행하고 있음을 의미했다.[54]

1951년 4월 미군 의무단은 여러 관찰 및 실험 결과를 종합해보았을 때 한국에 저항성 몸니가 출현한 것이 분명하다고 미8군 본부에 보고했다.[55]

54 EUSAK, "Essential Technical Medical Data Report (26 May 1951)", ETMD Far East 8th U.S. Army 1951, RG112, NARA, pp. 29-30.

55 EUSAK, "Essential Technical Medical Data Report (29 Jul 1951)", ETMD Far East 8th U.S. Army 1951, RG112, NARA, p. 30.

이 보고에 따라 미군은 포로들에 대한 DDT 살포를 잠정 중단하기로 결정했다.[56] 1951년 6월 18일 미군 연구진은 미8군 본부에 지금까지 개발된 실험 방법과 한국 몸니의 DDT 저항성 내용을 종합한 보고서를 제출했다.[57] 1950년 12월부터 1951년 상반기까지 수행된 이 연구는 크게 3개의 현장 실험과 4개의 실험실 내 연구들로 구성되었다.

첫 번째 현장 연구는 막대한 양의 DDT를 일시에 살포할 경우 살충 효과를 향상시킬 수 있을지 알아보는 것이 목적이었다. 1951년 4월 10일 13시에서 17시 30분 사이 460kg 분량의 10% DDT가 수용소 전체에 살포되었다. 생산 지역이나 유통기한의 문제를 배제하기 위해 미국에서 새로 생산하여 직접 수송 받은 DDT 분말이 사용되었다. 모든 포로들을 숙소에서 소개시켜 길에 세워두고, 모든 사람들 그리고 그들의 옷가지 전체에 분말을 살포했다. 이틀 뒤 연구진은 무작위로 선별한 사람들에서 몸니를 채집해 감염률을 살펴보았는데, 여전히 74.4%가 몸니를 가지고 있는 것으로 나타났다.[58] 즉, 살포량이나 농도를 높이더라도 큰 효과를 보이지 못했다.

두 번째 현장 연구에서는 DDT 조성에 따른 살충 효과를 알아보았다. 분말형의 DDT와 등유에 희석한 DDT에 각기 수집한 몸니들을 노출시켜 보았다. 등유에 희석하는 방식이 조금 더 높은 살충력을 보여주었지만, 분무 후에도 여전히 절반의 사람들이 몸니에 감염되어 있어 기대만큼의 효과를 거두지는 못했다. 즉, 제형의 변화와 관련 없이 기대만큼의 살충 효과를 거둘 수 없다는 것이 증명된 것이었다.[59] 세 번째 현장 연구는 분무 주

56 EUSAK, "Essential Technical Medical Data Report (29 Jul 1951)", ETMD Far East 8th U.S. Army 1951, RG112, NARA, p. 31.

57 Hurlbut S. "DDT Resistance in Korean Body Lice (18 June 1951)", 727.4 U.S. Army Operational, Tactical, and Support Organizations, RG338, NARA, pp. 1-16.

58 EUSAK, "Essential Technical Medical Data Report MED-35 (22 Jan 1951)", ETMD Far East 8th U.S. Army 1950, RG112, NARA, pp. 31-32.

59 Hurlbut S., "DDT Resistance in Korean Body Lice (18 June 1951)", 727.4 U.S. Army Operational, Tactical,

기에 따른 살충 효과를 비교하였는데, 지정된 기간 동안 살충제 노출 총량은 동일하되 분무 주기만 각각 3일과 5일로 다르게 한 것이었다. 하지만 이러한 분무 주기의 차이는 큰 영향을 미치지 못하는 것으로 나타났다.[60]

여전히 저항성 획득 기전이나, 이러한 저항성이 어떻게 유지되는지는 알려진 바가 별로 없었다. 이를 위한 실험실 연구를 구성하는 것은 보다 많은 노력이 필요했다. 당시 살충제 저항성 곤충에 대한 정의나 이해가 부족한 상황이었고, 이를 확인할 수 있는 실험적 기법들도 충분히 개발되어 있지 않았다. 이에 따라 미군 연구진은 이를 확인하기 위해 새로운 연구 기법을 개발해야 했다. 미군 연구자들은 미국과 일본, 한국을 잇는 연구 네트워크를 구성했다. 화학적 조성 등 다량의 장비를 필요로 하는 기초 연구는 미국 올랜도 연구소가, 몸니의 동정(identification)과 기존 실험실 사육 곤충들과의 비교 연구는 일본 내 미군 실험실이, 한국 몸니의 채집과 사육, DDT 저항성 연구는 한국의 미군 연구자들이 진행하는 방식이었다.[61]

1951년 6월 미국 올랜도 연구소 소속 곤충학자 세 명이 한국에 정식 파견되었다.[62] 미군과 연계하여 의학적으로 중요한 곤충들에 대한 살충제의 효과를 평가하기 위해서였다. 핵심적으로는 한국에서 발견된 살충제 저항성 몸니를 확보하고 그 저항성의 정도를 측정하는 것이 궁극적인 목적이었다. 미8군 연구진은 올랜도 연구소의 기술 지원을 바탕으로 실험실 내 연구를 위한 기법을 개발했다. 소매 시험(sleeve test)이라 불린 이 방법은 실제 사람에 달라붙어 있는 몸니를 대상으로 살충제의 효과를 확인할 수 있다는 장점이 있었다(그림 5-2). 먼저 헝겊 실험처럼 작게 자른 옷가지 위에 일

and Support Organizations, RG338, NARA, pp. 4-5.

60 Hurlbut S., "DDT Resistance in Korean Body Lice (18 June 1951)", 727.4 U.S. Army Operational, Tactical, and Support Organizations, RG338, NARA, pp. 5-7.

61 406th Medical General Laboratory, *Annual Historical Report 1951* (U.S. Army, 1951), p. 47.

62 Journal of Economic Entomology, "Notes", *Journal of Economic Entomology* 45-2 (1952), p. 352.

정 숫자의 몸니를 올려두고, 확인을 요하는 농도의 DDT를 살포한 후 몸니가 빠져나가지 못하도록 스타킹을 잘라 만든 주머니로 해당 부위를 덮는 방식이었다. 비교적 단순한 시험법이었지만 인간과 기생충의 상호작용이 일어나는 중에 살충 효과를 확인할 수 있다는 점에서 보다 현실을 잘 반영하는 실험 방법으로 간주되었다.[63]

〈그림 5-2〉 소매 시험을 위해 옷조각을 팔 위에 올려둔 모습

실험 연구들은 첫 번째로 저항성 몸니를 사육할 경우 평균 생존 기간이 얼마나 되는지 확인해보았다. 상대적으로 장비가 열악한 일선 방역 부대에서 수행한 실험에는 여러 제약들이 있었다. 그중 가장 큰 문제는 채집한 몸니들을 살려두는 것이었다. 사람에 붙어 살아가는 몸니는 인간의 체온 덕분에 대체로 일정한 온도에서 살아갔다. 하지만 사람에게서 분리하여 실험실에서 사육하는 경우 급격한 온도 차로 애써 수집한 몸니가 전부 죽는

63 Hurlbut S., "DDT Resistance in Korean Body Lice (18 June 1951)", 727.4 U.S. Army Operational, Tactical, and Support Organizations, RG338, NARA, pp. 11-15.

경우도 있었다.[64] 한국의 현장 연구에서 몸니 채집과 사육에 대한 경험을 쌓은 미국의 연구자들은 이후 몸니 사육에 대한 표준적인 사육 방법론을 개발할 수 있었다.[65] 이어 기존 헝겊 실험을 통해 인간과의 상호작용이 없는 상태에서 몸니가 DDT에 얼마나 저항성을 보이는지를 알아보았다. 세 번째 실험은 소매 시험을 통해 몸니와 인간이 상호작용하는 가운데, 몸니의 DDT 저항성이 숙주와 분리되어 있을 때와 다른 양상을 보이는지 확인했다. 네 번째 실험은 DDT 이외 다른 살충제에는 얼마나 높은 저항성을 보이는지 알아보았다.[66]

현장과 실험실에서의 연구를 종합해보았을 때, 한국의 몸니는 DDT의 생산지나 시기와 관계없이 높은 저항성을 보였으며, 0.1% DDT에 적셔진 천조각에 사육할 경우 저항성의 상실 없이 계속해서 사육할 수 있음을 알게 되었다. 더불어 다른 살충제들을 시험하는 과정에서 제충국에는 여전히 높은 민감도를 보인다는 사실이 확인되었다.[67] 파견된 농림부 연구진의 연구에서 1% 린덴[68] 분말과 제충국 분말이 여전히 효과를 보이는 것을 확인했으나, 린덴 분말은 아직 인체 안전성을 검증받지 않은 상태였다.[69]

한편 한국에서는 포로수용소 내부뿐 아니라 한반도 곳곳의 몸니들이

64 EUSAK, "Essential Technical Medical Data Report (22 Jan 1954)", ETMD Far East 8th U.S. Army 1953, RG112, NARA, p. 16.

65 Smith, Carroll, and Gaines Eddy, "Techniques for rearing and handling body lice, oriental rat fleas, and cat fleas", *Bulletin of the World Health Organization* 10-1 (1954), p. 127.

66 Hurlbut S., "DDT Resistance in Korean Body Lice (18 June 1951)", 727.4 U.S. Army Operational, Tactical, and Support Organizations, RG338, NARA, pp. 9-14.

67 Hurlbut S., "DDT Resistance in Korean Body Lice (18 June 1951)", 727.4 U.S. Army Operational, Tactical, and Support Organizations, RG338, NARA, p. 16.

68 린덴(lindane)은 DDT에 이어 개발된 합성유기염소계 살충제이다. 벤젠헥사클로라이드(benzene hexachloride)를 정제한 것으로 DDT와 마찬가지로 환경 잔류 기간이 길어 1979년부터 한국을 포함한 전 세계에서 사용이 금지되었다. 환경보전협회, "농약의 사용과 환경보전", 『환경정보』 11:8 (1989), 18쪽.

69 EUSAK, "Annual Report of Medical Service Activities for the Year 1951 (22 Feb 1951)", (8th Army) Far East 1951, RG112, NARA, p. 66.

저항성을 보이기 시작하면서 기존과 같은 DDT 살포로는 발진티푸스를 예방할 수 없을 것임이 분명해졌다. 본격적인 유행 시기가 닥쳐오기 전에 새로운 살충제를 배포해야 했다. 일차적으로 일본을 통해 다시 공급되기 시작한 제충국이 활용되었다. 1951년 10월 일본에서 몸니 방제에 사용할 소량의 제충국 분말이 도착했다. 10월 30일 부산 포로수용소에서 첫 제충국 분무가 시작될 때 감염률은 58%에 달했으나, 사흘 뒤에는 1.5%까지 낮아졌으며, 11월 2일 두 번째 분무 이후에는 0.5%로 떨어졌다.[70] 이후 살충 효과를 높이기 위해 DDT를 제충국과 혼합하여 살포하는 방식도 적용되었다.[71]

한국에서 포로수용소를 중심으로 DDT 저항성 몸니의 문제가 점차 심각해지자, 미국 농림부는 린덴의 인체 안전성 시험을 서둘렀다.[72] 1951년 11월 농림부는 1% 린덴 분말이 DDT와 같은 형태로 분무되었을 때 대체로 무해하다고 평가했고, 곧바로 12월 1일 약 50톤 분량의 1% 린덴 분말이 한국에 도착했다. 인체에 1% 린덴 분말이 광범위하게 사용된 것은 한국의 포로수용소가 처음이었다.[73] 포로수용소에서 첫 현장 적용이 이루어진 이후 미군과 한국군, 기타 피난민들을 대상으로 한 몸니 방제 사업도

70 EUSAK, "Annual Report of Medical Service Activities for the Year 1951 (22 Feb 1951)", (8th Army) Far East 1951, RG112, NARA, p. 67.

71 EUSAK, "Essential Technical Medical Data Report for the month of November 1951 (1 Jan 1952)", ETMD Far East 8th U.S. Army 1951, RG112, NARA, p. 29.

72 1952년과 1954년 미국 농림부에서 펴낸 살충제 사용 권고에 대한 공보물에서는 가정 내 모기나 몸니 방제용 살충제로 DDT와 메톡시클로르(Methoxychlor)라는 합성유기염소계 살충제만을 권고하고 린덴은 누락하였다. 대신 가정용이라도 사람과 살충제 분말이 직접 접촉할 필요가 없는 개미, 파리 등에 대해서는 린덴의 사용을 권고했다. 이를 통해 미국 내에서는 직접 접촉에 대한 린덴의 인체 안전성이 완전히 확립되지 않은 상태로 한국에 광범위하게 살포되었음을 추측해볼 수 있다. USDA, *Insecticides* (USDA, 1952), p. 16; USDA, *Insecticides* (USDA, 1954), p. 16.

73 EUSAK, "Annual Report of Medical Service Activities for the Year 1951 (22 Feb 1951)", (8th Army) Far East 1951, RG112, NARA, p. 66.

린덴으로 교체되어갔다.[74] 1951년 11월에는 민간인을 대상으로 한 연구도 진행되었다.[75] 1952년부터 몸니 방제를 위한 살충제는 DDT에서 린덴으로 빠르게 교체되었다.[76] 린덴은 DDT 저항성 곤충에게도 높은 살충력을 보여주었으나, DDT에 비해 제조 공정이 복잡하고 이에 따라 가격이 높다는 단점이 있었다. 한국에서는 다량의 살충제가 필요한 항공 살포나 가정 내 잔류분무에는 여전히 DDT가 활용되었고, 사람의 몸에 직접 살포하는 경우에만 린덴이 활용되었다.

더불어 군인들과 포로들 사이에서 살충제에 대한 신뢰가 낮아진 것도 문제였다. 1951년에 걸쳐 여러 차례 DDT 분말 살포가 이루어졌으나 몸니는 좀처럼 줄어들지 않았고, 한국군과 포로들 사이에서는 살충제가 별 효과가 없다는 소문이 돌았다. 첫 번째 린덴 살포 직후 "모든 포로들이 죽은 몸니를 양말 한가득 들고 왔다"는 보고가 있었지만,[77] DDT의 낮은 효과를 수개월간 경험한 이후 살충제 분무 사업에 대한 참여도는 좀처럼 회복되지 않았다.[78]

1952년 1월 한국 몸니의 DDT 저항성에 대한 보고가 『사이언스(*Science*)』에 게재되었다.[79] 미8군 산하 함대제1전염병관리부대(Fleet Epidemic Diseases Control Unit No.1), 제37예방의학중대(37th Preventive Medicine Company) 소

74 UNCACK, "Monthly Summary November 1952", United Nations Civil Affairs Activities in Korea, Monthly Summary, June-September 1952, RG407, p. 55.

75 이임하, 앞의 책, 156-157쪽.

76 EUSAK, "Essential Technical Medical Data Report for the month of December 1951 (22 Jan 1952)", ETMD Far East 8th U.S. Army 1951, RG112, NARA, p. 29.

77 Medical Section. "Annual Report Medical Service Activities, 1 January 1951-31 December 1951 (Jan 6 1953)", (Far East Command) Far East 1951, RG112, NARA, p. 69.

78 Marshall, Irvine and Marlo Smith, "The Military Preventive Medicine Association in Korea," *Military Medicine* 119-2 (1956), p. 81.

79 Hurlbut, Herbert, Robert Altman, and Carlyle Nibley Jr., "DDT resistance in Korean body lice", *Science* 115-2975 (1952), pp. 11-12.

속 예방의학자들이 저자로 참여했다. 약 한 페이지 분량의 이 짧은 보고에서, 저자들은 상용 DDT 중 가장 높은 농도인 10% DDT 분말을 사용했음에도, 1951년 겨울부터 봄까지 한국군 내에서 지속적으로 몸니 감염률이 높아지고 있었다고 보고했다. 이 논문에는 실험에 사용된 DDT의 농도와 한국 몸니를 대상으로 한 살충력, 그리고 미국 올랜도 연구소에서 보유 중인 몸니의 민감도를 비교 제시했다. 이 연구의 가장 큰 함의는 과거 실험실 환경에서 선택 교배를 통해서만 확인되었던 곤충의 저항성 획득이 자연에서도 나타날 수 있다는 것을 증명한 것이었다.[80]

4. 한국 DDT 저항성 몸니와 살충제 저항성 개념의 국제적 정립

이미 1944년 미군은 곤충학자들에게 의뢰해 DDT가 사람이나 동물에 미치는 장기적 영향을 분석하도록 지시했다. 이 연구에서 DDT가 해충의 천적을 선택적으로 죽여 오히려 농업생산성을 악화시킬 수 있다거나, 체내 지방과 우유에 DDT가 축적될 수 있다는 사실이 밝혀졌다.[81] 하지만 전쟁이라는 특수한 상황은 위험성 논의를 이분화시켰다. 민간에서의 상시적인

80 미군 내부에 조직된 각종 학회들은 군 내부에서 생산되고 있는 최신 의학 지식들을 연구자들 사이에 빠르게 전파할 수 있는 자리를 마련해주었다. 미8군 의학자들의 주도로 조직된 주한군진예방의학회(Military Preventive Medicine Association in Korea)는 예방의학 및 보건학 전문가로 구성된 학회였다. 미군뿐 아니라 한국, 영국 및 주요 연합군의 예방의학자 및 보건학자 전반을 포괄하는 이 조직은 회원이 50여 명에 달했다. 이들은 매년 두 번씩 학술대회를 가졌는데, 1953년 하반기 주제는 의학적으로 중요한 곤충에 대한 내용이었으며, 그중 상당 부분이 살충제 저항성에 대한 문제로 채워졌다. Irvine Marshall, and Marlo Smith, "The Military Preventive Medicine Association in Korea", *Military Medicine* 119:2 (1956), p. 81.

81 Draize, John, et al., "Summary of Toxicologieal Studies of the Insecticide DDT-2, 2-Bis (p-Chlorophenyl) 1, 1, 1-Triehloroethane", *Chemical and Engineering News* 22-17 (1944), p. 1503.

접촉과 군인들이 전선에서 일시적으로 접촉하는 것이 같지 않다는 것이 미군의 주장이었다.[82]

DDT의 생산량이 늘어나며 1944년 태평양 전선에서는 DDT가 적극적으로 활용되기 시작했으며, 말라리아 예방을 위해 새로운 섬에 진주하기 전에 먼저 비행기로 DDT를 최대한 살포한 후 상륙하는 전술이 사용되었다. 이 과정에서 DDT가 완전히 안전한 물질이 아니라는 사실도 점차 알려지기 시작했다. 살충 효과를 위해 사용되는 농도에서는 사람에게 큰 해를 입히지 않는다고 알려져 있었지만, 사이판과 같은 섬에 다량으로 DDT를 살포한 뒤 상륙한 군인들은 "살아 있는 생명체를 찾아볼 수 없었다"고 말했다.[83] DDT의 강력한 살충 효과는 섬의 곤충뿐 아니라 소형 파충류나 조류까지 말살시켰다.

이 때문에 2차대전 종전 직후 DDT는 핵폭탄에 비견되었다.[84] 전쟁 중 일어난 눈부신 과학기술적 발전이라는 점에서도 그러했지만, 핵폭탄이 보여준 것과 마찬가지로 광범위한 살충 능력 때문에 생태계에 파괴적인 결과를 가져올 것이라는 우려 때문이었다. 더불어 2차대전 종전 이후 보건의료 분야뿐 아니라 농업 전반, 지역적으로도 세계 곳곳에서 DDT가 사용되며 점차 DDT가 생각처럼 만능이 아닐지 모른다는 조심스러운 의문들이 나타나기 시작했다.[85] 특히 살충제로서의 효과에 있어서는 만능으로 여겨졌던 DDT가 실패하기 시작했다는 보고는 그러한 의문들을 더욱 강화시켰다.

살충제는 크게 두 가지 방식으로 작동하는데 하나는 섭취하여 살충 효

82 Conis, op. cit., pp. 28-29.

83 Curran, CH., "DDT: the atomic bomb of the insect world", *Natural History* 54-5 (1945), p. 441.

84 Curran, op. cit., p. 43.

85 Stafford, Jane, "Insect war may backfire", *The Science Newsletter* 46-6 (1944), pp. 90-92.

과를 발생시키는 방식(stomach poison)이고 다른 하나는 접촉만으로도 살충 효과를 보일 수 있는 방식(contact poison)이다. DDT는 두 가지 방식 모두를 통해 효과를 발휘하며, 외부 환경에서 잘 분해되지 않기 때문에 장기간 살충 효과를 낼 수 있었다.[86] DDT 사용 초기부터 농업 부분의 주요 해충인 깍지벌레와 같은 곤충에는 DDT가 별 효과를 보이지 못한다는 사실이 잘 알려져 있었다.[87] 하지만 특정 곤충 종에서만 나타나는 현상이었기 때문에 일부 학자들은 진화적 선택 압력으로 저항성 개체들이 선별되는 것이 아니라, 특정 종이나 변종에 선천적으로 저항성이 존재한다는 이론을 제시했다.

이처럼 저항성에 대한 이해가 제한적이었던 것은 20세기 전반기에 걸쳐 살충제 저항성 곤충이 보고되는 사례도 적었고, 그에 따라 연구도 활발하게 이루어지지 않았기 때문이었다. 저항성 곤충(resistant insect)이라는 개념에 사례와 함께 처음 보고된 것은 1908년 미국에서였다. 1880년대부터 살충제로 쓰여온 무기물 기반인 석회유황합제(lime-sulfur) 살포 후에도 과실수 해충인 산호세깍지벌레(San Jose Scale)가 잘 사멸되지 않는 것이 관찰되었다. 산호세깍지벌레는 그 이름처럼 두꺼운 외피를 가지고 있는 것이 특징인데, 접촉독으로 작용하는 석회유황합제가 잘 흡수되지 않는 것이 원인이라고 추측했다. 이후 1944년까지 총 12종의 살충제 저항성 곤충들이 보고되었다.[88]

86 쉐파아드, 하롤드, 『살충제의 화학과 작용』 (서울: 한국번역도서주식회사, 1962), 439쪽.

87 Babers, Frank, *Bureau of Entomology and Plant Quarantine. Development of Insect Resistance to Insecticides* (United States Department of Agriculture Bureau of Entomology and Plant Quarantine, 1951), pp. 1-2.

88 살충제 저항성에 대한 보고가 적었던 것은 DDT 개발 이전까지 주로 사용되었던 제충국 등의 식물성 원료의 살충제가 다양한 활성물질을 포함하고 있어 곤충들이 상대적으로 저항성을 획득하기 어렵다는 이유도 있었다. 제충국은 6가지 이상의 활성물질이 살충 효과를 일으키는 것으로 알려져 있다. 그에 반해 DDT 등의 유기합성살충제는 단일 성분으로 이루어져 있어 곤충들이 상대적으로 저항성을 획득하기가 용이하다. Duchon, Stephane, et al., "Pyrethrum: A Mixture of Natural Pyrethrins Has Potential for Malaria Vector Control", *Journal*

1940년대까지 살충제 저항성 곤충에 대한 이해는 특별히 튼튼한 개체나 종이 있다고 생각하는 수준이었다.[89] 산호세깍지벌레처럼 두꺼운 껍질을 가지고 있어 접촉독의 효과를 무력화시키는 경우, 혹은 곤충이 가지고 있는 고유한 행동 습성 때문에 살충제 섭취를 피해 섭취독의 효과를 무력화시키는 방식 등이었다. 즉, 살충제 저항성은 살충제 살포라는 외부적인 진화적 압력이 작용하여 저항성을 개체들이 선택되는 형태로 발현되는 것이 아니라, 원래부터 해당 곤충 종이 가지고 있던 고유한 특성이나 습성으로 인해 나타나는 현상이라는 관점이 일반적이었다.[90] 이러한 이해에 따르면 곤충들의 살충제 저항성을 회피하는 것은 살충제의 제형이나 살포 방식을 바꾸는 것으로 충분했다.

DDT 저항성 곤충들에 대한 초기 보고들 역시 이러한 관점을 지지했다. 연합군은 유럽 탈환 후 발진티푸스뿐 아니라 말라리아나 기타 전염병의 통제를 위해 광범위하게 DDT를 살포했다. 특히 다량의 DDT가 살포된 곳은 당시 위생상 문제로 여겨졌던 파리의 주요 서식처인 쓰레기장이었다. 개방된 공간에 다량의 살충제가 살포되며 곤충들은 상대적으로 낮은 농도, 즉 치사량 이하의 살충제에 노출되었고, 이에 따라 DDT에 저항성을 지닌 파리들이 그리스에서 보고되기 시작했다.[91] 1946년 그리스에서 DDT에 강한 저항성을 지닌 집파리들을 포집한 결과, 이들은 다른 개체들과 상당히 다른 외형을 가지고 있음이 밝혀졌다. DDT 저항성 집파리들은 다리색이 훨씬 짙었고 외피도 훨씬 두꺼웠다. DDT가 접촉독으로 작용하려면

of Medical Entomology 46:3 (2009), pp. 516–517; Brooks, op. cit., pp. 29-30.

89 Forgash, Andrew, "History, evolution, and consequences of insecticide resistance", *Pesticide biochemistry and physiology* 22-2 (1984), pp. 179-180.

90 WHO, *Expert Committee on Insecticides, Seventh Report* (Geneva: WHO, 1957), pp. 7-8.

91 Parkin, EA, and AA Green, "The Toxicity of DDT to the Housefly, Musca domestica, L", *Bulletin of Entomological Research* 36-2 (1946), p. 149.

살포된 곳에 앉은 곤충의 다리를 통해 흡수되어야 하는데, 외피가 두껍다면 그 흡수량과 속도가 훨씬 늦어질 것이었다.[92]

저항성 집모기는 1948년부터 보고되었으나 이 중에는 "행동학적 저항성"을 가진 종들도 포함되었다. DDT를 이용한 모기 방제는 주로 건물 내부 벽에 일정량의 살충제를 살포하고, 실내에 들어온 모기가 벽에 앉으면 DDT가 흡수되어 살충 효과를 보이는 잔류분무법을 주로 사용했다. 이는 인간을 흡혈하는 모기들 중 많은 종류가 흡혈 직후 벽에 앉아 휴식기를 가진다는 행동 특성을 고려한 방식이었다. 하지만 일부 모기 종들은 실내에 잘 들어오지 않거나, 들어오더라도 벽에 앉지 않고 흡혈 후 곧바로 실외로 빠져나가 휴식을 취하는 행동을 보였다. 이러한 종에서 잔류분무 방식은 큰 효과를 보이지 못했다. 또 이런 모기들은 대부분 매우 낮은 농도의 DDT에도 강한 거부 반응을 보이며, 접촉과 동시에 그 지역을 벗어나 다른 곳에서 휴식을 취하는 행동을 보였다. 즉, DDT와의 접촉을 피하는 것처럼 보이는 이러한 행동양식도 저항성이라는 큰 범주에 포함시킨 것이었다.[93] 1949년 그리스에서 수행된 DDT 살포 후 생존한 모기들에 대한 연구도 해당 모기 종의 행동학적 특성이 살충제의 작용에 영향을 미친다는 것을 보여주었다.[94]

살충제 저항성에 대한 논란이 계속되자 1949년 5월 미국 농림부는 국방부의 요청을 받아 살충제 저항성에 대한 기존 문헌 조사를 수행했다. 해당 보고서는 "저항성 곤충"이란 논쟁의 여지가 있는 단어라는 결론을 내렸다. 당시에는 저항성에 대한 용어조차 완전히 확립되지 않아 저항(resistance),

92 Brooks, op. cit., pp. 31-32.

93 Busvine, JR, "The significance of insecticide-resistant strains: With special reference to pests of medical importance", *Bulletin of the World Health Organization* 15-3 (1956), pp. 11-13.

94 Livadas, Gregory, "The secretary of the expert panel on Malaria (18 Dec 1951)", WHO Archive, 2; WHO, *Expert Committee on Insecticides, Seventh Report* (Geneva: WHO, 1957), p. 15.

내성(tolerance), 면역(immune)과 같은 용어들이 혼재되어 있었다. 높은 농도의 살충제에도 생존할 수 있는 곤충들을 저항성 곤충으로 정의할 수는 있지만, 그것이 유전적으로 획득한 성질인지, 단순히 곤충의 습성에 따라 살충제와의 접촉이 적어져서 나타나는 현상인지 구분하기 어렵다는 이유였다.[95] 즉, 자연선택에 따라 개체가 선별되는 과정이 저항성 획득에 주요한 영향을 미치는 것 같다고 인정하면서도, 그 기전이 행동학적인 것인지, 아니면 생리학적으로 살충제를 분해하거나 무력화시킬 수 있는 기전이 있는 것인지 알 수 없으며 아직도 밝혀져야 할 것이 많다는 유보적 입장을 취했다.[96] 특히 실제 자연환경에서 곤충들이 얼마나 저항성을 보이는지, 또한 이를 실험실에서 증명할 수 있는 표준화된 시험법이 없었다는 문제도 있었다.

더불어 전쟁 직후 미국과 유럽에서는 곤충 매개 전염병이 빠르게 감소하며, DDT를 적용해볼 기회가 줄어들었다는 것도 연구 기회를 축소시켰다. 서구에서는 보건위생학적 문제에서 DDT의 사용량이 감소하며 그 관심도 낮아졌다. 2차대전 끝 무렵 태평양 지역 미군 말라리아 담당관이 발간한 안내서에는 저항성에 대한 언급이 단 한 번 등장할 뿐이었다. 독일 바퀴벌레가 미국 바퀴벌레보다 DDT에 잘 견디는 편이며, 이는 잔류분무 농도를 높이는 것으로 해결할 수 있다는 내용이었다. 그 외 주요 질병 매개 곤충에 대해서는 저항성에 대한 아무런 언급도 이루어지지 않았다.[97] 그러던 중 해방 이후 한반도와 일본에서 광범위하게 이루어진 DDT 살포는 연구가 수행되는 공간의 중심이 동아시아로 이동할 수 있는 기회를 마

95 Babers, Frank, *Bureau of Entomology and Plant Quarantine. Development of Insect Resistance to Insecticides* (United States Department of Agriculture Bureau of Entomology and Plant Quarantine, 1949), p. 1.

96 Babers, 1949, pp. 20-21.

97 Chief Malariologist, "Malaria? Vol. II No.8. (31 July, 1945)", AFPAC, p. 4.

련해주었다.

1951년 한국에서 발견된 DDT 저항성 몸니는 살충제 저항성에 대한 이해를 크게 변화시켰다. 먼저 한국에서 발견된 저항성 몸니는 기존의 저항성 곤충들과 달리 외형적으로나 행동학적으로 다른 개체들과 큰 차이를 보이지 않았다.[98] 즉, "행동학적" 혹은 "외형적"으로 살충제의 효과를 무력화시키는 것이 아니라, 별도의 생리적 기전을 바탕으로 살충제 저항성을 획득했음을 의미했다. 동시에 살충제 저항성이 생리적으로 곤충에 내재해 있는 것이라면, 살충제의 제형이나 살포 방식을 바꾸는 것으로는 더 이상 살충 효과를 낼 수 없다는 의미이기도 했다.[99]

미국 국방부의 의뢰를 받아 전미연구평의회(National Research Council)는 농림부와 공동으로 전국의 곤충학자들과 신시내티 대학에서 "살충제 저항성과 곤충 생리"를 주제로 학회를 개최했다. 개회사에서는 DDT를 포함한 유기합성살충제의 광범위한 사용 이후 살충제 저항성이 중요한 문제가 되고 있으며, 이에 대한 체계적인 연구나 방법론이 부족하다는 점이 지적되었다. 특히 살충제 저항성으로 질병 매개 곤충의 통제가 어려워지며 중요한 공중보건학적 문제들이 발생하고 있으며, 그중 "가장 치명적인 타격"으로 한국에서 발견된 DDT 저항성 몸니를 사례로 들었다.[100]

98 Hurlbut S., "DDT Resistance in Korean Body Lice (18 June 1951)", 727.4 U.S. Army Operational, Tactical, and Support Organizations, RG338, NARA, p. 10.

99 Brooks, op. cit., p. 43.

100 1952년 2월 영국왕립열대의학학회도 살충제에 대한 학회를 열고, 살충제 저항성에 대해 논의했다. 이들은 곤충들이 DDT에 대한 저항성을 보이고 있음은 부정할 수 없는 사실임을 인정하면서도, 구체적으로 어떻게 저항성이 나타나게 되었는지는 알 수 없다고 유보적인 입장을 취했다. 또한 한국에서 나타난 저항성 몸니가 보건위생에 있어 중요한 도전을 제기할 것임을 강조했지만, 한편으로는 저항성 몸니의 출현이 광범위한 DDT 사용의 결과물로 나타난 것인지, 아니면 원래부터 존재했던 것인지는 알 수 없다는 의견을 제시했다. Harrison, Mary, "Symposium on Insecticides. V. The Resistance of Insects to Insecticides", *Transactions of the Royal Society of Tropical Medicine and Hygiene* 46:3 (1952), pp. 258-259; NRC, *Conference on Insecticide Resistance and Insect Physiology, December 8-9, 1951, University of Cincinnati, National Academy of Sciences* (National Research council, 1952), p. 1.

1951년 미국 농림부에서 발간한 살충제 저항성 연구 동향 보고서는 한국의 저항성 몸니에 대한 보고를 포함해 세계 곳곳에서 수집된 저항성 곤충에 대한 자료를 담고 있었다. 특정 곤충 종이 저항성을 가지고 있음을 선불리 단정하려 해서는 안 된다는 1949년의 조심스러운 접근과 달리, 1951년 보고서는 각 사례 보고의 신뢰도나 실험 방법에 문제가 있지만 저항성 곤충의 등장은 이제 확고한 사실이라고 명시했다. 특히 보고서는 "DDT에서 일어난 일을 기억해 다른 살충제를 사용할 때는 보다 조심해야 할 것"이라 결론내렸다.[101]

동시에 한국에서 공급된 DDT 저항성 몸니가 올랜도 연구소 내에 안정적으로 사육되기 시작하여 실험 재료가 확보되자 미국 내에서의 연구도 활성화되었다. 1951년 미국 농림부 연구자들에 의해 한국에서 채집된 몸니는 미국으로 옮겨져 사육되었다. DDT에 대한 저항성을 유지하기 위해 한국산 몸니들은 0.01% 농도의 DDT에 적셔진 천에서 키워졌다. 한편 올랜도 연구소 자체에서 1942년부터 사육하고 있던 몸니들은 살충제와 아무런 접촉 없이 키워졌다.[102] 이후 올랜도 연구소를 중심으로 미국의 곤충학계에서 한국산 DDT 저항성 몸니는 살충제 저항성 연구의 표준적인 생물 중 하나가 되었다.[103]

미국 국방부에서 저항성 연구에 본격적으로 자금을 지원하기 시작하며

101 Babers, Frank, *Bureau of Entomology and Plant Quarantine. Development of Insect Resistance to Insecticides* (United States Department of Agriculture Bureau of Entomology and Plant Quarantine, 1951), p. 28.

102 Cole, MM, "Resistance to Ovicides by Eggs of the Body Louse," *Journal of Economic Entomology* 48-6 (1955), p. 704.

103 Burden, GS, and MM Cole, "Effectiveness of Cyclethrin with Various Synergists Against Body Lice", *Journal of Economic Entomology* 49-5 (1956), pp. 643-645; Cole, MM, et al,, "Further Studies on Resistance of Human Body Lice to Insecticides", *Journal of Economic Entomology* 50-5 (1957), pp. 556-559; Bigley, Walter, and Gaines Eddy, "Laboratory and Field Tests Against Mites and Lice Attacking Poultry", *Journal of Economic Entomology* 53-1 (1960), pp. 12-14.

살충제 저항성 기존 및 예방에 대한 연구가 늘어난 것도 중요한 변화였다. 1954년 3월 국방부에서 추가 자금 지원을 받아 올랜도 연구소는 규모가 크게 확장되었다. 1954년 국방부에서 이 연구소에 집중적인 지원을 결정한 주요한 근거는 한국에서 경험한 저항성 몸니의 등장이었다. 국방부 차관은 개소 이후 보낸 축사에서 한국 저항성 몸니의 등장은 "당면한 위협"이었고, "한국에서의 경험"이 새로운 시설과 장비의 필요성을 절감하게 했다고 강조했다. 나아가 과거 올랜도에 위치한 작은 실험실이었다면 족히 일 년 이상 걸렸을 새로운 살충제의 개발이, 확장된 연구소에서는 불과 3개월밖에 걸리지 않았다는 점을 지적하며 지속적인 확대 발전을 요청했다.[104]

한국에서 미군에 의해 이루어진 DDT 저항성 몸니 연구의 사례는 이후 살충제 저항성의 국제적 정의를 표준화시키는 데에도 활용되었다. 세계보건기구의 살충제전문가위원회(Expert Committee on Insecticides)는 본래 살충제의 제조와 사용의 표준화와 인체 안전성을 확보하기 위해 구성되었다.[105] 하지만 1953년에 들어서는 몸니와 모기를 포함한 다양한 질병 매개 곤충들의 살충제 저항성에 대한 연구로 그 초점을 전환했다. 국제 연구를 촉진하기 위해서는 표준화된 살충제 저항성의 정의가 필요하다는 의견이 제시되었다.[106] 당시까지 축적된 몸니와 모기 등의 사례를 바탕으로 세계보건기구는 1953년 살충제 저항성이란 "정상 곤충 집단의 대다수를 사멸시킬 수 있는 농도에 견딜 수 있는 능력이 획득되어 유전"되는 현상이라는 새로운 정의를 제시했다.[107] 여기서는 "능력이 획득"된다는 표현을 사용하였다. 즉, 본래 집단에 존재했던 행동학적, 외형적 특징이 아닌 살충제라는 압력에

104 Worthley, Harlan, "Dedication of New Entomology Research Laboratories at orlando, Florida", *Journal of Economic Entomology* 47-2 (1954), p. 372.

105 WHO, *Expert Committee on Insecticides, Report on the First Session* (Geneva: WHO, 1950), pp. 3-5.

106 WHO, *Expert Committee on Insecticides, Seventh Report* (Geneva: WHO, 1957), pp. 13-14.

107 WHO, *The Work of WHO 1953: Annual Report of the Director General* (Geneva: WHO, 1954), p. 7.

적응하기 위해 "획득"된 형질이라는 점을 분명히 한 것이었다.

DDT 저항성 몸니 연구는 국제적인 활동으로도 확대되었다. 1953년부터 1956년 6월까지 세계보건기구는 DDT 저항성 몸니의 현황을 확인하기 위해 51개국이 참여한 대규모 사업을 수행했다.[108] 이 연구에서 활용된 시험법은 한국전쟁 당시 미군에 의해 개발된 몸니 저항성 실험 방법이었다. 연구 과정에서 올랜도 연구소의 기술 지원으로 개발된 실험 키트 520개가 전 세계 보건부에 배포되었다. 이 실험 키트는 기본적으로 1951년 한국에서 개발된 소매 시험법을 정교화, 표준화한 것이었다. 총 37개국의 몸니들을 분석한 결과 여전히 한국과 일본의 몸니는 세계적으로 비교해보았을 때도 가장 높은 저항력을 보이는 것으로 나타났다.[109] 가장 낮은 저항성을 보이는 것은 1942년 DDT 상용 이전 채집되어 계속해서 실험실 내에서만 키워진 올랜도 연구소의 몸니들이었다. 연구소의 몸니는 낮은 DDT 농도에서도 85%~100%가 사멸한 반면, 한국의 몸니는 상용 DDT 중 가장 높은 농도인 10% DDT 분말에서도 25%만이 사멸했다.

한국에서 수집된 몸니들이 어떻게 저항성을 획득하는지, 또한 획득한 저항성을 잃게 할 수 있는 것인지에 대한 연구들도 계속되었다. 한국의 몸니는 1942년 DDT 개발 이전 채집되어 실험실 내에 사육되고 있던 계통보다 최소 100배 이상 높은 저항성을 보이는 것으로 나타났다. 하지만 아무리 높은 저항성을 가지고 있는 몸니라 하더라도 DDT에 노출되지 않은 채 약 15세대가 지나면 약 75%의 저항성을 상실했다. 반대로 DDT에 한 번도 노출된 적이 없는 몸니들도 낮은 농도에 DDT에 지속적으로 노출되면 약 25세대 이후 높은 수준의 저항성을 획득했다. 몸니가 알에서 깬 후 약

108 Wright, J. W, and AWA Brown, "Survey of possible insecticide resistance in body lice", *Bulletin of the World Health Organization* 16-1 (1957), p. 9.

109 Wright, op. cit., pp. 11-13.

일주일이면 성체가 된다는 점을 고려했을 때, DDT에 지속적으로 노출된다면 반년 이내에 강한 저항성을 나타낼 수 있음을 의미했다.[110]

DDT 저항성 몸니는 한편으로는 중요한 보건학적 위협이었지만, 동시에 방대한 연구 자원을 제공하는 역할을 했다. 한국의 전쟁포로수용소를 중심으로 개발된 저항성 몸니 연구와 그 실험 방법론은 이후 전 세계적으로 살충제 저항성 연구가 수행되는 데 있어 중요한 실천적, 이론적 기반을 제공했다. 살충제 저항성이라는 비교적 낯선 개념은, 한국의 포로수용소를 중심으로 급격히 확산되고 있었던 DDT 저항성 몸니를 만나 빠르게 재정립되었다. 결국 한국의 DDT 저항성 몸니는 세계적으로 살충제 저항성이라는 개념과 연구 방법론을 진전시킬 수 있는 중요한 계기를 마련해주었던 셈이다.

5. 결론

전쟁이라는 특수한 상황은 포로수용소라는 독특한 공간을 만들었고, 이 폐쇄된 공간에서 개별 사례에 대한 추적 조사를 진행하며 미군 연구자들은 DDT 저항성에 대한 다양한 실험들을 수행할 수 있었다. 한국에서 DDT, 특히 저항성과 관련된 지식이 생산될 수 있었던 것은 이렇게 고립된 공간에서 지속적으로 관찰할 수 있는 집단이 있었기에 가능했다. 이는 당시 유사하게 광범위한 DDT 살포가 이루어진 일본에서는 왜 DDT 저항성의 문제가 두드러진 문제가 되지 못했는지도 설명해준다. 일본의 경우 일반 국민들을 대상으로 살포가 이루어졌기 때문에 실제로 DDT의 효과에

110 Eddy, Gaines, et al., "Resistance of human body lice to insecticides", *Public Health Reports* 70-10 (1955), pp. 1035-1038.

대해 추적하고 측정하기는 어려웠다. 그에 반해 상주 연구 및 관리 인력이 있는 포로수용소는 이러한 대규모 연구 자원이 수집이 가능한 최적의 환경이었다. 동시에 이러한 집중적인 살포로 강화된 진화적 압력은 한국 몸니가 강력한 DDT 저항성을 획득하게 했다.

한국의 포로수용소에서 수집된 몸니와 DDT 저항성에 대한 자료는 이후 기존의 저항성 개념을 전복시키는 자료로 활용되었다. DDT 저항성 몸니가 발견된 후 한국에서 인체를 대상으로 한 방역용 살충제가 DDT에서 린덴으로 빠르게 교체되었다는 사실은 DDT가 한국에서 결코 안정화된 기술이 아니었음을 보여준다. 이는 한편으로는 한국에서 질병 관리 사업에 활용되었던 DDT의 효과성에 대한 의문을 던질 뿐만 아니라, 전쟁 시기 한국에서 '시험'되었던 다양한 의학 기술들이 궁극적으로 생산하고자 했던 지식이 무엇이었을지 되묻게 한다.

DDT를 둘러싼 이러한 불안정성은 DDT라는 기술의 블랙박스를 여는 것에 그치지 않고, 유기합성살충제에 대한 저항성이란 개념이 과연 무엇인지에 대한 보다 광범위한 질문으로 이어졌다. 결국 이는 미국 농림부와 세계보건기구 등 살충제 사용과 관련된 주요 연구 집단들이 살충제 저항성 연구를 확대시키는 계기가 되었다. 동시에 한때 과학의 기적처럼 보였던 DDT와 이어 개발된 수많은 유기합성살충제들이, 실제로는 언제든 인간이 뒤처질 수 있는 해충과의 진화적 군비경쟁에 놓여 있음이 드러나게 되었다.

이렇게 한국의 몸니가 미국으로 옮겨가 살충제 저항성 연구에 새로운 활력을 불어넣고, 국제적으로 새로운 연구 동향을 창출할 수 있었다는 점과는 별개로 한국에서 이러한 지식과 연구 자원들이 어떻게 수집되고 활용되었는지는 보다 비판적으로 바라볼 필요가 있다. 한국의 몸니들은 한국인 '자원자'들에게서 수집되었으며, 소매 시험과 같이 대상자가 불편을 겪을 수 있는 실험들은 미군이 아닌 한국군이나 포로들을 대상으로 수행되었다. 특히 의학 지식의 발전이 소외된 인구집단을 대상으로 한 실험과 관찰에 의존해왔다는 비판에 비추어 보았을 때,[111] 한국전쟁기 '발전'해왔던 의학 연구에 참여한 대중, 군인, 포로에 대한 보다 세심한 분석이 필요할 것이다.

111 다운스, 짐, 『제국주의와 전염병: 제국주의, 노예제, 전쟁은 의학을 어떻게 바꾸었을까』 (서울: 황소자리, 2022), 305-307쪽.

"청정채소" 만들기: 1950~1960년대 주한미군 군납경제와 토양매개기생충 감염

정준호 (인하대학교 의학교육 및 의료인문학교실)

1. 서론

1962년 5월 열린 국가재건최고회의에서 농림부 장관 장형순은 한국의 "토지를 불로 구어"야만 한국에서 수출 가능한 채소를 얻을 수 있을 것이라 말했다.[1] 여기서 언급된 수출 가능한 채소는, 인분비료를 쓰지 않아 기생충란에 오염되지 않은 "청정채소"[2]를 말하는 것이었다. 즉, 농림부 장관은 한국의 토양을 불로 정화해야 할 정도의 급진적인 생태적 변화 없이는 채소 생산이 충분한 경제성을 보이기 어렵다는 점을 강조한 것이었다. 이는 오늘날 화학비료나 농약을 가능한 한 사용하지 않은 친환경 혹은 유기농 농

1 "국가재건최고회의회의연석회의록 제3차", 1962. 5. 30., 6쪽.

2 청정채소의 사전적 정의는 "인분이나 퇴비 따위를 쓰지 아니하고 화학 비료로 재배한 채소"로 되어 있다. 국립국어원 표준국어대사전, 『청정채소』, https://stdict.korean.go.kr/search/searchView.do?word_no=333147&searchKeywordTo=3 (2023. 6. 15. 접속).

산물을 "청정"한 것으로 보는 인식과는 사뭇 달랐다.[3]

기생충에 오염된 한국의 토양이 문제시된 것은 해방 후 한국에서 기생충, 특히 회충, 구충, 편충 등으로 대표되는 토양매개 장내기생충 감염이 주요한 보건 문제로 꼽혔기 때문이었다. 동시에 이러한 토양매개기생충이 한국을 비롯한 동아시아 지역에서 주요한 풍토병으로 자리잡은 것은 인분비료의 활용이라는 고유한 농업 문화의 영향이었다.[4] 최덕경은 동아시아 농업의 특성을 인분비료 사용으로 보고, 인분 재활용이 동아시아 지역의 비약적인 농업생산성 증대를 가져다주었으나 동시에 장내기생충의 누적적인 감염이라는 문제를 불러왔음을 지적했다.[5] 즉, 한반도의 기생충 감염과 박멸의 과정에 있어 농업과 식문화는 밀접한 관계를 맺고 있었다.

근대적 위생의 구성 과정에서 인분과 기생충 감염의 관계는 주로 도시사적 관점에서, 하수처리를 통해 분뇨와 오물을 도시에서 제거하고 위생적인 공간을 구축하는 과정에 집중해왔다.[6] 도시에서 생산된 분뇨를 최종적으로 활용하는 산업 분야는 농업이었다. 박윤재는 일제강점기 기생충학자들에 의해 부숙을 통해 충란을 사멸시킨 인분비료를 만드는 방법이 개발되었지만, 실제로 현장에는 성공적으로 적용되지 못했음을 지적했다.[7] 마찬가지로 김성원 외[8]는 급격한 도시화로 도시 인구의 채소류 소비가 증가하

3 "양평농산물, '제초제, 농약, 화학비료' 3무 청정재배", 《경기일보》, 2016. 5. 11. https://www.kyeonggi.com/article/201605110853095 (2024. 1. 22. 접속).

4 토양매개기생충은 주로 대변을 통해 체외로 배출된 기생충란에 오염된 토양이나 식수, 혹은 이를 사용하여 재배된 음식물을 섭취하여 감염된다. 1960~1970년대 한국에서는 김치, 딸기, 야채가 주요한 감염원으로 꼽혔다. 채종일 외, 『임상 기생충학』 (서울대학교출판문화원. 2011), 253쪽.

5 최덕경, 『동아시아 농업사상의 똥생태학』 (세창출판사, 2016).

6 박윤재, "위생에서 청결로—서울의 근대적 분뇨처리". 『역사비평』 126 (2019), 260-280쪽; 헨리, 토드, 『서울, 권력, 도시』 (산처럼, 2020), 240-296쪽; 권오영 외, 『도시를 보호하라: 위생과 방역으로 세워진 근대 도시 이야기』 (역사비평사, 2021).

7 박윤재, 앞의 글, 260-280쪽.

8 김성원 외, 『똥의 인문학: 생태와 순환의 감각을 깨우다』 (역사비평사, 2021), 39-78쪽.

고 이에 따라 근교 농업도 함께 확대되었지만, 이러한 농업생산성을 뒷받침할 수 있는 화학비료의 수급이 안정적이지 않았기 때문에 1960년대 전반까지 많은 농민들이 인분비료를 활용해왔음을 보여주었다.

하지만 이를 단지 위생적인 공간을 만들기 위한 보건당국과 농민들의 관계만으로 한정지어 보기는 어렵다. 채소를 통한 기생충 감염의 문제를 가시화하고, 그에 대한 조치를 요구한 주요한 행위자는 한국에 주둔하고 있던 미군이었다. 금보운은 전후 장기 주둔을 시작한 미군이 단지 정치적, 군사적 영향을 미쳤을 뿐 아니라 한반도 내에 광범위한 물리적 공간을 점유하며 지속적으로 지역사회에 경제적, 문화적 영향을 미쳐왔음을 지적했다.[9] 이들을 둘러싼 '기지촌' 경제는 주변 주민들의 생활공간과 교차하며 이들의 일상을 변화시켜왔다. 유사한 사례로, 나나바티는 1945년 일본에 건설된 미군의 대규모 수경재배 농장이 어떻게 미군 점령기 일본에서 위생적이며 건강한 미국인의 몸과 위험하며 오염된 일본인의 몸을 구분 짓게 되었는지를 보여주었다.[10] 또한 미군이 일본의 토양을 잠재적으로 기생충란 등 전염성 병원체에 오염된 것으로 규정하면서 자신들의 주둔지를 일본과 별개의 생물권(biosphere)으로 위계 지었다고 지적했다. 이처럼 인분은 위생적인 공간과 그렇지 못한 곳을 구분 짓고, 동시에 관련 행위자들 사이에 사회적 위계를 부여하는 역할을 담당하기도 했다.[11]

9 금보운, 『주한미군의 '기지생활권' 형성과 '지역사회관계'의 변화 (1945~1971년)』 (고려대학교대학원 박사학위논문, 2021).

10 Nanavati, Abhishek. "Hydroponic Imperialism: Race, Hygiene and Agro-Technology in Occupied Japan, 1945-60", in Baillargeon, David, eds., *Spatial Histories of Occupation: Colonialism, Conquest and Foreign Control in Asia* (Bloomsbury Academic, 2022), p. 191.

11 1945년 이후 한국을 포함한 동아시아에서 인분비료, 그리고 이를 통해 재배된 농산물이 어떻게 더러운 것으로 규정되었는지, 또한 미군정기 일본의 인분 처리 방식에 대한 연구는 Carruthers, Susan, "Latrines as the Measure of Men: American Soldiers and the Politics of Disgust in Occupied Europe and Asia", *Diplomatic History* 42:1 (2018), pp. 109-137; Kreitman, Paul, "Attacked by Excrement: The Political Ecology of Shit in Wartime and Postwar Tokyo", *Environmental History* 23:2 (2018), pp. 1-25을 참고하라.

하지만 지금까지 한국의 보건의료사 연구에서 주한미군의 영향에 대한 연구는 주로 미군과 한국인, 특히 젠더 측면에서의 불평등한 관리를 성병의 사례를 통해 보여주는 것에 제한되어 있었다.[12] 이 연구에서는 주한미군의 주둔지를 넘어 한반도 전반에 이러한 영향력이 미치는 과정을 청정채소와 기생충 감염의 문제를 통해 접근하고자 한다. 보건위생에 있어 농업기술, 그리고 이를 통해 생산된 음식물은 전염성 질병 전파에 중요한 고리를 담당했다. 이 연구는 인분비료를 통해 전파되는 질병에 대한 의학적 이해와 정책들이 어떻게 연결되었는지를 파악하고, 나아가 인분비료의 사용을 추동하고 억제한 경제적 요인, 그리고 이러한 인분의 사용자이자 채소의 생산자인 농민들의 역할에 주목하고자 한다. 특히 청정채소의 재배와 주한미군 군납경제의 형성을 통해 위생과 오염에 관련된 인식이 한국 사회에서 어떻게 변화해왔는지를 파악한다. 이를 통해 현대 한국의 기생충 감염 및 박멸의 역사를 농업의 농산물 유통, 주한미군 및 군납경제의 변화라는 사회적 맥락과 연결하고자 한다.

2. 미군 주둔과 한국 토양매개기생충 재유입의 문제

1945년 세계제2차대전의 종전과 함께 미군이 한국과 일본에 진주하여 장기간 주둔할 것이 명확해지자, 미군의 보건의료 책임자들은 동아시아에서의 장기적인 체류가 어떠한 건강 영향을 미치게 될지에 관심을 가지기 시작했다. 그중 주요한 문제 중 하나로 지목된 것이 바로 장내기생충의 감염이었다. 1942년 동아시아 점령 이전 미군에서 자체적으로 수집한 정보에

12 박정미, "건강한 병사(와 '위안부') 만들기 — 주한미군 성병 통제의 역사, 1950-1977년", 『사회와역사』 124 (2019), 265-307쪽.

따르면 한국과 일본의 장내기생충 감염률은 매우 높은 것으로 드러났으며, 이렇게 다수의 감염자가 존재하는 공간에서 미군 병력이 지속적으로 머무를 경우 감염은 피할 수 없는 선택이 될 것이었다. 특히 즉각적이며 직접적인 전투력 손실과 관련이 없음에도 불구하고 장내기생충이 미국 연구자들의 관심사가 된 것은, 파병을 마치고 본국으로 귀환한 장병들이 이러한 기생충들을 미국에 재유입시킬 수 있다는 우려 때문이었다.[13]

1945년 미국의 기생충학자들이 동아시아에 장기간 머무르다 미국으로 귀환한 선교사들을 대상으로 장내기생충 감염률을 조사한 결과, 46.5%가 회충이나 아메바 등을 보유하고 있는 것으로 나타났다. 이러한 기생충들은 주로 인분에 오염된 음식물을 "섭취"하여 감염되었다.[14] 이는 동아시아에서 섭취한 음식물이 주요한 감염원이며, 나아가 미국으로 병원체를 재유입시킬 수 있는 경로임을 보여주는 것이었다. 회충, 구충, 편충 등의 주요 장내기생충들은 미국의 기후와 환경에서도 충분히 전파될 수 있었다. 뿐만 아니라 구충은 20세기 전반 록펠러재단의 주도로 이루어진 대규모 박멸 사업 이전까지 미국 남부의 주요 감염병 중 하나였다.[15] 미국에서 박멸 사업 이후 양성된 의사들은 이러한 장내기생충 질환을 한 번도 경험하지 못했고, 이에 따라 해외에서 장내기생충들이 재유입되더라도 환자를 조기에 판별하여 추가적인 전파를 조기에 차단하기 어려울 것이라는 우려

13 "Medical and sanitary data on Korea complied by the Medical Intelligence Branch, Preventive Medical Division, Office of the Surgeon General: Records", Korea (Chosen) 1911-46 [4 of 4], Entry 1014, Box 22, RG52, National Archives and Records Administration(이하 NARA, 관련 자료는 국립중앙도서관 및 국사편찬위원회 전자사료관 영인본을 활용하였음).

14 Most, Harry, "Intestinal Parasite Survey of Repatriates from the Far East", *Journal of the American Medical Association* 129-1 (1945), p. 24.

15 20세기 초반 미국에서 이루어진 집단적인 박멸 사업과 생활 수준의 개선으로, 미국 본토에서 장내기생충은 사실상 박멸된 것으로 간주되었다. Elman, Cheryl et al, "Extending public health: the Rockefeller Sanitary Commission and hookworm in the American South", *American Journal of Public Health* 104:1 (2014), pp. 47-58.

도 제기되었다.[16] 1948년 미국의 저명한 열대의학자 찰스 크레이그(Charles Craig)는 자신이 저술한 진단학 교과서 서문에서, 전후 귀환한 병사들이 "의심의 여지 없이 이러한 질병의 증가를 가져올 것"이기 때문에 빠른 진단과 조기 예방이 중요함을 강조했다.[17]

1950년 귀환 병사가 늘어나며 동아시아에서 주로 유행하는 삼일열 말라리아(*Plasmodium vivax*)에 감염된 사례들이 미국과 캐나다 본토에서 보고되기 시작했다. 특히 미국 내에서 지역사회 전파가 이루어진 32명의 집단 발병 사례는 한국에서 돌아온 퇴역 군인이 최초 감염자로 지목되었다.[18] 이에 따라 미군은 한국 파병, 그리고 그 귀환병들이 직접적으로 미국 내의 "민간인들에게 보건학적 위협이 될 수 있는가"에 대한 문제에 답하지 않을 수 없었다.[19] 이후 미군의 주도로 수행된 연구들은 장기간의 파병 이후 본국에 귀환하더라도 재유행이 일어날 수 있을 위험성은 없다고 결론 내려졌지만, 여전히 장내기생충 감염 조기 예방은 미군 보건당국의 주요한 관심사로 남았다.[20]

당시 동아시아 권역에서 미군의 보건의료 관련 연구를 담당했던 미군 406실험실(406 Medical General Laboratory)은 미군 부대에 출입하는 이들의 장내기생충 감염률 조사를 수행했다.[21] 집단은 크게 네 개로 분류되었는데,

16 Hunter III, George, "Local health hazards among US Army troops returning from Korea", *American Journal of Public Health and the Nations Health* 43-11 (1953), p. 1408.

17 찰스 크레이그(1987-1950)는 미국의 열대의학자로 예일대 의과대학을 졸업하고 미 육군에서 병리학자이자 미생물학자로 일하며 미 육군 군의학교 교장을 역임했다. Craig, Charles Franklin Laboratory Diagnosis of Protozoan Disease. Lea&Febiger, 1948, 3.

18 Fritz, Roy, and Andrews, Justin, "Imported and indigenous malaria in the United States, 1952", *American Journal of Tropical Medicine and Hygiene* 2-3 (1953), pp. 445-456.

19 Radke, M. G., et al. "Is Korean service a health hazard to civilian communities?," *U.S. Armed Forces Medical Journal* 6-6 (1955), p. 794.

20 Radke, op. cit., pp. 797-798.

21 미군 406실험실이 한국을 포함한 동아시아 의학 연구에서 수행한 역할에 대해서는 김태우, "미군 제406의학종합연구소의 위상과 역할, 1946-1953", 『의사학』 31:3 (2022), 721-756쪽; 정준호, "해방 후 한국 실험실 의학

각각 한국인, 일본인, 미군 중 파병 기간이 3개월 미만인 자, 파병 기간이 3개월 이상인 자로 구분하였다. 즉, 지역사회 토착 감염 수준을 기준으로 삼아, 파병 기간이 미군의 장내기생충 감염률에 영향을 주는지 알아보기 위함이었다. 장내기생충 감염률의 증가는 귀환 이후 대규모 유행이나 재토착화를 일으킬 정도의 수준으로 판단되지는 않았으나, 3개월 이상 파병된 미군들에게서 회충 감염률이 유의미하게 증가한 것으로 밝혀졌다.[22] 특히 일본보다 한국에 주둔한 병사들의 감염률 증가폭이 높았다. 파병 3개월 미만 병사의 경우 회충 감염률은 0.4%로 나타났다. 1946년에서 1951년 사이 3개월 이상 일본에 주둔한 병사의 경우 감염률이 1.3%, 1948년 기준 한국에 3개월 이상 머무른 경우 2.1%였다. 이 수치는 한국전쟁 이후 크게 상승해 전쟁 발발 이후 파견된 병사들은 한국에 3개월 미만을 머물렀더라도 감염률이 5.6%로 상승했으며, 3개월 이상 파병된 경우 11.0%까지 높아졌다.[23] 미군 연구자들은 파병 기간의 장기화에 따른 유의미한 감염률 상승을 확인했으나, 미국 본토에서는 인분비료를 사용하지 않는 등 농업 환경이 다르며 토양매개기생충의 전파 경로가 충분치 않아 민간인들에게 직접적인 보건학적 위해가 미치지는 않을 것이라 판단했다.[24]

그럼에도 불구하고 잠재적인 전투력 손실, 나아가 본국으로의 질병 재유입을 차단하기 위해 미군은 장내기생충 감염을 억제하기 위한 다양한 조치들을 강구했다. 연구진은 이를 병사 개인이 조심할 수 있는 문제가 아니

의 발전: 미군 406 실험실과 실험기사들을 중심으로", 『연세의사학』 25:2 (2022), 121-145쪽을 참고하라.

22 "Parasitological Report on Korea, Based on Epidemiological Survey by the 406th Medical General Laboratory, August 1948", General Correspondence Files, 1950-1960, Entry A1, 206, Box 1560, RG338, NARA. (출처: 국사편찬위원회 전자사료관 사료참조코드 AUS004_53_00C0003, 원문 pp. 80-81).

23 Hunter, op. cit, p. 1413.

24 "Intestinal Parasite in American and European Troops in Korea", General Correspondence Files, 1950-1960, Entry A1, 206, Box 1560, RG338, NARA. (출처: 국사편찬위원회 전자사료관 사료참조코드 AUS004_53_00C0004, 원문 pp. 94-95).

라 장기간의 주둔에 따라 현지의 식음료, 특히 토양매개기생충의 주요한 전파 매개체인 채소류를 지속적으로 접촉하며 일어나는 현상이라 추측했다.[25] 미군 사령부는 각 부대에 지침을 하달하여 병사들이 외부 식음료를 섭취하지 못하도록 제한했으나, 사실상 이들이 휴가나 외출 기간 중에 현지 음식을 섭취하지 못하도록 완전히 통제하는 것은 불가능했다. 더불어 채소류와 같은 신선식품의 안정적인 보급은 병사들의 사기를 위해서도 중요한 문제였다.[26]

이에 따라 우선 시행된 조치는 미국 본토에서 생산된 농산물을 동아시아의 주둔지까지 공수하는 방식이었다. 하지만 이 방식은 물류비용이 매우 높았으며, 당시 미군의 수송 기술로는 쉽게 변질되는 채소류를 본토에서 아시아까지 손실 없이 공급하기가 어려웠다. 보고에 따르면 1946년 기준으로 미국 본토에서 공급되는 채소류의 50%가량이 수송 중 상해서 버려지는 것으로 파악되었다.[27] 보다 효율적인 공급을 위해 미군은 1947년 주둔지인 일본에서 안정적인 채소류 공급 방식을 찾기 시작했고, 그 시도 중 하나가 일본에 건설된 무토양재배(hydroponics) 시설이었다.[28] 미군은 막대한 예산을 투입해 도쿄 인근의 조후(調布) 지역에 당시로서는 세계 최대

25 406th Medical General Laboratory, Annual Historical Report, 1952 (US Army, 1953), pp. 257-259.

26 Cwiertka, Katarzyna, "Feeding the UN troops in the Korean War (1950-1953)", in Cwiertka, Katarzyna eds., *Food and War in Mid-Twentieth-Century East Asia* (Routledge, 2016), pp. 93-94.

27 "Hydroponic Gardening" (1962), QM Historian's Office, Historical Reports 1946-62, Entry 2116L, Box2, RG92, NARA.

28 무토양재배는 흔히 수경재배, 혹은 양액재배로 불리기도 한다. 1920년대 미국에서 상업적 목적으로 활용되기 시작했으며, 1944년 미군이 태평양 전선에서 농업에 적합하지 않은 토양을 가진 산호섬에서 신선식품을 공급하기 위해 대규모 무토양재배를 활용했다. 무토양재배는 크게 토양 없이 뿌리를 양액에 넣어 재배하는 수경재배, 고운 모래에 양액을 뿌려 재배하는 사경재배, 거친 자갈에 관수를 순환시켜 재배하는 역경재배로 나뉜다. 미군은 노동력 투입 대비 생산성이 높은 역경재배를 활용하였으나, 여기에는 양액이 새지 않도록 시멘트로 재배 묘상을 구축하고, 양액을 순화시킬 수 있는 펌프가 필요했기 때문에 초기 투자비용이 높다는 문제가 있었다. Withrow, Robert, et al., *Nutriculture* (Purdue University Agricultural Experiment Station, 1948), pp. 5-8; 스와니, M.W. 외, 『식물의 무토양 재배』 (대한교과서주식회사, 1962), 27-54쪽.

의 무토양재배 시설을 건설했다.[29] 무토양재배 시설의 건설은 기생충 예방이라는 목적도 있었으나, 일차적으로는 전후 일본의 제한적인 식량 사정을 고려하여 지역 내 농산물 시장을 교란시키지 않고 미군에게만 독립적으로 채소 공급을 달성하는 것을 목표하고 있었다.[30] 즉, 보건학적 목적뿐 아니라 정치적, 경제적 맥락 역시 무토양재배 시설의 건설에 주요한 고려 사항이었다.

이를 위해 총 80에이커의 면적에 3개의 거대한 유리온실이 설치되었다. 나머지 농지는 기생충란에 오염되지 않은 모래나 자갈을 깔고 양액을 분사해 키우는 방식인 일반 토양 재배를 시행했다. 이 시설에서는 월간 1,000톤이 넘는 채소들이 재배되었고, 현지 고용 인력도 1,200명에 달했다. 특히 한국전쟁 발발 이후 한국에 파병된 32만 명에 달하는 미군에게 채소를 공급하기 위해 생산량은 계속해서 증가했다. 여기서 생산된 채소들은 새벽에 수확되어 한국에 항공 수송되어 그날 저녁 한반도의 전선에 보급되었다.[31] 초기 투자비용은 약 57,000달러에 달했으나, 생산량이 폭증한 전시에는 상당한 정도의 가격 경쟁력을 확보하게 되었다. 미군의 자체 계

29 수경재배 지역으로 조후가 선정된 것은 이곳이 패전 직전까지 일본군의 공항 및 활주로로 사용되었기 때문이었다. 군사시설로 농경 활동이 없었기 때문에 기생충에 의한 토양 오염이 적었고, 동시에 활주로로 사용될 수 있을 만큼 평탄한 토지로 대규모 시설을 건설하기에 적합했다. 또한 일본군의 토지는 미군에게 몰수당한 상태로 소유권 분쟁을 우려할 필요가 없었다. Nanavati, Abhishek. "Hydroponic Imperialism: Race, Hygiene and Agro-Technology in Occupied Japan, 1945-60", in Baillargeon, David, eds, *Spatial Histories of Occupation: Colonialism, Conquest and Foreign Control in Asia* (Bloomsbury Academic, 2022), pp. 202-204.

30 "Hydroponic Gardening" (1962), QM Historian's Office, Historical Reports 1946-62, Entry 2116L, Box2, RG92, NARA.

31 미군이 일본에 건설한 무토양재배 시설에 대한 연구는 Nanavati, Abhishek. "Hydroponic Imperialism: Race, Hygiene and Agro-Technology in Occupied Japan, 1945-60", in Baillargeon, David, eds, *Spatial Histories of Occupation: Colonialism, Conquest and Foreign Control in Asia* (Bloomsbury Academic, 2022). 일본의 수경재배 및 농업 기술에 미친 영향은 Koshio, Kaihei, "The role of plant factories on food production and technology in Japan", in Tsui-jung Liu, et al., eds., *Landscape Change and Resource Utilization in East Asia* (Routledge, 2018)을 참고하라.

산에 따르면 1951년 기준 조후의 수경재배 시설의 생산 단가는 채소 1파운드당 7센트로, 미국 본토에서 들여오는 가격인 12센트에 비해 매우 저렴한 것이었다.[32] 하지만 한국전쟁 이후 파병 인력이 감축되고 일본 내 농산물 생산량이 증가하며, 점차 수경재배의 가격 경쟁력은 낮아졌다. 조후 수경재배 시설은 1953년을 기점으로 생산량이 급격히 감소했고, 주일 및 주한미군은 점차 일본의 일반 농지에서 생산되는 청정채소류를 공급받는 방식으로 전환했다.[33] 또한 1950년대 초반 일본 내 화학비료 산업이 재건되며 인분비료 사용이 줄어들기 시작했고, 농업생산성도 증대되어 신선채소의 가격도 전반적으로 하락하게 되었다. 이후 한국에 주둔하고 있는 미군도 대부분 일본 내 일반 토양에서 생산된 청정채소를 공급받게 되었다.[34]

전후 일본에서 이렇게 빠른 시간 내에 청정채소 재배가 자리잡을 수 있었던 것은 1920년대부터 청정채소 재배 기술 및 정책이 수립된 바 있었기 때문이었다.[35] 1927년 교토제국대학 농학부가 "대학샐러드"라는 이름으로 외국인 대상 호텔에 인분비료를 사용하지 않은 채소를 납품한 것을 시작으로, 1920년대에서 1930년대 사이 이러한 청정채소들이 백화점들에 소규모 납품되기 시작했다. 특히 1937년 오사카 시립 위생연구소가 딸기에 다수의 회충란이 존재한다는 사실을 밝혀 언론에 대대적으로 보도되며 청정재배에 대한 대중의 관심이 높아졌고, 1940년 올림픽 개최를 앞두고 화학비료만을 사용한 채소 재배를 정부에서 장려하기 시작했다. 이후 올림픽이 취소되고 전쟁이 격화되며 청정채소에 대한 관심과 수요는 줄었지만,

32 "Hydroponic Gardening" (1962), QM Historian's Office, Historical Reports 1946-62, Entry 2116L, Box2, RG92, NARA.

33 일본 내 미군의 무토양재배 시설은 1960년 6월 폐쇄되었다. "Hydroponic Gardening" (1962), QM Historian's Office, Historical Reports 1946-62, Entry 2116L, Box2, RG92, NARA.

34 Nanavati, op. cit., p. 191.

35 原田昇, 「清浄野菜について」, 『生活文化研究』 13 (1965), 182쪽.

종전 후 미군 주둔에 따른 군납 청정채소 수요가 다시 늘어나 1953년 후생성 공중위생국장과 농림성 농업개량국장이 공동으로 "청정채소의 보급에 대하여"라는 지침을 보급하게 되었다.[36] 이 청정채소 보급요강은 1년 이상 미처리 분뇨를 사용하지 않고 주변의 오염 위험이 없는 지역을 재배지로 지정하고, 후생성에서 정기적인 검사, 인증, 단속을 시행하며, 청정채소 판매 시에는 이를 표기하여 각 도도부현에서 판매에 필요한 지원을 제공할 수 있도록 했다.[37] 이에 따라 1950년대 일본에서는 청정채소 재배 지역이 크게 늘어났고, 1960년대 초반이 되면 시장 채소의 대부분에 청정채소 표시가 붙어 있을 정도로 흔해졌다.[38]

3. 주한미군 군납경제와 "청정재배"

1953년 이후 일본을 통한 청정채소 공급량이 크게 증가했음에도 한국에 주둔하고 있던 미군이 한국 정부에 청정채소의 재배를 요구한 것은 현지의 식량 공급 안정을 위해서였다. 미군 사령부는 동아시아 일대에 주둔하고 있는 다수의 미군을 위해 일본 내 청정채소 재배 면적이 지나치게 증가하게 된다면, 이것이 일본 내의 식량 공급과 경제 안정에 부정적인 영향을 미칠 것이라 우려했다.[39] 이 때문에 미군은 청정채소를 공급받을 수 있

36 厚生省公衆衛生·農林省農業改良局長, 『清浄野菜の普及について』, 1953. 3. 28.; 加藤要, "清浄野菜の現状とその見通し", 『農業技術研究』 7-6 (1953), 22-23쪽.

37 인분비료를 쓰지 않고 재배하여 장내기생충 감염 위험이 없는 채소를 "청정채소"라 부르게 된 것은, 앞서 일본에서 이를 "청정야채(清浄野菜)"로 칭했기 때문으로 추측된다. 한국과 일본에 주둔한 미군에서는 이를 "Clean Vegetable"이라 칭하였다. "Hydroponic Gardening" (1962), QM Historian's Office, Historical Reports 1946-62, Entry 2116L, Box2, RG92, NARA.

38 原田昇, "清浄野菜について", 181쪽.

39 "Hydroponic farms", Photographs and Records, United Nations Korean Reconstruction Agency (UNKRA,

는 경로를 다양화할 방법을 고려하게 되었다. 1954년 수원 농업기술원(현 농촌진흥청)에 유엔한국재건단(United Nations Korean Reconstruction Agency, UNKRA)과 미군의 공동 자금 지원으로 최초의 무토양재배 시설이 건설되었다.[40](그림 6-1) 한국 측에서는 당시 농업 관련 연구를 주도하고 있던 우장춘이 참여했다.[41] 청정채소 재배 시범 시설의 설치와 함께 미군은 한국에서도 일본의 조후와 마찬가지로 기생충에 오염된 토양과 완전히 분리된 수경재배를 시행할 것을 요구했다. 하지만 수원에 설치된 역경재배 형태의 무토양재배는 초기 투자비용이 높아, 전후 한국 정부의 재원으로는 널리 시행되기 어려운 기술이었다.[42]

1950-1958), Reference Code S-0526-0052-0006, UN Archives.

40 "Hydroponic farms", Photographs and Records, United Nations Korean Reconstruction Agency (UNKRA, 1950-1958), Reference Code S-0526-0052-0006, UN Archives.

41 "야채를 청정재배", 《조선일보》, 1954. 4. 18.

42 불과 1에이커에 52개의 묘상을 설치하는 데에만 27,000달러가 소요되었다. "Hydroponic farms", Photographs and Records, United Nations Korean Reconstruction Agency (UNKRA, 1950-1958), Reference Code S-0526-0052-0006, UN Archives; 스와니, M. W. 외, 『식물의 무토양 재배』 (대한교과서주식회사, 1962), 38쪽.

〈그림 6-1〉 1954년 수원 농업기술원에 설치된 무토양재배 시설
"Hydroponic farms", Photographs and Records, United Nations Korean Reconstruction Agency (UNKRA, 1950-1958), Reference Code S-0526-0052-0006, UN Archives.

1955년 주한미군 소요 물자의 현지 조달에 대한 조약이 체결되어, 과거 일본이나 미국 본토에서 공수되던 청정채소를 한국에서 납품할 수 있는 길이 열리게 되었다.[43] 정책적 지원에도 불구하고 수원의 무토양재배 시설에서 재배된 청정채소는 미군에 정기적으로 납품할 수 있는 양에는 턱없이 부족했다.[44] 앞서 일본에서 설치되었던 무토양재배 시설의 일차적 목적이 경제적인 신선채소 공급에 있었다면, 주한미군은 한국 토양의 기생충

43 서울신문사, 『주한미군 30년』 (서울신문사, 1979), 414쪽.
44 "수경재배도 추진", 《조선일보》, 1954. 8. 14.

오염을 문제삼아 공중보건학적 우려를 강조했다.[45] 1954년 수원에 시범적으로 설치된 시설에서 실질적으로 무토양재배를 통한 신선채소의 공급에는 실패했으나, 이는 언론을 통해 한국 토양의 기생충 오염과 주한미군의 한국산 채소 기피 문제를 대중에게 알리는 역할을 했다. 나아가 이렇게 기생충에 오염되지 않은 신선채소들이 "청정채소"로 불리기 시작했다.[46]

한국 정부가 대규모 자금 및 시설 투자가 불가피한 청정채소 재배에 적극적으로 참여한 이유는 외화 때문이기도 했다. 1956년 한국의 수출액은 2,459만 달러에 불과했으며, 무역수지 적자는 3억 6,146만 달러에 달했다.[47] 하지만 주한미군에서 소모하는 채소, 육류, 계란 등을 전부 한국산으로 대체할 경우 그 수익은 120만 달러에 달할 것으로 추산되었다.[48] 동시에 주한미군에서 구매하는 대부분의 농산물이 일본산을 사용한다는 점 역시 한국 정부의 수입 대체 의지를 강화하는 요인 중 하나가 되었다.[49] 미국 정부는 한일관계 개선이라는 명목으로 대한원조 자금을 활용한 물자 구입 대상 국가로 일본을 강제 지정해 일본 시장에 예속시키는 결과를 낳았다.[50] 미국의 원조 정책에 따른 이러한 경제적 예속 상태를 벗어나기 위해 한국 정부는 다양한 수출 및 외화 획득 경로를 모색할 필요가 있었다.

문제는 미군이 제시한 무토양재배가 한국의 재정적 현실에 맞지 않는다는 점이었다. 수원의 무토양재배 시설을 운영해본 우장춘은 이러한 대규모

45 "Hydroponic Gardening" (1962), QM Historian's Office: Historical Reports 1946-62 Series, Entry 2116L, Box2, RG92, NARA.

46 "야채를 청정재배", 《조선일보》, 1954. 4. 18.

47 K-stat, 「수출입 총괄」, 한국무역협회. https://stat.kita.net/stat/kts/sum/SumImpExpTotalList.screen (2023. 6. 15. 접속).

48 양춘배, 『채소재배』 (화학사, 1963), 11-12쪽.

49 "국가재건최고회의회의연석회의록 제3차", 1962. 5. 30., 6쪽.

50 이봉범, "냉전과 원조, 원조시대 냉전문화 구축의 역동성 —1950~60년대 미국 민간재단의 원조와 한국문화", 『한국학연구』 39 (2015), 243-246쪽.

역경재배 시설이 한국 상황에 적합하지 않다고 판단하고, 한국 정부가 주장한 시설 재배의 확대를 반대하며 기존 토지를 재정비하여 재배하는 방식을 추진했다.[51] 기존 토지를 그대로 활용하는 경우 기생충란이 사멸하는 데에 평균 2~3년이 소요되는 것으로 추정되었다.[52] 역사적으로 인분 시비를 적극적으로 활용해온 한국에서 인분에 노출되지 않은 농경지를 찾는 것 역시 매우 어려웠다. 이를 위해 우장춘이 제시한 방식은 실질적으로 농경에 사용되는 토양 상부 20cm가량을 걷어내고, 인분이 첨가되지 않은 가축분뇨퇴비를 새로 채워 넣어 새로운 상토(床土)를 만드는 방식이었다.[53] 이 방식 역시 적지 않은 비용과 노동력을 소요했지만, 무토양재배보다는 훨씬 낮은 기술력과 자본을 요구했다.[54] 인분을 사용하지 않고 상부 토양을 전부 교체하여 채소를 재배하는 "청정재배" 방식은 1957년 농사원 원예시험장 서울지장에서 시도되어, 미군의 품질검사 기준을 통과했다.[55] 이를 기반으로 1957년 10월 16일부터 청량리에서 군부대뿐 아니라 외국인 개인을 대상으로 청정채소의 소매 판매가 이루어졌다. 이를 기념하기 위해 청정채소 매도식이 거행되었고, 여기에는 한국 측 농림부 장관과 주한미국 대사가 참석할 정도로 성대한 행사가 개최되었다.[56]

청정채소의 공급이 주목받은 것은 이를 통해 획득할 수 있는 외화 때문이었다. 1958년 11월 농림위원회는 농림부 장관에게 청정채소 재배 공급을 확대할 것을 요구하며 이를 통해 얻을 수 있는 외화 소득이 40만 달러에

51 원우회, 『우장춘과 원우회』 (원우회, 1984), 57쪽.

52 보건사회부, 『기생충관리』 (보건사회부, 1968), 55쪽.

53 최용희, "청정재배 위주의 고등소채생활: 미팔군군납으로 한몫", 『농원』 4-8 (1967), 152쪽.

54 1960년대 이후 『채소재배』 등의 농사 지침서를 저술하여 청정채소 재배에 대한 이론적, 기술적 기반을 제공한 양춘배 역시 우장춘의 후학 중 한 명이었다. 우장춘을 중심으로 한 농업 연구 네트워크에 대해서는 김근배, "우장춘의 한국 귀환과 과학연구", 『한국과학사학회지』 26:2 (2004), 139-164쪽을 참고하라.

55 농촌진흥청, 『원예연구소 오십년』 (농촌진흥청, 2003), 544쪽.

56 "외인용 소채 매도식 오는 16일 청량리서", 《조선일보》, 1957. 10. 15.

달할 것이라 예측했다.[57] 대표적인 군납농장 중 하나였던 서울흥농공사는 1959년 7월부터 1964년 11월까지 602,259달러에 달하는 매출을 올렸다.[58] 1962년 기준으로 미군의 청정채소 수요는 약 300만 달러에 이르는 것으로 집계되었으나, 여전히 한국에서 공급되는 청정채소는 미군 소요량에는 턱없이 못 미쳤다.[59] 1966년 납품 실적은 총 계약량의 67%밖에 되지 않았으며, 총 소요량의 15%에 불과했다.[60]

농민들도 시중 가격보다 훨씬 높은 가격에 매입해주는 데다 달러로 대금을 정산해주는 미군 군납을 선호했다.[61] 하지만 주한미군 군납의 진입장벽은 높았다. 한반도 대부분의 토지에서 인분이 사용된 적이 있었기 때문에 맨 위의 흙을 걷어낸 다음 지력을 증진시키기 위해 새로 비료를 뿌려야 했다. 동시에 추가적인 오염을 방지하기 위해 살균, 살충제도 대량으로 살포되었다.[62] 이후 일차적으로 한국 농림부에서 설비 능력을 인정받고 농림부 장관의 추천을 받아야 정식 청정채소 군납업자가 될 수 있었다.[63] 한국 정부의 인가가 확인되면 미군은 직접 현장 조사원을 파견하여 토양 검사를 진행했다.[64] 이렇게 납품에 성공하더라도 불시에 시행된 검사에서 최종 납품된 채소에서 기생충란이 발견되거나 품질이 미달하는 경우 전량 구매를 취소하기도 했다. 이 때문에 본래 농업에 종사하던 농민들보다 초기 자

57 "제33회 제9차 농림위원회 회의록", 1958. 11. 21., 11쪽.

58 "청정채소 군납농장 본회사업 가입에 대한 건의", 1965. 2. 12., 사단법인청정소채군납협회, 농업특1121.22-759, 국가기록원(관리번호: BA0130744).

59 1962년 기준으로 군납업체의 수는 850개로 전체 군납으로 인한 외화 획득 실적은 3,400만 달러에 달했다. 서울신문사, 『주한미군 30년』 (서울신문사, 1979), 415쪽; "국가재건최고회의회의연석회의록 제3차", 1962. 5. 30., 6쪽.

60 원예시험장채소과, "청정채소 생산의 문제점", 『농업연구』 56 (1966), 28쪽.

61 양춘배, 앞의 책, 92쪽.

62 최용희, 앞의 글, 151-152쪽.

63 "사단법인 한국청정소채군납협회 정관 변경 승인", 농업특1121.22-759. 국가기록원(관리번호: BA0130744).

64 "Vegetable Farm Inspection Compliance Check List", Medical Services/United States Army, Pacific (1979), Entry 140, Box 1, RG 550, NARA.

본을 충분히 투자할 수 있는 군납업자들이나 농업 관련 기업에서 청정채소 재배에 뛰어들었다.[65]

청정채소 군납은 농민들이 직접 미군에 납품을 하는 것이 아니라 군납조합 등 중간상인을 통해 이루어졌다. 나아가 1962년 제정된 「군납촉진에 관한 임시조치법」은 사실상 군납을 조합을 통해서만 가능하도록 했다.[66] 이는 군납의 효율성을 높인다는 목적도 있었지만, 한편으로는 주한미군에서 요구하는 품질 기준이나 행정적 요소들이 매우 복잡했기 때문이기도 했다.[67] 1962년 주한 미8군 사령부는 주한미군에 채소와 과일을 공급하는 농장을 대상으로 "농장의 최저 위생 조건"을 발간했다.[68] 여기에서 위생 조건의 최우선 요건은 "사람에게 기생충병을 가져오게 하는 기생충란의 최대 허용량을 초과할 수 없음"이었다. 그 적합도는 크게 기생충 오염의 억제와 채소류의 세척 방식으로 측정되었다. 그중 핵심은 인분을 농장에 비료로 사용하지 않을 것, 농장에 인분을 저장하지 않을 것, 변소가 농장에 위치하고 있지 않을 것, 청결한 세척수를 사용할 것, 세척 시설이 미군 기준에 적합할 것 등이었다. 청정채소 군납을 원하는 농민들은 이러한 일종의 체크리스트를 한글과 영문으로 작성하여 미군 측에 제출해야 했다.[69]

청정채소 재배 농장에 대한 인증은 먼저 청정채소 군납을 희망하는 농

65 최용희, 앞의 글, 153쪽.

66 법률 제979호, 「군납촉진에 관한 임시조치법」, 1962. 1. 15. 제정.

67 1962년 설립된 청정채소군납협회는 사실상 청정채소 유통을 독점하게 되었는데, 이는 미군이 연간 소비 계획을 세운 후, 이에 대한 납품 계약을 청정채소군납협회에 일임하고, 각 조합원 농장별 생산량을 지정할 수 있도록 했기 때문이었다. "소채류 군납부진", 《동아일보》, 1962. 7. 11.; "한국군납채소협동조합 업무개시 보고", 특수조합설립인가(한국군납채소), 농림수산부 농업정책국 농정과, 국가기록원(관리번호: BA0131058).

68 "미8군 팜프 40-685 농장의 최저 위생조건", 205-02 (3) Pub. Rec. Sets, EUSA PAM (63), COFF 31 Dec. 63, Trfd. ORCEN, Jan. 64, Retire USARC Jan. 66 PERM, Pamphlets, 1958 – 1963, RG338. NARA. (출처: 국사편찬위원회 전자사료관 사료참조코드 AUS004_13_00C0003, 원문 pp. 2-15.)

69 "Vegetable Farm Inspection Compliance Check List", Medical Services/United States Army, Pacific (1979), Entry 140, Box 1, RG 550, NARA.

가가 신청서를 제출하면, 미군 검사관이 파견되어 위의 기준을 충족하는지 확인하는 절차를 거쳤다. 동시에 토양을 일부 채취하여 미군 406실험실에서 기생충란 잔류 여부를 측정하여 허용 범위 내인지를 확인했다. 대상 농장의 토지 20%를 선정하여, 약 1~2제곱피트 면적의 상토를 수집하여 분석하는 방식이었다. 이렇게 수집된 토양 시료의 60%에서 기생충란이나 다른 장내기생충이 발견되지 않아야 적합한 것으로 판정되었다. 제도 운영 초기에는 해당 농장의 토지에서 기생충란이 전혀 발견되지 않아야 한다는 조건이 있었으나, 일본과 한국에서 기생충란이 전혀 발견되지 않는 토양을 찾기 어려웠다. 이에 따라 기준이 비교적 완화된 것이었다.

한편 1962년 「군납촉진에 관한 임시조치법」 시행과 함께 한국청정소채군납협회가 조직되고, 이들을 통해 청정재배 관련 기술이 전파되었다.[70] 동시에 「군납촉진에 관한 임시조치법」은 기존에 5천 달러 이상의 군납 경력이 있는 자만이 유엔군 군납에 참여할 수 있도록 제한했기 때문에,[71] 사실상 많은 소규모 자영농들이 대형 군납 농장주나 조합에 예속되는 형태로 재편되도록 만들었다. 더불어 1960년대에 들어서 국내 화학비료 생산 역량이 증가하자, 청정채소 재배를 시도하는 농가도 함께 늘어났다.[72] 1966년 청정채소를 지배하는 농가는 719호로, 65만 평의 면적에서 총 7,628톤의 채소가 생산되었다. 1968년을 기점으로 재배 면적과 생산량이 크게 증가하여, 농가 1,962호가 참여하여 280만 평에서 42,236톤을 생산했다.[73] 1968년 기준으로 서울에서 제주도까지 한반도 전역에 위치한 총 146개의 농장에서 청정채소 재배인증을 받아 미군에 납품하게 되었다.[74]

70 "사단법인 한국청정소채군납협회 정관 변경 승인", 농업특1121.22-759, 국가기록원(관리번호: BA0130744).
71 각령 제1731호, 「군납촉진에 관한 임시조치법 시행령」, 1963. 12. 16. 시행
72 김성원 외, 앞의 책, 50쪽.
73 농업협동조합중앙회, 『청정채소의 마아케팅 조사보고서』 (농업협동조합중앙회 조사부, 1969), 16쪽.
74 "Directory of Sanitarily Approved Food Establishments for Armed Forces Procurement" Med Care Instruction

이렇게 청정재배 군납 시장이 확대되어가고 있음에도 여전히 미군에서 요구하는 채소 전량을 공급하지는 못하고 있었다. 이에 따라 한국에서 생산되는 청정채소 전량은 미군, 혹은 소수 외국인 전용 음식점 등에서 소비되었다. 즉, 표면적으로는 "국민보건의 향상을 위한다는 목적"[75]으로 재배된 청정채소의 최종 수혜자는 한국에 주둔하고 있는 미군과 외국인들뿐이었다. 이러한 차별적 정책은 당시 법령으로 인분비료 사용을 처음으로 금지한 1961년 「오물청소법」에서도 나타났다.[76] 제11조 분뇨사용의 제한 조항은 일차적으로 유엔군 주둔 지역 인근을 분뇨 비료 사용 금지 지역으로 규정했다.[77]

4. 군납경제의 후퇴 '공해' 인식, 그리고 '청정' 의미의 변화

1957년 청정채소 납품을 시작으로 약 10여 년간 거의 전적으로 미군에만 납품되던 청정채소가 1968년부터 일반 시장에도 유통되기 시작했다. 1968년 2월 기생충박멸협회에서 서울시내 필동에 청정채소보급센터를 설립한 것이 시작이었다.[78] 여전히 미군 소요량의 일부만이 한국에서 생산된 청정채소로 충당되고 있어 여전히 추가적인 외화벌이가 가능한 상황에서 갑작스럽게 일반 대중에게 청정채소를 공급하기 시작한 데에는 국제정치 그리고 유통 환경의 변화가 복합적으로 작용했다.

1960년대 후반 베트남전의 확전과 미국 내 경기 침체로 주한미군에도

Files (Jul - Dec 67), Entry 154, Box 104, RG550, NARA.

75 "제33회 제9차 농림위원회 회의록", 1958. 11. 21., 11쪽.

76 법률 제914호, 「오물청소법」, 1961. 12. 30. 제정.

77 각령 제544호, 「오물청소법 시행령」, 1962. 3. 20. 시행.

78 이종진, "채소의 계절이 오는데: 청정채소와 기생충관리", 『보건세계』 16-5 (1969), 19쪽.

한국산 농산물의 소비를 줄이고 가능한 한 미국산 농산물을 소비하라는 압력이 가해지기 시작했다.[79] 더불어 베트남전쟁을 통해 크게 향상된 미군의 수송 능력도 미국산 농산물을 한국에서 소비할 수 있는 기반을 마련했다. 1964년 화물용 컨테이너의 국제 규격이 제정된 직후 베트남전쟁 참전과 함께 이를 적극 수용한 미군 함대의 수송 능력은 비약적으로 상승했다. 미군 수송선단의 선적 및 수송량의 증대와 함께 컨테이너에 부착할 수 있는 냉장설비가 개발되며 기존에는 신선도 유지가 어려웠던 채소류도 변질되지 않고 미국 본토에서 아시아까지 수송하는 것이 가능해졌다.[80]

보다 근본적으로 1969년 7월 닉슨 행정부는 베트남전쟁에 대한 미국 내 반전 여론이 증가하는 상황에서 동아시아 지역 내 미국의 역할을 축소하고, 이를 위해 주둔 미군의 감축을 골자로 하는 닉슨 독트린(Nixon Doctrine)을 발표했다. 1953년 한국전쟁 종전 시점에서 32만 5천 명으로 정점에 달했던 주한미군 규모는 1959년 5만 명까지 줄어들었다가, 베트남전쟁 시점에 6만 3천 명까지 늘어났다. 하지만 닉슨 독트린 발표 이후 1969년에는 다시 6만 1천 명으로 감소하는 추세였다. 나아가 1970년 7월 미국 정부는 한국 측에 주한미군 2만 명을 추가 감축하겠다고 통보했다.[81] 베트남에서도 대대적인 미군 병력 감축이 시작되었다. 1969년 1월 54만 9천 명에 달했던 미군은 1971년 12월 15만 9천 명까지 줄어들었다. 베트남 주둔군을 위해 청정채소 군납을 추진하고 있던 한국의 청정채소 산업에게는 큰 충격이었다.[82] 더불어 닉슨 독트린 이후 해외 주둔 미군의 전반적인 감소는 베트남전쟁을 통해 폭발적으로 증가한 미군 수송선단의 수송력의

79 경제제1비서실, "청정채소 대일수출 가능성 검토", 1971. 2. 1., 대통령비서실, 대통령기록관.

80 레빈슨, 마크, 『더 박스: 컨테이너는 어떻게 세계 경제를 바꾸었는가』 (청림출판, 2017), 310-334쪽.

81 김일영 외, 『주한미군 역사, 쟁점, 전망』 (한울아카데미, 2003), 85-91쪽.

82 "농장 기업화 촉진", 《매일경제》, 1968. 2. 9.

잉여를 창출했고, 이러한 잉여 수송력을 통해 주한미군이 추가적으로 더 낮은 비용에 미국 본토의 신선채소류를 들여올 수 있게 되었다.[83]

이처럼 미군 해상 수송 능력의 비약적인 발전과 청정채소의 주요 소비 대상인 미군의 전면적인 감축으로 군납경제가 급격히 변화하며 한국의 청정채소 산업도 새로운 시장을 개척해야 했다. 한국 정부는 1968년 본격적으로 활동을 시작한 한국기생충박멸협회와 더불어 인분비료의 소비를 비위생적이고 낙후한 것으로 규정하며 국내 청정채소 소비를 적극적으로 진작하기 시작했다.[84] 이를 위해 한국 정부는 기생충박멸협회를 통해 채소와 기생충의 상관관계를 대중들에게 적극적으로 홍보하는 동시에 관련 지식을 생산하도록 하고, 한편으로는 정책적 지원을 통해 농업에서의 인분비료 소비를 억제하고 음식점에서 청정채소를 소비하도록 유도했다. 1967년 청와대의 특별지시로 기생충박멸협회가 서울과 부산에 청정채소보급센터가 처음으로 설치되었다. 이후 서울 2개소를 포함해 전국에 보급센터가 설치되었지만, 다른 일반 채소에 비해 높은 가격과 제한적인 품목 및 물량으로 판매 실적이 높지 않았다.[85] 관리 소홀과 판매 부진으로 1974년에 들어서는 서울 남대문시장에 설치된 1개소만이 운영 중이었다(건강소식, 1974: 31). 실제로 기생충박멸협회가 청정채소 배급에 사용한 예산은 활동이 가장 활발했던 1968년 시점에도 210만 원에 불과해 대규모 투약 사업 예산의 6%, 전체 예산의 3%에 불과해 보조적인 역할만을 차지했을 뿐이었다.[86]

83 "계란 및 청정소채 군납", 외무부 미주국 북미2과, SOFA-주한미군 군납계약문제 1972-1973, 국가기록원(관리번호: DA1336012).

84 한국기생충박멸협회, 『기협이십년사』(한국기생충박멸협회, 1984), 192-193쪽.

85 1969년 기준 설치된 청청채소보급센터는 서울시 7곳, 부산시 1곳으로 총 8개소였으나, 당시 새로 등장한 삼풍, 뉴서울 등 슈퍼마켓을 중심으로 한 고급화 전략을 시행했기 때문에 일반 대중에서 널리 소비되기는 어려웠다. 건강소식, "청정채소 보급소", 『건강소식』 2:12 (1974), 29쪽; "뉴서울 등에 판매소, 청정채소 공급위해", 《매일경제》, 1968. 7. 8.

86 한국기생충박멸협회, 앞의 책, 101-102쪽.

주한미군의 감축이 예상되는 시점에서 청정채소 유통에 전면적인 변화가 필요했지만, 군납용으로 재배되는 채소들이 한국인이 아닌 미국인들의 식습관에 맞춰진 것이었다는 문제가 있었다. 군납 채소의 주류를 이루던 파슬리, 샐러리, 결구상추, 머스크멜론, 래디쉬(20일무) 같은 채소와 과일들은 한국인의 입에 여전히 낯선 식재료였다.[87] 이를 해결하는 주요한 방법은 이러한 채소류의 수요가 존재하는 외국인 대상 호텔이나 식당 등에 청정채소 사용을 강제하는 것이었다. 1968년 보건사회부가 경제기획원에 제출한 "음식점 운영의 메뉴제 실시 및 청정채소 보급 실시 요령"에 따르면 청정채소 보급 지역으로 선정된 주요 대도시를 중심으로 청정채소 소비를 강제하겠다는 지침을 세웠지만, 실제로 이를 단속하거나 공급할 수 있는 능력이 갖춰지지 않은 상태였다.[88] 마찬가지로 1962년 제정된 「오물청소법」에 기반해 1969년 2월부터 시행된 「인분사용(비료) 금지지역」의 규정 역시 유명무실했다.[89] 또한 인분 사용 금지 지역은 사실상 유엔군 주둔 지역이나 도시를 중심으로 지정되었기 때문에, 실질적으로 주요한 기생충 감염 부담을 지고 있는 농촌에서의 감염률을 개선시키는 효과를 보기는 어려웠다.[90]

군납을 중심으로 형성되었던 기존의 유통망 역시 문제였다. 1969년 5월부터 7월 사이 농업협동조합은 주한미국경제협조처(United States Operations

87 농업협동조합중앙회, 앞의 책, 47-48쪽.

88 "음식점 운영의 메뉴제 실시 및 청정채소 보급 실시 요령 보고", 경제기획원 총무과, 경제장관회의안건(보건사회부), 제126호, 국가기록원(관리번호: BA0138718).

89 당시 한국의 농업 환경에서는 퇴비 생산을 용이하게 하기 위해 논밭 주변에 화장실을 설치하는 경우가 많았다. 김광언, 『동아시아의 뒷간』 (민속원, 2002), 59-60쪽; 사실상 인분비료 사용을 완전히 금지시키거나, 화장실의 전면적인 개선이 현실적으로 어렵다는 점을 감안하여 보건사회부는 기생충란 전파 위험이 없는 소변만을 따로 받아내서 비료로 활용하는 방안을 제시하기도 했다. 이를 위해 비료의 주요 유효성분인 질소와 인산은 소변에 더 많다는 점을 강조하여 농업에서의 화장실 환경 변화를 유도하고자 했다. 보건사회부, 『기생충관리』 (보건사회부, 1970), 78-80쪽.

90 해당 고시에 따르면 서울시를 비롯한 주요 대도시 및 유엔군 주둔 지역 주변은 인분 사용 금지 지역으로 규정되었다. 「인분사용금지지역(보건사회부공고12호)」, 『관보 제5166호(1969년2월6일)』, 국가기록원.

Mission, USOM)의 지원을 받아 청정채소 유통에 대한 조사를 진행했다. 이전까지 대부분 군납용으로 재배되던 청정채소를 민간에 보급, 유통시킬 수 있을지 알아보기 위함이었다.[91] 여기서는 핵심적으로 1950년대 이후 청정채소 유통을 매개하는 군납업체들의 중간 마진이 높은 것이 일반 시민들의 접근성을 낮추는 주요한 문제점으로 지적되었다. 청정채소 유통망이 사실상 군납업자들에 의해 독점되어 과도한 비용이 발생했다. 1969년을 기준으로 샐러리 1상자(40파운드)에 최종 납품가 1,848원 중 생산자가 받는 가격은 699원에 불과했으며, 1,149원이 중간상인의 마진으로 소요되었다.[92] 한때 외화 획득의 주요한 축을 담당하며 수출 역군으로 간주되었던 군납업자들은 이제 과도한 유통 마진으로 국민 보건을 저해하고 시장 질서를 교란시키는 이들이 되었다.[93]

국내 시장을 개척하기보다는 전향적으로 해외 수출에 눈을 돌려야 한다는 제안도 등장했다. 이러한 제안에 따라 1971년 대통령비서실에서는 청정채소의 일본 수출 가능성을 타진해보는 보고서를 작성했다.[94] 이 보고서는 한국의 토양이 일본에 비하여 기생충 보유도가 높아 엄격한 기생충 오염 검사 기준을 적용할 경우 수출에 불리함을 지적하면서도, 향후 청정채소를 재배하던 유엔 군납 농지에서 재배된 채소들의 수출을 진행할 경우 일부 가격 경쟁력을 가질 수 있을 것이라 제안했다. 청정채소에 대한 인증은 최종 수확물에 대한 검사도 이루어지지만, 근본적으로 채소를 재배하는 토지의 적합성 자체를 검증하는 것이었다. 따라서 청정한 것으로 검증된 토지에서 재배된 농산물은 어떠한 것이라도 청정채소가 될 수 있었다.[95]

91 농업협동조합중앙회, 앞의 책, 1쪽.

92 농업협동조합중앙회, 앞의 책, 44-45쪽.

93 "과다한 농산물 마진", 《매일경제》, 1970. 5. 26.

94 "경제제1비서실, 청정채소 대일수출 가능성 검토", 1971. 2. 1., 대통령비서실, 대통령기록관, 56-57쪽.

95 농업협동조합중앙회, 앞의 책, 52쪽.

한편 기생충박멸협회는 내부에서 청정채소 보급 및 인분비료 사용 억제와 같은 환경적 요인의 개선을 우선시해야 한다는 입장과, 검사와 투약을 중심으로 한 집단검진 집단투약을 우선해야 한다는 일종의 "노선투쟁"이 벌어지고 있었다.[96] 결국 집단검진, 집단투약이 기생충박멸협회의 핵심적인 사업 요소가 되었으나, 재감염을 막기 위해서라도 인분 사용을 억제하는 것은 여전히 중요한 의미를 가지고 있었다.[97] 이에 따라 기생충박멸협회를 중심으로 한 기생충학자들과 보건학자들은 한국 토양의 비위생성과 기생충 오염의 위험성 관련 지식을 생산하는 주요한 축이 되었다.

이들은 신문과 잡지들을 통해 겉보기에는 깨끗해 보이는 채소라도, 이미 기생충란에 오염된 환경에서 재배된 채소라면 감염을 피할 수 없다고 강조했다. 기생충박멸협회는 1969년 초 일반 시장에서 수거한 채소를 조사한 결과 눈에 흙이 보이지 않더라도 50~350개가량의 기생충란이 검출되었다고 발표했다.[98] 또한 서울대학교 보건대학원에서 같은 해 7월 조사한 바에 따르면 전국의 토지를 검사한 결과 인분비료를 사용한 토지 중 기생충란이 검출되지 않은 지역은 55%에 불과했으며, 특히 서울의 경우 검사한 채소밭 11곳 모두에서 기생충란이 발견되었다고 밝혔다. 뿐만 아니라 청정채소 보급소에서 판매 중인 채소 중 25%에서 기생충란이 확인되었다고 보고했다.[99]

이렇듯 농가에서의 지속적인 인분비료 사용, 그리고 일반 대중들의 "인분을 사용한 채소라야만 맛이 있다"거나 "화학비료를 사용한 채소는 쓰다"

96 한국건강관리협회, 『한국건강관리협회 50년사』(한국건강관리협회. 2014), 69쪽.

97 1968~1969년 한국기생충박멸협회에서 청정채소 보급 사업을 가장 활발하게 벌인 시기조차 검진 및 투약 사업에는 9,131만 원이 투입되었으나, 청정채소 보급에는 불과 291만 원이 쓰였을 뿐이었다. 한국기생충박멸협회, 『기협이십년사』(한국기생충박멸협회, 1984), 100쪽; 정준호, "모든 것은 기생충에서 시작되었다", 『의사학』 27-1, (2018), 62쪽.

98 "오물준 야채는 기생충 침입루트", 《경향신문》, 1969. 4. 16.

99 노인규. "우리나라 기생충병관리의 현황과 효율적 방안에 관한 연구", 『예방의학회지』 3-1 (1970), 5-6쪽.

는 인식은 청정채소 재배와 보급, 나아가 국민 보건을 저해하는 "후진적" 요소로 지목되었다.[100] 하지만 한국의 토양에서 지속적으로 검출되는 기생충란의 문제는 한국의 "토양 그 자체"를 믿을 수 없다는 점을 강조하기 위해 실제보다 과장되었다.[101] 1968년부터 농촌진흥원에서 주요 청정채소 재배 농가를 대상으로 수행한 채소재배지 토양 기생충 오염도 점검에서는 191개 필지 중 적합지가 1968년 92%, 1969년 97%에 달했다. 이는 검사 방법의 차이에 기인했다. 서울대학교 보건대학원에서 수행한 연구는 수집한 토양에서 기생충란이 하나라도 발견되면 이를 오염된 것으로 판정했다.[102] 하지만 농촌진흥원은 미군의 검사 방법을 준용하여 전체 필지의 20% 면적에서 무작위로 이를 채취하고 이 중 60%에서 기생충란이 검출되지 않으면 청정채소 재배 적합지로 판정한 것이었다.[103] 회충란의 경우 수년 이상 토양에서 생존할 수 있다는 점을 감안했을 때, 보건대학원의 검정 방식은 기생충 오염 정도를 상대적으로 높게 측정할 수 있었다. 청정채소도 안전하지 않다는 조사 결과는 언론을 통해 재생산되며 인분비료 사용을 강력하게 억제해야 한다는 주장을 뒷받침했다.[104] 하지만 이렇게 한국 토양의 후진성을 내면화하고, 인분비료 사용을 억제하는 것은 과거와 마찬가지로 한국인의 보건 및 건강을 향상하기보다는 수출 증대를 위한 것이었다.

정부는 1971년 들어 수출 및 군납 업무의 창구를 단일화했다.[105] 또한 농림부고시를 통해 「유엔군납용 청정채소 생산요령」을 고시했는데, 이는 과

100 "청정채소와 기생충의 박멸", 《경향신문》, 1969. 4. 17.; 농업협동조합중앙회, 앞의 책, 52쪽.

101 노인규, 앞의 글, 5쪽.

102 노인규, 앞의 글, 5쪽.

103 구영서 외, 『채소재배지 토양기생충 오염도 점검 (경기도농촌진흥원) 농사시험연구보고서』 (경기도농촌진흥원, 1969), 642-645쪽; 양장석 외, 『채소재배지 토양기생충 오염도 점검. (경기도농촌진흥원) 농사시험연구보고서』 (경기도농촌진흥원, 1970), 344-356쪽.

104 "보건대 노박사 검사", 《매일경제》, 1969. 9. 8.; "안심못할 청정채소", 《경향신문》, 1969. 9. 8.

105 "청정채소 판로타개", 《매일경제》, 1971. 4. 29.

거 군납업자들을 중심으로 이루어진 청정채소 납품 관련 행정업무의 상당 부분을 국가에서 관리하고 통제하려는 목적이었다.[106] 이처럼 1972년부터 사실상 군납조합에 일임해왔던 군납 업무를 국가에서 관리하며, 군납업체 전반에 대한 대규모 구조조정이 시행되었다. 특히 1970년을 기점으로 급격히 축소된 청정채소 관련 군납업체 다수가 1972년 이러한 구조조정 과정에서 등록 취소되었다.[107] 이러한 정부의 시도에도 불구하고 대일 수출과 군납은 청정채소 농가에게 새로운 길을 열어주지 못했다. 한국의 종자는 일본의 시장 기호에 적합하지 않았으며, 생산지 및 생산일자 기입을 의무화한 일본의 농산물 유통체계도 한국의 현실에서는 맞추기 어려웠다.[108] 더불어 1972년 하반기에는 주한미군 구매처가 1973년부터 점진적으로 현지 구매량을 축소하여 1974년 1월부터 한국산 채소 및 계란 군납을 완전 중단하고 이를 모두 미국 본토에서 조달할 예정임을 한국 정부에 일방적으로 통보해 왔다. 미군은 "최근의 수송과 농업 분야의 기술적 발전에 따라 한국 현지 조달의 경제성"이 더 이상 유의미하지 않음을 그 근거로 들었다.[109] 이에 한국 정부는 상공부 차관보를 단장으로 한 군납 증진 사절단을 급파하여 미국 국방성과의 협의를 통해 청정채소 군납을 완전히 중단하지는 않겠다는 답변을 받았으나, 구체적으로 한국 현지 조달 규모가 얼마나 될지를 확인하지는 못했다.[110]

이처럼 1972년을 전후하여 인분비료를 사용하지 않은 "청정채소"의 국

106 「농림부고시 제2350호」, 『관보 제5888호(1971. 6. 30.)』.

107 "102개 군납업체 정비", 《매일경제》, 1972. 7. 28.; 한국농촌경제연구원, 『한국농정50년사』 (농림부, 1999), 1493-1494쪽.

108 "소채수출 길 까마득", 《조선일보》, 1972. 2. 4.

109 "계란 및 청정소채 군납"(1972. 11. 6.), SOFA-주한미군 군납계약문제, 1972-1973, 외무부 미주국 북미2과, 국가기록원(관리번호: DA1336012).

110 "주요 교섭 내역"(1973. 3. 16.), SOFA-주한미군 군납계약문제, 1972-1973, 외무부 미주국 북미2과, 국가기록원(관리번호: DA1336012).

내외 시장이 급격히 축소되는 가운데, 1970년대 중반에 들어서 청정채소는 다른 의미를 획득하게 되었다. 1970년대 전반에 걸쳐 중화학공업화로 상징되는 대규모 생산과 수출은 필연적으로 환경오염 문제로 이어졌다. 동시에 급격한 산업화와 공업화에 따른 도시밀집 현상은 도시 환경의 급격한 오염을 초래해 시민들이 오염의 결과를 몸으로 경험하게 했으며, 일상에서 피부로 느낄 수 있는 문제가 되었다.[111] 1972년 서울 영등포구에서는 인근 화학공장에서 일산화탄소와 아황산가스를 배출해 지역 주민 수천 명이 두통과 구토를 경험해 '공해병'에 대한 언급이 시작되었으며, 1975년에는 울산항 연안에서 등이 굽은 기형 물고기가 발견되어 수질오염 문제가 대두되었다.[112]

음식물도 예외는 아니었다. 1970년 2월 서울시 위생시험소 조사에 따르면 서울 시내 주요 시장에서 판매되는 채소와 과일에서 독성 농약이 검출되었으며 DDT는 허용량의 3배에 달했다.[113] 특히 중화학공업화에 따른 독성물질은 농산물에 축적되어 "식품공해"를 일으켰으며, 쌀이나 채소에서도 수은, 비소 등의 중금속과 독성물질이 다수 잔존하고 있다는 사실이 대중에게도 인식되기 시작했다.[114] 이러한 관심 속에서 1976년 정농회를 중심으로 화학비료나 농약에 의존하지 않는 유기농법이 도입되기 시작했다.[115] 1978년 신문 기사에 언급된 "청정"한 농산물은 더 이상 기생충을 언급하지 않고, 오히려 화학비료를 쓰지 않고 인분비료만을 사용해 공해에 오염되지 않은 생산물을 일컫고 있었다.[116](그림 6-2) 즉, 1960년대까지 인분비료

111 신재준, "1970년 전후 공해(公害)의 일상화와 환경권 인식의 씨앗", 『역사문제연구』 25-1 (2021), 533쪽.

112 고태우, "1970년대 한국의 공해(公害) 상황과 재난 인식", 『개념과 소통』 28 (2021), 7-52쪽.

113 "삶을 위협하는 자연의 오염", 《경향신문》, 1972. 2. 29.

114 "날씨 풀리자 다시 식탁을 위협하는 식품공해", 《조선일보》, 1971. 3. 28.

115 최동근, 『한국 친환경 농업의 전개과정에 대한 비판적 고찰』 (건국대학교대학원 박사학위논문, 2020), 51-52쪽.

116 "자연 그대로의 맛을 가꾼다", 《동아일보》, 1978. 3. 20.

는 "청정채소"를 위해 배제되어야 할 조건이었다면, 군납경제의 종료 및 공해에 대한 인식과 함께 1970년대 후반에는 오히려 "농약과 화학비료를 전혀 쓰지 않"아 "공해에 오염되지 않"아 "청정채소"를 생산할 수 있는 조건으로 그 의미가 변화했다.[117]

〈그림 6-2〉 1969년 보건사회부의 청정채소 사용 권장 포스터. "기생충예방 포스터", 대한민국 역사박물관. (소장품번호: 한박3324)

117 "자연 그대로의 맛을 가꾼다", 《동아일보》, 1978. 3. 20.

5. 결론

한국에 청정채소라는 용어가 사용되기 시작한 것은 1945년 2차대전 종전 직후 한국과 일본에 주둔하기 시작한 미군이 장내기생충 감염을 주요한 보건 문제 중 하나로 인식하여, 그에 따라 안전한 식자재의 공급을 위해 한국 정부에 무토양재배를 요구하기 시작하면서였다. 이후 미군에게 공급되는 청정채소는 한국 정부와 농민들에게 있어 주요한 외화벌이 수단이었으며, 1960년대까지 주요한 환금작물 중 하나로 자리잡았다. 그 과정에서 한국의 토양은 기생충란에 오염된 비위생적이며 후진적인 환경으로 인식되었다.

청정채소 재배는 기생충 감염이 만연한 한반도에서 한국인의 기생충 감염을 예방하고 보건위생을 향상시킨다는 목적을 표면적으로 내세우고 있었지만, 청정채소 산업이 한국에 자리잡을 수 있었던 것은 군납이라는 경제적 동력을 기반으로 하고 있었다. 청정채소 재배 초기에는 한국인들의 위생과 건강 문제보다는 한국에 주둔하고 있는 미군의 건강을 보존하고 본토로의 기생충 재유입을 차단하기 위한 목적이었다. 한국 정부 역시 이를 외화벌이의 기회로 보고 재배된 채소의 대부분을 주한미군 군납으로 유통시켰다. 보다 안정적인 외화 획득을 위해 한국 정부는 토양의 기생충란 오염을 가능한 한 줄여야 했고, 이를 위해서는 인분 사용을 억제해야 했다. 화학비료의 보급이 원활하지 않았던 시기에 청정채소 재배는 결국 비위생적인 한국의 환경, 그리고 토양 그 자체의 후진성의 내면화를 동반할 수밖에 없었다. 그에 따라 외화벌이의 수단조차 될 수 없는 한국 토양의 후진성은 "불로 구워"야 할 정도의 극단적인 변화를 요구하는 것이었다. 1960년대 말 미군 감축과 유통체계의 변화에 따라 한국산 청정채소 수요가 줄어들자, 한국 정부는 다시 기생충 오염의 위험성과 그에 따른 후진성을 내면화하여 내수 활성화와 대외 수출의 발판으로 삼고자 했다.

이는 해방 후 한국에서 보건위생과 관련된 담론 그리고 정책이 보건의 학계가 아닌 주한미군과 군납경제라는 또 다른 경로를 통해 유입되고 실천되는 과정을 보여준다. 군사적 목적에서 주둔군의 안전이라는 목표를 설정하고, 이에 보건위생 문제는 종속적으로 반영되었다. 그 과정에서 수행된 정책들은 한국인의 분변을 비위생적인 것으로 규정하고, 인분비료 사용 금지 구역 설정과 같은 차별적인 정책을 통해 주한미군과의 위생적 위계를 부여했다. 이처럼 한국인과 같은 지리적 공간을 점유하지만, 완전히 분리되어 있는 존재라는 점에서 주한미군의 존재는 한국 보건위생정책의 수립과 실천에 지속적인 영향을 미쳐왔다. 이는 정부, 전문가, 시민의 관계를 중심으로 살펴왔던 한국 보건의료정책에 주둔군이라는 또 다른 주요한 이해관계자의 영향을 인식할 필요가 있음을 의미한다.

1956년 파라치온 집단중독 사건과 '농약관리법'의 제정

정준호 (인하대학교 의학교육 및 의료인문학교실)

1. 서론

1950년대 이후 농업 분야에서 일어난 녹색혁명은 중저소득국가의 식량 생산량을 획기적으로 증대시켰지만, 동시에 농약이나 비료의 사용량을 늘리며 새로운 건강 및 생태 문제를 야기시켰다.[1] 집약적 농업에 따른 해충의 과다 발생은 농약 사용량을 늘렸고, 농약 사용이 증대됨에 따라 진화적 압력도 높아져 해충들의 살충제 저항성도 빠르게 확산되었다.[2] 해충들의 저항성이 높아지면서 더욱 독성 높은 약품들이 사용되었고, 빠른 효과를 위해 더 많은 양의 약품이 사용되면서 이를 살포하는 농업인들이 농약에 노출되는 빈도와 양도 함께 증가했다. 이처럼 1950년대 들어 일어난 광

1 David Pimentel, "Green Revolution Agriculture and Chemical Hazards", *Science of the Total Environment* 188 (1996), pp. 86-87.

2 정준호, "한국의 DDT 저항성 몸니와 살충제 저항성 지식의 형성", 『의사학』 31:3 (2022), 757-791쪽.

범위한 농약 사용은 예기치 못한 파급 효과를 낳았는데, 그중 하나는 농약 중독의 문제였다. 현재에도 전 세계적으로 연간 약 300만 명의 농약 중독 환자가 발생하고 있다.[3] 특히 광범위하게 활용되고 있는 다수의 농약들이 인체에도 높은 독성을 지니고 있었기 때문에 농약은 자살의 수단으로 활용되는 경우도 많았다.[4] 녹색혁명 이후 2018년까지 전 세계에서 농약 자살로 사망한 사람의 수는 약 1,400만 명으로 추산된다.[5]

한국 역시 농업의 비중이 높고 단위면적당 농약 사용량이 높은 국가로서 농약은 주요한 보건 문제 중 하나로 다루어지고 있다. 농촌진흥청의 조사 결과에 따르면 2018년 급성 농약 중독을 경험한 농업인은 전체 9.8%로 추산되며, 2005년 농약 중독에 의한 사망자는 3,527명에 달해 농촌지역 건강의 주요 문제 중 하나로 꼽혔다.[6] 해방 후 한국 농업의 발달 과정에서 농약이 미친 영향, 그리고 그에 따른 파생 효과로서 등장한 농약 중독과 같은 보건학적 문제는 여전히 한국 사회에서 중요한 과제로 남아 있다.[7]

현대 화학적 농업의 발전 과정에 농약과 같은 독성물질이 미친 영향에 대해서는 많은 연구가 축적되어왔다. 특히 농약의 독성이 연구되고, 그 지식을 바탕으로 각종 규제와 제도가 발전해가는 규제과학(regulatory science)의 영역에서 활발한 연구가 이루어져왔다. 이 논문에서 핵심적으로 다루

3 World Health Organization, "Public health impact of pesticides used in agriculture" (World Health Organization, 1990), pp. 13-14.

4 한국에서는 저가의 효과적인 제초제로 농촌에서 널리 활용되었던 그라목손(Gramoxon)이 대표적으로, 높은 치사율 때문에 자살 목적으로 자주 활용되었다. 그 예방을 위해 2011년 농약 품목 등록이 취소되었고, 2012년 11월부터는 판매 및 보관이 금지되었다. 박찬중 외, "그라목손 판매 금지에 따른 농약과 제초제 중독의 변화", *The Medical Journal of Chosun University* 44:1 (2019), 23쪽.

5 Ayanthi Karunarathne, et al., "How many premature deaths from pesticide suicide have occurred since the agricultural Green Revolution?", *Clinical toxicology* 58:4 (2020), pp. 227-232.

6 최동필, "농업인의 농약 중독 현황 및 예방", 『농업기술』 662 (2021), 30쪽; 임경채·최상준, "국내 농약 유통 현황과 농약중독에 대한 고찰", 『자연과학연구논문집』 7:1 (2009), 1-3쪽.

7 이원진, 『농약과 건강의 보건학적 이해』 (고려대학교출판부, 2013), 37-43쪽.

고 있는 파라치온(parathion)[8]과 관련해서는 데이비스(2014)가 1950년대 초반 미국 잔류농약 지식의 형성 과정을 독성학의 발전 과정을 통해 살펴보았다.[9] 더불어 워커(2010)는 1950년대 초반 파라치온 중독에 따른 대규모 피해를 경험하고, 이후 농약 관리제도를 대폭 강화해온 일본의 경험을 일본 산업재해의 역사 속에 위치시켜 분석했다.[10] 국내에서 농약 산업 및 독성 문제에 대한 연구는 이슬기(2021)가 1970년대 한국 녹색혁명의 과정에서 농약 중독과 독성 지식에 대한 문제가 증산을 우선시한 권위주의 정부하에서 "보이지 않는 폭력"으로 남아 있었음을 지적했다.[11] 더불어 농약 산업과 제도적 변천 과정에 대해서는 농림부(1999)가 그 약사를 정리한 바 있다.[12] 한국의 농약 중독 문제에 대한 연구들은 이미 농약 사용이 보편화되어 '농약관리법' 등 제도적 기반들이 갖추어진 1960년대 이후의 시기를 주로 다루고 있다.

이 연구에서는 한국에 유기합성 농약이 도입된 초기, 농약이라는 새로운 기술을 둘러싼 중독과 독성의 문제가 어떻게 형성되었는지를 살피고자 한다. 특히 중독에 따른 대규모 사망자를 발생시켜 '농약관리법' 제정의 직접적인 계기가 되었던 1956년 경북 지역 파라치온 집단중독 사건을 중심으로, 새로운 기술의 등장에 따른 건강 문제의 변화와 그에 따른 사회의 대응을 살펴보고자 한다. 이를 위해 당시 유기합성 농약이 도입된 정책적·기술적 배경을 파악하고, 이를 바탕으로 농약 중독의 의학적 이해가 형성되는 과정을 살핀다. 나아가 이러한 기술적·의학적 이해를 기반으로 나타

8 파라치온은 1950년대 파라티온, 파라티온 등으로 불렸으며, 포리돌(Folidol)이나 호리돌 등의 제품명으로 판매되었다.

9 Frederick Davis, *Banned: a history of pesticides and the science of toxicology* (Yale University Press, 2014).

10 Brett Walker, *Toxic archipelago: a history of industrial disease in Japan* (University of Washington Press, 2010).

11 이슬기, "농약을 중심으로 본 녹색혁명—1970년대 증산과 공해에 가려진 농약 중독", 『한국과학사학회지』 43:1 (2021), 215-235쪽.

12 농림부, 『한국농정50년사 I』 (한국농촌경제연구원, 1999), 467-692쪽.

난 정책적 대응을 밝히고자 한다. 이를 통해 농약이라는 새로운 기술적 요소가 한국의 화학물질 규제 형성에 미친 영향을 보이고자 한다.

2. 농약 독성의 문제화

한국 농업에서 농약을 통한 병해충 관리정책이 수립된 것은 일제강점기였으나, 일선 농가에서까지 광범위하게 활용되지는 않았다. 해방 후 1947년 농사시험장 대구지장에서 과수해충 방제용으로 유기염소(organochloride)계 농약인 DDT가 처음으로 시험되어, 1949년 DDT 완제품이 지역 과수원에 보급되기 시작한 것이 유기합성 농약 사용의 시초가 되었다.[13] 더불어 미군정과 한국전쟁을 거치며 보건위생사업을 통해 다량의 DDT가 인체, 나아가 한반도 전반에 살포되면서 한국전쟁 이후 DDT와 같은 유기합성 살충제는 일상의 일부가 되었다.[14] 1950년대 초까지 유기합성 농약 중 특히 과수원용으로 보급된 것은 주로 DDT 계열이었다. 당시 수입되고 있던 농약의 양으로는 한국 농업에서 가장 주된 위치를 차지하고 있던 벼농사 전체에 살포하기에 턱없이 부족했으며, 그나마 원조를 통한 공급량의 대부분을 차지하고 있는 등유에 희석한 DDT는 벼에 약해를 입힐 수 있다는 단점이 있었다.[15] 이 때문에 1950년대 초까지 대다수의 농약 사용은 벼농사보다는 과실수에 집중되었다.

하지만 이미 사과 등 주요 과실수의 해충인 깍지벌레나 응애류에는 유

13 농림부, 같은 책, 468-469쪽.

14 이임하, 『전염병 전쟁』 (철수와영희, 2020), 133-170쪽.

15 Headquarters XXIV Coprs, "Cir No. 132, HqUSAFIK, 22 Nov 47," XXIV Corps ETMD 1947, RG112, National Archives and Records Administration(이하 NARA), p. 4.

기염소계 살충제의 효과가 낮다는 것이 농민들 사이에 잘 알려져 있었다. 특히 DDT는 응애의 천적인 기생벌에 선택적으로 작용한다는 문제가 있었다. DDT를 살포하면 오히려 천적인 기생벌의 개체수가 줄어들었고, 해충인 응애에는 치명적으로 작용하지 않으면서 오히려 장기적으로 병충해가 늘어났다. DDT가 큰 효과를 보이지 못하는 해충으로는 진딧물류, 응애류, 깍지벌레류, 매미충류 등이 있었는데 대부분 사과와 같은 과실수에 주된 피해를 입히는 해충들이었다.[16] 초기 과수원에 집중적으로 보급되었던 DDT가 오히려 과수원의 주요 해충에 낮은 효과를 보이고, 동시에 역설적으로 다른 해충의 확산을 유도하면서 유기염소계 살충제에 대한 농민들의 신뢰도는 빠르게 낮아졌다.

이는 한국만의 문제는 아니었다. 1945년 이후 전 세계적으로 농업 전반에서 유기합성 농약이 광범위하게 사용되기 시작했다. 하지만 초기 유기합성 농약으로 주로 활용되었던 DDT 등 유기염소계 농약의 효과가 농업에서는 제한적이라는 불만이 나타나며 보다 독성이 높고 효과가 빠른 농약에 대한 요구가 높아졌다. 그중에 새롭게 도입된 것이 유기인계(organophosphate) 농약이었다. 유기인계 독성물질은 1930년대 독일에서 화학전을 준비하는 과정에서 개발되었다. 독일 화학무기 생산의 주축이었던 I. G. 파르벤(I. G. Farben)의 화학자 게르하르트 슈라더(Gerhard Schrader)는 1936년 유기인산 화합물이 사람뿐 아니라 곤충에게도 강력한 독성을 가지고 있다는 사실을 발견했다. 이 물질은 독일의 2차대전 패전 이후 연합군에 몰수되었고, 슈라더의 기록과 유기인산 화합물 샘플을 이용해 영국의 화학회사가 1947년 파라치온을 처음 살충제로 상용화했다. 곧이어 1952년 미국의 아메리칸 사이아나미드(American Cyanamid)사가 파라치온을 미국

16 이성환·이진표, 『농약학』 (부민문화사, 1962), 73쪽.

에서 판매하기 시작했다.[17]

새롭게 등장한 파라치온은 기존에 사용되었던 유기염소계 농약보다 월등히 높은 효과를 보였다. 이는 기존 유기염소계 농약과는 다른 작용기전을 가지고 있었기 때문이었다. 주로 직접 접촉하거나 섭취했을 때만 효과를 보였던 유기염소계 농약과 달리, 유기인계 농약은 침투성이 있었다. 즉, 식물의 조직 내로 침투해서 줄기나 잎으로 퍼져, 식물 내에 기생하는 해충에까지 영향을 미쳤다.[18] 이러한 침투성은 곤충에도 동일하게 작용하여, 두꺼운 껍질을 지니고 있어 DDT와 같은 유기염소계 접촉독에 영향을 적게 받았던 과수원의 깍지벌레 같은 곤충에도 높은 독성을 보였다.[19] 유기인계 농약은 농작물의 주요 해충 전반에 걸쳐 강력한 효과를 보였기 때문에, 등장 직후 상대적으로 제한적인 적용 범위를 가진 유기염소계 농약을 빠르게 대체해나갔다.[20] 하지만 이러한 강력한 독성과 침투성은 인간을 포함한 동물 전반에도 동일하게 작용했다. 파라치온은 신경전달물질 분해를 담당하는 효소를 불활성화시켜 부교감신경을 흥분시키고, 이것이 결과적으로 경련과 혼수, 호흡부전과 심장마비로 이어진다.[21] 이러한 신경전달물질은 무척추동물과 척추동물 사이에 공통적으로 공유되는 부분이기 때문에 파라치온은 광범위한 적용 범위를 가질 수 있었지만, 동시에 인간과 가축에게도 똑같은 위협이 되었다.

파라치온은 DDT 등의 유기염소계 농약보다 피부로 쉽게 흡수되었고,

17 프랭크 히펠, 이덕환 옮김, 『화려한 화학의 시대』 (까치, 2021), 275-296쪽.

18 프랭크 히펠, 같은 책, 296-297쪽.

19 반대로 DDT와 같은 유기염소계 약품은 피부를 통해 잘 흡수되지 않았기 때문에, 공중보건학적 목적으로 가정이나 심지어 신체에도 직접 살포될 수 있었다. 한국전쟁을 전후하여 주로 수입된 유기염소계 약품들이 이렇듯 직접 접촉에 의한 독성이 낮았기 때문에, 사용자들이 농약 독성에 대한 낮은 경각심을 가졌던 것으로도 볼 수 있다.

20 Brett Walker, op. cit., p. 59.

21 홍세용, 『농약중독 치료 지침서』 (고려의학, 1998), 66-68쪽.

피부 흡수 시 독성도 높았다.[22] DDT와 파라치온의 독성을 비교해보면 구강으로 섭취했을 경우 파라치온이 DDT의 약 70배가량 높았고,[23] 피부로 흡수될 경우 370배가량 높은 독성을 보였다.[24] 1950년대 초반까지 가장 널리 쓰였던 살충제인 DDT의 경우 상대적으로 인체 독성이 낮았고, 피부로 흡수되어 독성을 나타낼 우려도 적었다. 하지만 파라치온의 경우 고독성 농약으로 피부로도 쉽게 흡수되었으며, 아동들의 경우 적은 양의 파라치온에도 성인보다 높은 독성 피해를 입을 수 있었다. 때문에 과거 DDT 원제를 사용하던 것처럼 파라치온을 적은 양의 용매에 희석하여 사용할 경우 치명적인 독성을 나타낼 수 있었다.

유기인계 농약의 등장과 그 독성이 문제가 되면서 세계보건기구 역시 독성 농약의 사용과 관리에 대한 조사에 착수했다. 세계보건기구는 국제노동기구, 유엔식량농업기구와 공동으로 살충제 독성조사위원회를 꾸려 농약의 생산과 사용에서 나타날 수 있는 건강 문제, 또한 농약 사용, 특히 잔류농약에 따른 제삼자의 피해 현황과 그 대처에 대해 연구하도록 지시했다. 1953년 위원회의 연구 보고서는 최근 그 사용이 급격하게 확산되고 있는 유기인계 농약이 기존 사용되던 농약보다 월등히 높은 독성을 가지고 있다는 사실을 인정하면서도, 보건학적 견해에서 보았을 때 적절한 규제가 작동하고 있으며, 안전 조치를 갖추었을 때는 큰 문제가 없을 것이라 결론내렸다.[25] 하지만 이러한 결론은 대부분의 자료나 사용 현황을 유럽과

22 사회보건위원회, 앞의 책, 19-20쪽.

23 Lester Hanna, *Hanna's handbook of agricultural chemicals* (Lester W. Hanna, 1959), p. 10.

24 반수치사약량(LD50, 독성시험에 사용된 동물의 50%를 치사에 이르게 할 수 있는 물질의 양)을 비교하였을 때, 경구 투여의 경우 DDT는 250mg/kg, 파라치온 3.5mg/kg으로 파라치온은 70분의 1의 용량으로 DDT와 같은 독성을 나타낼 수 있었다. 피부로 흡수되었을 경우 반수치사약량이 DDT는 2,510mg/kg, 파라치온 6.8mg/kg로 파라치온의 독성이 약 370배 높았다. 보건사회부, "살충제의 독성치 비교"(1972), 보건1435-1382, 식품예규, 보건사회부, 국가기록원(관리번호 BA0088274).

25 John Barnes, "Toxic hazards of certain pesticides to man", *Bulletin of the World Health Organization* 8:4 (1953),

미국에서 수집했기 때문에 내려진 것이었다. 유럽과 미국에서는 상대적으로 농약 살포의 기계화가 빠르게 진행되었고, 인구 밀도가 낮은 농업 지역에 살포되었기 때문에 그 피해가 두드러지지 않았다. 하지만 아시아 지역, 특히 일본과 같이 좁은 지역에 농지와 거주지가 혼재되어 있고, 살포 방식 역시 사람에 의존하는 형태의 농업에서는 전혀 다른 중독 양상이 진행되고 있었다.

이러한 차이를 가장 극명하게 보여준 사례가 1950년대 일본의 파라치온 집단중독 사건이었다. 일본에 파라치온이 처음 도입된 것은 1951년이었다. 당시 일본의 농촌에는 벼의 해충인 이화명나방 문제가 심각했다. 이 해충은 벼의 줄기 속으로 파고들어 병해를 입히기 때문에 주로 접촉을 통해 작용했던 DDT는 줄기 속까지 침투하지 못해 큰 효과를 보이지 못했다. 때문에 농촌에서는 이화명나방에 대응할 수 있는 보다 효과적인 농약을 요구하게 되었다. 새롭게 등장한 파라치온은 침투성으로 작용했기 때문에 줄기 속에 있는 이화명나방에도 높은 독성을 보였다. 일본에서는 파라치온 수입 직후부터 논농사에 이를 광범위하게 사용했다. 파라치온 살포가 시작되자마자 이화명나방에 의한 병충해는 크게 줄어들었다. 일부 농민들은 1952년 추수량의 이례적인 증가가 파라치온이라는 새로운 농약 때문이라 믿게 되었다.[26] 파라치온이 가진 강력한 살충력에 대한 소식이 농민들 사이에 퍼져 나가면서, 이듬해 파라치온 사용량은 급격히 증가했다. 하지만 파라치온이 농민들의 건강에 미칠 수 있는 영향에 대해서는 거의 고려되지 않았고, 정부에서도 별다른 안전 조치를 확보하지 않았다.

이렇게 고독성 농약의 사용량이 증가하면서, 중독 피해도 비례해서 증

p. 419.

26 Kiyoshi Hiraki and Tatsuji Namba, "Causal Therapy of Alkylphosphate Poisoning", *Acta Medica Okayama* 11:1 (1957), p. 31.

가하기 시작했다. 1953년부터 1958년까지 일본 농촌에서 보고된 파라치온 중독 사례는 약 1만 건, 그중 사망자는 3천에서 최대 6천 명에 달하는 것으로 추산되었다.[27] 당시 농약 중독에 대한 인식이 희박했음을 고려하면 실제 피해자는 이보다 훨씬 많을 것으로 추측하기도 한다. 이처럼 농촌에서 농약 중독이 중대한 보건학적 문제로 대두됨에 따라, 일본 정부는 1953년부터 파라치온을 비롯한 고독성 농약을 "특독농약"으로 분류하여 별도 관리하기 시작했다.[28] 또한 1950년대 중반 일본 의학계에서도 파라치온 중독의 임상 증상이나 진단, 치료에 대한 집중적인 연구가 이루어졌다.[29] 특히 땀이 많아지고(발한), 기관지 분비액이 증가하며 호흡곤란이 동반되는 파라치온의 주요한 증상이 보고되었고, 신경계 작용 약품인 아트로핀(atropine)이 중증 환자에 사용할 수 있는 핵심 치료제임이 밝혀졌다.[30]

3. 1956년 파라치온 집단중독 사건

한국에서 파라치온은 1955년 미국 국제협조처(International Cooperation Administration, 이하 ICA)의 농약수입자금을 통해 처음 수입되었다.[31] 이는 당시 전반적인 미국의 대한 농업원조 정책의 변화와도 연관되어 있었다. 미

27 Brett Walker, op. cit., pp. 60-61.

28 K. Fukunaga and Y. Tsukano, "Pesticide regulations and residue problems in Japan", In Francis Gunther eds., *Residue Reviews Volume* 26 (Springer-Verlag, 1969), pp. 2-3.

29 파라치온은 동물 신경의 신경전달물질 분해를 억제하여 신경계를 과흥분시킨다. 아트로핀은 신경전달물질의 작용을 억제하여 이러한 과흥분 상태를 다시 억제하는 기능을 한다. Ken Takahashi, "On the Significance of p-Nitrophenol in Urine in Parathion Poisoning Report I. On the Determination Method of p-Nitrophenol in Urine", *Japanese Journal of Hygiene* 11:2 (1956), pp. 123-127; 홍세용, 앞의 책, 75-77쪽.

30 I. Suzuki, "Japanese laws and regulations concerned with pesticide and food-additive residues in foodstuffs", In Francis Gunther eds., *Residue Reviews* Volume 4 (Springer-Verlag, 1963), p. 12.

31 사회보건위원회, 『농약 "파라치온" 피해사건에 대한 조사보고서(1956. 9. 30)』 (사회보건위원회, 1956), 4쪽.

국은 1955년 한국 농업원조계획에서 비료와 농약 지원액을 대폭 증액시켰다. 1954년 20만 달러였던 농약 구입 지원액은 1955년 50만 달러로 늘어났고, 1956년에는 160만 달러로 크게 증가했다.[32] 미국 원조 당국은 한국 농업의 화학화와 기계화가 생산량을 높일 수 있을 것이라 기대했다. 농촌의 농약 사용을 늘리기 위해 미국 심리전단은 1955년 12월 농민들에게 작물에 병해의 조짐이 보인다면 적극적으로 농약을 사용할 것을 권장하는 포스터 2만 장을 배포하기도 했다.[33]

미국 원조 정책의 변화에 따라 한국 농촌에도 농약 공급이 빠르게 증가하기 시작했다. 1953년 약 77만 리터였던 전체 농약 소매 판매량은 1954년 107만 리터, 1955년 402만 리터, 1957년 676만 리터로 늘어났다.[34] 더불어 1955년 ICA에서 농림부를 통해 수입되는 관수용 농약 이외에 민간 수입업자도 사전 책정된 민수용 자금 범위 내에서 자유롭게 농약을 수입해 재판매할 수 있도록 했다.[35] 이는 정부 차원의 규제 없이 고독성 농약이 시중에 대량으로 유통되는 결과를 낳았다. 당시 농약과 관련된 규제 법령이 없었기 때문에 농약회사들뿐 아니라 일반 무역회사들은 당시 농민들에게 큰 인기를 얻지 못했던 유기염소계 농약이 아닌 파라치온 등 유기인산계 농약을 경쟁적으로 도입하기 시작했다. 1955년과 1956년에 걸쳐 파라치온을

32 From Krossner to Pappen. "FY 56 Program Submission Material, Agriculture and Natural Resources", Agricultural Information-1955, Subject Files 1953~1955, RG469, NARA.

33 From Hamer to Far East Psychological Warfare Detachment. "By Using Pesticide Let Us Eliminate the Damage Done to Crops By Insects And Diseases", Agricultural Information-1955, Subject Files 1953~1955, RG469, NARA.

34 전명선, "한국 농약공업의 시장구조에 관한 실증적 고찰" (고려대학교대학원 석사학위논문, 1965), 39쪽.

35 ICA를 통한 원조자금의 배분, 그리고 원조물품의 구매는 크게 ① 미국 기관에 의한 구매, ② 한국 외자청에 의한 구매, ③ 실수요자 구매, ④ 일반 민수 구매의 형태로 나뉘었다. 앞의 두 형태는 정부 차원의 원조기금 활용이었고, 뒤의 두 형태는 민간기업이 자금이나 물자를 배분받는 것으로, 일반 민수 구매의 경우 한국은행을 통해 이루어지는 공개 입찰이나 추첨을 통해 일반 무역업체도 원조물자를 수입, 배분할 수 있었다. Sokchul Hong and Sang-yun Ryu, *Foreign Assistance and Economic Development in Korea* (KDI School, 2020), pp. 5-6.

수입한 업체는 한국농약, 미창농약, 경북과물동업조합 등 농약 및 농업조합도 있었지만, 성광실업, 삼통무역 등 일반 무역업체들도 다수 포함되었다.[36] 원조 당국을 통해 수입된 관수용 물품은 주로 보건위생 분야에서 사용되었던 DDT와 같은 유기인계 살충제가 주류를 이루었다.[37] 이 때문에 민수자금을 통해 수입된 파라치온과 같은 유기인계 농약은 기존 DDT와 같은 유기염소계 농약의 한계를 극복한 광범위 농약으로 농민들에게 각광받았다.[38] 1955년 도입되기 시작한 파라치온의 수입량은 2,389리터에서 1956년 11,409리터로 다섯 배 증가했다.[39] 더불어 농업 부문에서 파라치온의 효과에 대한 소식이 빠르게 대중들에게 전파되며 일반 가정에서 해충 구제 등의 목적으로 사용하는 일도 빈번해졌다.

1956년 8월 3일 경상북도 경산 지역에서 소아 급사 사건이 연달아 발생했다.[40] 초기에는 원인을 알 수 없는 소아전염병으로 추측해 "경산 괴질"이라 이름 붙였다.[41] 집단사망 사건이 발생하자 보건사회부는 경북대학교 의과대학 교수진, 보건사회부 및 중앙방역연구소 직원으로 구성된 십여 명의 조사단을 파견해 원인을 파악하도록 했다.[42] 이들은 전파 양상이나 지리적 분포, 임상 증상을 고려해보았을 때 전염병보다는 중독에 가깝다고 중간 결론을 내렸다. 하지만 조사단은 그 정확한 원인을 파악하지 못하고 있었다.

36 사회보건위원회, 앞의 책, 38쪽.

37 "Insecticides and Pesticides", Program-Agriculture-FY1955, Subject Files 1953~1955, RG469, NARA.

38 "과수원 경영자 제위에 희소식, 살균제로 세계최고봉인 농약 포리돌", 《동아일보》 1955. 11. 28.

39 사회보건위원회, 앞의 책, 8쪽.

40 경상북도 경산 지역에 파라치온 중독이 집중적으로 나타난 것은 해당 지역 일대에 과수원이 밀집해 있었기 때문이었다. 기존에 사용되던 유기염소계 농약이 사과 등 과실수의 주요 해충인 깍지벌레에 큰 효과가 없었기 때문에, 침투 효과가 높은 파라치온을 광범위하게 살포하게 되었다. 이에 농약을 살포한 농민들이나, 잔류농약이 있는 과일을 섭취한 아동들에게 집단적으로 중독이 일어난 것이었다. 사회보건위원회, 앞의 책, 4쪽.

41 "약중독이냐 전염병이냐", 《조선일보》 1956. 8. 9.

42 국회사무처, 『제22회 국회정기회의속기록 제84호』, 1956. 10. 11., 4쪽.

오히려 그 원인으로 농약을 의심한 것은 일선에서 진료를 담당하던 의사였다. 당시 경상북도 경산의 보건진료소장을 맡고 있었던 정남수는 집단발병 초기 환자들을 돌보았다. 그는 환자들의 임상적 증상이 일반적인 전염병과는 차이가 있으며, 농촌지역에서 흔히 볼 수 있던 독극물들의 중독 양상과도 일치하지 않는다는 점을 깨달았다. 때문에 최근 농촌에 새롭게 등장한 신품종의 농약에 의한 중독을 의심하게 되었다. 원인 파악을 위해 개인적으로 확보한 농약 중독과 관련된 서적들을 검토하던 중 일본의 식물 방역 연구자가 저술한 농약학 책을 입수하게 되었다.[43] 1954년 출판된 『농약종전(農薬綜典)』이라는 제목의 책에는 각종 농약의 사용법뿐만 아니라 그 주요한 중독 증상과 치료법도 함께 기술되어 있었다.[44] 1950년대 전반기 파라치온 중독 사례를 다수 경험했기 때문에 그 임상 증상과 치료에 대한 상당한 지식이 축적되어 있었다. 파라치온을 다루고 있는 장에서는 파라치온 중독의 주요한 임상 증상과 함께 아트로핀을 이용한 치료법을 제시하고 있었다.[45]

정남수는 일본에서 축적된 연구 결과를 바탕으로 집단발병 환자들의 증상이 파라치온 중독에 해당하며, 아트로핀과 같은 신경계 작용 약품이 주요한 치료제임을 알게 되었고 이 내용을 조사단에 전달했다. 정남수의 발견을 기반으로 조사단은 8월 10일 경산 괴질의 원인이 파라치온 집단중독이라 최종 결론 내렸다.[46] 원인 물질이 파라치온으로 밝혀지자 내무부와 농림부는 그 후속 조치로 파라치온의 수입과 사용을 잠정 중단시켰다.[47] 하지만 해당 조치는 수입과 사용에만 국한되었기 때문에, 이미 시중에 유

43 "괴질 병원은 농약중독",《동아일보》1956. 8. 11.

44 上遠章,『農薬綜典: 最新必携』(朝倉書店, 1954).

45 같은 책, 36-45쪽.

46 국회사무처,『제22회 국회정기회의속기록 제84호』, 1956. 10. 11., 5쪽.

47 사회보건위원회, 앞의 책, 11-12쪽.

통된 파라치온을 회수하는 것은 불가능했다. 동시에 민수자금을 통해 수입된 원료의 경우 무역회사를 통해 소매상에게 재판매되어, 이를 소분하여 다른 제품명으로 판매하는 경우도 많아 이를 모두 추적하기도 어려웠다. 이 때문에 원인 규명 이후에도 경산과 대구 일대에서는 계속해서 파라치온 중독 사망자가 발생했다.[48]

이에 9월 11일 국회에서는 파라치온 집단중독에 대한 진상 규명과 피해규모 조사를 위한 조사단 파견을 결의했다.[49] 경상북도 출신 국회의원 김철안, 김익노 등을 중심으로 농림부, 보건사회부 직원 및 보건의료 전문가 13인으로 조사단이 구성되었다. 9월 30일 국회에 제출된 최종 보고서에 따르면 집계된 피해자는 총 40명으로 그중 36명이 사망하고 4명이 회복했다. 전체 사망자 중 26명이 10세 미만으로 아동들의 피해가 많았다.

보고서에 따르면 파라치온의 주요 수입 판매사인 미창농약회사는 농약 사용자에게 취급상의 주의사항을 안내하고 이에 따른 사항을 "절대 엄수"하겠다는 "각서"에 서명까지 받았다고 주장했다. 하지만 많은 경우 미창농약회사는 파라치온을 최종 사용자인 농민에게 직접 소매 판매하기보다는 중간업자에게 판매한 경우가 많았다. 더불어 이 주의사항에는 살포자가 입과 코를 마스크로 가리고, 방호 안경을 착용하며, 고무로 된 장갑과 작업복을 착용하라는 등 당시 일선 농가에서 따르기 어려운 조항들이 많았다. 또한 조사단에 의해 이러한 각서가 실제 사용자들에 의해 작성되었는지도 확인된 바가 없었다.[50]

조사에 따르면 대부분의 사고는 가정 내에서 모기나 파리 등을 방제하기 위해 사용하는 일상적 살충제로 충분히 희석되지 않은 파라치온을 사

48 사회보건위원회, 앞의 책, 19-20쪽.

49 국회사무처, 『제22회 국회정기회의속기록 제69호』, 1956. 9. 11., 2쪽.

50 사회보건위원회, 앞의 책, 45-47쪽.

용하여 일어난 사고로 추정되었다. 파라치온은 원액을 물에 약 3,000배 이상 희석하여 사용할 것을 권고하고 있었으나, 가정 내에서는 200~300배가량 고농도로 희석하여 사용하고 있었다. 더불어 명확히 유통 경로를 확인할 수 없이 소매로 판매되고 있는 가정용 파라치온 살충제도 시중에 유통되고 있었다.[51] 이는 미창농약회사 등 주요 수입업자들이 주장하는 것과 달리 최종 소비자 단계에서는 고독성 농약의 취급 주의사항에 대한 경고들이 거의 전달되지 못하고 있음을 보여주는 것이었다.

핵심적으로 이 보고서는 파라치온 중독 사고의 전모와 사후조치를 밝히기보다는, 각 부처의 책임 소재를 가리는 것에 주안점을 두고 있었다. 특히 농업 전반을 관장하는 농림부, 독성물질과 그 위해, 치료를 담당하는 보사부, 농약 등의 수입과 원조자금 배정을 담당하는 부흥부의 책임이 거론되었다. 결론적으로 보사부는 농약 자체는 자신들의 소관이 아니며, 의학적 차원에서는 비교적 빠른 시간 내에 원인을 밝혀내고 치료제를 밝혀낼 책임이 없다는 입장이었으며, 부흥부는 민간에서 필요하다고 요청한 농약에 대한 자금 배정만을 담당했다고 책임을 회피했다. 결국 농약의 관리 부재와 고독성 농약의 취급 문제를 적절히 대응하지 못한 것은 농림부의 책임으로 귀결되었다.[52]

또한 보고서의 결론에서 첫 번째로 문제삼은 것은 농민들이 "농약에 대한 지식이 부족"하여 오용했다는 점이었다. 정부 차원의 규제나 관리가 부족해 일어난 사고로 규정하기보다는, 농민들의 지식 부족에 따른 개인적인 차원의 사고였다고 결론 내린 것이었다. 이어 조사단은 고독성 농약에 대한 약품 수입이 민수물자로 아무런 규제 없이 이루어지고 있으며, 이에 대한 책임은 농림부에 있음을 분명히 했다. 또한 이에 대한 관리는 보사부

51 "파라치온의 독성 (상)", 《경향신문》 1956. 8. 17.
52 사회보건위원회, 앞의 책, 47-51쪽.

가 아닌 농림부가 농약에 대한 별도의 규정을 제정하여 관리할 것을 요구했다. 이를 위해 해외의 고독성 농약 관리 법규를 충분히 참고하여 국내에 "농약취급법"을 제정할 것을 지시했다.[53] 최종 건의문에는 독성 농약품의 수입을 일원화하여 취급할 수 있는 행정조치를 시급히 강구할 것을 건의했다.[54]

4. 1957년 농약관리법 제정과 한계

국회 조사단의 최종 권고에 따라 '농약관리법' 제정 논의가 시작되었다. 1957년 5월 16일 정부에 의해 발의된 최초 의안은 "병충해를 방제하기 위하여는 우량한 농약을 적기에 적절히 사용"해야 한다고 강조하며, 이를 저해하는 조악한 농약을 생산, 수입, 판매하는 자들을 가장 주요한 문제점으로 지적했다.[55] 즉, 농약 자체가 가지고 있는 독성을 문제 삼기보다는 저품질의 농약을 판매하거나 그 취급이 소홀한 것이 문제라고 인식한 것이었다. 그에 따라 최초 의안의 주요 골자는 농약 제조 및 수입업자에 대한 허가 사항, 농약의 공정규격 제정에 대한 내용만을 담고 있었다. 이는 사실상 농약 사용과 관련된 농민들의 안전 확보에 초점을 두기보다는 적절한 품질의 농약을 수입, 생산하는지 관리하는 데 주안점을 두고 있었음을 의미했다.

한국 '농약관리법'의 이러한 골자는 주로 일본의 '농약단속법'을 참고하

53 사회보건위원회, 앞의 책, 51-52쪽.

54 초안에는 관할 부처를 농림부와 보건사회부 공동으로 추진할 것을 권고했으나, 최종 보고서에서 보건사회부는 삭제되고 농림부 단독으로 농약 관련 법령을 제정할 것이 건의되었다.

55 대한민국정부, 『농약관리법안(정부)』, 1957. 5. 16., 국회의안정보시스템(의안번호 030267).

면서 영향을 받은 것이었다. 일본 역시 1945년 이후 유기합성 농약의 사용이 크게 증가하면서 농약 중독의 문제와 함께 저품질 농약이 범람하는 문제를 마주하게 되었다. 그에 따라 1948년 일본 정부는 '농약단속법'을 제정했는데, 당시에는 주로 저품질 농약이 주된 문제였기 때문에 농약의 수입 및 제조와 관련된 법령들이 대부분을 차지했다.[56] 하지만 앞서 언급했다시피 1950년대 전반기를 지나며 파라치온 등 유기인계 살충제로 대규모 사망자가 발생하면서 새로운 관리 대책이 필요해졌다. 일본 정부는 기존의 '농약단속법'을 개정하는 대신, 1953년부터 "특독물질" 등을 규정하는 별도의 고시를 반포하고 파라치온과 같은 고독성 농약 사용을 제한하고 관리하기 시작했다.[57]

국회 농림위원회는 정부 측의 의안 원안을 심사하며 "인축과 농작물의 피해를 방지"하는 내용이 누락되어 있음을 지적하며 "인축의 기능에 위해를 가할 우려가 있는 농약"은 농림부령으로 지정할 것을 요구했다.[58] 이는 농약이 공중보건학적 위해를 미칠 수 있음을 지적하고, 일본의 사례처럼 고독성 농약을 별도로 관리할 것을 요구하는 것이었다. 그에 반해 국회 사회보건위원회는 높은 독성을 가진 농약이 '약사법'에서 다루어질 성질의 것이 아니라며, 농약에 따른 위해는 농약관리법에서 다루어져야 한다고 주장했다.[59] 사회보건위원회는 농약을 "농작물과 농림산물을 해하려는 병균, 해충, 기타의 동식물의 방제에 사용하는 살균제, 제초 기타의 약제"로 정의한 원안을 수정하여 "농임산물을 해하는 병균, 해충, 기타 식물의 방제

56 일본의 초기 농약단속법은 크게 8개의 장으로 구성되었으며, 1장 총칙, 2장 등록, 3장 판매의 규제, 4장, 사용의 규제, 5장 감독, 6장 외국제조농약, 7장 잡칙, 8칙 벌칙으로 구성되었다. 「農薬取締法(昭和23年法律第82号)」, 『日本法令索引』.

57 I. Suzuki, op. cit., p. 12.

58 농림위원회, "농약관리법에 대한 수정안", 국회의안정보시스템(의안번호 030267).

59 국회사무처, "제25회 국회임시회의속기록 제55호", 1957. 8. 10., 21쪽.

에 사용하는 살균제, 살충제, 제초제와 농작물과 농임산물에 직접 영향을 미치는 약제" 전반으로 농약의 범위를 크게 확대시켰다.[60] 그럼에도 불구하고 정부 원안을 포함하여 각 위원회가 모두 동의하고 있던 것은, "농업생산의 증대"를 위해서는 농약의 적기 공급이 필수이며,[61] 농약 중독사고의 주요 원인은 농민들의 "소홀한 취급"이나 품질이 낮은 "조악품"의 생산과 유통 때문이라는 것이었다.[62]

이러한 수정 과정을 거쳐 1957년 8월 28일 '농약관리법'이 제정되어 10월 28일부터 시행되었으나,[63] 여전히 독성 농약의 종류와 취급법에 대한 구체적인 사항은 시행규칙이 제정되지 않아 실질적인 관리는 이루어지지 못했다. 파라치온을 포함한 유독성 농약의 분류가 포함된 '농약관리법 시행규칙'은 1958년 1월 20일에야 제정되었다.[64] 시행규칙에 규정된 "유독성 농약"은 모두 유기인계 농약들이었다. 또한 고독성 농약이 일반 가정용 살충제로 판매되어 중독사고가 일어났던 점을 고려하여, 농약의 용기나 포장에 농약임을 표시하고 구체적인 성분과 주의사항을 기입할 것을 의무화했다. 또한 유독성 농약은 별도의 표기를 해야 했다. 하지만 여전히 농약의 안전한 사용에 대한 교육 및 안전 조치 강구는 '농약관리법'이나 시행규칙 자체에서는 전혀 다루어지지 않았다.

시행규칙 제정 직후 1958년 1월 21일 농림부는 고시 304호를 통해 유독성 농약을 취급할 경우 농사교도원에게 신고 후 지시에 따라 살포할 것을 규정했다.[65] 이 고시에 따르면 파라치온과 같은 유독성 농약을 사용하

60 사회보건위원회, "농약관리법에 대한 수정안", 국회의안정보시스템(의안번호 030267).

61 사회보건위원회, 같은 문서.

62 대한민국정부, 『농약관리법안(정부)』.

63 『농약관리법(법률 제445호)』, 1957. 8. 28. 제정.

64 『농약관리법시행규칙(농림부령 제63호)』, 1958. 1. 20. 제정.

65 「농림부고시 제304호」, 1958. 1. 21., 『대한민국관보 제1763호』, 1쪽.

는 사람은 사용일 전에 사용자의 주소, 성명, 사용 일시와 장소, 사용 약제와 대상 작물 및 면적을 교도원에게 통보하고, 이를 통보받은 교도원은 농약 조제 방법 및 치사량과 사용자 엄수사항을 숙지시켜야 했다. 사용자 엄수사항에는 유독성 농약 살포 지역에 위험 표식을 하고 살포 후 일주일간 출입을 금지시키고, 살포 시에는 방진안경, 마스크, 고무장갑, 방독복을 착용하라는 내용 등이 포함되었다. 하지만 1958년 기준으로 농사교도원의 수는 685명에 불과했으며, 현장에 배치된 인력은 518명에 불과했다.[66] 특히 농약 살포가 농번기의 짧은 기간에 전국에 걸쳐 집중적으로 이루어지기 때문에 이를 제한적인 인력으로 체계적으로 관리하는 것은 사실상 불가능했다.

1956년 8월 10일 중독사고 발생 직후 이루어진 파라치온의 사용 금지 조치는 9월 7일자로 해제되었다. 보사부 및 내무부 협의 하에 농민들에게 농약 취급 요강을 제공하고 충분한 주의사항을 전달한 후에는 사용할 수 있도록 허용한다는 것이었다.[67] 이는 사실상 일선 농가에서 파라치온과 유사한 정도의 효과를 보이는 살충제를 구할 수 없었기 때문에 이루어진 조치이기도 했다. 하지만 사용 금지와 동시에 이루어진 수입 금지 조치는 해제되지 않았고, '농약관리법' 제정 이전까지 고독성 농약의 수입과 유통 등 취급에 관한 사항이 명시되지 않았기 때문에 대부분은 1955년과 1956년 수입된 파라치온의 재고를 계속해서 판매하는 형태로 유통이 이루어졌다. 공급이 제한됨에 따라 파라치온의 가격은 치솟았고, 원료를 밀수해서 파는 업자들까지 생겨났다.[68] 그에 따라 파라치온과 같은 유독성 농약의 수입과 사용을 다시 전면 허용하되, 농약 피해에 대한 예방적 조치

66 류일환, "1950년대 미국식 농촌지도사업 도입과 농사원 설립", 『한국학논총』 57 (2022), 463쪽.

67 사회보건위원회, 앞의 문서, 9쪽.

68 민의원사무처, "제38회 국회농림위원회의록 제32호", 1961. 4. 28., 2-4쪽.

를 보다 적극적으로 강구할 필요가 있다는 의견까지 제기되었다.[69] 이처럼 '농약관리법'은 시행 전부터 고독성 농약 관리에 허점을 드러내고 있었다.

농약 중독의 보건학적 문제 역시 보사부에서는 주로 예방보다는 의학적인 부분에 초점을 맞추고 있었다. 농약의 안전 사용을 교육하거나, 이를 예방할 수 있는 적절한 보호장구를 보급하기보다는 파라치온 중독의 일차 약제인 아트로핀 등 전문의약품을 보급하는 것에 집중했다.[70] 하지만 농약의 주요 사용 지역인 농촌지역의 무의촌 비율을 고려했을 때 아트로핀 등 전문의약품의 보급은 농약 중독 해결에 큰 도움이 되지 못했다. 역설적으로 파라치온 집단중독 사건은 1955년 이후 한국에 도입된 유기인제 농약의 높은 독성을 사회에 각인시켰다. '농약관리법'의 제정에도 불구하고 여전히 농촌지역에서 파라치온은 손쉽게 접근할 수 있는 고독성물질이었고, 이를 농촌 사회에서는 자살 수단으로 활용하기 시작했다.[71] 1958년 이후 신문에서는 파라치온 및 고독성 농약을 이용한 자살 사례들이 빈번하게 보도되기 시작했다.[72] 1956년까지 파라치온을 이용한 자살은 해외 사례로만 소개되었으나,[73] 1957년부터는 원한을 가진 사람에게 파라치온을 먹여 살해하려는 시도가 언론에 보도되었고, 농촌지역에서 자살 용도로도 사용되기 시작했다.[74] '농약관리법' 시행 이후에도 고독성 농약의 사용 규제

69 민의원사무처, 위의 문서, 4쪽.

70 국회사무처, "제25회 국회임시회의속기록 제55호", 1957. 8. 10., 20-21쪽.

71 1950~1960년대 자살에 대한 통계가 남아 있지 않지만, 1975년 경상남도 진주 소재 병원에서 농약 중독 환자 48명을 조사한 결과, 그중 64%인 31명이 자살 목적으로 농약을 음독하였으며, 그중 16.6%가 파라치온을 사용하여 농약 중 파라치온이 가장 흔하게 쓰이고 있음을 확인하였다. 최상도, "농약 오용에 의한 인체 피해 상황 조사", 『진주산업대학교논문집』 13 (1975), 57-58쪽.

72 현재 농촌 인구의 감소와 고독성 농약 관리제도의 강화로 점차 감소하는 추세에 있으나, 2010년까지 농약은 가장 흔한 자살 수단 중 하나로 전체 자살의 20%를 차지할 정도였다. 최영철, 『한국의 농약자살—농약자살의 인구사회학적 및 경제적 특성에 관한 연구』 (고려대학교대학원 박사학위논문, 2013), 9.

73 "파라치온 중독의 경우", 《조선일보》, 1956. 8. 25.

74 "김피고에 사형언도", 《경향신문》, 1957. 8. 2.; "시모의 학대가 빚은 가정비극 한몫에 삼명 희생", 《조선일보》, 1957. 9. 6.; "처녀 농약 먹고 자살 애인의 결혼 거부로", 《조선일보》, 1958. 8. 8.

는 사실상 방치된 상태였고,[75] 1972년 보건사회부에서 처음으로 농약 피해 규모를 조사한 자료에서도 충청북도 지역에서만 농약 사망자가 연간 198명이며, 그중 자살 및 타살이 38명으로 집계되었다.[76]

5. 결론

농업상의 해충을 박멸하는 농약이라는 개념에 있어, 파라치온은 기존에 한국 농촌 사회에서 활용되었던 DDT와 동일했지만, 그 세부적인 적용 방식과 독성에 있어서 DDT와 파라치온은 전혀 다른 속성의 물질이었다. 특히 보건위생의 목적으로 인체나 가정 내에 다량의 살충제를 뿌리는 광범위한 사업이 1950년대 전반기까지 집중적으로 시행된 역사적 배경에서, 파라치온이라는 새로운 물질에 대해 사람들은 독성의 위협을 우려하기보다는 즉효적 성질을 가진 효과성이 높은 살충제로만 인식했다. 이러한 새로운 물질의 빠른 도입과 보급은 그에 따른 건강 영향을 고려하지 못하게 했고, DDT처럼 상대적으로 인체 독성이 낮은 물질에 사용되었던 기존의 살포 방식을 그대로 적용한 사람들에게 집단중독을 일으켰다.

그 결과물로서 1956년 경북 경산을 중심으로 일어난 파라치온 집단중독 사건은, 이미 해당 부작용을 경험한 일본의 경험과 지식을 토대로 해결책을 찾을 수 있었다. 일선 임상의사를 통해 확인된 파라치온 중독의 원인과 치료법에 대한 일본의 지식은 초기 의학적 대응의 형성에 중요한 영향을 미쳤다. 하지만 이러한 경험은 일본에서 형성된 고독성 농약 관리의 경험을 반영하는 것까지 이어지지는 못했다. 파라치온 집단중독 사건은 '농

75 "농약회 무방비지대의 현황과 문제점", 《동아일보》, 1970. 10. 2.
76 "농약 인명피해 첫 조사 지난해 13% 늘어", 《동아일보》, 1972. 8. 27.

약관리법' 제정이라는 제도적 변화로 이어졌지만, 새롭게 제정된 법령에서조차 농약 사용 증가에 따른 건강 영향이 충분히 고려되지 못했다. 동시에 이러한 관리 법안 제정을 권고한 보고서 역시, 이를 농약 사용 확대에 따른 건강 문제로 다루기보다는 각 부처의 책임 소재를 논하는 데 그쳤다. 농약은 해방 후 한국에서 농업 생산량을 증대시킨 주요한 기술적 도구였지만, 동시에 새로운 보건학적 문제를 발생시킨 물질이었다. 한국의 농약 관리 법령 제정 과정에서 주요한 참고자료가 되었던 일본은 파라치온과 같은 고독성 농약을 별도의 고시를 통해 관리하려 했지만, 이러한 후속 조치들은 한국의 법령 제정 과정에 거의 반영되지 못했다. 역설적으로 대중에게 파라치온은 높은 독성으로 인식 속에 각인되며, 자살의 수단으로 활용되어 또 다른 보건학적 문제를 발생시키는 원인이 되었다.

식민지 공중위생 지식의 형성과 그 유산: 위생시험실의 활동을 중심으로

박지영 (인제대학교 의과대학 인문사회의학교실)

1. 머리말

공중위생 관리는 식민정부의 핵심 과제였다. 조선 주민의 건강을 보호하는 일은 노동력을 확보하고 사회의 안정을 유지하며 통치 정당화 논리인 문명화 사명을 내세우는 데에도 유용했다. 그런 목적들을 효과적으로 달성하기 위해 조선총독부는 위생경찰제도를 도입했다. 위생경찰은 "전염병의 예방, 음식물의 검사 및 청결의 집행 등"을 실시함으로써[1] "공중위생상 위해를 방제"하고[2] 나아가 "국민의 건강을 보전할 목적으로 사람들의 자유를 제한"하는 제도였다.[3] 위생행정기구가 공중위생 관리를 주도하고 특수한 경우에만 위생경찰을 활용했던 일본과 달리, 조선은 독립된 위생행정기

1 境熙明, 『朝鮮警察實務要書』 (1910), 64쪽.

2 平安南道警務部, 『衛生警察講義一斑』 (1913), 85쪽.

3 白石保成, 『朝鮮衛生要義』 (1918), 28쪽.

구의 설립 없이 위생경찰이 공중위생 업무를 전담했다. 그러나 공중위생에 대한 전문 지식이 부족한 위생경찰은 공중위생 관련 사건의 근본적인 원인 파악과 대안 마련에 취약했고, 그 대신 단속에 치중해 강압적이고 폭력적인 위생체제 형성에 일조했다.[4]

이런 서술은 식민지 조선의 공중위생 관리 체제가 지닌 억압적인 성격과 비효율성을 잘 보여준다. 그러나 위생경찰의 전문성 결여와 그로 인한 공중위생 관리의 파행만을 강조할 경우, 위생경찰제도 내부의 전문 지식 생산이 간과될 가능성이 있다. 공중위생 문제는 그 해결 과정에서 전문가의 지속적인 개입을 요구한다. 위생경찰의 단속만으로 해소되는 부분도 있지만, 그렇지 않은 부분도 크다. 현장에서 위생경찰이 판단을 내리기 어려운 문제에 자문을 제공하거나, 중대한 위생 문제가 발생했을 때 그 원인을 밝히거나, 공중위생과 관련된 각종 사항을 과학적으로 연구하는 등 최소한의 전문가적 지원 장치가 마련되어 있지 않는 한, 위생경찰제도는 유지되기 어렵다. 따라서 공중위생 관리에 관한 지식 활동을 탐구하는 것은 식민지 공중위생 관리 체제의 전모를 이해하는 데 필수적이다.

그러나 지금까지 발표된 한국 식민지 의학사 연구들 가운데 공중위생 취체 현장에서의 전문적 지식 생산을 다룬 연구는 거의 없다. 식민지시기 의학 지식의 생산을 다룬 연구들은 대부분 경성제국대학 의학부의 인종위생 연구에 초점을 맞추어왔다. 그 연구들에서 의학 지식은 일본 제국주의와 밀접한 관계를 맺으며 식민통치의 정당화에 사용되었으나, 조선총독부의 위생정책을 직접적으로 뒷받침하는 용도는 아니었다.[5] 물론 경성제국

4 박윤재, 『한국 근대의학의 기원』 (서울: 혜안, 2005); 정근식, “식민지 위생경찰의 형성과 변화, 그리고 유산: 식민지 통치성의 시각에서”, 『사회와 역사』 90 (2011), 221-270쪽.

5 박순영, “일제 식민주의와 조선인의 몸에 대한 ‘인류학적’ 시선: 조선인 신체에 대한 일제 체질인류학자들의 작업을 중심으로”, 『비교문화연구』 12:2 (2006), 57-92쪽; 김옥주, “경성제대 의학부의 체질인류학 연구”, 『의사학』 17:2 (2008), 191-203쪽; 정준영, “피의 인종주의와 식민지의학: 경성제대 법의학교실의 혈액형인류학”, 『의사

대학 약리학교실의 한약 연구처럼 식민정부의 요청에 의해 시행된 사례가 있기는 하지만,[6] 그것이 경성제국대학 의학부가 식민지 공중위생정책을 보조하는 기관이었다는 뜻은 아니다. 경성제국대학 의학부는 식민통치상의 요구에 부응한다는 정치적 목표 외에 독자적인 판단에 의해 연구를 전개했고, 그들의 연구 주제가 조선총독부의 관심사와 반드시 일치하지는 않았다.[7]

그렇다면 식민정부의 공중위생 관리를 직접적으로 지원하는 지식은 어디에서 생산됐을까? 그곳에서는 어떤 주제를 어떻게 연구했으며, 그 연구는 어떤 특징을 지니고 있었을까? 이런 점들을 드러낼 창구로서 본 논문은 '위생시험실'에 주목한다. 위생시험실은 조선총독부와 각 지방 위생과 산하에 설치된 조사연구 기구로서, 위생경찰의 의뢰 또는 민간의 의뢰를 받아 공중위생에 관한 각종 연구를 수행했다. 그뿐 아니라 각 지역 위생시험실의 연구자들은 각자의 연구 성과를 서로 교환하면서 그들 나름의 연구 공동체를 형성했고 그 안에서 위생시험 연구자로서의 전문성을 키워나갔다. 이런 점에서 위생시험실의 연구 활동은 식민지 공중위생에 관한 전문적 지식의 생산을 이해하는 데 유용한 소재이다.

이 같은 중요성에도 불구하고 위생시험실에 대한 연구는 지금까지 거의 이루어지지 않았다. 위생시험실을 본격적으로 다룬 연구는 한 편도 없으며 그나마 1928년 경성의 장티푸스 유행에 관한 백선례의 연구가 상수도 수질검사를 시행한 기관으로 위생시험실을 거론했다.[8] 선행 연구가 이루어

학』 21:3 (2012), 513-550쪽; 신규환, "식민지 체질인류학적 해부학 지식의 지적 계보: '생체계측학'적 연구방법론을 중심으로", 『연세의사학』 23:2 (2020), 41-62쪽.

6 신창건, "경성제국대학에 있어서 한약연구의 성립", 『사회와 역사』 76 (2007), 105-139쪽.

7 정준영, "식민지 제국대학의 존재방식", 『역사문제연구』 26 (2011), 9-43쪽; 박지영, "민족의 생명력: 미즈시마 하루오의 인구통계학 연구와 우생학", 『한국과학사학회지』 42:1 (2020), 187-218쪽.

8 백선례, "1928년 경성의 장티푸스 유행과 상수도 수질 논쟁", 『서울과 역사』 101 (2019), 159-193쪽.

지지 않은 이유 중 하나는 사료의 빈약으로 추정된다. 위생시험실의 전반적인 조직과 기능을 보여주는 정부 문서는 물론이고, 위생시험실의 직원록도 거의 남아 있지 않다.[9] 나아가 위생시험실에서 발간했을 법한 보고서, 기관지, 혹은 통계자료도 확인할 수 없다. 위생시험실의 활동을 파악할 수 있는 자료로는 그나마 그곳에서 발표한 학술논문과 신문 기사가 대부분이다.

따라서 본 논문은 위생시험실의 기본적인 조직과 기능을 복원하는 데 일차적인 목적을 둔다. 그러기 위해 본 연구는 위생시험실의 논문이 가장 많이 수록된 『조선약학회잡지(朝鮮藥學會雜誌)』에 주목한다. 『조선약학회잡지』는 '조선약학회'의 학술지로서, 약학을 전공한 대부분의 위생시험실 연구자들이 조선약학회에 가입했고 그곳에서 활동했다. 그로 인해 『조선약학회잡지』에는 위생시험실 연구자들의 연구 결과뿐 아니라 그들이 중심이 된 '위생부 협의회'의 논의 내용, 그리고 위생시험실에서 일어난 인사이동의 일면을 보여주는 '회원이동' 등 위생시험실의 활동에 관한 다양한 정보가 수록되었다. 본 논문은 『조선약학회잡지』를 집중적으로 분석하고 위생시험실 출신 연구자들의 회고록과 논문집 등을 보조 사료로 활용하여 위생시험실의 활동 내용을 재구성한다. 『조선약학회잡지』를 통해 확인되지 않는 취체 활동의 내용은 신문 기사와 조선총독부 관보를 통해 복원하며, 해방 후 위생시험실의 재편과 유산에 관한 자료로는 중앙화학연구소와 국립화학연구소의 정기간행물과 보고서, 정부 문서 등을 활용한다.

9 현재 국사편찬위원회 한국사데이터베이스의 '조선총독부 직원록'에서 '위생시험실' 또는 '위생시험소'로 검색되는 사례는 '경상북도 위생시험소'와 '인천부 위생시험실'뿐이다. 다른 지역 근무자의 경우, 대개 위생과의 기사(技師), 기수(技手), 촉탁(囑託) 등으로 기재되어 있으며, 드물게 위생시험사무촉탁(衛生試驗事務囑託)으로 표시된 경우도 있다. 일례로, 조선총독부 직속 중앙 위생시험실의 장을 맡은 가와구치(川口利一)도 직원록에는 조선총독부 경무국 위생과 기사로만 표시되어 있다. 그러나 위생과에 소속된 기술관료들이 모두 위생시험실 근무자는 아니었기 때문에, 이런 기록으로는 위생시험실 직원 명단을 파악하기가 거의 불가능하다. 국사편찬위원회 한국사데이터베이스, "조선총독부 직원록", https://db.history.go.kr/item/level.do?itemId=jw (2022. 8. 16. 접속).

위생시험실의 활동을 검토하면서, 이 연구는 두 가지 접근을 취한다. 첫째, 위생시험실의 연구자들을 관료이자 전문가라는 이중적 정체성을 지닌 집단으로 본다. 그들은 식민정부에 고용된 직원으로서 식민정부가 요구하는 조사들을 하는 동시에, 그와 연관은 있으나 별도의 목적으로 조선에서의 약학 성장 및 조선에 대한 약학적 이해의 심화를 추구하며 나름의 연구 전통을 발전시켰다. 이런 접근을 통해 이 논문은 위생시험실에서의 조사연구가 정책적 차원과 학술적 차원에서 복합적으로 전개되는 모습을 드러낸다.

둘째, 이 논문은 해방 전과 후를 관통하는 상황에 주목한다. 최근, 해방 이후 의학 지식의 재편을 다룬 새로운 연구들은 해방 전과 후의 상황을 연속적인 시각으로 바라보면서, 의학 분야가 일본식에서 미국식으로의 단절적 전환을 겪었던 것이 아니라, 두 요소의 상호작용을 통해 혼종적 지식 체계가 탄생했음을 지적한다. 대표적인 사례로, 미군정기에 보건학을 전공하기 위해 미국 유학을 다녀온 의학자들은 식민지시기의 학습 경험을 바탕으로 미국식 보건학을 받아들였고,[10] 식민지시기 경성제국대학에서 체질인류학을 연구한 해부학자 나세진은 해방 후에도 '민족의 기원'을 찾는 일본식 체질인류학의 기획을 고수하면서 '한민족의 기원'을 찾기 위해 미국 체질인류학의 개념들을 도입한 결과 혼종적인 이론과 방법론을 형성했다.[11] 이 논문은 그런 연구들이 잘 보여준 '일본식 의학과 미국식 의학의 융합'을 토대로, 해방 후의 정치적, 문화적 맥락 속에서 미국식 의학이 우세를 점한 가운데 식민지 유산이 어떻게 형태를 바꾸며 미국 중심적 지식 체계에 융화되는지를 이해하는 데 무게를 둔다. 이 접근에 의하면, 식민지

10 이동원, "6·25전쟁과 한국 보건의학계 및 보건학의 형성", 『동국사학』 69 (2020), 339-374쪽.

11 현재환, "'지방차와 '고립한 멘델집단': 두 '중심부' 과학과 나세진의 혼종적 체질 인류학, 1932-1964", 『한국과학사학회지』 37:1 (2015), 345-382쪽.

시기에 형성된 위생시험실의 연구 전통은 해방된 한국의 사회정치적 맥락 및 미국에서 도입된 새로운 공중보건 연구 전통과 긴밀하게 상호작용했고, 특히 위생시험실 제도의 미국식 재편 속에서 새로운 지식 체계에 부합하도록 외피를 바꾸며 지속적인 영향력을 발휘했다. 이 과정을 연속적으로 추적함으로써 본 논문은 식민지시기 위생시험실의 연구 체제가 한국 공중위생의 역사에 남긴 영향을 탐구하고자 한다.

2. 위생시험실 제도의 성립과 기능: 위생 취체를 위한 검사

한국에서 공중위생을 위한 정부 차원의 근대적 조사연구기관은 통감부 시기에 등장했다. 통감부는 1909년 1월 내부 위생국의 한 분과로 시험과를 설치하여 위생과 관련된 각종 조사연구를 수행하도록 했다. 위생국 시험과의 주요 업무는 두묘 제조, 세균 검사, 혈청 제조, 음식물과 식기(食器)에 대한 화학적 성분 검사로, 감염병 예방과 식품위생이 조사연구의 두 축을 이루었다. 시험과는 적십자병원의 건물을 일부 개조하고 우사(牛舍) 3곳, 접종실 1곳, 취사장 1곳을 만들어 위생시험소를 설립한 뒤 업무를 실시할 계획이었으며, 연구인력으로 기사 3명, 기수 3명, 주사 1명, 조수 3명, 사수(飼手) 2명을 배치했다.[12] 그러나 당초 계획과 달리 위생시험소의 설립 장소는 대한의원 구내로 변경됐고, 우사, 접종실, 취사장도 대한의원 쪽에 신설됐다.[13]

공중위생에 관한 정부 직속의 조사연구기관은 식민지시기에도 운영됐다. 조선총독부는 출범 직후 대한의원 약제관과 통감부 위생기사를 역임

12 "위생시험사무", 《황성신문》, 1909. 1. 20.

13 "衛生局試驗課現令間置於大韓醫院構內件", 『大韓帝國官報』 4313, 1909. 3. 1.

한 고지마(兒島高里)를 촉탁으로 임명하여 위생시험 사무를 담당하게 했으며,[14] 1912년에는 경무총감부 산하에 위생시험실을 개설하고 그 건물을 신축했다.[15] 아울러 조선총독부는 공업연구기관인 중앙시험소 내에 위생부를 설치했다. 중앙시험소 위생부는 약재와 음식에 대한 화학적 연구를 시행했는데, 주로 식품의 위생 분석, 조선산 약용식물 조사, 각종 약초의 재배 시험 등이 그에 해당했다.[16] 하지만 1920년대 말 재정난에 당면한 조선총독부가 직속 연구기관들을 축소하는 과정에서, 중앙시험소 위생부는 위생시험실과 기능이 중복된다는 이유로 폐지됐다.[17] 그와 달리 위생시험실은 점점 더 규모를 키워갔다. 1930년에는 목조 2층 건물을 지어 이사했고,[18] 1932년 화재로 건물을 잃은 후에는 더 큰 규모의 콘크리트 건물을 마련했다.[19] 연구인력 또한 3명 남짓이던 수준에서 1930년대 후반에는 40명 정도로 늘어났으며,[20] 이런 성장세를 바탕으로 1937년 위생시험실은 '위생시험소'로 승격했다(그러나 혼란을 방지하기 위해 본고에서는 '위생시험실'로 명칭을 통일한다).[21]

14 국사편찬위원회 한국사데이터베이스, "兒島高里-조선총독부및소속관서직원록", https://db.history.go.kr/id/jw_1911_0085_0120 (2022. 7. 5. 접속). 고지마는 1892년 도쿄제국대학 약학과를 졸업하고 일본 적십자병원의 약제주간(藥劑主幹)으로 근무하다가 조선에 부임하여 1908년 대한의원 약제관에 임명됐다. 이후 조선총독부 위생과에서 근무했고 1919년 조선약학교의 교장이 됐다. 조선 부임 전 위생약학 교과서를 집필한 바 있다; 兒島高里, 『袖珍必携 衛生綱鑑』(東京: 半田屋書店, 1893); "재계산맥 근세 100년 산업과 인물〈655〉 산업자본(39)", 《매일경제》, 1983. 8. 22.

15 "본년도 제건축", 《매일신보》, 1912. 4. 7.

16 三山喜三郎, "中央試驗所の施設及研究", 『朝鮮』(1922.10), 312-317쪽; 이태희, "1930년대 조선총독부 중앙시험소의 위상 변화" (서울대학교 석사학위논문, 2008), 6쪽 재인용.

17 이태희, 앞의 논문, 16쪽.

18 "총독부 직영의 위생시험실 본년도부터", 《중외일보》, 1930. 2. 16.

19 "위생시험소의 화재", 《매일신보》, 1932. 3. 4.

20 가산약학역사관, 『녹암 한구동』(서울대학교 약학대학, 2016), 44, 65쪽.

21 소규모 연구기관이 규모를 키워 시험실에서 시험소로 승격한 사례들이 존재했음은 언론을 통해 파악된다. 일례로 경상남도 위생시험실은 1934년 위생시험소로 승격됐다. "慶南道衛生試驗室, 試驗所に 昇格", 《釜山日報》, 1934. 1. 23. 조선총독부 위생시험실의 승격은 언론에서 직접 언급되지는 않았지만, 그 연구원들이 1937년 9월

위생시험실은 1910년대부터 1930년대까지 전국적으로 증설됐다.[22] 경성에 있는 위생시험실 하나만으로는 조선 전체의 위생시험 수요를 충족하기가 어려웠기 때문이다. 조선총독부는 1913년 각 지방에서 보내온 재료들이 파손되거나 부패하여 위생시험을 제대로 시행하지 못하는 경우가 많으므로 각 도 경무부에 위생시험실을 하나씩 설치한다는 계획을 발표했다. 그에 따라 지역 위생시험실이 1913년 평안남도에 처음 설립됐고,[23] 1916년까지 경상남도, 함경북도, 함경남도에, 1923년에는 경기도에 설립됐다.[24] 정확한 개설 시기는 미상이나, 1924년에는 전라남도에서, 1925년에는 평안북도에서 위생시험실이 운영되고 있었다.[25] 1928년에는 경상북도에 추가로 설립된 후,[26] 1931년까지 전국 13개 도에 위생시험실이 모두 설치됐다.[27] 그 밖에도 경성부, 원산부, 인천부 등의 대도시는 별도의 위생시험실을 운영했다.[28]

을 기점으로 소속 표기를 '조선총독부 위생시험실'에서 '조선총독부 위생연구실'로 일제히 바꾼 점에서 그 승격을 확인할 수 있다. 바뀐 소속을 표기한 첫 논문은 다음과 같다. 韓龜東, 稻垣繁, "市販 着色料ノ品質調査(第1報)", 『朝鮮藥學會雜志』 17:4 (1937.9), 163-174쪽.

22 위생시험실과 위생시험소가 조선에만 설치된 것은 아니다. 일본에서는 메이지 시기 '위생시험소관제'에 의해 도쿄, 오사카, 요코하마에 위생시험소가 수립되었다. 內務省東京衛生試験所, 『衛生試験所沿革史』 (東京: 東京衛生試験所, 1937), 84쪽; 그 밖에도 교토, 기후현, 도쿠시마현 등지에 시립 및 현립 위생시험소가 설치되었다. 京都市立衛生試験所, 『都市汚物処理の衛生学的研究 第1編』 (京都: 京都市立衛生試験所, 1939); 岐阜県衛生課, 『衛生試験室彙報(昭和五年三月)』 (岐阜: 岐阜県衛生課, 1930); 徳島県知事官房, 『徳島県職員録(大正15年11月1日現在)』 (徳島: 1926), 66-67쪽. 이들 기관과 조선 위생시험실과의 관계 및 조선 위생시험실의 특수성을 밝히는 것은 흥미로운 연구가 될 것이나, 아직 일본 내 위생시험소 전체 체계와 그 일반적인 연구 경향을 파악할 수 있는 자료가 부족하여 훗날의 과제로 남겨둔다. 일본 위생시험소에 대한 최근 연구로는 다음을 참조하라. 宮原誠, 『衛生試験所小史: 司薬場から国立衛生試験所まで』 (出版地不明, 2016).

23 "평남통신: 위생시험실 준성", 《매일신보》, 1913. 10. 7.

24 "위생기술원 회의", 《매일신보》, 1916. 6. 21.; "위생시험실 낙성", 《매일신보》, 1923. 6. 1.

25 "전남 위생시험 결과", 《매일신보》, 1924. 6. 22.; "위생시험 성적", 《시대일보》, 1925. 1. 10.

26 "新に設置した, 慶北衛生試験所, 一般から期待さる", 《朝鮮新聞》, 1928. 4. 6.

27 "공중위생의 실제", 《동아일보》, 1931. 1. 1.

28 "위생시험소 설치—본년부터 경성부에서 새로 설치해", 《매일신보》, 1922. 1. 25.; "위생시험소 준공(원산)", 《동아일보》, 1932. 11. 21.; "인천 위생시험실 완성되어", 《동아일보》, 1934. 7. 19.

위생시험실의 주된 역할은 약품과 식음료의 생산 및 유통에 대한 식민 정부의 관리감독을 기술적으로 지원하는 것이었다. 이는 급격히 늘어난 불량 식품과 매약을 통제하기 위함이었다. 한일병합을 계기로 조선에는 일본 등지로부터 수입된 약품과 식음료가 급증했고, 그와 함께 조선에서 생산된 매약과 가공식품도 늘어나기 시작했다. 그중에는 건강에 해로운 물품이 다수 포함되어 사회적으로 물의를 일으켰다. 1914년 불량 약품의 생산과 유통으로 적발되어 경찰의 즉결 처분을 받은 사례는 462건이었고 그 수는 1917년 956건으로 약 2배 증가했다. 불법적인 청량음료 및 빙과류의 생산과 유통으로 적발되어 경찰의 즉결 처분을 받은 사례도 1914년에는 45건이었으나 1917년에는 105건으로 약 2배 증가했다.[29]

조선총독부는 불량 식품과 불량 매약의 확산을 막기 위해, 각종 제도를 도입하여 약품과 식음료의 안전성을 관리했다. 그런 제도들로는 우유와 유제품의 질을 점검하는 '우유영업취체규칙', 식음료와 그것을 담은 용기의 안전성을 확인하는 '위생상유해음식물급유해물품취체규칙', 청량음료와 빙과류의 질을 관리하는 '청량음료수급빙설영업취체규칙', 유독성물질인 메탄올의 주류 내 함량을 일정 이하로 제한하는 '메틸알코올취체규칙' 등이 있었다. 이 취체규칙들은 약품과 식음료의 제조, 포장, 저장, 유통, 판매에 이르는 전 과정의 위생 처리와 상품의 질에 대한 검사 규정을 담고 있었다. 이 규정들을 지침으로 삼아 경찰은 위생 취체를 실시했다. 그러나 취체 물품의 유해성에 대한 최종적인 확인은 위생경찰의 역량으로는 불가능했다. 그 작업에는 화학적 성분 분석이 필요했고, 그 역할은 위생시험실에 있는 전문 연구자들의 몫이었다.[30]

29 朝鮮總督府, 『大正3年度 朝鮮總督府 統計年報』 (1916), 342-343쪽; 朝鮮總督府, 『大正6年度 朝鮮總督府 統計年報』 (1919), 355-356쪽.

30 白石保成, 앞의 글, 132쪽.

그에 따라, 위생시험실에서 가장 빈번하게 이루어진 실제 업무는 약품과 식음료에 대한 성분 및 유해물질 검사였다. 이에 관한 각 지역 위생시험실의 실적은 언론을 통해 간헐적으로 보도됐다. 예를 들어, 전라남도 위생시험실은 도내에서 유통되는 약품, 주류, 청량음료수, 과자에 대한 유해성분을 조사했고,[31] 평안북도 위생시험실은 주류, 간장, 우물물을 대상으로 유해성분을 검사했다.[32] 1930년대 중반에는 전국 위생시험실들의 종합적 업무 통계가 발표됐다. 그에 따르면 조선총독부 및 각 도에 설치된 위생시험실의 총 시험건수는 129,328건으로, 그중 불량하다고 판정된 사례는 11,602건으로 전체의 약 9퍼센트를 차지했다. 유해성분 검출률이 가장 높은 검사항목은 물로 총 16,696회의 검사 중 7,248건이 음용부적합으로 판명됐다. 유해성분 검출률이 그다음으로 높은 항목은 매약으로 총 3,541회의 검사 중 1,512건이 판매 부적합 판정을 받았다.[33]

위생시험실의 다른 일상 업무는 지역 주민을 대상으로 한 감염병 조사였다. 위생시험실은 대소변, 혈액, 객담 등을 채취하여 감염병 분포 상황을 조사했다. 가령 경성부는 대변 검사를 통해 기생충 감염자를 확인했고 객담 검사를 통해 결핵 이환자를 파악했으며 혈액검사를 통해 성병 감염자를 색출했다.[34] 인천부에서도 객담, 대소변, 혈액에 대한 검사를 통해 주민들의 결핵, 장티푸스, 매독, 기생충 감염 여부를 진단했다.[35] 이 검사들은 평소에는 신청자에 한해서만 실시됐으나, 감염병이 유행하는 시기에는 강제적으로 시행됐다. 대표적인 예로, 이질과 장티푸스가 확산세를 보이던 1930년대 후반 조선총독부는 각 도 위생시험실에 상수도 수원지, 정수장,

31 "전남 위생시험 결과", 《매일신보》, 1924. 6. 22.

32 "위생시험 성적", 《시대일보》, 1925. 1. 10.

33 "음료, 약품 등 취체에 유해 인정 만 천여 건", 《동아일보》, 1935. 3. 16.

34 "위생시험—부의 신사업", 《동아일보》, 1922. 3. 14.

35 "인천 위생시험실", 《동아일보》, 1934. 7. 19.

배수지에 근무하는 직원과 수원 보호구역 내에 거주하는 주민을 대상으로 정기적인 소변검사를 시행하여 보균자를 색출하라는 지시를 내렸다.[36]

식민정부의 공중위생 관리를 지원하는 위생시험실의 역할은 1930년대 중반에 관련 법령의 정비를 통해 확대됐다. 조선총독부는 1934년 '위생시험의뢰규정(衛生試驗依賴規程)'을 발표하여 그때까지 위생경찰의 취체 활동을 보조하는 데 한정되어 있던 위생시험실의 업무에 민간의 의뢰에 의한 위생검사를 추가했다. 그에 따르면 경찰 관료가 아니더라도 원하는 사람은 누구나 조선총독부가 정한 절차에 맞게 의뢰서와 검사물을 제출하면 위생시험실로부터 1) 배설물, 분비물, 혈액 또는 혈청에 대한 검사, 2) 소독약품류 또는 소독기구류의 효력 시험, 3) 일본 약국방(藥局方, 역자 주: 약전) 또는 외국 약국방에 기재된 약품의 성분 일치 검사, 4) 약품류에 대한 검사, 시험, 분석 또는 감정, 5) 음식물, 기호품, 음식물 용기, 물, 빙과류, 광천(鑛泉), 화장품, 색소, 가스류 등의 위생에 관한 검사, 시험, 분석 또는 감정을 받을 수 있었다. 그 검사들은 유료로 진행됐으며 끝난 후에는 성적표를 발급했다.[37]

'위생시험의뢰규정'의 목표는 약품과 식음료의 안전성을 증명하는 역할을 위생경찰에게만이 아니라 민간에게도 부여함으로써 위생 관리의 효율을 높이는 것이었다. 민간업자들은 판매하려는 상품의 질을 보증하는 검사 결과를 조선총독부에 제출해야 판매 허가를 받을 수 있었다. 그러기 위해서는 위생시험실의 검사가 필요했다. 위생시험실은 안전성과 효과가 확인된 제품들에 대해 검사증지(檢查證紙) 또는 봉함증지(封緘證紙)를 발부하여 제품의 표면에 붙였다(그림 8-1 참조). 이 검사증지와 봉함증지는 제품의 품질을 보증하는 증표로서 조선총독부의 판매 허가를 받고 소비자들에게 제

36 "수도정화책 실시", 《조선일보》, 1938. 2. 3.

37 "衛生試驗依賴規程", 『朝鮮總督府官報』 2125, 1934. 2. 12.

품을 광고하는 용도로 사용될 수 있었다.[38] 조선총독부는 이를 통해 "불량 약품의 시장 진출이 방지되어 품질을 향상하게 되리라" 기대했다.[39]

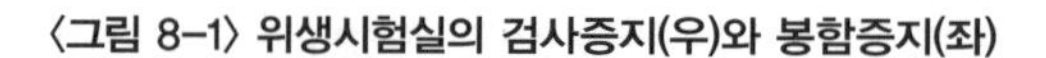
〈그림 8-1〉 위생시험실의 검사증지(우)와 봉함증지(좌)

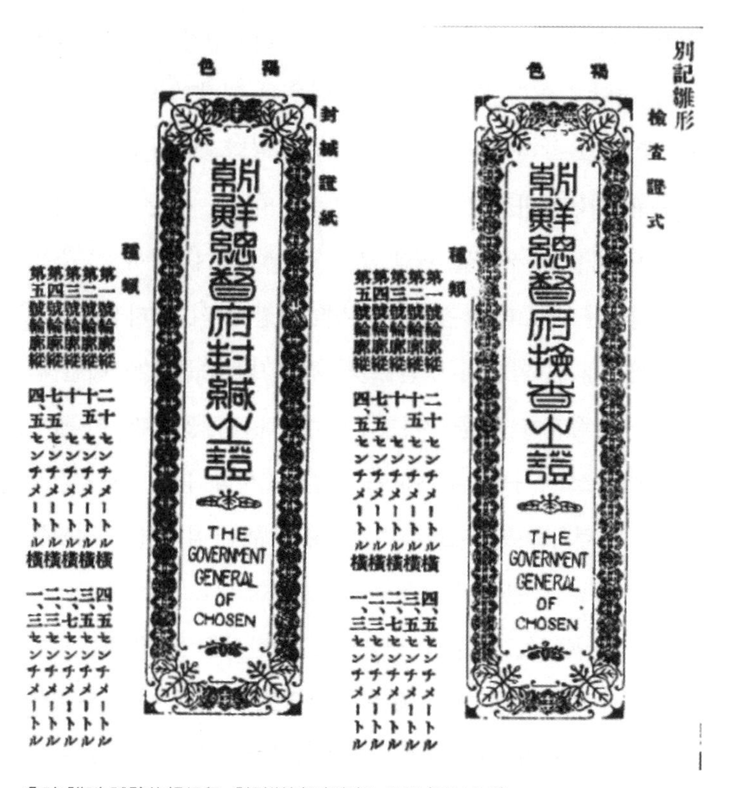

출처: 「衛生試驗依賴規程」, 『朝鮮總督府官報』 2125 (1934.2.12).

일상적인 검사 외에도, 위생과 관련된 돌발적인 사건이 발생했을 때에는 그에 대한 조사도 위생시험실에서 이루어졌다. 예를 들어, 관할 지역에서 집단 식중독이 일어날 경우 그 원인을 규명하는 것은 위생시험실의 역

38 같은 글.

39 "불량약품 취체의 위생시험의뢰규칙", 《매일신보》, 1933. 2. 4.

할이었다. 대표적으로, 1928년 경상북도 영주에서 혼례 잔치에 참석한 사람 295명이 식중독에 걸리고 그중 35명이 사망하는 사건이 일어나자, 경상북도 경무부는 그 사건의 원인 분석을 위생시험실에 맡겼다.[40] 위생시험실은 식중독 환자들이 공통적으로 섭취한 음식들을 조사하여 상한 생선이 식중독의 원인이었음을 규명했다.[41] 1929년 평안북도 영변군에서도 비슷한 사례가 있었다. 한 장례식에 참석한 사람들 40여 명이 구토와 복통을 겪다가 그중 4명이 사망하고 다른 4명은 중태에 빠진 사건이었다. 식중독의 원인은 장례상에 나온 상한 떡과 쇠고기로 추정됐는데, 그 원인을 명확하게 밝히기 위해서 평안북도 위생과는 위생시험실에 원인 분석을 맡겼다.[42]

약품 및 식음료 안전성 검사, 감염병 조사, 식중독 원인 규명의 사례가 보여주듯, 위생시험실은 위생 취체의 현장과 가까운 곳에서 그에 필수적인 지식을 생산했다. 이는 식민정부가 외부의 전문가들에게 의뢰하여 수행한 특수 조사와 달리, 위생 취체를 훨씬 더 즉각적이고 직접적으로 지원하는 역할이었다. 여기에는 위생경찰에 대한 자문 제공, 감염병 유행 감시, 공중위생 관련 사고에 대한 조사, 민간의 식음료 및 약품에 대한 질 관리 등이 속했다. 이런 업무를 통해 위생시험실은 위생경찰제도의 빈약한 전문성을 보완하는 장치로서 현장에서 위생의 범위와 의미를 규정하고 만들어나갔다.

40 "피로장 요리의 중독소를 발견", 《동아일보》, 1928. 1. 26.
41 "영주중독사건", 《동아일보》, 1928. 1. 22.
42 "장례음식에 40명 중독", 《동아일보》, 1929. 1. 21.

3. 위생시험실의 조사연구 활동:
조선의 건강 자원에 대한 성분 연구

위생 취체 보조 사무에서 나아가, 위생시험실은 특수한 주제들에 대해 지속적이고 학술적인 조사연구를 시행했다. 크게는 전 조선의 위생시험실들이 참여하여 10년 이상 진행한 연구부터, 작게는 조선총독부 경무국의 위생시험실(이하 중앙 위생시험실)을 주축으로 5년에 걸쳐 추진한 연구까지 여러 학술조사가 이루어졌다. 그 조사연구의 대상은 조선에 분포한 건강 관련 자원들이었다. 식음료, 약재와 약품, 공기와 물 등 조선에 거주하는 사람들이 항상 섭취하며 건강과 긴밀한 관련을 갖는 재료들이 탐색의 대상이 됐다. 그런 연구 활동을 통해, 위생시험실의 연구자들은 조선의 건강 자원에 대한 공통된 이해의 장을 구축하고 스스로의 전문성을 높여나갔다.

위생시험실 연구자들의 주된 교류 공간은 '조선약학회(朝鮮藥學會)'였다. 조선총독부 위생과 및 각 도 위생과의 과장과 그 직속 기사들이 거의 대부분 의사 출신이었던 데 비해, 위생시험실의 연구자들은 약학 전공자들이었다. 화학적 성분 분석 위주인 위생시험 업무를 수행하는 데 있어서 약학적 지식과 기술은 필수적인 요건이었다. 그로 인해 각 위생시험실의 연구자들은 약학 전문가 집단을 통해 모이게 됐다. 그들이 집결한 조선약학회는 조선에서 활동하는 약사들의 모임으로, 1912년에 창설된 '조선약제사협회(朝鮮藥劑師協會)'가 1914년에 개칭하여 조직한 학술단체였다. 조선약학회의 회원은 대체로 병원에서 근무하는 약제사들, 경성약학전문학교의 교육자들, 그리고 위생시험실, 경성제국대학 부속 생약연구소, 민간 제약회사 등의 연구원들로 구성되어 있었다.[43]

43 朝鮮藥學會, 『創立20週年 第20回 總會 記念號』, (朝鮮藥學會事務所, 1933), 18쪽.

위생시험실 연구자들은 조선약학회 내에서도 '위생부 협의회'라는 특수 조직을 중심으로 활동했다. 조선약학회는 1924년부터 회원들의 학술 활동을 촉진하기 위해 '위생부'와 '약국부'라는 두 개의 협의회를 설치하고 '위생부'는 위생과 관련된 분야를, '약국부'는 약품의 생산, 보관, 조제와 관련된 분야를 담당하게 했다. 각 협의회에서는 매년 시의적절한 주제들을 선정하여 회원들에게 '숙제'를 부여한 뒤 그 결과를 1년 후 총회에서 보고하게끔 했다. 이 공동연구의 주제들은 매번 약간씩 변하기는 했지만 조선의 한약과 약재의 효능, 조선에 분포하는 우물물의 수질, 조선의 전통식품과 일상 식재료의 성분 및 영양가 등은 해마다 빠짐없이 채택됐다.[44]

조선약학회 위생부 협의회(이후 위생부회)의 활동을 주도한 집단은 중앙 위생시험실의 연구자들이었다. 중앙 위생시험실은 총독부 직속인 만큼 다른 위생시험실에 비해 연구 시설과 인력이 상대적으로 풍부해서 광범한 현지 조사와 실험 연구를 소화할 만한 역량을 갖추고 있었다. 중앙 위생시험실은 외부 의뢰를 처리하면서 축적한 예산으로 다양한 연구 장비를 구비했고,[45] 1920년대 초부터 1940년대까지 그곳을 거쳐 간 연구자의 수도 약 80명에 달했다(부록 8-1 참조). 그들은 매년 조선약학회 학술대회에서 연구 결과를 발표했고 『조선약학회잡지』에 논문을 게재했다.[46] 특히 중앙 위생시험실의 실장인 가와구치(川口利一)는 1930년대 중반부터 위생부회의 위원장을 맡아 간사 역할을 담당한 스미노쿠라(角倉一) 및 그의 오랜 동료인 한구동(韓龜東) 등과 함께 협의회를 운영했다.[47]

44 朝鮮藥學會, 『創立30週年 第30回 總會 記念號』, (朝鮮藥學會事務所, 1943), 105-114쪽.

45 가산약학역사관, 앞의 글, 60쪽.

46 중앙 위생시험실 연구원들의 조선약학회 내 학문 실적은 국립중앙도서관에서 온라인으로 제공되는 『조선약학회잡지』 매 호의 목차와 회무보고를 통해 확인 가능하다. 국립중앙도서관, "朝鮮藥學會雜誌. 1-15", http://lod.nl.go.kr/resource/CNTS-00048002819 (2022. 6. 30. 접속).

47 朝鮮藥學會, 앞의 글 (1943), 118쪽; 가산약학역사관, 앞의 글, 49쪽.

위생부회의 조사연구 중 연구자들의 관심을 집중시킨 주제는 세 가지였다. 첫 번째는 우물물의 수질 조사였다. 위생부회는 1927년부터 조선에 분포한 우물물의 수질에 대한 전수조사를 시행했다. 이 조사는 1928년 경성의 장티푸스 대유행을 겪고 1930년대 조선총독부가 우물개량사업에 본격적으로 나서면서 더 강한 추진력을 얻었다.[48] 조사의 목적은 "전 도에서 일정한 판정 표준 하에 시험을 시행하고 통계표 및 그래프를 작성하여 한눈에 반도의 우물물의 양부를 알 수 있게 함과 동시에 우물물이 보건위생상에 미치는 영향을 밝히고 우물의 개선 및 수질 향상 방책도 수립"하는 것이었다.[49] 이는 위생부회의 조사가 단순히 유행병의 원인균을 검출하는 세균학적 조사에 그치지 않고 우물물의 전체적인 성분과 안전성을 검토하는 포괄적인 조사를 겨냥했음을 의미한다. 이런 방침 하에 각 도의 위생시험소는 관할 지역 내에 소재한 우물물의 성분을 분석하여 그 결과를 위생부회의 연례 총회에서 보고했다.[50]

위생부회는 각 지역 위생시험실의 조사 결과를 종합하는 동시에, 표준화된 조사 지침을 제시했다. 이는 지역별 조사 결과를 일관적으로 종합하는 데 필수적이었다. 판정 기준을 통일하지 않으면 "일정한 표준에 기초하여 통계표를 작성하는 것이 어려워 원안을 정리 보고하는 데 그치"기 마련이었고, 따라서 조선 전체의 우물물 수질 상황을 비교 분석하기 위해서는 "전체 도를 일정한 판정 표준 하에 시험"해야 했다. 그런 필요성에 따라 위생부회는 1928년 총회에서 우물물 수질 조사의 기준을 제시했다. 여기에는 조사할 항목과 유의사항이 담겨 있었다. 그에 의하면, 시험방법은 일

48 백선례, "조선총독부의 급성전염병 예방 대책 변화—수인성 전염병을 중심으로", (한양대학교 박사학위논문, 2021), 174-186쪽.

49 "附錄-第17回總會協議事項調查報告", 『朝鮮藥學會雜誌』 10:2 (1930. 4), 1쪽.

50 보고 내용은 매 연말 『조선약학회잡지』의 부록으로 수록된 '총회 협의사항 조사보고'에 수록됐다.

본약학회가 발표한 음료수 시험법에 따르되, 검사항목은 시험월일, 시료 채취 당시의 날씨, 우물의 종류와 구조, 구조적 문제에 의한 오염 유무, 우물의 소재지 및 주변 환경(반경 수 미터 이내에 화장실, 늪, 연못, 해안 등 우물물에 영향을 미칠 수 있다고 판단되는 요소의 존재 여부), 수온, 육안으로 관찰한 색과 부유물 유무, 냄새, 황산, 질산, 아질산, 암모니아, 크롤 등 유해물질의 함유량과 세균 수를 반드시 포함해야 했다.[51]

나아가 위생부회는 위의 조사 내용을 바탕으로, 1931년 우물물의 음용 적합성 표준을 발표했다. 그에 따르면 우물물은 그냥 마셔도 되는 것(제1적), 여과해서 마셔야 하는 것(제2적), 끓여서 마셔야 하는 것(제3적), 마셔서는 안 되는 것 총 4가지로 분류됐다. 제1적 음용수의 기준은 외관상 무색투명하고 부유물이 없으며 냄새가 없고, 중성 또는 약알칼리를 띤 물로, 암모니아 분해물인 크롤의 함유량이 50mg 이하이고 황산, 질산, 아질산, 암모니아가 검출되지 않으며, 유기물이 10mg 이하인 물이어야 했다. 제2적 음용수는 제1적 음용수와 비슷하지만 미량의 부유물과 75mg 이하의 크롤이 섞인 물까지 허용됐다. 제3적 음용수는 제2적과 비슷하나 100mg 이하의 크롤 및 소량의 황산과 질산이 함유된 물까지 허용됐다.[52] 이상과 같은 조사의 결과, 위생부회는 1939년까지 전국 13개 도를 대상으로 155,969개의 우물에 대한 정보를 얻었다. 그중 음료수로 적합한 것은 91,798개, 부적합한 것은 64,171개였으며, 각각 전체의 약 58.9퍼센트와 41.1퍼센트를 차지했다.[53]

두 번째는 한약재에 관한 조사였다. 위생부회는 1924년부터 매년 '한

51 朝鮮藥學會, 앞의 글 (1943), 106쪽.

52 "昭和6年度 朝鮮藥學會 衛生部會 協定 飮料水(井水) 水質試驗方法及 判定標準", 『朝鮮藥學會雜誌』 12:1 (1932. 1.), 4쪽.

53 朝鮮藥學會, 앞의 글 (1943), 108쪽.

약 조사'를 숙제로 채택하여 지속적인 연구를 전개했다. 이 '한약 조사'는 1930년과 1931년에 '한약 중 극독약으로 불리는 약물에 대한 성분 연구'로 방향을 바꾸었던 것을 제외하면, 한약재의 종류와 효능에 관한 정보의 체계적 수집과 과학적 검토에 중점을 두었다. 그를 위해 위생부회는 조사 규정을 마련하고 매년 10개 내외의 약재를 조사 대상으로 지정했다. 위생부회의 규정에 의하면, 각 도 위생시험실은 주어진 약재에 대해 1) 별칭과 학명, 2) 명칭 통일 시 가장 적당한 이름, 3) 효능과 적정 복용량, 4) 판매 가격을 조사하고 약재가 관할 지역에서 자생하거나 재배되는 경우에는 그 표본을 제작하여 위생부회에 제출해야 했다.[54] 이런 작업을 통해 위생부회는 1942년까지 151종의 한약재에 관한 정보를 축적했다.[55]

위생부회의 한약 조사는 조선총독부가 전시체제에 들어섬에 따라 더 적극적으로 추진됐다. 1937년 중일전쟁의 발발로 중국산 한약재의 수입이 차단되고 일본 본국 정부가 서양 의약품의 수입을 대폭 축소하자, 조선총독부는 조선 내에서 한약재를 증산하여 민간의 의약 수요를 충족시킨다는 방침을 수립했다.[56] 그 일환으로 조선총독부는 중앙 위생시험실 연구자들, 위생과장 그리고 한약 연구 전문가들로 구성된 '한약조사회'를 조직하여 1937년부터 5개년에 걸쳐 조선의 한약에 대한 조사연구를 시행하도록 했다.[57] 조사연구의 목표는 각종 약재들의 성분과 효능을 분석하고 그를 바탕으로 한약에 대한 약전(藥典)을 작성함으로써 한약의 활용도를 높이는 것이었다.[58] 중앙 위생시험실의 연구자들은 이 계획에 동원되어, 각 지역 위

54 "第22回 總會協議事項", 『朝鮮藥學會雜誌』 15:1 (1934. 12), 38쪽.

55 朝鮮藥學會, 앞의 글 (1943), 109쪽.

56 "의약의 자작자급 목표로 조선 내의 약재 탐색", 《동아일보》, 1938. 9. 10.; "약품수입금지원칙 조선에 일부 완화", 《동아일보》, 1939. 2. 24.

57 "한약조사회", 《조선일보》, 1937. 9. 16.

58 "한약법을 제정", 《조선일보》, 1938. 11. 7.; "한방의학 적극통제", 《조선일보》, 1939. 1. 12.; "한약초의 과학적 연구 일부 완성", 《조선일보》, 1939. 9. 19.

생시험실로부터 모은 자료를 취합, 정리하는 역할을 넘어서 새로운 약재의 발견과 기존 약재의 분포 상태 확인을 위해 현지 조사를 수행하게 됐다.[59]

나아가 조선총독부는 한약재를 활용한 서양 의약품 대체제 개발을 추진했다. 이를 위해 1939년 중앙 위생시험실에는 15명의 연구인력과 14만여 원의 예산이 추가됐다.[60] 중앙 위생시험실의 연구자들은 위생부회에 축적된 약재 정보를 바탕으로 외래 약품의 대용품 개발에 착수했다. 그 시작은 외래 약품과 비슷한 성분을 지닌 한약재를 탐색하는 것이었다. 대표적으로, 가와구치, 김기우(金基禹), 양계동(梁桂東) 등은 한약의 재료로 사용되는 월귤나무 잎과 우바우르시 잎에서 요로 방부에 효과가 있는 알부틴(arbutin) 성분을 추출하여,[61] 스페인에서 수입되던 요로 방부제 '우와우루사'의 대용품 개발에 활용했다.[62] 이와 비슷한 연구들을 통해 중앙 위생시험실은 수입산 거담제와 건위제를 대체할 약재로서 도라지와 용담을 제시했으며, 구충제인 '산토닌'의 대용품으로 조선산 '아메리카아리다'에서 추출한 '헤노포지 유(油)'를 개발했다.[63]

세 번째는 조선의 식재료에 관한 조사였다. 위생부회에서는 1926년부터 조선의 재래식품에 대한 전국적인 조사연구를 실시했다. 조사의 출발점은 조선 된장이었다. 위생시험소의 연구자들은 관할 지역에서 채집한 된장의 종류, 원료, 제조법, 성분을 조사하여 그 결과를 위생부회에 보냈다.

59 "鮮內産業ニュース, 濟州島へ藥草採取に出發",《國民新報》, 1940. 6. 2.

60 "의약품 수입 사절로 대용재 연구진 결성",《조선일보》, 1939. 1. 17.; "우수한 대용약품 제조",《조선일보》, 1939. 3. 29. 이 과정에서 다수의 조선인 연구원들이 중앙 위생시험실에 입사했다(부록 8-1 참조).

61 川口利一, 金基禹, 松下維光, "ウワウルシ葉及コケモモ葉中のアルブチン定量法",『朝鮮藥學會雜誌』19:1 (1938. 12), 4-14쪽; 川口利一, 金基禹, 茂木登, "ウワウルシ葉及コケモモ葉中のアルブチン定量法(II)",『朝鮮藥學會雜誌』19:3 (1939. 6), 111-113쪽; 川口利一, 梁桂東, "2.4-ジニトロクロールベンゾールに依るアルブチンの定量法に就いて-附 朝鮮産コケモモ葉中のメチルアルブチンに就て",『朝鮮藥學會雜誌』20:2 (1939. 3), 53-54쪽.

62 "대용약재 발견에 성공",《조선일보》, 1939. 5. 20.

63 같은 글; '아메리카아리다'는 산토닌 성분을 함유한 국화과 식물인 아르테미시아(Artemisia, 쑥속)의 오기로 추정된다.

1934년에는 경상북도, 경상남도, 경기도, 함경북도, 함경남도의 보고가 있었고 이후 1936년까지 전국적인 탐색이 진행됐다. 된장 외에 다른 재래식품에 대해서도 비슷한 연구들이 이어졌다. 위생부회에 발표하지는 않았지만 1933년 중앙 위생시험실은 고추장에 대한 연구를 실시했고, 위생부회에서는 1938년에 간장, 1939년에 묵, 1940년에 김치에 대한 조사가 전국적으로 실시됐다.[64]

이런 일련의 연구는 조선의 재래식품에 대한 위생 평가의 기준을 만들려는 준비 작업이었다. 위생시험실 연구자들에 의하면, 재래식품 연구의 목표는 "정성분석을 행함으로써 해당 식품의 성분 일반을 파악함과 동시에 그 품질 향상의 자료로 하"는 것이었다.[65] 재래식품은 시판품이 거의 없고 가정마다 만드는 방식도 약간씩 다르기 때문에 그에 대한 평가가 어려웠다. 평가를 위해서는 먼저 제조법과 재료를 규격화하고 그를 바탕으로 표준화된 지표를 만들 필요가 있었다.[66] 그런 식품들의 품질을 평가, 개량하기 위해서는 먼저 각 식품에 대한 표준화된 자료가 마련되어야 했다. 이와 같은 문제의식 아래 위생시험실의 연구자들은 각종 재래식품에 대한 성분 분석을 진행했다.

조선 식재료 연구는 1930년대 후반 조선총독부의 적극적인 지원을 받으며 더욱 확대됐다. 전쟁으로 인한 식량 부족을 우려한 조선총독부는 효율적인 식품 활용과 영양 공급을 위해 각종 방안을 모색했다.[67] 그 일환으로 1938년에는 백미식(白米食)이 금지되고 칠분도미와 배아미 섭취가 권장되기

64 朝鮮藥學會, 앞의 글 (1943), 105-106쪽.

65 韓龜東, 市村孝夫, 池畑健二, "唐辛子味噌の衛生化學的試驗成績", 『朝鮮藥學會雜誌』 13:3/4 (1933. 12), 46-50쪽.

66 "第26回 總會協議事項", 『朝鮮藥學會雜誌』 19:1 (1938. 12.), 5쪽; "第28回 總會協議事項", 『朝鮮藥學會雜誌』 21:1 (1940. 12.), 1쪽.

67 일본에서는 1910년대부터 국민의 신체적 건강 향상과 식량 자원의 효율적 이용을 목표로 '식생활의 합리화'를 주장하는 영양학 연구가 도입 및 발달했다. 이에 관한 자세한 내용은 홍수경, "일상의 과학화, 식생활의 합리화: 1910-20년대 일본 근대 영양학의 탄생", 『의사학』 3:7 (2018), 447-484쪽을 참고하라.

시작했다. 정미 과정에서 깎여 나가는 부분을 줄임으로써 쌀의 낭비를 막겠다는 취지였다.[68] 나아가 조선총독부는 1940년 효율적인 식단의 개발과 보급을 위한 자문기구로서 '조선경제영양식조사위원회(朝鮮經濟榮養調査委員會)'를 조직했다. 이 위원회는 조선총독부 위생시험실 소장인 가와구치를 비롯하여 위생과장인 니시가메(西龜三圭), 경성제국대학 소아과학 교수 다카이(高井俊夫), 경성의학전문학교 의화학 교수 히로나카(廣川幸三郞) 등으로 구성됐으며, "전시생활에 가장 적합한 메뉴를 작성하여 각 방면에 이를 선전보급하여 경제적으로 영양적으로 유효한 결과를 가져오"는 것을 목표로 했다.[69] 그에 필요한 식품 분석은 대체로 중앙 위생시험실의 역할이었다.

중앙 위생시험실에서는 1939년부터 조선의 일반적인 식재료에 대한 포괄적인 연구를 개시했다. 그 연구를 담당한 사람들은 주로 조선인 연구자들이었다. 1930년에 입소하여 가와구치와 함께 각종 연구를 주도해온 한구동, 그의 뒤를 이어 입사한 김기우, 채예석, 김덕수, 함복순, 이원우, 김성진, 이인수, 오규단, 최금순, 서인애 등이 여기에 속했다(각 연구원의 입소 시기는 부록 8-1 참조). 그들은 위생시험실 내에 영양부를 신설하고 도시, 농어촌, 광산, 공장, 학교 등에서 영양 조사를 실시했으며, 2년간의 현장 조사를 통해 200여 종의 식품과 160여 종의 야생 식용식물을 연구했다. 현지에서 채집한 식물 표본의 분류와 감정은 조선총독부 임업시험장에서 근무하던 식물학자 정태현이 담당했다.[70] 이 조사연구의 결과는 1941년과 1942년에 걸쳐 위생부회에 보고됐다.[71]

그러나 조선총독부의 지원으로 수행된 조선 식재료 연구는 그때까지 진

68 "백미식을 금지", 《동아일보》, 1938. 8. 18.
69 "각 권위의 연구 결정", 《매일신보》, 1940. 6. 27.
70 가산약학역사관, 앞의 글, 66-67쪽.
71 朝鮮藥學會, 앞의 글 (1943), 106쪽.

행되어온 재래식품 연구와는 다른 결을 보였다. 이전 연구의 중점이 재래 식품의 구성 성분을 표준화하는 데 있었다면, 새로운 연구의 중점은 식품이 지닌 '식량으로서의 가치'를 평가하는 데 있었다. 그 연구자들에 의하면 새로운 연구의 목적은 "식품의 영양가와 특질을 확실히 함으로써 국민의 보건상, 경제상, 식량문제의 해결에 적확한 근거를 제공"함으로써 "전시하 식량문제의 해결을 도모"하는 것이었다.[72] 연구 취지의 변화는 조사 항목의 미묘한 변화를 통해서도 드러났다. 단백질, 지방, 당, 섬유질, 질소, 회분, 염분, 인산 등의 함유량을 측정해온 이전 연구와 달리 새로운 연구에서는 에너지 공급에 중요한 '열량'이 분석 항목에 추가됐고,[73] 야생 식용식물에 대한 조사에서는 신체의 활력을 증가시키는 '비타민C'의 함유량과 독성 유무가 중요하게 다루어졌다.[74] 가와구치는 그 연구 결과들을 토대로 "국민 체위 향상을 위해 가장 이상적"인 "일정한 표준 음식을 제정보급"하겠다는 계획을 발표했다.[75] 이런 점에서, 1930년대 후반에 진행된 조선 식재료 조사연구는 조선인들이 당시까지 섭취해온 식품들을 영양학적인 관점으로 검토하여 전시에 적합한 식단으로 재구성하는 과정이었다.

우물물의 수질 조사, 한약 조사, 조선 식재료 조사의 사례를 통해 살펴본 바와 같이, 위생시험실은 조선약학회 위생부회를 중심으로 조선의 건강 자원에 관한 일련의 조사연구를 전개했다. 그 조사연구는 식민정부의 정책과 밀접한 관련을 맺고 있었다는 점에서는 위생검사 활동과 비슷했다. 하지만 단편적이고 행정적인 판단을 위주로 한 위생검사 활동과 달리, 이

72 韓龜東, 蔡禮錫, 李寅壽, 吳奎端, 崔金順, "朝鮮食品の成分分析試驗成績報告(第1報)", 『朝鮮藥學會雜誌』 20:4 (1939. 9), 119쪽.

73 같은 논문, 120-132쪽.

74 西原宇一, 松岡輝, 金聲振, "山野に自生する食用植物の營養學的調査(第1報)", 『朝鮮藥學會雜誌』 22:1 (1941. 12), 19-25쪽.

75 "국민체위 향상 위한 이상적 식탁표", 《매일신보》, 1940. 6. 27.

조사연구들은 장기적으로 진행되며 조선의 건강 자원 분석에 관한 전문적인 지식을 생산했다. 위생시험실의 연구자들은 조사 결과를 교환하면서 조선의 물, 약재, 식재료에 대한 종합적인 이해를 도출하는 한편 그것을 연구하기 위한 공통적인 방법과 지침을 만들었다. 이 과정을 통해 위생시험실의 연구 방법은 고도로 체계화됐고 연구자들 사이에서 공유되며 수질 위생, 식품 영양, 생약 분석 분야에 관한 일종의 '연구 전통'을 형성했다.

4. 해방 후 위생시험실의 재편과 그 유산

해방 직후 중앙 위생시험실은 국립화학연구소로 재편됐다.[76] 경찰 중심의 식민지 위생체계를 타파하려 한 미군정청은 보건위생 업무를 경무국으로부터 분리했고 그것을 담당할 독립적인 기관으로서 보건후생부를 설립했다. 그 과정에서 경무국 소속이던 위생시험실이 보건후생부로 이관되며 국립화학연구소로 이름을 바꾸었다.[77] 이 같은 위생행정의 재편은 국립화학연구소가 담당할 역할에 변화를 가져왔다. 보건후생부 이관과 위생경찰의 폐지를 계기로 국립화학연구소가 위생경찰의 취체 활동을 보조하는 식민지시기의 기능에서 벗어나 전문적인 연구 기능을 강화하게 됐기 때문이다. 그러나 이것이 약품과 식음료에 대한 위생검사가 국립화학연구소의 임무에서 완전히 제외되었다는 뜻은 아니었다.

미군정기 국립화학연구소는 약품, 식품, 음료수 등에 대한 위생검사를

76 해방 후 지역 위생시험실들의 행보를 찾기는 어렵다. 그에 관한 기록이 거의 남아 있지 않기 때문이다. 오직 중앙 위생시험실에 대한 언급만 정부 문서와 언론에서 등장한다. 따라서 중앙 위생시험실을 중심으로 해방 후 위생시험실의 변화와 그것이 남긴 영향에 대해 검토한다.

77 보건사회부 편, 『중앙화학연구소』 (보건사회부, 1956), 2쪽.

계속 수행했다. 국립화학연구소에서 음료 검사는 1946년에 572건, 1947년에 776건, 1948년에 48건 이루어졌으며, 약품 및 마약에 대한 검사는 1946년에 88건, 1947년에 151건, 1948년에 311건 실시됐다.[78] 국립화학연구소가 어떤 경로로 이 검사들을 맡게 됐는지를 보여주는 사료는 없다. 다만, 미군정청이 1945년 11월부터 맥주를 제외한 주정음료의 판매를 법으로 금지했던 점과[79] 보건후생부 약정국을 통해 의약품, 의료용구, 위생용품, 의약부외품, 화장품, 독극물의 제조, 유통, 판매를 조절하려 했던 점으로 볼 때,[80] 음료 및 의약품 등의 감시와 관련된 성분 검사를 국립화학연구소에 의뢰했을 것으로 추정된다.

〈그림 8-2〉 국립화학연구소 측면 전경

* 출처: 보건사회부, 『중앙화학연구소』(1957), 34쪽.

78 Ministry of Health, *The National Chemistry Laboratories* (Ministry of Health, 1951), pp. 6, 10, 12.

79 국가법령정보센터, "주정음료의 판매금지", https://www.law.go.kr/법령/주정음료의판매금지/(00023,19451103) (2022. 6. 30. 접속).

80 신규환, "해방 이후 약무행정의 제도적 정착과정", 『의사학』 22:3 (2013), 851쪽.

연구소의 행정적 위치에 생긴 변동과 함께, 연구소 내부에서도 변화가 일어났다. 일본인 소장과 연구자들이 떠났고, 그들이 장악해온 연구소 운영권이 한국인들에게 주어졌다. 새로 연구소의 운영을 맡은 사람들은 식민지시기부터 중앙 위생시험실에서 근무해온 한국인 연구자들이었다. 국립화학연구소의 1962년도 '구직원 및 구연구생 일람표'에서 입소 시점이 해방 이전, 퇴소 시점이 해방 이후로 명기된 인물들은 고인석, 김명준, 김순태, 김근룡, 송기영, 이상만, 이재형, 한구동, 허금, 홍성구 등 10명이며, 입소 시점이 불명확한 인물들 중에서도 박수선과 함복순은 해방 전부터 해방 후까지 근무했다.[81] 그중 한구동이 초대 연구소장에 취임했고 고인석, 허금, 채예석, 이상면이 과장을 맡았다. 이들은 일본인 인력이 빠지면서 생긴 공백을 메우며 위생시험실의 검사 및 연구 기능을 정상화하는 데 힘썼다.[82]

새 운영진은 국립화학연구소의 연구체계를 개편했다. 영양과, 생약과, 제약과, 위생감독과, 준비과, 약물취체과 등 6과로 구성됐던 과거 위생연구소의 조직은 생화학과, 생약과, 독물검사과, 제약과, 영양과, 위생화학과, 약물검정과, 합성화학 등 8개 분과로 재편됐다. 그중 독물검사과, 약물검정과, 생화학과, 합성화학과는 1946년에 폐지됐고, 대신 유기화학과, 물리화학과, 검정과가 추가됐다.[83] 각 과의 주요 업무를 살펴보면, 유기화학과에서는 DDT, 설파메타진 등 수입 의약품의 국산화를 위한 합성 연구를 시행했고, 검정과에서는 주류 내 메틸알코올 함유량 같은 식품 내 유해성분의

81 이 명단은 식민지시기에 출판된 사료를 통해 확인된 바와 이름 및 입소 시점에 다소 차이가 있으며, 채예석처럼 작성 시점에 국립화학연구소에서 재직 중이던 인물들은 포함하고 있지 않다. "구직원 및 구연구생 일람표", 『국립화학연구소보고』 10 (1962), 110-112쪽.

82 "건국은 실험관으로부터", 《동아일보》, 1946. 2. 8.; "영양이란 어떤 것인가?", 《경향신문》, 1946. 11. 3.; "교갑제조에 개가", 《동아일보》, 1946. 1. 31. 이상면의 이름은 식민지시기 위생시험소에서 발표한 논문들에서는 확인되지 않는다. 그러나 『국립화학연구소보고』의 구직원 명단에는 1944년 10월 30일부터 1950년 11월까지 근무했던 것으로 기재돼 있다. "구직원 및 구연구생 일람표", 『국립화학연구소보고』 10 (1962), 111쪽.

83 Ministry of Health, 앞의 글, 1-2쪽.

유무를 조사했다. 영양과에서는 1946년에는 서울시를, 1947년에는 전국을 대상으로 영양 조사를 실시했다. 위생화학과에서는 서울시 상수도 수질검사를 비롯하여 각종 물과 공기에 대한 위생검사를 실시했다. 제약과에서는 당의정, 좌약 등 각종 의료용 약품을 시험 제조했고, 검정과에서는 약품과 식품의 안전성 분석을, 생약과에서는 한약재에 대한 성분 분석을, 그리고 물리화학과에서는 분광계를 이용한 각종 약물의 분석을 담당했다.[84]

새 연구체제는 식민지시기에 비해 제약 연구의 기능을 강화했다. 식민지시기의 위생시험실이 주로 약물과 식음료의 위생 취체에 관한 검사에 중점을 두었고 제약 면에서는 그나마 한약재를 이용한 서양 의약품의 대체제 개발에 관심을 두었다면, 해방 후의 국립화학연구소는 수입 의약품의 합성 및 각종 약물제제의 시험 제조 등 훨씬 더 본격적인 제약 연구를 실시했다. 이는 1945년부터 1951년 사이 국립화학연구소에서 발표된 연구 총 41건 중, 약품 제조 시험은 15건, 수질 및 공기 검사는 9건, 한약재의 성분 분석은 5건, 식품 영양 조사는 4건, 약품의 화학적 성분 분석은 3건, 분광광도계를 사용한 약물 분석은 3건, 주류의 성분 검사는 2건으로, 약품 제조 시험이 가장 높은 비율을 차지했던 데에서도 잘 드러난다.[85] 제약 연구의 대표적인 성과들로는 DDT의 자체 생산 성공,[86] 종두약의 재료인 특수 글리세린의 생산, 수면유도제인 '아미탈'과 항생제인 '설파다이아진' 성분의 미량 분류 기법 개발 등이 있었다.[87]

84 같은 글, 5-6쪽.

85 보건사회부 편, "연구업적", 『중앙화학연구소』 (1956), 17-23쪽의 연구 목록과 대조하여 검토한 결과이다. 국립화학연구소는 1949년 중앙화학연구소로 개칭했으므로 그 뒤의 연구 성과는 구분하여 표시해야 하지만, 사료상 두 기관의 연구 성과가 한데 묶어서 기록되어 있고 각 연구의 정확한 발표 시점을 확인할 수 있는 자료가 없기 때문에 통합하여 계산한다. 중앙화학연구소로의 개편에 대해서는 후술한다. Ministry of Health, 앞의 글, 18-22쪽.

86 "화학조선에 개가", 《동아일보》, 1946. 2. 26.

87 "건국은 실험관으로부터", 《동아일보》, 1946. 2. 8.

국립화학연구소의 제약 연구 확대에는 당시 국내 제약업계의 항생제 생산 급증이 배경으로 작용했다. 이용 가능한 의약품이 희박하던 해방 직후의 상황에서 거의 유일한 의약품 공급 통로는 미국으로부터의 원조였다. 그를 통해 한국에 유입된 서구의 의약품들, 그중에서도 특히 항생제는 의료인과 일반 소비자들로부터 큰 인기를 끌었다. 항생제에 대한 수요가 급증하자, 국내에서 항생제를 생산하려는 움직임이 일어났다. 동아제약과 유한양행을 비롯한 여러 제약회사들이 항생제 소분제제 공장을 설립했으며, 정부 또한 페니실린 제제 등 주요 약품의 생산을 증진할 목적으로 대한제약공사의 설립을 계획했다.[88] 정부와 제약업계의 항생제 국내 생산 추구는 국립화학연구소의 제약 연구에 영향을 미쳤을 것으로 보인다.

국립화학연구소의 제약 연구 성과는 "일본 제정에 억눌리어" "전통있는 기능을 충분히 발휘 못하고" 있던 젊은 과학자들이 "그 잔악한 그늘 속에서도 진지한 연구를 계속하여 왔던" 결실로서 언론에 선전됐다.[89] 식민통치에 의해 한국인 연구자들의 연구가 억압을 받았으며, 해방과 함께 억압적 요소가 사라져서 한국인 연구자들이 마음껏 역량을 발휘할 수 있게 됐다는 지적이었다. 여기에서 식민지시기의 경험은 한국인의 연구를 방해하는 장애물로 간주됐다. 그러나 이런 언론의 시각과 달리, 해방 후 국립화학연구소의 활동은 식민지시기 위생시험실의 활동과 밀접한 연관을 맺고 있었다.

국립화학연구소에서는 위생시험소의 성과를 토대로 한 연구들이 이루어졌다. 한약재의 성분 분석과 식품 영양 조사가 그에 속했다. 먼저, 한약재 연구로는 위령선(威靈仙), 창구(蒼求), 괴화(槐花)의 성분 분석이 있었다. 그 연구를 주도한 사람은 허금과 박수선이었다. 허금은 박수선과 함께 "위령

88 박윤재, "해방 전후 귀속 제약회사의 동향과 한국 제약업", 『한국근현대사연구』 78 (2016), 252-253쪽.

89 "화학조선에 개가", 《동아일보》, 1946. 2. 26.

선의 성분 연구(제2보)"를 발표했고 이어서 단독으로 "위령선의 성분 연구(제3보)"를 발표했다.[90] 그 연구들은 허금과 박수선이 위생시험소에서 근무하며 1944년에 발표했던 "위령선의 사포게닌(sapogenin)에 대하여"의 후속 연구였다.[91] 위령선에 대한 연구 이후 허금은 홍사악과 창구를 연구했고, 박수선은 서병천과 괴화에 대한 연구를 진행했다.[92] 요컨대 국립화학연구소의 한약재 연구는 식민지시기 한약 조사를 모태로 했다.

식품 영양 조사 또한 식민지시기의 연구 경험에 크게 의지했다. 1946년 국립화학연구소는 『조선식품성분연구보고』를 출판했다. 이 보고서는 1950년 이전까지 국립화학연구소에서 간행된 유일한 단행본이었다.[93] 이 보고서는 크게 '조선일반식품성분연구'와 '산야에서 자생하는 식용식물 성분 연구' 두 부분으로 구성되어 있었다. 각 부분의 연구자는 각각 17명과 9명이었는데, 그중에는 식민지시기 식품 영양 조사에 관여했던 한구동, 채예석, 고인석, 이인수, 김성진, 함복순, 서인애, 오규단, 최금순, 김동원이 포함되어 있었다.[94] 보고서를 편집한 채예석은 '서언'에서 "한구동 선생과 1937년 이래 조선 식품을 화학적으로 분석을 계속하여 그 영양적 본태에 관한 연구조사에 종사하여 왔"으며, "본 보고의 일부는 벌써 1940년 9월, 1941년 12월, 1942년 12월 조선약학회잡지에 보고"됐다고 언급했다. 그에 따르면 『조선식품성분연구보고』는 식민지시기의 연구에 해방 후에 추가로 실시한 상용식품 414종 및 야생 식용식물 155종에 대한 조사를 더한 결과

90 보건사회부, 앞의 글, 19쪽.

91 허금, 정상임, 박수선, "위령선의 사포게닌에 대하여", 『일본약학잡지(을권)』 64:171 (1944); 하석 약학박사 허금 교수 화갑기념논문집 간행위원회, "연구목록", 『하석 약학박사 허금 교수 화갑기념논문집』 (1977)에서 재인용.

92 보건사회부, 앞의 글, 19쪽.

93 같은 글, 29쪽.

94 채예석, "저자명단", 『조선식품성분연구보고』 (보건후생부, 1946).

물이었다.[95]

이처럼 해방 직후 국립화학연구소의 연구는 식민지시기 위생시험소의 연구와 연속성을 지니고 있었다. 물론 국립화학연구소의 연구는 식민지시기의 것과 다른 목적과 의미를 지니고 있었다. 해방 후의 연구는 바뀐 정치 환경하에서 새로운 국민 만들기를 목적으로 했다. 다시 말해, 국립화학연구소에서의 연구는 더 이상 식민통치와 전쟁 준비에 필요한 자료의 제공이 아니라, 해방된 한국인을 건강한 국민으로 육성하는 데 활용됐다. 하지만 그 연구의 세부적인 방법과 실천적 지향, 즉 "국민의 체위향상을 기도"하고 "식량소비를 합리화"한다는 등의 목표는 식민지시기의 것과 거의 일치했다.[96]

식민지 경험의 영향은 대한민국 정부의 수립과 조직 개편에 따라 국립화학연구소가 제도적인 변혁을 겪는 과정에서도 지속됐다. 국립화학연구소는 1948년 보건후생부가 보건부와 사회부로 분할되자 보건부 산하로 이동하며 중앙화학연구소로 개칭했다. 중앙화학연구소의 조직과 기능은 1949년에 발표된 '중앙화학연구소직제'에 의해 정의됐다.[97] 이후 중앙화학연구소는 정부의 조직 개편에 의해 다시 변동을 겪었다. 1955년 보건부와 사회부가 보건사회부로 통합되면서 보건부 산하에 있던 중앙화학연구소가 보건사회부 소속이 됐고, 1960년에 이전 명칭인 국립화학연구소로 개칭했던 것이다. 하지만 이 변동의 과정에서 국립화학연구소 내부의 조직과 기능은 거의 그대로 유지됐다.

1960년에 발표된 국립화학연구소의 직제는 주무장관을 '보건부 장관'에서 '보건사회부 장관'으로 바꾼 것을 제외하면 중앙화학연구소 직제와 달

95 채예석, "서언", 『조선식품성분연구보고』 (보건후생부, 1946).
96 앞의 글.
97 보건사회부, 앞의 글, 2쪽.

라진 점이 거의 없었다.[98] 중앙화학연구소 직제는 연구소 조직을 서무과, 제약과, 검정과, 위생화학과, 영양과, 생약과, 화학과, 물리화학과를 포함한 8과 체제로 명시했다. 제약과에서는 약품의 제조 시험, 마약과 그 제제의 분봉 및 제조, 제약 자원의 조사, 제약기술 교육 등을 시행했다. 검정과는 약품에 대한 성분 분석과 안전성 평가를 담당했고, 위생화학과는 환경, 노동위생에, 위생시책에 관한 조사연구와 교육, 그리고 수질과 공기에 대한 검사를 수행했다. 영양과는 음식물에 대한 성분 분석과 영양가 측정, 식품의 생산, 가공, 저장 등에 대한 조사연구와 지도, 신진대사에 관한 연구, 국민 영양에 대한 조사연구와 지도를 시행했고, 생약과는 한약의 성분과 재배 방법 등에 대한 조사연구, 한약 자원의 이용과 생약의 규격에 관한 연구를 실시했다. 화학과는 합성화학, 일반화학에 관한 연구 및 특수화합물에 대한 감정, 분석, 교육을 담당했고, 물리화학과는 이화학적 방법에 의한 분석과 제약공업재료에 관한 조사연구를 수행했다.[99]

이 같은 직제의 내용은 해방 직후 국립화학연구소의 실제 활동과 크게 다르지 않았다. 약품의 제조시험과 마약 및 관련 제제 분석, 약품의 성분과 안전성 점검, 수질, 공기를 비롯한 환경위생 관련 검사, 식품의 성분, 영양가, 위생상태 검사, 한약재에 대한 조사와 약품에 대한 화학적 연구는 이미 해방 직후부터 시행되어온 것들이었다. 직제 발표 전과 후인 1950년과 1948년의 활동 내역을 비교하더라도 업무 항목에 차이는 보이지 않는다.[100] 그나마 차이를 꼽으면, 위생화학과의 업무에 '노동위생'에 관한 조사연구와 교육이 명시된 것이었으나, 이는 산업화가 많이 이루어지지 않았던

98 국가법령정보센터, "국립화학연구소직제", https://www.law.go.kr/법령/국립화학연구소직제/(01511,19630903) (2022. 6. 30. 접속).

99 국가법령정보센터, "중앙화학연구소직제", https://www.law.go.kr/법령/중앙화학연구소직제/(00212,19491107) (2022. 6. 30. 접속).

100 Ministry of Health, 앞의 글, 12-17쪽.

1950년대의 당면 과제는 아니었다. 이런 점으로 볼 때, 국립화학연구소와 관련된 직제의 성립은 그것에 새로운 역할을 부여하려는 목적보다는 해방 직후의 관행적으로 이루어지던 국립화학연구소의 업무를 성문화하려는 목적에서 제정됐으며, 그런 업무 체계가 1960년대까지 초까지 계속된 것으로 보인다.

반면, 기본 기능이 안정적으로 유지됐던 것과 달리 1950년대에 걸쳐 국립화학연구소의 전반적인 연구 내용에는 큰 변화가 생겼다. 1954년부터 UNKRA의 원조를 받게 되면서, 국립화학연구소는 미국으로부터 이전보다 훨씬 더 강한 영향을 받게 됐다. UNKRA는 한국전쟁 후 교육과 연구에 대한 한국의 재건을 돕기 위해 약 30만 달러를 국립화학연구소에 지원했다.[101] 그 덕택에 국립화학연구소에는 서구에서 온 각종 실험기구와 연구자료가 구비됐고, 무엇보다도 연구원들에게 미국 유학의 기회가 주어졌다. 매해 약 2명의 연구원이 1년씩 미국에 가서 보건학을 배우고 돌아왔다. 허금, 채예석, 고인석처럼 식민지시기부터 경력을 쌓아온 연구원들도 예외는 아니었다. 허금은 1954년에, 고인석은 1955년에, 채예석은 1957년에 미국에 파견됐다. 이 같은 유학 프로그램을 통해 미국의 지식과 연구 방법은 적극적으로 국립화학연구소에 도입됐다.[102]

그러나 미국의 영향이 급속히 팽창하는 중에도, 식민지의 경험은 여전히 영향력을 지니고 있었다. 이를테면, 미국 유학 후에도 채예석의 주된 관심사는 여전히 식품 영양 조사였다. 그는 1960년부터 2년에 걸쳐 한국의 상용 식품에 대한 영양가 조사를 실시했다. 한국인들이 일반적으로 섭취

101 Ministry of Health, 앞의 글, 37쪽.

102 "사업보고", 『중앙화학연구소보고』 5 (1956), 11쪽; 허금과 채예석의 유학 기록은 다음을 참조. 하석 약학박사 허금교수 화갑기념논문집 간행위원회, "약력", 『하석 약학박사 허금교수 화갑기념논문집』 (1977); 백하 채예석 박사 기념논총 간행위원회, "약력", 『백하채예석박사 기념논총』 (1974).

하는 식품 108종에 대해, 열량, 수분, 단백질, 지방, 당, 섬유소, 회분, 그 외 무기질과 비타민의 함량을 분석한 연구였다.[103] 무기질과 비타민의 세부 항목이 다소 늘어났지만, 연구의 기본 방식은 그의 유학 전 연구와 같았다. 아울러 국립화학연구소에서는 1957년 『생약규격집』을 출판했다. 약 500종에 달하는 한약재를 식물성과 동물성, 그리고 보다 자세한 기준에 따라 분류하고, 각각의 별칭, 학명, 복용법, 적정 용량을 정리한 책자였다. 당시 소장이었던 허금에 따르면 이 책은 "본 연구소에서 근 20년 전부터 국산 혹은 수입생약으로 약용 생약에 대한 기원, 일반 성분, 성상에 대하여 앞으로 제정될지도 모르는 생약 약전의 자료로서 조사하여 왔"던 성과였다.[104] 여기에서 20년 전이란 1930년대 후반 조선총독부의 적극적인 후원을 받으며 추진됐으며 또한 그가 참여했던 위생시험실의 한약 조사를 지칭하는 말이었다. 즉, 허금에게 『생약규격집』은 식민지시기부터 축적되어온 약재 연구의 집산물로서 조선의 한약재에 대한 약전을 만들겠다는 위생시험실 시절의 목표를 달성한 결과였다.

이처럼 위생시험실은 해방 후 여러 차례의 재편을 거치면서도 그 흔적을 남겼다. 위생시험실에서 만들어진 지식과 연구 전통은 그곳에서 근무하던 한국인 연구자들에 의해 해방 후에도 영향력을 발휘했다. 그들의 식민지 경험은 국립화학연구소의 연구 활동에 초석이 됐다. 그러나 이를 국립화학연구소의 연구 활동이 식민지 위생시험실의 연구를 계승했다는 단순한 문장으로는 표현하는 것은 적절하지 않다. 해방 후 한국의 탈식민적 맥락과 지적, 재정적 원조를 통해 확대되는 미국의 영향이 국립화학연구소에서 교차하며 식민지시기의 경험과 끊임없이 상호작용했기 때문이다. 따라

103 채예석 외, "한국 상용식품 영양가 조사 보고(제1보)", 『국립화학연구소보고』 9 (1960), 72-75쪽; 채예석 외, "한국 상용식품 영양가 조사 보고(제2보)", 『국립화학연구소보고』 10 (1962), 56-64쪽.

104 중앙화학연구소 생약과, "서언", 『생약규격집』 (중앙화학연구소, 1957).

서 식민지 경험은 변형된 형태로 국립화학연구소의 연구에 반영됐으며 다른 요소들과 복잡하게 뒤얽혀 존재하게 됐다.

5. 맺음말

위생시험실은 조선총독부와 각 도 위생과 산하에 설치된 조사연구기관으로서, 위생 취체 현장에서 그에 일차적으로 필요한 전문 지식을 생산했다. 약물과 식음료에 대한 화학적 성분 분석을 바탕으로, 위생시험실은 위생경찰이 해결하기 어려운 문제에 대한 자문을 제공하고, 공중위생과 관련된 사건들의 원인을 조사하며, 감염병의 유행을 감시하는 등 위생 취체를 보조했다. 아울러 위생시험실에서는 시판되는 매약, 식품, 음료수의 유해성을 검사함으로써, 약품과 식품의 질과 안전성을 감독했다. 이런 기능을 통해, 위생시험실은 위생경찰에 의존하는 식민지 조선의 공중위생 관리 체제에서 필요한 최소한의 전문성을 보완하는 역할을 담당했다.

나아가 위생시험실의 연구는 취체 현장에서 위생의 의미와 범위를 규정하고 만드는 역할을 했다. 약품과 식음료의 유통 및 생산 허가, 음용수의 적부 판정 등은 검사 대상이 섭취에 적합한 기준을 통과했는지 못 했는지를 가려내는 작업이었다. 위생시험실은 단지 주어진 기준에 따른 평가만을 수행한 것이 아니라, 그 기준 자체를 형성했다. 조선약학회 위생부회에서의 합의를 통해 이루어진 우물물의 수질 판정 기준 도출과 조선 약전의 제작 시도가 여기에 해당했다. 이것들은 어떤 물과 어떤 한약재가 과학적이고 근대적인 의미의 '위생적 물질'인지를 판별하는 표준을 결정하는 작업이었고, 그런 점에서 취체 현장에서 사용되는 '위생의 범주'를 만들어냈다.

아울러 위생시험실은 조선의 건강 자원을 탐구하는 전문적인 연구기관으로서의 기능도 담당했다. 다시 말해, 위생 취체 보조 사무 외에도 학술적인 연구를 수행했다는 뜻이다. 위생시험실의 연구자들은 조선약학회 위생부회를 중심으로 교류하면서 공동연구를 수행했고 통일된 연구 방법론을 구축하면서 자신들의 전문성을 높였다. 이를 바탕으로, 그들은 조선총독부의 지원하에 우물물 수질조사, 한약 연구, 조선 식재료 조사 등 전국적인 규모의 조사연구를 실시했다. 그 결과는 조선총독부의 위생정책에 활용되는 동시에, 조선 약학계 내부에서 환경조사, 생약연구, 식품 영양 연구의 전통을 형성했다.

위생시험실의 경험은 해방 후 공중위생 조사연구에 영향을 주었다. 미군정의 실시, 대한민국 정부의 수립 같은 정치적 변동에 따라 위생시험실도 국립화학연구소에서 중앙연구소로, 그리고 또다시 국립화학연구소로 개편되었다. 이 같은 제도적 변화에 수반하여, 국립화학연구소는 위생경찰을 보조하던 과거의 역할에서 벗어나 연구 기능을 더욱 강화했다. 그러나 위생시험실의 경험은 연구를 통해 지속적으로 영향력을 발휘했다. 위생시험실에 근무했던 한국인 연구자들은 식민지시기의 경험을 토대로 영양 조사와 생약 조사 같은 공중보건 연구를 계속했다. 그 과정에서 식민지 유산은 당대의 여러 지적 요소들과 조우하고 영향을 주고받으면서 국립화학연구소의 연구에 반영됐다.

[부록 8-1] 조선총독부 위생시험소 근무자 명단 (1923-1942)
[Appendix 1] List of Researchers at Hygiene Laboratory (1923-1942)

번호	이름	부임 연도	비고
1	川口利一	1923	위생시험소 소장
2	有川武彦	1930	1937년 경성제국대학 부속의원 약국으로 전출
3	한구동	1930	1940년부터 西原宇一로 표기
4	榎田貞義	1932	1933년 경성의학전문학교로 전출
5	市村孝夫	1933	
6	池畑健二	1933	
7	장용한	1933	1937년 조선약학회에서 제명
8	一ノ瀨正夫	1933	
9	稻田米子	미상	조선약학회잡지 14권 1·2호(1934.4)에 사망 기사 수록. 조선총독부 직원록 자료에서 확인 불가.
10	里見卓郞	1934	1939년 경상북도립대구의원 약제과로 전출
11	伊藤義男	1934	
12	김기우	1934	해방 후 납북
13	有島文雄	1934	1941년 나가사키 의과대학으로 전출
14	河野正成	1935	1937년 평양부 수도과로 전출
15	松岡龍一	1935	1937년 경상남도 위생과로 전출. 1939년 조선총독부 위생시험소 복귀. 1940년 경성부 위생과로 전출
16	신덕균	1935	1937년 금강제약소(金剛製藥所)로 전출
17	稻垣繁	1935	1939년 경성부 위생과로 전출. 1940년 조선총독부 위생시험소로 복귀
18	백남호	1936	조선약학회잡지에는 백남신으로 표기됐으나 한구동의 회고를 근거로 수정
19	岡山嚴	1936	1937년 개성도립약용식물연구소로 전출
20	中川明	1936	1937년 서대문형무소로 전출
21	中井請次郞	1936	
22	松岡多喜夫	1937	1937년 경성약학전문학교로 전출
23	磯野義雄	1937	부임 전 경성제국대학 부속의원 약국에서 근무. 1940년 함북도립나남의원 약제과로 전출
24	김덕수	미상	1937년 만주국 안동성 경무청으로 전출
25	大塚朝夫	1937	
26	春日河內	1937	1940년 인천부 토목과 수도계로 전출
27	角倉一	1937	
28	竹中正夫	1937	부임 전 경성제국대학 부속의원에서 근무
29	上條齊昭	1937	
30	채예석	1937	부임 전 경성부민병원에서 근무. 1940년부터 松岡輝로 표기
31	松下維光	1937	부임 전 도립신의주의원에서 근무

32	戶田實	1938	
33	茂木登	1939	
34	內海長太郎	1939	
35	岩崎茂二	1939	
36	津野傳松	1939	
37	西村義廣	1939	
38	菊池直次	1939	1940년 경성부 위생과로 전출
39	寺田太治郎	1939	
40	上野義重	1939	
41	고인석	1939	1940년부터 長城正義로 표기
42	양계동	1939	1940년 황해도 위생과로 전출
43	허금	1939	1940년부터 石渡潔로 표기
44	채동규	1939	부임 전 금강제약소에서 근무
45	이인수	1939	
46	一丁田健一	1940	부임 전 경성제국대학 의학부 약리학교실에서 근무
47	大庭寬夫	1940	부임 전 평안북도 위생과에서 근무
48	寺本健二	1940	
49	關孝男	1940	
50	김봉규	1940	
51	정상임	1940	
52	최금순	1940	
53	오규단	1940	
54	심길순	1940	
55	大曲守	1940	
56	久保久尙	1940	
58	정진숙	1940	
59	정원서	1940	
60	김동원	1940	
61	金澤秀幸	1940	金澤秀幸과 德本瑩子 둘 중 한 명은 서인애일 것으로 추정됨 (한구동의 회고에 근거)
62	德本瑩子	1940	金澤秀幸과 德本瑩子 둘 중 한 명은 서인애일 것으로 추정됨 (한구동의 회고에 근거)
63	文山靖子	1941	박수선의 일본식 이름으로 추정 (한구동의 회고에 근거). 해방 후 숙명여자대학교 약학과 창설
64	西原千惠	1941	
65	김성진	1941	
66	安田茉美子	1941	
67	平田賢友	1941	
68	서만석	1942	

69	東原光子	1942	
70	大川瑞枝	1942	
71	金原豹燮	1942	
72	百城秀康	1942	
73	武田景祚	1942	
74	三木敏弘	1942	
75	大城清義	1942	
76	波多野信次	1942	
77	함복순	1942	
78	岩本匡世	1942	

주: 1928년부터 1942년까지 확보 가능한 『조선약학회잡지』의 논문 저자, 학술대회 발표자, 입회자, 퇴회자, 회원 이동 내역을 바탕으로 수집한 자료를 조선총독부 직원록과 비교하여 작성. 부임 연도는 『조선약학회잡지』에 근무자 성명이 처음 등장한 시점을 바탕으로 유추한 추정치임. 열거 순서는 부임 연도 추정치에 따름.

보건학자 주인호의 감염병 매개 곤충 연구와 미군의 지원, 1945–1969

박지영 (인제대학교 의과대학 인문사회의학교실)

1. 들어가며

한국 현대의학은 해외 원조의 뒷받침을 통해 성장했다고 해도 과언이 아니다. 대표적인 예로 한국전쟁 이후 교육 재건을 위해 실시된 미네소타 프로젝트는 미국 대외활동본부(Foreign Operation Administration, FOA)의 원조하에 미네소타대학교와 서울대학교가 협정을 체결하여 교환교수 프로그램, 시설 복구, 장비 지원 등을 실시함으로써 의료인력 양성과 교육 기반 복원에 기여했다.[1] 아울러 차이나메디컬보드(China Medical Board, CMB)는 서울대학교를 넘어 훨씬 더 많은 기관들에게 시설과 장비의 보충을 지원하며 한국 의학교육의 인프라 구축에 일조했다.[2]

1 Ockjoo Kim, Sangik Hwang, "The Minnesota Project", *Korean Journal of Medical History* 9:1 (2000), pp. 112-123.

2 여인석, "세브란스를 중심으로 본 CMB의 한국의학 재건사업", 『연세의사학』 18:1 (2015), 175-196쪽; 신미영,

이처럼 한국 의학교육의 전후 재건을 목표로 한 원조기구 중심의 서술에서, 한국 현대의학에 광범한 영향을 미쳐온 '미군'은 그리 존재감 있는 행위자로 주목받지 못했다. 그 한 가지 이유는 미군의 지원이 원조 전문기구들의 활동처럼 일원적인 방침과 체계를 갖기보다는 상황에 따라 가변적, 파편적으로 이루어진 면이 있고, '미군'이라는 명칭 속에 미군정청, 미8군, 한국민사원조사령부(Korea Civil Assistance Command, KCAC) 등의 서로 다른 성격을 지닌 기관들이 포함되어 있고 유엔군과 주한유엔민간원조사령부(UNCACK)의 활동을 통해 영향력을 행사하기도 해서 그것을 단일 주체로 파악하기 어려운 면이 있기 때문으로 추정된다.

그럼에도 미군이 한국 현대의학에 미친 영향은 한국전쟁에 관한 의학사적 연구들을 통해 널리 알려져왔다. 2000년대 이전까지 한국전쟁기 미국의 군진의학을 경험한 인물들의 회고를 통해 신경외과, 흉부외과, 마취과, 재활의학, 수혈 등 주로 외과 분야에서 큰 진전이 있었음이 밝혀졌고,[3] 2000년대 이후로는 좀더 포괄적인 영역에서 미군의 역할을 검토하려는 시도들이 등장했다. 대표적인 연구로, 이임하는 주한유엔민간원조사령부의 방역 활동에 초점을 맞추어 미국이 DDT, 백신 등 새로운 기술과 보건위생 관리 방식을 한국에 도입했음을 보였고,[4] 한봉석은 미8군의 의료지원 체계와 육군이동외과병원의 기능을 검토했다.[5] 그러나 이런 연구들은 미군

"1950-70년대 차이나메디컬보드(CMB)의 한국 지원과 특징: Annual Report를 중심으로", 『의사학』 32:1 (2023), 387-422쪽; Hyungwook Park, "China Medical Board and Modern Medicine in Seoul", *Rockefeller Archive Center Research Reports* (2023); Junho Jung, "Constructing Changes: Seoul National University Hospital and China Medical Board Support, 1967-1978", *Rockefeller Archive Center Research Reports* (2022).

3 문태준, "한국전쟁이 한국의료에 미친 영향", 『의사학』 9:2 (2000), 252-255쪽; 최제창, 『한미의학사』 (서울: 영림카디널, 1996); 권이혁, 『또 하나의 언덕』 (서울: 신원문화사, 2000).

4 이임하, 『전염병 전쟁: 한국전쟁과 전염병 그리고 동아시아 냉전 위생 지도』 (서울: 철수와영희, 2020).

5 한봉석, "한국전쟁기 의료지원 연구: 미 제8군 육군이동외과병원의 활동을 중심으로", 『연세의사학』 24:1 (2021), 7-38쪽.

의 활동 자체에 초점을 맞추고 있기 때문에, 미군에 의해 새로운 지식과 기술이 한국에 전달되었음은 보이더라도 그들의 활동이 한국인 의학 전문가들에게 어떻게 받아들여졌는지에 대해서는 자세히 살펴보지 않는다.

한국인 의학 전문가들이 미군의 활동과 지원을 어떻게 수용했는지에 대한 검토는 미군이 한국 현대의학의 형성에 미친 영향을 이해하는 데 중요하다. 미국의 군진의학과 보건 프로그램이 한국에 그대로 이식되는 것이 아니라, 한국의 상황에 맞게 선택과 변형을 거쳐서 받아들여졌기 때문이다. 바꾸어 말하면, 한국 의학에 대한 미군의 영향은 미군과 한국의 의학 전문가들 사이의 상호작용의 산물이다. 따라서 한국의 의학 전문가들이 어떤 경로를 거쳐, 어떤 방식으로 미군의 지식과 기술 그리고 기타 지원들을 수용하게 되는지 알아보는 것은 한국 의학에 대한 미군의 영향을 정확하게 파악하는 데 필수적인 단서를 제공한다.

그러나 미군의 지적, 기술적, 물질적 지원이 한국인에게 받아들여지는 과정에 주목한 연구는 별로 없다. 도쿄에 위치한 미군의 406의학종합연구소가 한국전쟁기 한국의 실험의학 발달에 미친 영향을 다룬 정준호의 연구가 거의 유일하다. 그는 한국의 실험기사들이 미군의 실험실 검사 기술을 체득한 방식을 세밀하게 보여준다.[6] 하지만 한국전쟁이라는 특수한 상황이 종결된 후에도 미군의 영향이 어떻게 지속 혹은 변형되는지, 미군의 지원이 수용되는 다른 방식에는 무엇이 있는지 알기 위해서는 보다 더 풍부한 사례의 축적이 필요하다.

이런 점에서 해방 직후부터 1960년대까지 미군의 지원하에 이루어진 보건학자 주인호(朱仁鎬, 1919-2000)의 연구 활동을 살펴보는 것은 미군의 지원이 한국 의학에 영향을 미치는 다양한 방식을 이해하는 데 효과적이다.

6 정준호, "해방 후 한국 실험실 의학의 발전: 미군 406 실험실과 실험기사들을 중심으로", 『연세의사학』 25:2 (2022), 121-145쪽.

그는 미군정청이 미국에 파견한 최초의 한국인 유학생으로서 그 후원으로 미국에서 보건학을 전공했고 이후에는 보건 관료로 활동했다. 한국전쟁 시기에는 미군의 예방의학 자문관으로서 공중보건과 관련된 조사 사업에 종사했으며 미군 출혈열 연구소에서 근무하며 감염병 매개 곤충, 소위 '의용곤충'에 대한 실험 연구 방법을 배웠다. 휴전 후에는 미군과 지속적으로 교류하면서 대만 미해군의학연구소에서 의용곤충학 연구를 심화했다. 요컨대, 보건학자로서 그의 연구 이력 전반에는 여러 형태로 미군의 개입이 있었다. 따라서 그의 행보를 추적하는 일은 미군의 지원이 작동하는 방식들을 압축적으로 보여주는 사례 연구인 셈이다.

이런 관점에서 본 논문은 주인호가 보건학자로서 성장하여 전염병 매개 곤충 연구에 매진하기까지의 행보를 그와 미군의 교류에 초점을 맞추어 추적한다. 그러기 위해 본 논문은 주인호와 미군의 교류 내용이 담긴 회고록과 연구 논문들 그리고 그와 관련된 미군 문서들을 살펴본다. 특히 동일한 연구를 둘러싸고 교차하는 서로 다른 종류의 사료들을 비교하고 연결지음으로써, 냉전 시기 동아시아의 미군 의학 네트워크와 주인호를 둘러싼 현실적 상황이 어떻게 맞물리는지를 분석한다. 그럼으로써 이 논문은 주인호의 연구가 그와 미군 사이의 교류의 산물임을 밝히고 미군의 지원이 받아들여지는 방식과 그 영향을 드러내고자 한다.

2. 보건학자로서 주인호의 성장과 미군정청의 지원

주인호는 1919년 함경남도 함주에서 태어났다(그림 9-1 참고). 한의사인 부친의 인도로 6세부터 3년간 서당에서 한학을 공부하다가 간이학교에 입학해서 2년간 수학한 뒤 지경초등학교 3학년에 편입했다. 그 뒤 함흥고등

보통학교에 진학했고 졸업 후 1939년 경성의학전문학교에 입학했다. 진로의 선택에 가장 큰 영향을 미친 것은 아버지와의 돈독한 관계였다. 주인호는 함흥고등보통학교를 다니던 시절부터 방학 때면 집에 돌아가서 부친의 진료 활동을 도왔는데, 그 과정에서 "무지 빈곤 병고에 허덕이는 농촌의 삶의 모습은 뼈에 사무치도록 체험"했다. 그러나 부친의 이른 별세로 인해 그런 활동은 그리 오래가지 못했다. 주인호가 함흥고등보통학교 4학년에 재학하던 때 그의 부친은 간염으로 세상을 떠났다. 부친을 병으로 잃은 슬픔과 그의 진료를 도왔던 경험은 "질병 극복에 대한 반항심을 불태워 주었"고 이는 주인호가 의사를 직업으로 선택한 강력한 계기가 됐다.[7]

〈그림 9-1〉 주인호

출처: 고려대학교 의과대학 예방의학교실 동문회 편, 『주인호 교수회갑기념논문집』(고려대학교 의과대학 예방의학교실 동문회, 1981).

7 주인호의 약력은 다음을 참고. 홍혜걸, "한국예방의학의 개척자 주인호 박사", 《중앙일보》, 2000. 8. 9. https://news.joins.com/article/3954185 (2023. 8. 31. 접속); "예방의학자 주인호씨 별세", 《경향신문》, 2000. 8. 3. http://news.khan.co.kr/kh_news/khan_art_view.html?art_id=200008031900211 (2023. 8. 31. 접속); 우리나라 의학의 선구자 편찬위원회, "아프리카에서 15년 전염병 관리한 주인호", 『우리나라 의학의 선구자 제2집』 (한국의학원, 2009), 119-121쪽. 어린 시절과 경성의학전문학교 진학에 관한 자세한 회고는 김동우, "병 없는 사회 이루고저", 『(한국박사들의) 박사가 되기까지』 (서울: 신영문화사, 1962), 217-219쪽을 참조.

1942년 경성의학전문학교를 졸업한 주인호는 모교의 약리학교실에 들어갔다. 그를 이 교실로 이끈 것은 부친의 비방(祕方)을 약리학적으로 연구하겠다는 포부였다. 그의 부친은 '홍곡산(紅曲散)'이라는 이질 치료제로 함흥시 함주군과 정평군 일대에서 유명세를 얻었다. 주인호가 부친의 진료를 도우며 관찰한 바에 따르면, 홍곡산은 홍곡(紅麯),[8] 소백피(小白皮), 진피(陣皮), 백출(白朮),[9] 창출(蒼朮),[10] 계피(桂皮) 등으로 이루어져 있었다. 그는 이 한약재들의 효능과 약리 작용을 과학적인 방법으로 밝히고 싶다는 소망을 가지고 있었다. 그의 꿈을 더욱 자극한 것은 동향 출신이자 경성의학전문학교 선배로 주인호와 두터운 친분을 맺은 내과의사 윤치형(尹治衡)이었다. 윤치형은 1924년에 결핵연구소를 설립하고 고향인 함흥시 장진군에서 나는 약초를 사용해서 '테베틴'이라는 결핵 치료제를 개발했는데, 주인호는 그와 비슷하게 홍곡산 연구를 토대로 이질연구소를 설립하고 싶다는 생각을 갖고 있었다.[11]

그러나 약리학교실에 들어간 뒤 주인호의 연구 주제는 애초의 관심사와 거리가 먼 '동물의 망막 생리'였다. 특히 그가 연구한 것은 망막에 함유된 락토플라빈(lactoflavin)이라는 색소였다.[12] 락토플라빈은 빛을 받으면 시신경을 자극해서 시력을 증진하는 기능을 갖고 있다. 주인호는 어류와 양서류를 대상으로 여러 환경에서 락토플라빈의 작용이 어떻게 변하는지를 실험

8 주인호는 홍곡의 한자를 紅曲으로 표기하고 있는데 이는 원래 명칭인 紅麯을 약기한 것으로 추정됨. 한국한의학연구원 한약자원연구센터, "홍곡", https://herba.kr/boncho/?m=view&t=dict&id=41235 (2023. 8. 31. 접속).

9 주인호는 백우(白尤)라고 표기했으나 백출(白朮)의 오기로 추정. 한국한의학연구원 한약자원연구센터, "백출", https://herba.kr/boncho/?m=view&t=dict&id=18227 (2023. 8. 31. 접속).

10 주인호는 창출의 한자를 蒼出로 표기했는데 蒼朮의 오기로 추정. 한국한의학연구원 한약자원연구센터, "창출", https://herba.kr/boncho/?m=view&t=dict&id=7976 (2023. 8. 31. 접속).

11 주인호, 『전염병 탐색기』 (서울: 의학출판사, 1989), 154쪽; 정철, 『한국박사록』 (서울: 새벽출판사, 1962), 1쪽; 윤치형, "고난과 온갖 유혹을 물리치고", 『(한국박사들의) 박사가 되기까지』 (서울: 신영문화사, 1962), 134-142쪽.

12 락토플라빈은 오늘날 리보플라빈(Riboflavin) 또는 비타민B2로 불린다.

했고, 그 결과를 1944년 제18회 일본약리학회에서 발표했다.[13] 이 연구들은 해방 후까지 이어졌다. 주인호는 그 연구들을 종합하여 1955년에 서울대학교에서 의학박사 학위를 받았고 그중 일부를 발전시켜서 1958년 『동물학회지』에 발표했다.[14]

주인호가 동물의 망막 생리로 관심사를 바꾼 데는 그의 스승인 경성의학전문학교 약리학 교수 하자마 분이치(挾間文一)의 영향이 주요했다. 하자마는 영국으로부터 입수한 전류계를 사용하여 동물의 기본적인 생리 작용과 그에 미치는 약물의 영향을 전기 현상으로 나타내는 데 몰두한 인물이었다. 그는 1935년 조선에 부임한 이래 반딧불이의 발광(發光) 기전에 관심을 두고 계속 연구하다가 1940년대에 들어서면서 명태의 망막 생리에 주목하기 시작했다. 그런 변화의 배경에는 전시체제의 상황이 놓여 있었다. 일본군은 야전 활동에서 군인의 시력을 증강할 방법을 고민했고 그에 대한 자문을 하자마에게 요청했다. 하자마는 그 방안을 찾고자 수심이 깊어 어두운 곳에서도 앞을 잘 보는 어류, 특히 조선에 널리 분포하는 명태에 착안했다. 그리고 명태의 망막 생리에서 중요한 역할을 담당할 것으로 추정되는 물질들에 대해 연구하면서, 그중 하나인 락토플라빈을 주인호의 연구 과제로 주었다.[15]

13 朱本桂成, "一定期間各種波優可親光線照射下にて發育せる鮒蚪の眼網膜色素移勧に及ぼすAdrenalinの影響に就て", 『日本藥理學雜誌』 40:3 (1944), 95-96쪽; 朱本桂成, "蛙皮膚のHellstoff産生に關する實驗的研究補遺", 『日本藥理學雜誌』 40:3 (1944), 96-97쪽; 朱本桂成, "兩棲類發育各期に於ける眼網膜色素移動に及ぼす諸種藥物,放射線竝に異常氣壓の影響", 『日本藥理學雜誌』 40:3 (1944), 97-99쪽; 朱本桂成, "蛙眼網膜の各種放射線感受性に及ぼすVitaminB2の影響に就て", 『日本藥理學雜誌』 40:3 (1944), 100-101쪽.

14 주인호, "와안망막 색소이동의 발생생리에 관한 실험적 연구" (서울대학교 박사학위논문, 1955); 주인호, "망막반응으로 본 각종파장가시광선조사하에서 발육한 과두(올챙이)의 식물신경계기능변조에 관하여", 『동물학회지』 1:2 (1958), 17-24쪽.

15 하자마의 명태 망막 연구에 대한 전시체제의 영향은 挾間文一, 『朝鮮の自然と生活』 (京城: 東都書籍, 1944), 1-7, 23-32쪽; 하자마에 대한 일본군의 야간 시력 증강 관련 청탁과 주인호의 연구 주제 결정에 대해서는 주인호, 앞의 책, 153-154, 158-159, 162-163쪽을 참조.

하자마와의 연구 경험은 주인호가 해방 후 의용곤충학 연구에 집중하도록 만든 한 요인이었다. 주인호는 하자마의 연구를 도우며 동물의 해부와 생리에 관한 기본 지식과 각종 실험 기법을 익혔다. 하자마의 까다로운 기준을 만족시키기 위해서는 철저한 준비가 필요했다. 특히 그의 주된 연구 대상인 반딧불이의 표본을 만들기 위해 주인호는 곤충의 발생학, 해부학, 조직학, 생리학, 생태학을 꼼꼼히 공부해야 했고, 다루기 어려운 곤충 조직을 현미경 슬라이드로 만들기 위해 수많은 연습을 거쳐야 했다. 이런 곤충 연구의 경험이 해방 후 보건학을 배우는 동안 주인호의 흥미와 관심을 전염병 매개 곤충 쪽으로 이끌었다. 그에 대해 그는 훗날 "내가 평생 곤충 매개성 전염병에 취미를 가지고 있는 것도 과거 이러한 조교 생활에서 연유된다"라고 회고했다.[16]

주인호에 대한 하자마의 영향은 동물실험에만 그치지 않았다. 주인호가 미국의 의학을 향해 가진 호의적인 관심 또한 하자마로부터 일부 물려받은 것이었다. 모순적이게도 하자마는 일본군의 승리를 위한 연구를 하면서 동시에 적국인 미국의 의학적 우수함을 예찬하며 그 승리를 점쳤다. 그런 친미적인 태도는 그의 활동 영역과 관련이 있었다. 하자마의 전기생리학 연구는 일본에서보다 서구, 특히 미국에서 더 많은 호응을 얻었다. 그런 반응에 따라 하자마는 연구 결과를 일본 학계가 아닌 유럽 학계에 더 적극적으로 발표했고 그쪽 학자들과의 유대를 강화했다. 그리고 자신의 제자들에게도 그런 상황을 알리며 독일어뿐 아니라 영어와 프랑스어를 공부하는 데 힘쓸 것을 권했다.[17]

하자마의 지도에서 비롯된 미국의 의학과 언어에 대한 친숙함은 해방 직후 주인호를 미군정청과 연결하는 통로가 됐다. 주인호는 한반도에 상륙

16 주인호, 앞의 책, 154-159쪽. 인용 문구는 156쪽.

17 같은 책, 160쪽.

한 연합군의 통역관으로 활동했다. 그리고 미국 군의관들이 한국인에 의한 경성의학전문학교와 그 부속병원의 조직 개편을 감독하기 위해 방문했을 때에도 통역을 맡았다. 이런 활동이 계기가 되어, 1945년 10월 미군정청이 미국에서 보건학을 전공할 만한 한국인을 물색할 때 경성의학전문학교의 교수들은 주인호를 적임자로 추천했다. 그가 한국의 보건 전문가로 성장하여 미군 의학자들과 맺게 될 오랜 관계의 출발점이었다.[18]

미군정청은 한국의 보건의료체계를 미국식으로 개편하고자 했다. 그러기 위해서는 한국의 상황을 그들에게 알려주고, 한국인과의 의사소통을 통역하며, 그들이 한반도를 떠난 후에도 개편 작업을 계속해줄 한국인 전문가들이 필요했다. 그러나 해방 직후 그런 역할을 맡을 인물은 극히 적었다. 1945년 10월 무렵 위생국에서 근무한 한국인 의사들은 이용설, 최제창, 최영태, 기용숙, 황용운, 조동수, 윤유선, 김동철, 이규용 등 9명이었고,[19] 영미권에서 유학하여 미군정청 관료들과의 의사소통이 상대적으로 자유로웠던 의사들은 한국을 통틀어 20명 내외였다. 따라서 미군정청은 자신들과 협업할 한국인 보건 전문가의 양성을 위해 직접 나섰다.[20]

미군정청은 한국인 의사들을 미국의 대표적인 보건대학원에 보내서 보건학을 전공하게 할 계획을 세웠다. 록펠러재단과 미국 정부가 유학생들에게 경제적, 행정적 지원을 제공하기로 했다. 1~2년의 교육을 마치고 한국에 돌아온 그들은 보건 관료가 되어 미군정청의 보건의료행정에 참여할 예정이었다. 이 유학 프로그램의 대상자로 10명의 한국인 의사가 선발되었다. 선발자들은 주인호를 비롯하여 최제창, 백행인, 윤유선, 최창순, 김동

18 같은 책, 164-166쪽.

19 최제창, 앞의 책, 181쪽.

20 김진혁, "이승만 정부시기 의사 집단의 보건의료체제 구상과 재편" (고려대학교 박사학위논문, 2023), 41-42, 75쪽.

철, 한범석, 황용운, 송형래, 최명룡으로, 하버드대학, 미시간대학, 존스홉킨스대학에 나누어 파견됐다(표 9-1 참고).[21]

〈표 9-1〉 보건학 전공을 위해 미국에 유학한 한국인 의사들

이름	출신학교	유학처	전공 분야
한범석	경성제국대학 의학부	미시간대학	통계학
송형래	경성의학전문학교	하버드대학	학교위생
주인호	경성의학전문학교	미시간대학	산업보건
윤유선	세브란스의학전문학교	존스홉킨스대학	성병
최명룡	세브란스의학전문학교	하버드대학	위생공학
최창순	세브란스의학전문학교	미시간대학	결핵
백행인	세브란스의학전문학교	존스홉킨스대학	전염병
최제창	미국 버지니아주립의과대학	존스홉킨스대학	보건행정
황용운	미국 피츠버그대학	하버드대학	전염병
김동철	중국 상하이 세인트존스 의과대학	미시간대학	소아보건

출처: "각 대학서 의학을 연구", 《동아일보》 1946. 12. 22.

주인호는 1945년 11월부터 미시간대학에서 보건학 석사과정을 이수했다. 그의 전공 분야는 "공업위생"이었고,[22] 그 외에 역학과 통계학을 선택과목으로 배웠다.[23] 그리고 "Organization and Administration of the Industrial Health Program for Korea"라는 제목으로 논문을 작성해서 석사학위를 취득했다.[24] 석사과정을 마친 후에는 디트로이트의 허먼 키퍼 병원(Herman

21 "미국에 파견될 의사 10인 선정", 《매일신보》, 1945. 10. 19. 미군정의 유학 프로그램에 관한 자세한 내용은 다음을 참조하라. 신영전, 서제희, "미군정 초기 미국 연수를 다녀온 한국인 의사 10인의 초기 한국보건행정에서의 역할", 『보건행정학회지』 23:2 (2013), 196-206쪽; 이동원, "6·25전쟁과 한국 보건의학계 및 보건학의 형성", 『동국사학』 69 (2020), 339-374쪽.

22 "미주 파견 우리 의학도 부대의 특신", 《자유신문》, 1946. 1. 28.

23 주인호, 앞의 책, 7쪽.

24 Inho Chu, "Organization and Administration of the Industrial Health Program for Korea" (University of Michigan, Ph.D. dissertation, 1946).

Kiefer Hospital)에서 짧게 임상 교육을 받았다. 이상과 같이 1년간의 교육을 거친 뒤 주인호는 6개월 동안 뉴욕에 있는 록펠러 의학연구소, 아틀랜타의 시립 보건원, 덴버의 로키산맥연구소, 피츠버그대학의 산업보건 연구소 등을 시찰했다. 특히 그는 로키산맥연구소에서 진드기의 생태를 인상 깊게 공부했고 피츠버그대학에서는 공업단지에 빈발하는 직업병에 대한 진료와 연구를 견습했다.[25]

1947년 봄 한국에 돌아온 주인호는 보건 관료로서 활동했다. 미군정청은 그를 후생부 연구국장으로 임명했고 1948년에 수립된 한국 정부에서는 그에게 보건부 위생과장의 역할을 맡겼다. 정부에서 일하는 동안 주인호는 미국에서의 전공을 살려 산업보건 문제에 관심을 기울였다. 서울 동대문구 제기동에 한국화학공업주식회사의 정유공장이 설립되자 정유 공정에서 방출되는 유해 물질이 주변 주민의 건강에 미치는 위험성을 지적하고 여과 장치의 필요성을 주장한 것이 그 한 예였다.[26] 그러나 산업보건보다도 주인호의 주의를 훨씬 더 강하게 끈 것은 방역 문제였다. 해방과 함께 만주, 일본 등지에서 귀국한 사람들과 분단 전후 북한으로부터 내려온 사람들의 대규모 이동은 감염병의 확산을 야기하는 주된 요인이었다.[27] 특히 콜레라, 장티푸스, 유행성 뇌염 등 급성감염병들이 한반도를 휩쓸었고, 그에 대응하기 위한 각종 방역사업의 전개, 구충비행대 조직, 지방 보건기구 설치 등은 주인호의 임무가 됐다.[28]

나아가 주인호는 각종 학술 활동을 통해 보건학의 재편을 이끌었다. 그는 보건학을 공부하고자 미국에서 유학했던 동료들과 함께 public health

25 주인호, 앞의 책, 7-9쪽.

26 "화학공장의 유독와사 시민보건에 일대문제—보건부 위생과장 주인호씨 담", 《조선일보》, 1949. 9. 15.

27 John P. DiMoia, *Reconstructing Bodies: Biomedicine, Health, and Nation-Building in South Korea since 1945* (Stanford, CA: Stanford University Press, 2013), pp. 48-49, 58.

28 주인호, "보건추상(상)", 《조선일보》, 1949. 10. 8.; 주인호, "보건추상(하)", 《조선일보》, 1949. 10. 11.

의 번역어로서 '보건'이라는 단어를 채택했으며, 그것을 식민지시기부터 비슷한 분야를 일컬어온 '위생'의 대체어로 사용했다.[29] 아울러 그들은 일본으로부터 들어온 '위생학' 전통을 폐기하고 미국의 지식을 전문가들에게 보급할 목적으로 '예방의학'이라는 제목의 교과서를 편찬했다. 여기에서 '예방의학'은 미국의 저명한 보건학자 찰스-에드워드 윈슬로우(Charles-Edward A. Winslow)가 제시한 보건 개념을 토대로 "질병을 예방하고, 수명을 연장시키고, 건강과 능력을 증진시키는 과학이요 기술"로 정의됐으며 전통적인 위생학보다 더 넓은 학문이라고 여겨졌다.[30] 이 같은 활동에 적극적으로 참여함으로써 주인호는 한국에서 미국식 보건학의 정착에 기여했다.[31]

해방 직후 미군정청의 지원은 보건학 전문가로서 성장할 길을 주인호에게 열어주었다. 미군정청을 통해 받은 록펠러재단의 장학금과 미시간대학의 보건학 교육은 주인호 개인의 노력만으로는 접할 수 없는 자원이었다. 그런 경제적, 지적 지원은 주인호를 미국식 보건학의 전달자로 키워냈다. 물론, 그것이 미국 보건학의 한국에 대한 이식을 뜻하지는 않는다. 산업보건보다 감염병 퇴치가 시급했던 1940년대 말 한국의 현실과 식민지시기의 경험은 지식의 수용에 변형을 일으켰다. 나아가 주인호가 1년 6개월간의 수련을 통해 쌓은 지식도 보건학에 관한 '심도 있는 연구'라기보다는 그저 보건학의 기본 원리와 그것을 실제로 구현한 몇몇 사례들 정도에 불

29 주인호, 앞의 책, 198-201쪽.

30 구연철, 권이혁, 김명호 등, 『예방의학』 (발행처 불명, 1957), 서문, 24-25쪽. 인용 문구는 25쪽.

31 이런 서술은 일견 '일본식' 위생학에서 '미국식' 보건학으로의 단절적 전환으로 읽히기 쉬우나, 그것은 필자의 견해와 다르다. 필자는 식민지 위생학 유산과 미국에서 수입된 새로운 보건학 지식 사이의 융합을 통해 해방 후 한국의 보건학이 형성되었다고 보는 입장이다. 특히 융합의 구체적 기전으로서, 위생학 지식의 전유와 그 식민지적 출처의 은폐가 있었다고 주장한다. 이에 관한 자세한 논의는 졸저 Jiyoung Park, "Revisiting Americanization: Focusing on the Reformation of Public Health in South Korea, 1945-1960", *Korea Journal* 62:3 (2022), pp. 20-51을 참조하라.

과했다. 따라서 이 시기 주인호가 '보건학자'라고 불릴 만한 전문성을 갖고 있었다고 평하기는 어렵다. 그럼에도 그는 한국의 몇 안 되는 보건 전문 관료로서 미군 보건 전문가들과의 소통 및 공동 작업이 가능한 희소성 있는 인력이었고, 그런 사실은 이후로도 그가 미군과의 지속적인 관계를 통해 보건학자로서 성장할 기회를 보장했다.

3. 한국전쟁기 미군 출혈열 연구소에서의 수련과 감염병 매개 곤충 연구의 시작

1950년 6월 한국전쟁이 발발함에 따라 보건 관료로 일하던 주인호는 미8군의 예방의학 자문관으로 복무하게 됐다. 그곳에서 그는 미군의 정보망을 통해 수집된 북한과 남한의 보건의료 상황에 관한 각종 자료를 정리하고 종합하는 역할을 했다. 1951년 1월 중공군의 개입으로 유엔군이 부산으로 후퇴하자 주인호는 유엔군과 함께 이동하며 부산 거제리에 있는 포로수용소까지 포로를 수송하는 임무를 맡았다. 이후 부산에서 미군 제3야전병원과 제14야전병원의 한국인 책임자로 근무했고, 그 와중에 남북한의 보건 관련 자료들을 마저 정리하여 1951년 9월 'Public Health in Korea'라는 제목의 백서를 미8군을 통해 편찬했다.[32]

Public Health in Korea(1951)는 1950년 전후 한국 보건의료의 전반적인 상황을 묘사한 보고서이다. 본문은 1) 중앙정부와 지방정부의 보건행정 조직, 2) 교육기관, 병원, 연구소 등 보건의료시설과 인력 현황, 3) 인구 통계, 4) 감염병 유행 실태, 5) 환경위생, 6) 식량 공급 및 영양 상태, 7) 산업

32 Inho Chu, "Acknowledgements", *Public Health in Korea* (1951); 주인호, 앞의 책, p. 10.

보건, 학교보건, 아동보건, 마약 관리, 보건교육, 지역 의료 등의 상황, 8) 북한의 보건의료 상황, 9) 한국전쟁 발발 후 구호 사업과 감염병 통제 등에 관한 내용으로 구성되어 있고 부록으로 한국의 지도와 보건의료 법규를 수록하고 있다. 이 책에서 감염병 매개 곤충에 대한 관심은 아직 두드러지게 나타나지 않는다. 파리와 모기에 대한 구제 사업이 일부 공공장소, 피난민 수용소, 쓰레기장 등지에서 실시되고 있지만 보건 전문가와 설비가 부족해서 실질적인 효과는 거의 없으며 그에 대한 WHO의 원조가 필요하다는 지적이 관련 서술의 거의 전부이다. 이는 오히려 산업보건에 대한 서술보다도 간략하다. 주인호는 한국 정부가 산업보건 문제에 무관심하다고 비판하면서 다가올 공업화를 대비하여 정부가 실시해야 할 여러 프로그램들을 4쪽에 걸쳐 제시했다. 반면, 감염병 매개 곤충에 관한 내용은 2문단에 불과했다.[33]

주인호가 본격적으로 의용곤충학 연구에 발을 들인 것은 유엔군의 서울 수복과 함께 뚝섬에 있던 '출혈열 연구소(Hemorrhagic Fever Center)'로 전속하면서부터였다. 유엔군은 1951년 중반부터 원인 모를 출혈을 동반한 열성 질환, 이른바 '유행성출혈열'로 인해 큰 피해를 입었다. 한반도 중부 전선에 주둔한 부대들 가운데 약 2천 명의 병사가 이 병에 걸렸고 그중 800여 명이 사망했다. 이듬해에도 이런 상황이 계속되자 미군의무사령부 군방역위원회(Armed Forces Epidemiological Board, Office of the Surgeon General)는 그 원인을 조사하기 위해 대규모 연구 사업을 실시했다. 현장 조사를 위해 전문가로 구성된 연구팀이 1952년 4월 한국에 파견됐고, 그들이 보낸 검체를 받아 NIH, CDC, 육군과 해군의 의학연구소들, 나아가 하버드대학, 존스홉킨스대학, 예일대학, 시라큐스대학에서 병원체 검출을 위

33 Inho Chu, *Public Health in Korea* (1951), pp. 120, 127-131.

한 실험이 이루어졌다.[34]

한국에 온 미군 연구팀은 민간 인력을 포함한 전문가 집단이었다. 이 연구팀은 저명한 의용곤충학자 마셜 허틱(Marshall Hertig)을 포함하여 바이러스학, 미생물학, 역학, 곤충학 분야의 전공자 6명으로 구성됐고, 그들 중 일부가 귀국하고 의용곤충학자 루이스 리포브스키(Louis J. Lipovsky)를 비롯한 다른 연구자들이 추가로 합류하며 조직을 확대했다. 특히 그들 중에서도 연구팀의 주축인 허틱은 파나마에 위치한 보건 전문 연구 기관인 고가스 기념 연구소(Gorgas Memorial Laboratory) 소속이었고 리포브스키는 캔자스대학 곤충학과 소속이었다. 두 연구소는 전부터 미군과 협력 연구를 수행하고 있었으며, 그런 배경이 두 전문가의 한국 파견에 영향을 미쳤을 것으로 보인다.[35] 연구팀은 의정부 인근에 위치한 8228이동외과병원에 현장 조사 본부와 실험실로 구성된 출혈열 연구소를 설치했다. 그리고 허틱의 지휘 아래 현장 조사에 매진하며 유행성출혈열을 전파한다고 예상되는 각종 동물을 채집하여 병인과 역학을 탐구했다. 출혈열 연구소는 1952년 11월 서울의 뚝섬으로 이전했으며 1953년 2월에 철수할 때까지 왕성한 연구 활동을 전개했다.[36]

주인호는 출혈열 연구소의 현장 조사를 도우며 의용곤충학의 연구 방법을 배웠다. 미군 연구자들은 제2차 세계대전 중 미군 내에서 유행했던 발열성 질환인 쯔쯔가무시와 마찬가지로 유행성출혈열도 진드기 같은 곤충

34 신미영, "주변에서 중심으로: 바이러스학자 이호왕의 연구 활동" (전북대학교 박사학위논문, 2015), 116-117쪽.

35 Marshall Hertig, "Observations on the Density of Phlebotomus Populations Following DDT Campaigns", *Bulletin of the World Health Organization* 2:4 (1950), pp. 621-628; Brennan, James M., "Tracheation in Chiggers with Special Reference to Acomatacarus Arizonensis Ewing (Acarina, Trombiculidae)", *Journal of Parasitology* 35:5 (1949), pp. 467-471.

36 Robert Traub, Marshall Hertig, William H. Lawrence, Thomas T. Harriss, "Potential Vectors and Reservoirs of Hemorrhagic Fever in Korea", *American Journal of Hygiene* 19 (1954), pp. 291-305.

에 의해 매개될 것이라고 생각하면서 그 가설을 입증하기 위한 연구를 시행했다. 주인호는 그 작업을 돕기 위해 미국방성이 보내온 한국, 일본, 만주, 시베리아 일대의 동식물 도감을 읽고 각종 감염병 매개 동물의 서식 환경과 출현 지역에 대해 공부했으며, 그것을 유행성출혈열의 발생 지역에 관한 일본 및 러시아의 보고서와 비교하면서 유행성출혈열의 매개체가 무엇일지 탐색했다. 아울러 환자의 가검물을 모아 월터리드 미육군연구소와 로키산맥연구소에 보내는 일과 모기, 진드기, 쥐 등 대표적인 감염병 매개체들을 야생에서 채집한 뒤 유행성출혈열 감염 여부를 확인하는 일도 그의 일과 중 하나였다. 이 작업을 하는 동안 그는 각종 실험용 검체를 다루는 기술에 익숙해졌다. 가령 들쥐를 잡아서 그에 붙어 있는 진드기를 채취하고 그것을 유제(乳劑)로 만들어서 실험 쥐에 접종하여 유행성출혈열의 발생 여부를 관찰하는 것은 그가 매일 하는 작업이었다. 이런 반복적인 실험과 학습을 통해 그는 의용곤충학 분야의 연구 역량을 갖추게 됐다.[37]

휴전 협상이 체결되자 주인호는 출혈열 연구소에서의 생활을 마치고 서울여자의과대학 예방의학교실의 초대 교수가 됐다. 그러나 그는 새로 부임한 곳에서도 감염병 매개 동물에 관한 연구를 멈추지 않았다. 그가 이 연구를 계속하게 된 데에는 경성의학전문학교 시절의 경험이 영향을 미쳤지만 그 외의 요소들도 중요하게 작용했다. 1950년대 중후반에는 그의 원래 전공인 산업보건보다 감염병 유행이 여전히 훨씬 더 중요한 보건 문제였다. 특히 전쟁으로 인한 인구 이동과 열악한 생활 환경은 감염병의 대규모 유행을 낳았다.[38] 이런 상황에서 방역 대책의 수립에 필수적인 감염병 매개 동물에 대한 연구를 하는 것은 한국의 현실에 맞는 합리적 선택지 중

37 주인호, 앞의 책, 11쪽.

38 한국전쟁기 감염병의 확산과 그에 대한 방역 및 조사 활동에 관한 전반적인 내용은 이임하, 앞의 책을 참조하라.

하나였다.

특히 1950년대 일본뇌염의 지속적 유행은 주인호에게 감염병 매개 동물에 관한 연구의 필요성을 상기시켰다. 한국에서는 1949년 5,616명의 일본뇌염 환자가 발생했고 그중 2,729명이 사망하는 일이 발생했다. 이후로도 일본뇌염은 매년 여름마다 주기적으로 유행했는데, 특히 1958년에는 6,856명의 환자가 발생하고 그중 2,166명이 사망하는 등 큰 인명 피해가 발생했다.[39] 그런 상황을 예방하고자 주인호는 일본뇌염의 매개 동물을 연구하는 데 착수했다. 그는 유행성 뇌염을 매개하는 모기에 대한 해외의 최신 연구들을 섭렵하고 그로부터 다섯 종류의 모기와 제비가 한국에서 일본뇌염의 전파에 관여하고 있음을 밝혔다. 그리고 그 연구 결과를 바탕으로 해당 종류의 모기와 제비의 생태에 맞추어 뇌염 방역 대책을 수립할 것을 강조했다.[40]

보건 전문가로서의 현실 판단과 더불어 주인호의 의용곤충학 선택을 이끈 것은 좀더 실제적인 이유, 즉 연구의 경제성이었다. 그가 서울여자의과대학에 부임했을 때, 예방의학교실의 예산과 시설은 실험 연구를 진행하기에는 빈약한 수준이었다. 그런 상황에서 할 수 있는 일을 고민하던 그는 "큰돈이 필요 없는 곤충, 기생충 일에 손을 대기 시작"했다. 그에 의하면 "파리, 모기, 벼룩, 진드기는 돈 없이 노력만 하면 얼마든지 구할 수 있"는 재료였다. 출혈열 연구소가 문을 닫으면서 남은 실험 기자재를 그가 인수할 수 있었던 점 역시 선택을 도운 요인이었다. 그 덕택에 주인호는 연구 재료 구입에 들어가는 예산을 절약할 수 있었고, 이미 익숙한 기구들을 사용해서 연구를 효율적으로 추진할 수 있었다.[41]

39 대한감염학회, 『한국전염병사 2』 (파주: 군자출판사, 2018), 46쪽.

40 "뇌염 모기에 관한 신학설, 서울여의대 교수 의학박사 주인호", 《의사신보》, 1955. 10. 21.

41 주인호, 앞의 책, 13쪽.

주인호는 출혈열 연구소에서 얻은 지식, 설비, 기술을 가지고 한국의 일반적인 감염병 매개 동물들에 대해 연구하기 시작했다. 대표적인 예로, 그는 1955년 서울 시내에 서식하는 쥐의 외부 기생충, 즉 쥐에 기생하는 벼룩, 진드기, 이의 종류와 수를 파악하는 연구에 착수했다. 이 연구에서 그가 쥐의 외부 기생충들을 채취하기 위해 사용한 방식은 출혈열 연구소에 근무한 리포브스키가 고안한 방식이었다. 흔히 '세척법(Washing method)'이라고 알려진 이 기술은 쥐를 계면활성제로 씻은 뒤 그 용액으로 떨어져 나온 외부 기생충의 수와 종류를 관찰하는 방법이었다. 주인호는 그 방법을 활용해서 쥐를 비눗물로 헹구고 그 물에 섞인 벼룩, 진드기, 이를 조사했다.[42]

군대로부터 얻은 연구 자산은 주인호의 초기 연구에 토대가 됐다. 유엔군이 만든 표본을 재활용한 연구조차 있었다. 주인호는 1956년 한국에 분포하는 모기의 종류를 개괄하는 연구를 발표했다. 이 연구에는 그가 군복무를 하는 동안 제작한 표본과 다른 유엔군 연구자들이 만든 표본이 사용됐다. 그가 직접 조사한 지역은 서울과 부산 일대였으며, 그 외에 수원, 인천, 원주, 대구, 의정부, 춘천, 강릉, 포항 등지에 대해서는 한국전쟁 기간 유엔군이 조사한 결과를 참고했다. 그럼으로써 그는 최소한의 비용과 노력으로 한반도 각지의 모기 분포 상황을 종합적으로 그릴 수 있었다.[43]

해방 직후 주인호의 연구는 미군으로부터 얻은 자산을 적극적으로 활용한 결과였다. 그럼에도 그의 연구 시각까지 미군의 생각과 동일한 것은 아니었다. 주인호는 전염병 매개 동물을 분류하는 데 있어서 그들과 구별

42 Louis J. Lipovsky, "A Washing Method of Ectoparasite Recovery with Particular Reference to Chiggers (Acarina-Trombiculidae)", *Journal of the Kansas Entomological Society* 24:4 (1951), pp. 151-156; 주인호, 송명재, "서울시내 서류 외부 기생충 조사", 『최신의학』 1:1 (1958), 187-189W쪽.

43 주인호, "한국산 모기(蚊亜科)의 분류", 『생물학회보』 1:1 (1956), 39-44쪽.

되는 접근법을 가지고 있었다. 주인호에 따르면 미군 연구자들은 "일본산과 소련극동영역산, 북지, 만주산인 소위 북구산 모기 종류를 우리나라산으로 가정"했다. 다시 말해, 일본, 소련, 중국 북부, 만주 등지에서 발견된 것과 동일한 종이 한국에도 존재한다고 생각하며 동아시아 다른 지역의 모기 종류와 '한국산' 모기의 종류 사이에 차이를 두지 않은 것이다. 반면 주인호는 그런 시각에 반대하며 '한국산' 모기는 다른 지역의 모기와 구별되는 그 나름의 종별 구성을 갖고 있다고 주장했다. 그리고 현장 조사를 통해 '한국산' 모기의 실제 종류를 파악하고자 했다. 그에게 빈약한 현장 조사와 추정에 의거하여 한국에 서식하는 모기의 종류를 속단하는 미군의 방법은 "예방의학사업의 실제면에 있어서 혼란"을 부추길 가능성이 높았다.[44]

주인호가 '한국산' 모기의 구분을 강조한 배경에는 식민지시기의 의용곤충학 연구 성과에 대한 그의 인식이 놓여 있었다. 식민지시기 조선에서 발표된 연구에 별로 관심을 기울이지 않은 미군 의학자들과 달리 주인호는 그것을 중요한 참고 자료로 인식했다. 그가 파악한 바에 따르면, 경성제국대학 의학부 미생물학교실이 1918년부터 1945년까지 20여 년에 걸쳐 조선 전역의 모기 분포를 조사했다. 그 결과에 의하면, 한반도에는 총 3속 18종의 모기가 존재했다. 미군이 한국에 있을 것으로 추측한 16종의 '북구산' 모기 중에는 경성제국대학의 연구에서도 발견되지 않고 주인호 자신의 조사에서도 발견되지 않은 모기가 8종이나 포함돼 있었다. 주인호는 그것들이 '북구산'이므로 한반도 북부에서 발견될 가능성이 높다고 언급했다. 바꾸어 말하면 이는 한반도 중부와 남부에 걸친 남한 지역에서는 발견될 가능성이 희박하다는 의미였다.[45]

44 같은 논문, 39쪽.

45 같은 논문, 39-42쪽.

식민지시기의 의용곤충학 연구에 대한 주인호의 신뢰는 쥐벼룩에 관한 연구에서도 드러났다. 그는 1955년 1월부터 12월까지 1년간 서울 교외 지역에서 쥐벼룩을 채집하여 그 종류와 분포 양상을 밝히는 연구를 진행했다. 이 과정에서 그가 자신의 연구 결과를 비교하는 기준으로 삼은 것은 식민지시기 경성제국대학 의학부 미생물학교실이 수행한 조사 결과였다. 그곳에서는 1931년부터 1936년까지 "한국 전역에 걸친 쥐벼룩 조사가 행하여졌고 그 결과 쥐벼룩의 분류 및 분포상의 전모가 어느 정도 밝혀졌"다는 평가였다.[46] 즉, 주인호는 식민지시기의 의용곤충학 연구 성과를 믿을 만하고도 중요한 참고 자료로 인식하고 있었다.

이처럼 식민지시기의 유산과 출혈열 연구소에서의 연구 경험, 그리고 미군이 남긴 연구 자재는 주인호를 의용곤충학 연구에 종사하도록 도왔다. 미군은 유행성출혈열을 비롯하여 한국전쟁 동안 유행한 감염병과 그 확산 경로를 연구하면서 한국의 군의관들을 보조 인력으로 동원했고, 그 과정에서 주인호는 감염병 매개 동물에 관심을 갖고 그에 대한 지식과 실험 기술을 배웠다. 그렇게 체득한 연구 방법은 휴전 후의 빈약한 연구 환경에서 주인호가 활용할 수 있는 몇 안 되는 자원이었다. 아울러 재료 구입 비용이 낮은 의용곤충학의 성격과 미군 연구진이 철수하면서 남긴 출혈열 연구소의 실험 기자재 또한 주인호를 이 분야의 연구로 끌어들였다. 요컨대 주인호와 미군과의 교류는 한국의 열악한 연구 환경에서 전염병 매개 동물에 대한 연구의 단초를 제공했다.

46 주인호, 홍선모, "서울시 뚝섬, 광나루 일대의 쥐벼룩에 대하여", 『동물학회지』 1:1 (1958), 1-6쪽. 인용 문구는 1쪽.

4. 대만 미해군의학연구소에서의 모기 연구

미군과의 지속적인 교류는 주인호의 모기 연구 확대에 도움을 주었다. 한반도에서 철수한 미군 병사들의 말라리아 감염에 대한 조사 의뢰는 그 대표적인 예였다. 한국전쟁이 끝나고 미국에 돌아간 군인들 사이에서 확산된 말라리아는 캘리포니아주에서 중대한 보건 문제로 떠올랐다. 그에 따라 말라리아의 유행 원인과 감염 경로를 찾기 위한 조사 의뢰가 미8군을 통해 주인호에게 들어왔다. 미군이 보기에 미국에서 보건학을 전공했으며 미군 출혈열 연구소에서 근무한 경험까지 있었던 주인호는 이 작업을 맡기기에 적합한 인물이었다. 그는 해당 의뢰를 수락하여 미8군에 연구계획서를 제출하고 지원을 받았다.

이 조사 사업을 통해 주인호는 모기의 종류와 분포에 대한 대규모 현장 조사를 할 수 있었다. 미군은 인건비와 각종 실험 장비를 제공했고 지방 답사 시에는 헬리콥터 같은 이동 수단을 지원했다. 그때 받은 장비 중에는 모기를 채집할 때 필요한 전등채집기와 유문등(誘蚊燈), 그리고 잡은 모기와 그 유충을 실험실에서 사육하기 위한 대형 철제 그물 사육장 등이 있었다. 주인호는 그것들을 활용하여 약 200회의 현장 조사를 나갔고 모기와 그 유충을 2,000개체 이상 조사했다. 그 연구 결과는 1956년 "한국산 모기의 분류"라는 제목으로 『생물학회보』에 발표됐고, 미8군에 "Classification of the Korean Mosquitoes"라는 제목의 보고서로 제출됐다.[47]

미군과의 연계 과정에서 주인호는 군대 내에서 전염병 매개 곤충을 연구한 경험이 있던 한국인 의학자들과 인맥을 형성하게 됐다. 예를 들어,

47 같은 논문, 39-44쪽; RG 469, Entry P321, Box 2, Department of State, International Cooperation Administration, U.S. Operations Mission to Korea, Office of Government Services, Public Health Division, 5. Preventive Medicine, 1956. 3. - 1958. 6., 81-83(AUS014_81_00C0002).

1950년대 중반부터 1960년대 초반까지 주인호와 함께 연구한 대표적인 인물로는 백영한과 어영선이 있었다. 그들은 한국전쟁기 미군 예방의무중대에서 모기 연구에 종사했는데, 휴전 이후에도 그 경험을 살려 한국군의 모기 방역과 관련된 연구를 맡았다.[48] 그리고 주인호가 이끄는 수도의과대학 예방의학교실에 대학원생으로 들어와서 그와 함께 진드기, 모기를 비롯한 각종 전염병 매개 곤충 연구를 진행했다. 나아가 자세한 경력은 밝혀진 바 없지만 그들보다 먼저 양용진이 조교로 근무하면서 주인호의 연구를 돕고 있었고, 그 밖에 빈순덕, 송명재, 유연희, 홍선모 등이 1950년대에 입국했으며, 1960년대에는 한국전쟁기 유행성출혈열 발생 지역에서 복무하다가 이후 한국군의 유행성출혈열센터 책임자가 된 한영수와 육군중앙의무시험소에서 근무하던 유병표가 참여하여 의용곤충학 연구 그룹을 형성했다.[49]

이 연구자들은 모기의 종류와 분포에 관한 전국적 지도를 그리기 위해 집단적인 현장 조사를 실시했다. 물론 자원과 인력의 한계로 인해 이 조사가 단기간에 체계적으로 진행되기는 어려웠다. 그러나 그들은 1950년대부터 1960년대 초에 걸쳐 서울과 지방 각지에서 모기와 그 유충에 대한 표본을 무작위로 채집하여 각 지역에 서식하는 대표적인 종들을 파악했고, 그런 연구들을 축적하고 종합하여 한국의 모기 분포 양상의 전모를 완성하고자 했다. 그 일환으로 주인호는 한국전쟁기 서울과 부산을 중심으로

48 백영한, 어영선, "서울지방 모기 조사 성적(제1보)", 『육군의무장교단잡지』 4:1 (1957), 1-17쪽.

49 주인호, 앞의 책, 13쪽; 주인호, 송명재, 앞의 논문 (1958), 쪽수 불명; 주인호, 백영한, "한국산 Laelaptid Mites에 관한 연구(제1 보)-전약충(Protonymph)의 형태에 관하여", 『동물학회지』 1:2 (1958), 9-16쪽; 주인호, 백영한, 유연희, "서울시내 빨간집모기(Culex pipiens) 유충의 살충제에 대한 저항성에 대하여", 『동물학회지』 3:1 (1960), 9-12쪽; 주인호, 홍선모, 앞 논문; 주인호, 양용진, "한국산 Culicoides Species의 분류와 그 생태학적 고찰", 『대한피부과학회 학술발표대회집』 9 (1957), 308쪽; 오이선, 빈순덕, 유연희, "제주도산 모기(문아과)", 『최신의학』 4:12 (1961), 83-86쪽; 주인호, 한영수, "E. H. Fever의 유행 양상과 몇 가지 임상소견에 관한 고찰", 『우석의대잡지』 5:1 (1968), 쪽수 불명; 빈순덕, 유연희, 천혜숙, 유병표, "한국산 몸이에 대한 각종 살충제의 잔류효과", 『최신의학』 12:5 (1969), 쪽수 불명.

진행했던 연구에 더하여 1957년부터 1958년까지 서해 연안과 도서 그리고 제주도 시내의 모기에 대한 조사를 실시했고, 비슷한 시기에 백영한, 어영선, 허인수, 양용진이 한반도 남부 내륙의 논산 일대에 대한 연구를 추가했으며, 빈순덕 등이 1962년 남해안과 제주도 나머지 지역까지 조사 영역을 확대했다.[50]

이런 연구는 주인호의 향후 행보에 중요한 이정표를 제시했다. 그는 1957년 여름 현장 조사를 갔다가 제주도에서 사상충에 감염된 숲모기(Aedes)속의 모기를 발견했다. 이 관찰은 두 가지 면에 독특한 의미를 지니고 있었다. 첫째는 한반도 내륙에 서식하는 일반적인 종이 중국얼룩날개모기(*Anopheles sinensis*)와 빨간집모기(*Culex pipiens*)였던 데 비해 제주도에서는 숲모기속이 가장 많았다는 점이고, 둘째는 당시 제주도 주민의 약 10퍼센트가 사상충증에 걸렸다고 할 정도로, 사상충증 감염률이 숲모기의 출현 빈도에 비례하여 높았다는 점이다. 이런 현상은 사상충을 전파하는 매개체가 숲모기인지, 만일 그렇다면 그것이 적은 내륙 지역에서는 무엇이 사상충을 매개하는지에 대한 주인호의 궁금증을 자극했다. 그는 이에 관한 연구를 추진하고자 했으나 연구 설비의 부족과 임상실험의 어려움 등 현실적인 문제에 부딪혔고, 그 실현 방안을 찾다가 대만에 있는 미해군의학연구소(NAMRU-2)에 연구계획서를 보내서 그 방문연구자로 가게 됐다.[51]

NAMRU-2는 냉전시기 동아시아와 동남아시아에서 미국의 영향력을 유지, 증진하기 위한 기관이었다. 그곳은 세계 여러 지역에 설치된 6곳의 미해군의학연구소 중 두 번째 기지로, 미해군 제7함대의 경계 영역인 아시

50 주인호, "한국산 모기(Culicinae)의 계절적 출현 상태", 『생물학회보』 2:1 (1957), 쪽수 불명; 백영한, 어영선, 허인수, 양용진, "논산 지방에서의 Filariasis의 역학적 조사", 『종합의학』 2:12 (1957), 33-37쪽; 주인호, 빈순덕, "서해도서의 모기(문아과)", 『최신의학』 6:2 (1963), 쪽수 불명; 오이선, 빈순덕, 유연희, 앞의 논문, 83-86쪽.

51 주인호, 앞의 책, 16쪽.

아 태평양 지역의 질병을 조사하고 치료할 목적으로 설립됐다. 이곳의 연구와 진료는 일차적으로 미군을 위한 것이었지만 주변 지역의 주민들에게도 유익했다. 미국 정부는 그런 기관의 성격을 기반으로 NAMRU-2를 그것이 위치한 국가와의 호혜적 관계를 약속하는 외교적 상징물로 사용하기도 했다. 그 예로, NAMRU-2는 냉전시기 동안 미국의 외교 정책에 따라 여러 번 소재지를 옮겼다. 1955년 아시아 내에서 점점 더 영향력을 강화하는 중국을 견제할 의도로 대만에 수립됐으나, 1979년 미중 수교가 체결되자 대만과 단교하라는 중국의 요구에 따라 NAMRU-2를 필리핀의 마닐라로 이전했다. 이어서 1991년 필리핀의 정치적 불안정과 미군에 대한 위협을 피하기 위해 인도네시아의 자카르타로 옮겼으며, 2013년에는 다시 싱가포르에 있는 현재 위치로 이동했다.[52]

〈그림 9-2〉 대만 미해군의학연구소(NAMRU-2)

출처: "Men against Asian diseases", *Taiwan Today*, January 1, 1969.

52 Frank L. Smith, "Advancing Science Diplomacy: Indonesia and the US Naval Medical Research Unit," *Social Studies of Science* 44:6 (2014), pp. 825-847. 그러나 이 논문에 수록된 NAMRU-2의 연혁에는 다른 자료들과 비교하여 다소 오류가 있다. 연혁의 잘 정리된 버전으로는 다음을 참조하라. Wikipedia, "NAMRU-2", https://en.wikipedia.org/wiki/Naval_Medical_Research_Unit_Two (2023. 8. 31. 접속). 냉전의 맥락에서 NAMRU-2의 활동과 그 의미를 검토한 최근 연구로는 吳昭儀, "軍事, 政治與醫療: 美國海軍第二醫學研究所在台灣(1950-1980)" (國立成功大學 博士學位論文, 2020)을 참고하라.

1955년부터 1979년까지 NAMRU-2는 대만의 열대의학 및 보건학 연구와 그 연구자 양성에 공헌했다. 대만 정부는 중국의 남하를 견제하고 미국과의 돈독함을 드러내기 위해 NAMRU-2의 설치에 적극적으로 협조했다. 국립대만대학교와 그 부속병원이 NAMRU-2에 건물과 부지를 제공했고, 그 대신 대만인 의학자들이 NAMRU-2에서 근무하며 연구 교육을 받을 수 있게끔 하는 펠로우십 프로그램을 만들었다. 이 프로그램은 대만인 의학자들에게 열대의학과 보건학의 연구 방법을 가르치고 NAMRU-2에서 근무하던 미국인 의학자들과 연계를 맺게 하여 추가적인 미국 유학의 가교 역할을 했다.[53] 수년간의 경험을 통해 펠로우십 프로그램이 주변 국가에 대한 영향력을 강화하는 데 효과적임을 알게 된 NAMRU-2는 1959년 무렵 그 프로그램의 대상자를 대만 외 다른 아시아 국가 과학자들로까지 확대했다. 이를 계기로 한국, 일본, 필리핀, 태국, 인도 등지의 의학자들이 NAMRU-2에 모여들어서, 1969년까지 그곳을 거쳐 간 수가 110여 명에 육박했다.[54]

주인호가 어떻게 NAMRU-2에 가게 됐는지는 알려져 있지 않다. 다만, 그가 모기 연구를 통해 그 무렵까지도 미8군과 지속적으로 교류하고 있었던 점, 그리고 1957년 동남아시아의 모기와 말라리아 연구를 시찰하기 위해 말레이시아, 부르나이 등을 방문하고 그곳의 의학자들을 만났던 점으로 미루어 보아,[55] 미군 또는 동남아시아 의학자들로부터 NAMRU-2에 관한 정보를 얻었을 것으로 추정된다. NAMRU-2의 입장에서 보면, 주인호

53 李孟智, "美國海軍第二研究所與台灣公共衛生", 『臺灣公共衛生雜誌』 32:1 (2013), 1-5쪽.

54 "Men against Asian diseases", 『Taiwan Today』, 1969. 1. 1. https://taiwantoday.tw/news.php?post=23087&unit=12 (2023. 8. 31. 접속).

55 주인호, 앞의 책, 14쪽; RG 469, Entry P321, Box 2, Department of State, International Cooperation Administration, U.S. Operations Mission to Korea, Office of Government Services, Public Health Division, 5. Preventive Medicine, 1956. 3. - 1958. 6., 81-83(AUS014_81_00C0002).

는 연구소가 원하는 조건을 상당히 잘 충족하는 인물이었다. NAMRU-2가 펠로우십 지원자를 선발할 때 가장 중요시한 기준은 '지원자의 연구 주제가 자신들의 연구 관심사와 얼마나 가까운지', 그리고 '지원자가 NAMRU-2에서의 연구를 자국의 다른 학자들에게 전달할 가능성이 얼마나 높은지'였다. 특히 후자의 조건 때문에 NAMRU-2는 교수직을 가진 사람을 선호하는 경향이 있었다. 모기 연구를 7년 가까이 해왔고, 펠로우십 프로그램의 지원서도 모기에 관한 연구를 다뤘으며, 또한 수도의과대학의 교수로 재직하고 있었다는 점에서 주인호는 NAMRU-2가 요구하는 조건에 합치하는 인물이었다.[56]

주인호는 1958년 9월부터 1960년 9월까지 2년간 NAMRU-2에서 연구했다.[57] NAMRU-2에서 그는 한국에서는 시설과 장비의 부족으로 하기 어려운 실험 연구에 집중했다. 그곳에 도착하자마자 그가 착수한 연구는 사상충증의 주요 매개체를 찾는 것이었다. 그는 국립대만대학병원의 사상충증 환자 2명의 혈액을 모기에게 먹인 후 모기 체내에 사상충이 있는지를 확인했다. 흡혈 후 10~15일이 지나면 유충 상태로 모기 체내에 들어온 사상충이 성충으로 발육한다. 그 모기가 다시 개, 고양이, 원숭이 등의 동물을 흡혈하게 한 후, 동물의 혈액을 검사하면 모두 혈액 속에 사상충을 포함한다. 이를 통해 주인호는 모기가 사람-동물 간 사상충 전파의 매개체임을 입증했다. 나아가 그는 20여 종의 모기를 대상으로 이 실험을 진행하여, 모기의 종류에 따라 사상충 전파력이 다름을 확인했다. 사상충의 발

56 "Men against Asian diseases", *Taiwan Today*, 1969. 1. 1. https://taiwantoday.tw/news.php?post=23087&unit=12 (2023. 8. 31. 접속).

57 주인호의 귀국 시점은 자료마다 다르다. 『주인호화갑기념논문집』은 1959년이라고 하는 반면, 『한국박사록』은 1961년이라고 한다. 또 《조선일보》의 한 기사는 1960년 9월 18일에 "주인호 수도의대교수 중국미해군의과연구소에서 연구코 귀국"했다고 언급한다. 본 논문에서는 회고적 성격의 글들에 오류가 있을 가능성을 고려하여, 당시 작성된 기사의 시점에 따랐다. "공항", 《조선일보》, 1960. 9. 18.; 고려대학교 의과대학 예방의학교실 동문회, 『주인호교수화갑기념논문집』(고려대학교 의과대학 예방의학교실 동문회, 1981).

육 속도가 숲모기속에서 가장 빠르고, 얼룩날개모기속(*Anopheles*)과 집모기속(*Culex*)에서는 비교적 느린데, 발육 속도가 빠를수록 전파력도 강하다. 이로부터 그는 사상충증의 주요 매개체가 숲모기이며, 얼룩날개모기와 집모기는 사상충증을 매개할 수는 있지만 그 전파력은 숲모기에 비해 훨씬 낮음을 보였다. 그리고 이런 결론을 바탕으로 한국의 사상충증 유행 지역에 숲모기가 많을 것이라고 추론했다. 바꾸어 말하면 이는 사상충증에 대한 방역사업을 효율적으로 전개하기 위해서는 숲모기의 생태에 초점을 맞춰야 한다는 뜻이었다.[58]

NAMRU-2에서 주인호의 두 번째 연구는 사상충의 야간 출현성을 바꾸는 것이었다. 사상충의 유충은 낮에는 세포 속에 숨어 있다가 밤에만 혈액으로 방출된다. 그로 인해 사상충 감염 여부를 확진하기 위한 혈액검사는 반드시 야간에만 시행될 수 있다. 병원이 주로 낮에 운영되는 점으로 미루어 본다면, 사상충의 야간 출현성은 진단 검사를 불편하게 하거나 지연시키는 셈이다. 따라서 주인호는 사상충이 낮에도 혈류 속으로 나오게 만듦으로써 진단의 효율을 높이고자 했다. 그는 말라리아를 진단할 때처럼 사상충증에서도 언제든 인공적인 약물을 사람에게 주사하여 조직에 숨어 있던 원충을 혈류로 내보내고 그 혈액을 채취하여 정확한 진단을 할 수 있을 것이라고 기대했다. 그러나 실험 결과는 그의 기대에 미치지 못했다.[59]

그다음 연구부터 주인호는 관심사를 일본뇌염으로 돌렸다. 일본뇌염은 NAMRU-2의 주요 연구 주제 중 하나였다. 한국뿐 아니라 아시아 태평양 지역의 대부분에서 일본뇌염이 발생했다. 그에 대한 면역을 가진 일반 성

58 주인호, 앞의 책, 18.

59 Inho Chu, "The Microfilarial Periodicity of Experimental Animals", *The Korean Journal of Medicine* 6:7 (1961), no page numbers.

인에게는 별로 문제될 것이 없었다. 그러나 면역이 없는 일부 성인과 아동에게 일본뇌염은 치명적인 결과를 가져왔다. 특히 동아시아를 방문한 미국인들에게는 피해가 컸다. 감염자의 절반은 완전히 회복되지 않고 뇌손상이라는 후유증을 앓게 됐다. 효과적인 치료법은 없었다. 따라서 매개체를 제거하여 감염을 차단하는 것이 유일한 해결책이었다. NAMRU-2에는 그 해결책을 찾기 위해 설치된 곤충학 부서가 있었다. 그곳에서는 대만과 일본에서 채집한 모기 수천 마리를 대상으로 매일 뇌염 바이러스 검사가 이루어지고 있었다.[60] 그곳 연구자들의 관심을 끈 문제 중 하나는 매개체인 모기가 겨울에 모두 죽어서 없어짐에도 어떻게 뇌염 바이러스는 소멸되지 않고 이듬해에 다시 증식하느냐는 것이었다. 이에 대해 NAMRU-2의 연구자들은 동면 중인 파충류와 양서류의 체내를 통해 뇌염 바이러스가 보존된다는 가설을 세웠다. 주인호는 그 가설을 검증하는 연구의 담당자가 되었다. 그는 태평양 지역에서 1,000여 마리의 뱀을 공수하여 그로부터 얻은 간, 비장, 유제, 혈액 등의 물질을 쥐의 뇌에 접종한 뒤 거기에서 뇌염 바이러스를 분리하고자 했다. 그러나 이 실험은 성공하지 못했다.[61]

그 뒤 주인호는 일본뇌염의 주된 매개체가 어느 종의 모기인지에 관한 실험에 착수했다. 1950년대에 도쿄 소재 미406의학종합연구소와 소련 연구자들 사이에서 그것이 작은빨간집모기(*Culex tritaeniorrhyncus*)라는 견해가 제기됐지만, 그때까지 정립된 이론은 아직 없는 상태였다. 주인호는 타이페이의 교외 농촌에서 여러 종의 모기를 채집하고 각각의 체내에 일본뇌염 바이러스를 주입한 뒤 그 증식 상태를 정량적으로 측정했다. 실험 결과, 일본뇌염 바이러스는 작은빨간집모기에서 가장 많이 증식했고, 그에 비해

60 "Men against Asian diseases", *Taiwan Today*, 1969. 1. 1. https://taiwantoday.tw/news.php?post=23087&unit=12 (2023. 8. 31. 접속).

61 주인호, 앞의 책, 21쪽.

빨간집모기(*Culex pipiens*), 얼룩날개모기속, 숲모기속에서는 상대적으로 적게 나타났다. 이를 토대로 주인호는 작은빨간집모기가 일본뇌염의 전파에 가장 강력한 매개체라고 주장했다.[62]

이어서 주인호는 대만과 오키나와에 파견된 미군에서 유행한 일본뇌염에 대해 연구했다. 그의 문제의식은 '일본뇌염 유행 시기 미군에서 불현성 감염, 즉 증상이 충분히 나타나지 않는 감염자가 얼마나 많은가'라는 것이었다. 불현성 감염은 부지불식간에 질병을 전파할 수 있다는 점에서 예방의학적으로 중요한 문제였다. 주인호는 이를 파악하기 위해 1959년 여름 일본뇌염 유행기 전후에 대만에 주둔한 155명의 미 육군과 오키나와에 파견된 211명의 미 해군에게 혈청검사를 실시했다. 그 결과 전체 군인 중 4.5퍼센트에서 뇌염이 발생했고, 그들 중 98퍼센트가 불현성 감염이었음을 밝혔다.[63]

NAMRU-2에서의 연구는 주인호와 그곳의 미국인 의학자 및 다른 지역 의학자 그리고 미군 관계자들과의 협력의 산물이었다. 사상충의 야간 출현성에 관한 연구는 미군 소속의 의학자 로버트 쿤츠(Robert E. Kuntz)와 대만인 연구자 스테판 후(Stephen M. K. Hu, 胡梅基), 그리고 세 명의 대만인 실험 기사의 조력을 받아 진행됐고,[64] 뇌염 모기의 동면에 관한 연구는 대만인 기사 6명의 도움을 받아 시행됐다.[65] 미군 내 일본뇌염의 불현성 감염에 관한 실험은 미국 감염학자 토머스 그레이스턴(J. Thomas Grayston)과의 공동연구였다. 그레이스턴은 원래 시카고대학에서 폐의 진균감염증인 히

62 주인호, "Host의 Microfilarial density와 Vector mosquito의 Infection과의 관계", 『The Korean Journal of Parasitology』 1:1 (1963), 7-10쪽.

63 Inho Chu, and J. Thomas Graston, "Encephalitis on Taiwan VI-Infections in American Servicemen on Taiwan and Okinawa", *American Journal of Tropical Medicine and Hygiene* 11:1 (1962), pp. 159-161.

64 In Ho Chu, op. cit. (1961), no page numbers.

65 주인호, 앞의 책, 21쪽.

스토플라즈마증(*histoplasmosis*)을 연구했으나 기생충 감염으로 관심을 확대하면서 질병통제예방센터(Center for Disease Control and Prevention)에서 근무하다가 NAMRU-2에 부임한 인물이었다.[66] 주인호와의 공동연구는 그가 이끄는 '대만의 뇌염' 연구 프로젝트에서 출판한 6편의 논문 중 마지막 논문으로, 미 육군과 해군 관료들의 협조를 받아 진행되었다.[67] 이처럼 주인호와 함께 연구한 사람들 중 일부는 미군 소속이었지만 그렇지 않은 사람들이 더 많았다. 그럼에도 그들은 열대의학 연구에 대한 미군의 필요성과 지원 때문에 NAMRU-2라는 공간에 모였고 그곳에서 국경을 가로지르는 상호 교류를 할 수 있었다.

NAMRU-2 연구자들과의 교류는 주인호가 한국으로 돌아온 뒤에도 그의 연구에 영향을 미쳤다. 가령 NAMRU-2 연구자들은 제주도 숲모기의 생태학적 분포 양상에 관한 분석을 위해 대만 내 숲모기의 지리적 분포에 관한 정보를 보내주는 등 주인호에게 필요한 연구 정보를 제공했다. 그뿐 아니라 그레이스턴은 1960년대 워싱턴대학교 의과대학 예방의학과의 학과장이 되어 주인호가 1963년부터 1965년까지 초청 교수로 근무할 수 있도록 해주었다. 주인호는 그곳에서 워싱턴주의 호흡기 감염에 관한 역학 조사 사업에 참여하여 상기도 감염을 일으키는 바이러스의 종류와 지리적 분포를 연구했고, 이는 그가 의용곤충학을 넘어 바이러스 감염과 관련된 다른 주제들로 시야를 확대하게 된 한 계기가 됐다.[68]

나아가 NAMRU-2에서의 연구는 주인호가 국내의 방역 정책을 고안하

66 그레이스턴에 대한 자세한 내용은 다음을 참조하라. Ashile Chandler and Jeff Hodson, "Fifty Years of Saving Lives, Serving the Public", *UW School of Public Health*, https://sph.washington.edu/magazine/2021spring/fifty-years-of-saving-lives (2023. 8. 31. 접속).

67 In Ho Chu and J. Thomas Grayston, op. cit., pp. 160-161.

68 주인호, 앞의 책, 30-33쪽. Inho Chu, "Respiratory Syncytial Virus Infections in Seattle as Observed by Conventional Neutralization and Plaque Reduction Assay Methods", *The Korean Journal of Medicine* 12:3 (1967), no page numbers.

는 데 작용하기도 했다. 그는 1961년 일본뇌염에 대한 방역책을 제시하면서 NAMRU-2에서의 연구 결과를 활용했다. 그는 미군 내 일본뇌염 유행에 대한 연구를 근거로 들어, 대만과 오키나와에서 1950년대 후반 여름철 일본뇌염 유행 시 그에 면역이 없는 사람의 약 4퍼센트에서 불현성 감염이 발생했음을 지적하며 한국의 일본뇌염 발생률도 그와 비슷한 수치이므로 일본뇌염을 예방할 때 불현성 감염자의 존재를 고려해야 함을 알렸다. 또한 주인호는 일본뇌염 매개체에 관한 NAMRU-2에서의 면역학적 연구를 바탕으로, 여러 동물 중 돼지가 일본뇌염 바이러스의 증폭자 역할을 한다고 언급하며 일본뇌염 방역에서 돼지에 대한 통제가 중요하다고 강조했다.[69]

지금까지 살펴본 바에 의하면, 주인호와 미군의 교류는 한국전쟁 후에도 중단되지 않았다. 미군은 냉전 전선의 유지라는 목적으로 인해 동아시아의 풍토병 연구에 대한 지속적인 수요를 가지고 있었고, 그것이 주인호를 비롯한 동아시아 출신 연구자들의 관심사와 맞닿아 있었기 때문이었다. 주인호에게 미군의 지원은 한국에서 구하기 어려운 실험 설비와 연구 자금을 넘어 연구자들을 연결하는 허브로서 기능했다. 국내에서는 한국전쟁기에 군대의 감염병 문제를 연구했던 인물들을 결집하는 역할을 수행했고, 국외에서는 미국과 그 지원을 받는 여러 국가를 연결하는 열대의학 네트워크를 형성하는 역할을 했다. 그 구심점 중 하나인 NAMRU-2는 주인호의 연구를 미군과 동아시아 국가들이 공유하는 보건 문제와 연결 지으며 공동연구의 기회를 창출했다.

69 주인호, "하기 Virus성 전염병에 관하여", 『대한의학협회지』 4:6 (1961), 24-30쪽. 특히 25-27쪽.

5. 나가며

주인호는 미군의 지속적인 지원을 통해 보건학자로서 성장했다. 해방 직후에는 미군정청의 후원으로 미국에서 유학하며 보건학을 공부했고, 한국전쟁기에는 미군 출혈열 연구소에서 감염병 매개 곤충에 관한 연구를 도우며 그 연구 방법을 배웠다. 휴전 후에는 미군의 의뢰로 모기의 종류와 분포에 대한 현장 조사를 수행했고 NAMRU-2에서 2년간 모기의 생태에 관한 실험에 매진하며 독립적인 연구자로서의 능력을 갖추어나갔다. 각 국면에서 미군 내 지원 주체와 이유는 달랐지만, 그것이 주인호에게 큰 의미가 있지는 않았다. 그는 서로 다른 지원 사업들 사이에서 나름의 연속성을 만들어냈고, 그를 토대로 보건학자로서의 전문성을 키웠다.

주인호에게 미군의 지원은 그것이 자체적으로 보유한 인력, 설비, 재원을 넘어, 군 조직 외부에 있는 자원들을 연결시키는 네트워크로서의 기능을 의미했다. 국내에서 주인호는 미군의 지원을 통해 수도여자의과대학 예방의학교실의 연구 기반을 갖추고 한국전쟁 시기 군에서 감염병 관련 연구에 종사했던 한국인 연구자들과의 연계를 구축했다. 다른 한편으로 국외에서는 NAMRU-2를 거점으로 미국, 대만, 일본 등지의 의학자들과 관계를 맺으며 공동연구의 기반을 마련했다. 주인호는 이런 네트워크를 통해 국내외 학계를 연결하는 의용곤충학 전문가로서 자리매김했다. 그리고 이와 같은 그의 활동은 미군이 필요로 한 열대의학 분야를 확대하는 동시에 냉전 구도 하 미국과 그 지원을 받는 동아시아 국가들 사이의 과학 외교를 강화하는 데 기여했다.

보건학자로서 주인호의 성장과 활동은 바꾸어 말하면, 미국의 영향을 받은 한국인 보건 전문가를 양성한다는 미군의 의도가 관철된 결과이다. 즉, 주인호는 미군이 안배한 미국 보건학의 전달자라고 할 수도 있다. 그러나 그것이 미국의 보건학 지식이 한국에 그대로 이식되었음을 의미하지는 않는다. 그가 당초 전공인 산업보건보다도 의용곤충학에 무게를 둔 데에는 식민지시기의 경험과 한국의 현실이 영향을 미쳤다. 출혈열 연구소에서 미군 의학자들의 일반적인 견해와 달리 한국산과 동아시아 다른 지역산을 구분하려 했던 시도에는 주인호의 지정학적 인식과 식민지시기의 미생물학 연구 성과가 반영돼 있었다. 아울러 NAMRU-2에서 대만의 사례와 검체를 중심으로 연구할 때에도 주인호는 그로부터 얻은 지식을 한국의 방역 정책 고안에 적용할 방안들을 모색했다. 이처럼 그가 보건학 지식을 수용, 전달하는 과정에는 언제나 한국의 상황이 긴밀하게 작용했다.

그럼에도 미군의 지원은 주인호의 연구에 뚜렷한 흔적을 남겼다. 미네소타 프로젝트나 CMB 원조 같은 한국의 의학교육 재건을 목표로 한 일원적이고 체계적인 지원과 달리, 미군의 지원은 그것이 처한 상황에 따라 목적과 대상이 달라졌다. 한국전쟁의 수행과 그 뒤의 냉전 구도 유지에 있어서, 미군의 대표적인 현안은 동아시아에서의 풍토병에 대한 대응이었다. 한반도의 유행성출혈열, 그리고 한국을 비롯하여 대만, 일본 등 동아시아 전선 일대에서 빈발하는 말라리아, 일본뇌염, 주혈흡충증 등은 미군에게 중대한 문제였다. 의학 연구에 대한 미군의 투자와 지원은 이런 주제들에 집중되는 경향을 보였고, 결과적으로 그것은 주인호의 연구 이력을 감염병 매개 곤충, 특히 모기를 중심으로 그려지게 만들었다.

『육군의무장교단잡지』를 통해 살펴본 1950년대 의학 연구: 감염병 연구를 중심으로

신미영 (전북대학교 한국과학문명학연구소)

1. 머리말

코로나19의 전 세계적 대유행으로 감염병에 대한 관심이 높아졌다.[1] 새로 등장한 이 감염병에 대처하기 위해 각국은 다양한 방역 대책을 제시했다. 우리나라는 발생 초기에 이른바 K-방역이라는 별칭을 얻으며 코로나19에 비교적 잘 대처했다는 평가를 받기도 했다. 이와 같은 대규모 감염병의 유행에 효과적으로 대응할 수 있었던 것은 감염병에 대한 제도적 뒷받침 외에도 학문적, 경험적 지식이 지속적으로 축적되었기 때문이라고 생각할 수 있다. 그렇다면 이와 같은 대응을 할 수 있기까지 우리나라에서의 감염병

1 전염병이라는 용어는 기존 「전염병예방법」이 2010년 「감염병의 예방 및 관리에 관한 법률」로 개정되면서 감염병으로 변경되었다. 전염병이 사람들 사이에 전파되는 질환을 의미하는 것에 비해 감염병은 전염성, 비전염성 질환을 모두 포함하는 용어이다. 이 글에서는 감염병이라는 용어를 주로 사용하되, 전염성 질병을 가리키거나 전염병이라는 용어가 직접 사용된 문헌을 인용하는 경우에는 전염병이라는 표현을 쓰고자 한다. 법제처 국가법령정보센터, 「감염병의 예방 및 관리에 관한 법률」 (법률 제9847호, 2009. 12. 29. 전부개정).

에 대한 지식 또는 학문적 풍토는 어떻게 형성된 것일까? 이 글은 1950년대를 중심으로 우리나라 감염병 연구 맥락의 형성 과정을 살피고자 한다. 1950년대의 의학 연구 환경 속에서 감염병 연구가 어떻게 이루어졌고, 당대의 현실적 여건이 연구에 어떻게 작용했는지 등을 파악해보고자 한다.

그간 한국에서 의학 연구는 1960년대 이후에나 본격화되었던 것으로 서술되어왔다. 한국전쟁으로 연구와 교육에 필요한 많은 시설들이 파괴, 소실됨에 따라 자체적으로 의학 연구나 의료 활동을 수행하는 것이 사실상 불가능했던 까닭이다. 이러한 상황 속에서 미국을 비롯한 국제사회의 한국에 대한 관심과 원조가 시작되었고, 이들의 지원을 통해 교육받은 인력들이 출현했으며, 교육기관이나 제도적 장치들이 점차 확충될 수 있었다. 한국의 의학 연구는 이러한 요건들이 갖추어지는 1960년대를 지나면서 본격화되었다고 볼 수 있다.[2] 그렇다면 앞선 시기인 1950년대에는 별다른 의학적 움직임이 없었는가? 전쟁으로 인해 1950년대의 사회가 혼란해지고 물질적, 제도적 장치는 다소 미흡했지만, 그러한 상황 속에서도 수면 아래의 오리발 움직임과 같은 잰걸음이 있었다.

한국 의학사에서 1950년대에 대한 주목이 이루어진 것은 비교적 최근의 일이다. 한국전쟁은 해방 이후 조금씩이나마 자리를 만들어가려던 제도적, 학문적 기반을 한순간에 무너뜨렸다. 그러다 보니 이 시기를 다루는 역사적 연구들 역시 많은 것들이 결핍되고 혼란한 상태로 그려졌고, 잘 주목되지 못하고 있었다. 하지만 최근 몇 년 사이에 발표된 여러 편의 연구를 통해 1950년대 한국의 의학적, 보건의료적 상황이 다양하게 조명되면서 현대 의학사의 공백처럼 여겨졌던 부분들이 채워지고 있는 점은 고무적이라 할 수 있다.

2 1960년대 이후에나 보건의료적 발전상이 나타났다고 보며, 이러한 모습을 '한국적 근대화'의 개념과 결부시켜 설명하기도 한다. 이동원, "6·25전쟁과 한국 보건의학계 및 보건학의 형성", 『동국사학』 69 (2020), 343쪽.

1950년대 한국의 현실에서 가장 긴요했던 의료지원과 관련해서는 여러 편의 연구가 발표되었다. 부산에 설치되어 전쟁 당시와 이후까지 치료 활동을 이어갔던 스웨덴 적십자 야전병원에 관한 연구와 미 제8군 육군이동외과병원의 활동을 다룬 연구, 피란 수도인 부산에서 유엔민간원조사령부(UNCACK)가 펼친 방역 지원 활동에 주목한 연구 등이 있다.[3] 이 중 한봉석은 한국전쟁 당시 미 제8군의 전, 후방 의료지원 내용, 구체적으로는 육군이동외과병원의 활동에 주목하면서 이때의 의료지원 및 실천은 한국의 의료체계가 미국식으로 전환된 계기가 되었음을 주장했다. 조성훈은 UNCACK의 방역 지원 활동으로 부산의 전염병 통제가 안정되었고, DDT 살포나 상수도 소독, 분뇨 및 오물 수거 등 위생 여건도 개선되었음을 보여주었다. 1950년대는 UNCACK을 비롯한 UN 산하 기구들의 대한(對韓) 원조도 많이 이루어졌다. 앞서 언급한 방역 지원 활동 외에도 보건진료소, 보건소, 공중보건원(School of Public Health, Korea)의 설립과 운영 등이 한국에 보건학 및 보건의료체계가 마련되는 데 영향을 주었음에 주목한 연구가 있다.[4] 이 연구는 한국의 보건의료체계가 이 시기 대한 원조 활동에 힘입어 일본식 공중위생 개념에서 미국식 공중보건 개념으로 전환되었음을 보였다.[5]

한편 전쟁으로 인한 열악한 위생환경은 감염병의 창궐로 이어졌다. 당시는 안정적인 의료체계가 작동하지 못했고, 이를 관리하거나 연구할 전문적

3 박지욱, "한국전쟁과 부산 스웨덴 적십자 야전병원의 의료구호활동", 『의사학』 19:1 (2010), 189-208쪽; 한봉석, "한국전쟁기 의료지원 연구: 미 제8군 육군이동외과병원의 활동을 중심으로", 『연세의사학』 24:1 (2021), 7-38쪽; 조성훈, "피란수도 부산의 전염병과 유엔민간원조사령부의 방역 지원활동", 『항도부산』 43 (2022) 37-72쪽.

4 이동원, 앞의 논문, 339-374쪽.

5 박지영은 해방 후 한국에서 공중보건이 자리잡는 과정에 대한 논의를 통해 일본식에서 미국식으로의 단절적 전환보다는 연속성과 상호작용을 통한 혼종적 상태로 이해할 필요가 있음을 보여주었다. Ji-young Park, "Revisiting Americanization: Focusing on the Reformation of Public Health in South Korea, 1945-1960", *Korea Journal* 62:3 (2022).

인 인력도 충분치 못했다. 무엇보다도 전쟁을 겪으면서 주거 공간이나 영양 및 위생의 측면에서 상당히 부족하고 미흡한 상태가 계속됨에 따라 건강을 유지하는 데 큰 어려움이 있었고, 이것은 감염병 유행의 좋은 여건으로 작용했다.[6] 이 시기의 전염병 대응에 관해서는 UNCACK의 지원 활동에 주목한 이임하의 연구가 대표적이다.[7] 그는 UNCACK이 민간을 대상으로 DDT 살포와 예방접종 등을 적극 실시함으로써 두창, 발진티푸스, 장티푸스 등 급성전염병을 통제할 수 있었음을 보여주었다. 또한 UNCACK의 만성감염병 대응에 대한 연구를 통해서는 미군이 결핵, 나병, 성병 중 성병에 대해서만 적극 관리했을 뿐 결핵과 나병은 큰 관심을 두지 않았음을 지적하면서 UNCACK이 미군에 직접 관련이 있는 질병에만 집중했음을 보여주었다.

이처럼 여러 연구를 통해 1950년대 한국의 보건의료체계 형성 과정과 당시 사회를 휩쓸던 감염병의 통제 맥락은 미군 및 유엔 산하 기구들의 긴밀한 영향과 필요 속에서 진행된 것임이 분석되었다. 감염병과 관련한 1950년대의 상황에 대한 연구는 주로 질병 통제의 모습이나 보건의료제도의 형성과 같은 실천적 활동에 관한 조명이 주를 이루고 있는 반면, 감염병에 대응하는 한국 의료 전문가들의 연구에 대해서는 분석이 상대적으로 부족한 것이 사실이다.[8] 이에 대해서는 1950년대가 전쟁 발생과 이후

6 이는 한국전쟁 당시 국민방위군을 중심으로 발진티푸스가 크게 발생했음에 주목한 이임하의 연구에서도 확인되었다. 이임하, 『전염병 전쟁: 한국전쟁과 전염병 그리고 동아시아 냉전 위생 지도』 (서울: 철수와영희, 2020).

7 이임하, "한국전쟁기 유엔민간원조사령부(UNCACK)의 보건·위생 정책: 급성전염병을 중심으로", 『사회와 역사』 100 (2013), 325-359쪽; 이임하, "한국전쟁기 유엔민간원조사령부(UNCACK)의 만성 전염병 관리", 『사림』 49 (2014), 281-310쪽. 이 외에도 한국전쟁기 급성전염병에 대한 정부의 통제 방식에 주목한 연구도 있다. 이창영은 피난민 유입으로 한국전쟁기 급성전염병이 악화되었고, 정부가 군경을 중심으로 이를 통제하고자 했음을 보였다. 이창영, "한국전쟁기 급성전염병의 발생과 정부의 대책" (동아대학교 석사학위논문, 2019).

8 최은경의 연구를 통해 1950-60년대 징병검사에 동원된 의료 전문가들의 모습이 밝혀진 바 있지만, 그들의 감염병에 대한 직접적인 관심이나 연구와는 거리가 있다. 최은경, "1950-60년대 의료전문가의 동원과 징병검사의 수립", 『인문과학연구논총』 36:4 (2015), 231-258쪽.

복구 과정에 주력했던 시기이므로 학문적 활동이 활발하게 진행될 수 없었던 현실적 여건 때문일 것이라 생각할 수 있다. 그렇다면 이 시기 한국에서 감염병 연구는 전혀 진행되지 않았는가? 있었다면 어떻게 이루어졌는가? 이 글에서는 1950년대 한국의 의료 전문가들이 수행한 감염병 연구에 주목하여 많은 여건들이 미흡한 상태였음에도 당시 감염병 연구가 어떻게 이루어졌는지를 살피고 이를 통해 1950년대 한국 감염병 연구의 경향과 특징을 파악해보고자 한다.

1950년대 한국 의료 전문가들의 감염병 연구 활동을 파악하기 위해서는 당시 연구 논문이 발표된 잡지들을 훑어볼 필요가 있다. 이 연구에서는 육군의무장교단에서 발행한 『육군의무장교단잡지』를 중심으로 이곳에 발표된 감염병 관련 논문을 살펴보려고 한다. 육군, 해군, 공군의 삼군 가운데 육군의 의학 학술지를 중심으로 보는 것은 우리나라 군 편제상 육군의 비율이 절대적으로 큰 까닭이다.[9] 또한 『육군의무장교단잡지』는 다른 군의 학지에 비해 연간 발행 횟수가 상대적으로 많다. 공군본부의 『항공의학』이 1953년에 창간되어 1954년 시작된 『육군의무장교단잡지』에 비해 먼저 발행되기는 했지만, 『육군의무장교단잡지』는 창간호부터 연 4회 발행되었고, 1956년과 1957년은 연 3회, 1958년은 연 5회, 1959년은 연 4회, 1960년 연 3회로 연간 발행 횟수가 적지 않으며 논문 숫자도 매 호에 10편 내외가 꾸준히 발표되었다. 『항공의학』 역시 발행 초기에는 10여 편의 논문이 지속적으로 발표되었으나 1957년부터는 연 1회로 축소되었고, 군의 특성상 비행 또는 항공 관련 연구가 일정 비중 차지했다. 한편 1956년 창간된 『해

9 기록에 의하면 전쟁 발발 직전 국군의 병력 규모는 약 10만 명 수준으로 육군이 94,000명, 해군이 7,700명, 공군 1,800명, 해병은 1,100명가량 되었다. 전쟁을 겪으면서 병력 규모도 크게 증강하여 1953년에는 육군 550,000명, 해군 14,863명, 공군 11,461명, 해병 22,174명으로 약 60만 명까지 확대되었다. 전체 병력 규모에서 육군의 비율이 압도적으로 높음을 알 수 있다. 국방부전사편찬위원회, 『국방사 2: 1950. 6~1961. 5』 (서울: 국방부전사편찬위원회, 1987), 327-331쪽.

군군의단지』는 앞의 두 학술지에 비해 확인 가능한 자료의 양이 많지 않고 1950년대 감염병에 대한 전반적인 연구 풍토를 살피기에는 상대적으로 부족한 편이다. 따라서 이 연구에서는 『육군의무장교단잡지』를 중심으로 1950년대 한국에서 이루어진 감염병 연구의 모습을 파악하고자 한다. 구체적으로는 이 잡지에서 주로 주목한 감염병들은 무엇이었고, 연구자들은 이를 어떤 방식으로 접근하며 연구를 수행했는지, 이러한 점들이 당대의 상황과 어떻게 연결되는지 등을 분석해보겠다. 이를 통해 1950년대 한국의 의료 전문가들이 나름대로의 학문적 활동을 수행하면서 이후 발전의 기반을 마련하는 데 도움이 되었음을 보이고자 한다.

2. 감염병 연구 공간의 형성과 확대

1) 1950년대 의학 인력의 군 동원

1950년 6월 25일 한국전쟁이 발발했다. 새벽에 일어난 군사적 침입은 모두의 일상을 단숨에 빼앗아갔다. 총탄에 의해 주거환경이 대거 파괴되고, 대부분의 국민들은 먹을 것, 입을 것도 없이 갑작스런 피난길에 오르게 되었다. 피난민들을 위한 위생시설은 있을 리 만무했고, 이들은 물리적으로 위험한 상황뿐 아니라 영양 결핍과 비위생적 환경에 대비할 겨를도 없이 전쟁을 맞이해야 했다.

1950년 7월 UN안보리에서 UN군사령부 창설을 결의하고, 미국을 비롯한 연합군이 한국에 파견되면서 한국의 전쟁 상황은 조금씩 변해갔다. 연합군의 참전으로 전세가 호전되어 9월에는 서울을 수복하기에 이르렀다. 그러나 11월 중공군의 개입으로 상황이 전환되며 전쟁은 장기화될 조짐을 보였다. 전쟁에 필요한 인적 자원의 공급이 절실해졌다. 당장 전장에 투입될 인력도 필요했지만, 부상병을 비롯한 수많은 환자들을 담당할 의료인력들도 중요하게 요구되었다.

사실 군의관은 그 전부터 중요한 인력으로 모집되고 있었다. 해방 이후 창설된 남조선국방경비대 산하에 의무부대가 설치되었고, 당시 의무요원으로는 신학진, 박동균, 김상복 등 일제강점기 군의관 경험이 있었던 인물들이 속해 있었다.[10] 이후 남조선국방경비대는 조선경비대로 명칭이 바뀌었고, 조선경비대에서도 군의관을 채용하기 위해 공고를 내기도 했다. 당시 군의관 지원 자격은 남조선과도정부 의사면허장을 소지한 자로 만 22세부터 만 45세 미만이어야 했고, 모집 인원도 ○○○명으로 규모가 적지 않았다.[11]

의무요원에 대한 수요는 전쟁이 시작되자 더욱 커졌다. 전투가 치열해지면서 그로 인한 부상자가 크게 증가했고, 이들을 치료해줄 인적 자원이 시급해졌던 것이다. 전쟁이 한창 진행되던 시절인 1951년 서울대학교의 경우 전체 교수 90여 명 가운데 근무 중인 교수는 36명에 불과했고, 근무하지 않는 교수는 56명으로 나타났다. 근무하지 않는 교수는 대부분 군에 입대한 것으로 알려졌으며, 진료 및 실무 활동이 가능한 임상 분야의 교수들이 많았다.[12] 학생의 경우도 마찬가지였다. 경북대학교 의과대학의 경우 1951년 9월 30일 현재 정원 480명 중 206명만 등록을 마쳤는데, 나머지 미등록생 중 149명이 현역군인인 것으로 조사되었다.[13] 등록생에 버금가는 규모가 군의 인적 자원으로 합류한 것이다.

10 최은경, 앞의 논문 (2015), 235쪽; 철심신학진박사회갑기념문집간행위원회, 『회갑기념 신학진박사 문집』 (서울: 철심신학진박사회갑기념문집간행위원회, 1971). 이 중 신학진은 1946년 5월 통위부 의무국장을 역임했고, 1948년 3월에는 제1육군병원장을 지내기도 했다.

11 "조선경비대 군의관 채용 공고", 《경향신문》, 1948. 8. 12., 2면.

12 서울대학교의과대학, 『서울대학교 의과대학사 1946-2006년』 (서울: 서울대학교출판부, 2008), 68쪽.

13 경북대학교의과대학내과학교실, 『(경북대학교 의과대학) 내과학교실사: 의학과 인술에 바친 한 세기』 (대구: 경북대학교의과대학내과학교실, 2019), 47쪽.

1950년 의무요원으로 소집된 인원은 740명이었지만 1951년 353명, 1952년 222명으로 해마다 규모가 크게 줄어갔다.[14] 이에 따라 군대 내 의료 활동에 필요한 인원을 증가시킬 필요가 인식되었고, 제2국민병 소집 논의와 함께 의사, 치과의사, 약사 등의 직군들도 예비병으로서 소집 대상이 되었다. 「국무원 공고 제42호」에 따라 1952년 9월 1일 현재 만 28세 이상 만 39세 미만인 사람 중 의사, 치과의사, 약사의 자격이 있는 자들은 소집 대상에 해당되었다.[15]

한편 의료인에 대한 수요는 군에만 있는 것이 아니었다. 국민의 보건위생을 위해서는 사회에도 필요했기 때문에 의무요원 동원의 문제는 국방부 외에 문교부, 보건부와의 상호 협의가 요구되었다. 그 결과 1952년 11월 10일 보건부 차관실에서 제1회 전시의무요원동원계획위원회(이하 동원위원회)가 개최되었고, 여기서 전시의무요원의 동원에 대해 국방부 차관, 보건부 차관, 문교부 차관, 국방부 병무국장, 문교부 고등교육국장, 육군 의무감 등이 참여하여 지속적으로 협의하기로 결정했다.[16] 이후 여러 차례 개최된 동원위원회를 통해 의무요원으로 소집된 이들은 1~2개월의 교육을 거쳐 예비역 중위로 임관 후 원직장으로 복귀시키는 것으로 결정되었다. 이로써 점차 줄어가던 의무요원 수는 1952년 222명에서 1953년 1,671명으로 급격히 증원될 수 있었다.

이처럼 1950년대 초 의과대학 소속 교수, 학생들이 군에 대거 징소집됨에 따라 의학 활동을 할 인적 자원들은 군으로 모이게 되었다. 그동안 학습 및 연구, 교육의 주된 공간이었던 학교가 아닌 군에서 그들의 활동을

14 병무청, 『병무행정사(상권)』 (서울: 병무청, 1985), 355쪽.

15 「국무원공고 제42호」, 관보제747호 (1952. 9. 27.).

16 병무청, 앞의 책, 353쪽; "삼부합동동원위 구성, 의료업자응소 불량에 대비", 《동아일보》, 1953. 1. 6.; "삼팔세까지의 전국 의사 소집", 《조선일보》, 1953. 1. 7.

수행해야 할 필요가 생긴 것이다. 의과대학 내 인력들은 전쟁으로 뿔뿔이 흩어진 듯했지만, 다른 한편으로는 군의관 소집을 기점으로 군 중심의 새로운 활동 공간에 모인 셈이 되었다.

2) 의학 연구 공간의 형성

연구자들의 활동 공간은 학술단체 또는 학술잡지를 의미한다. 특히 학술잡지는 연구자들이 논문을 발표함으로써 지식을 교류하고 축적하는 학문적 공간이라 할 수 있다. 해방 이후 의학 분야의 논문을 발표하고 성과를 공유할 수 있었던 잡지로는 1946년 미군정의 의학교육 담당관이었던 세브란스의대의 김명선이 주축이 되어 발간된 『조선의사신보』가 있었고, 같은 해 『조선의학신보』와 『조선의보』도 발행되었다. 이어 1947년 창립한 조선의학협회의 학술지인 『조선의학협회회보』가 이듬해에 창간되었고, 같은 해에 지방에서는 최초로 전북의사회에서 『전북의보』가 발간되었다. 1949년에는 일반종합지인 『임상의학』과 분과학회 최초의 학술지인 『대한내과학회잡지』가 발행되었다.[17] 이처럼 해방 이후 혼란한 상황에서도 학문적 성과를 나누기 위한 시도들이 존재했었으나 경영난으로 정기적인 간행이 힘들었고, 이마저도 한국전쟁이 발발하면서 학술지 발간은 지속되지 못했다.

전쟁으로 상당수의 의학 인력들은 군에 차출되어 병원에 몰려드는 부상병과 일반 환자들을 돌보아야 했다. 특히 전쟁이 진행 중이던 1950년대 초의 상황은 학술 활동이 사실상 불가능한 상태나 다름없었다. 연구에 필요

17 전종휘, 『우리나라 현대의학 그 첫 세기』 (최신의학사, 1987), 221-224쪽. 해방 이후 창설된 의학 분야의 학회는 1945년 9월 조선신경정신의학회와 같은 해 10월의 조선방사선협회와 조선소아과학회가 있었고, 11월에 조선피부과비뇨기과학회와 조선생리학회, 12월에 조선내과학회가 있었다. 이 중 조선내과학회는 1948년 대한내과학회로 이름을 바꾸고 이듬해 10월 처음 학회지를 창간했으며, 나머지는 1950년대 후반과 1960년대 이후에야 학회지를 발간하기 시작했다.

한 장비는 대부분 파괴되고, 연구인력 역시 군에 동원됨에 따라 이 시기의 연구 활동은 여러 면에서 어려움이 많았다.

하지만 이러한 어려움에도 의학 분야의 성과를 모을 수 있는 학술지들이 조금씩 등장했다. 1950년대 한국에서 의학 분야의 연구 논문이 실릴 수 있었던 학술지는 약 30여 종이 있었는데, 전쟁 상황이었던 관계로 꾸준히 발행되기보다는 중간에 폐간 또는 휴간되는 경우가 더 많았다. 1950년대 초반에는 군을 중심으로 하는 군의학 관련 학술지와 국립방역연구소에서 발간한 『국립방역연구소보』, 전북 옥구 개정면의 농촌위생연구소에서 발간한 『농촌위생(農村衛生)』이 있었다.[18] 이 시기 발행된 학술지는 연구 논문을 발표할 수 있는 의학 인력들이 일정 정도 존재하여 연구가 존속될 수 있는 곳을 중심으로 운영된 것으로 생각할 수 있다. 그러나 군의학 관련 학술지 외에 『국립방역연구소보』는 전쟁의 영향으로 1950년 3월까지 출간되다가 중단되었고, 『농촌위생』은 전쟁 기간 동안에는 유지되다가 휴전 이후 연구소 인력들이 이동함에 따라 운영상의 어려움을 겪으면서 발행이 중단되었다.[19]

1950년대 중반부터는 몇몇 대학을 중심으로 논문집이 발간되기 시작했다. 1954년 서울대학교의 『서울대논문집·자연과학편』에 의학 분야의 논문이 실렸고, 1957년에는 가톨릭대학교의 전신인 성신대학 의학부의 『성신대학의학부 논문집』이 발행되었다. 또한 1956년 종합학술지의 형태로 『신약계』와 훗날 『종합의학』으로 바뀌는 『의약계』가 등장했다.[20] 이어 1950년

18 1951년 육군본부 의무감실에서 군의관들의 교육을 목적으로 『醫星』이라는 학술지가 존재했었는데, 1954년 『육군의무장교단잡지』가 만들어지면서 폐간되었다. 공군의 『항공의학』은 1953년에, 해군의 『해군군의단지』는 1955년에 각각 창간되었다. 또한 전북 개정의 농촌위생연구소에서 발간된 『農村衛生』은 결핵, 페디스토마, 기생충 등 농촌에 산적한 위생 문제를 다루었다. 대한민국학술원, 『한국의 학술연구: 의과학』 (서울: 대한민국학술원, 2004), 33쪽.

19 박윤재, "1940-60년대 농촌위생연구소의 설립과 활동", 『역사와 현실』 72 (2009), 269-270쪽.

20 『신약계』는 이듬해인 1957년 『신의약』으로 명칭을 바꾸기도 했지만 재정적 곤란을 비롯한 여러 어려움으로

대 후반에는 의학 분야의 분과학회에서 발간하는 학술지들이 등장했다. 1958년 『소아과』를 시작으로 『이비인후과(耳鼻咽喉科)』, 『대한안과학회잡지』, 『대한미생물학회지』, 『대한산부인과학회잡지』 등이 발행되었고, 『서울대논문집·의약계편』이 분리되어 의학 분야 논문이 독립적으로 발표되는 공간이 마련되었다. 또한 같은 해 『국립의료원논문집』과 『최신의학』도 발행되어 의학 지식이 종합적으로 축적될 수 있었다. 이듬해인 1959년에는 『의학다이제스트』, 『임상의학』, 『대한외과학회잡지』 등이 창간되어 임상 활동을 하는 의료진들이 의학 지식을 공유할 수 있었고, 부산대학교 의과대학에서 『부산의대학보』를 발행하기 시작했다. 이처럼 1950년대에 열악한 연구여건에도 불구하고 의학 지식을 교류할 수 있는 공간이 등장과 퇴장을 반복하며 존재하고 있었다.

이들 학술지 가운데 군의학 관련 잡지는 휴전 직후부터 정기적으로 발행이 이어지면서 1950년대의 학술지 중 가장 긴 기간 존재하고 있었다고 볼 수 있다. 전쟁을 기점으로 많은 사람들이 군대에 동원되었는데, 이 점은 1950년대의 군대가 갖는 특징을 복합적으로 이해하도록 한다. 일반적으로 군대는 그 환경이 주는 특수성을 고려하게 되지만 당시의 군대는 전국에서 일시에 소집된 의학 인력들이 모인 공간이자, 다양한 의학적 관심사를 가진 사람들이 모여 있는 곳이기도 했다. 즉, 당시의 군대는 군이라는 공간이 주는 특수성보다는 사회 활동을 하는 대다수의 사람이 모인 보편성을 가진 공간으로도 이해될 수 있다. 이러한 점에서 『육군의무장교단잡지』는 전쟁 직후 창간되었다는 시기적 특성상 군대로서의 특수성보다는 다수의 의학 인력들이 군의관으로서 한자리에 모인 보편성을 갖는 의학 연구 공간으로 이해될 수 있다.

1957년 5번째 호를 끝으로 폐간되었다. 전종휘, 앞의 책, 322쪽.

3. 『육군의무장교단잡지』에 나타난 1950년대 감염병 연구의 특징

감염병은 사회적 질서를 혼란하게 만드는 요인들 중 하나로, 전쟁이 진행되는 동안에도 철저히 관리되어야 할 문제로 인식되었다.[21] 군의 입장에서 감염병은 안팎으로 중요하게 관찰될 필요가 있었다. 전쟁으로 대규모 피난민이 발생했고, 이들을 중심으로 감염병이 유행했다. 따라서 집단생활의 안전을 위해 감염병은 반드시 주목되어야 했다. 군은 집단생활을 하는 곳으로 감염병의 유행은 전쟁에 필요한 자원이 그만큼 감소되는 것임에 따라 면밀한 감시가 필요했다. 역사적으로 볼 때도 전투로 인한 희생에 못지않게 감염병에 의한 희생이 컸던 적이 있었다. 군은 전쟁 상황 속에서 사회 질서를 안전하게 유지하는 것뿐 아니라 내부적 피해를 줄이기 위해서라도 감염병을 잘 통제해야 했던 것이다. 이러한 맥락에서 감염병은 군대의 주요 관심사에 속했고, 군의관들도 유심히 살피며 진료와 연구를 병행했다.

1) 만성감염병 연구

『육군의무장교단잡지』는 육군에 입대하여 활동하는 군의관들의 연구 성과가 발표되는 자리이다. 여러 지역에서 활동하던 의사들이 군에 합류하면서 『육군의무장교단잡지』를 중심으로 1950년대의 전쟁 직후의 열악한 환경에서나마 의학 지식이 교류될 수 있었다. 1954년부터 1960년까지 매년

21 전쟁 당시 전염병은 피난민의 이동 과정에서 확산된다고 여겨졌고, 이를 관리하기 위해 피난민들은 이동 시 피난민 증명서와 예방접종 증명서를 항상 휴대해야 했다. 전우용, 『현대인의 탄생』 (서울: 이순, 2011), 214쪽.

3~5회가량의 꾸준한 발간 속에서 다양한 의학적 논의가 진행되었다.[22] 잡지가 창간된 첫해에 50편이 넘는 가장 많은 수의 논문이 발표되었고, 이후에는 매년 평균적으로 30편을 전후한 연구 논문이 소개되었다. 대체로 육군병원 소속으로 활동하는 군의관들이 연구 논문을 발표함에 따라 그 내용 또한 전상(戰傷) 환자에 대한 치료법이나 수술 또는 검사법 등에 관한 것이 많았다.

동시에 군의 관심사 중 하나인 감염병에 대한 연구 논문도 매년 꾸준히 발표되었다. 필자의 조사에 따르면 『육군의무장교단잡지』에 발표된 연구 논문 중 감염병 연구가 차지하는 비중은 매년 14~33%로 군의학 연구자들의 감염병에 대한 관심이 지속적으로 유지되고 있었음을 알 수 있다. 잡지에 소개된 감염병 관련 연구에서 주로 다룬 주제가 무엇인지를 살펴보면 다음과 같다.

〈표 10-1〉 『육군의무장교단잡지』에 소개된 감염병 관련 연구 주제 (괄호 안은 논문 수)

연도	주제
1954	결막염, 콜레라, 발진티푸스, 이질(2), 결핵(3), 기생충
1955	기생충(5), 유행성출혈열, 성병
1956	결핵(3), 유행성출혈열, 기생충(2)
1957	모기, 재귀열, 결핵(3), 기생충(2), 한센병
1958	모기, 기생충(2), 결핵
1959	기생충(5), 결핵(7)
1960	기생충, 결핵(4), 위생곤충

위 표를 보면 발간 첫해인 1954년에 연구된 감염병은 비교적 다양하게 나열되어 있다. 훈련소 내 훈련병 사이에서 유행한 결막염에서부터 콜레

22 『육군의무장교단잡지』는 1960년까지 발행되고, 이후부터는 『군진의학』으로 명칭이 바뀌었다.

라, 발진티푸스, 이질과 같은 제1종 감염병들이 연구되었고, 결핵과 기생충 감염 사례도 다루어졌다.[23] 이처럼 초반에는 여러 종류의 감염병들이 연구 대상이 되었는데, 시간이 지날수록 결핵과 기생충에 관한 연구로 수렴되는 양상을 보였다. 하지만 이러한 경향을 급성전염병이 줄고 결핵, 기생충 관련 감염병이 많아져서라고 보기에는 무리가 있다. 왜냐하면 발표된 연구 논문이 반드시 당시의 현상에 대한 연구는 아니었기 때문이다. 예를 들어 1954년에 발표된 연구 중 홍기원의 "소아결핵 감염률의 통계적 관찰"은 1948년 3월과 1949년 4월에 서울시내 사립초등학교 및 유치원생을 대상으로 실시된 것이었고, 1955년과 1956년에 연이어 발표된 주정균의 "유행성출혈열(1), (2)"은 1950년대 초 미군의 집단 발병으로 주목을 끌었지만 논문이 발표된 1950년대 중반 우리나라 군인의 피해 규모는 적은 편이었다.[24] 이러한 점에서 볼 때 특정 감염병이 다루어진 시기가 그 시기의 유행 추세와 밀접하게 관련되어 있지는 않음을 알 수 있다.

다만 주목할 만한 것은 결핵과 기생충 관련 주제를 다루는 연구 논문이 많다는 점이다. 실제로 감염병으로 인한 직접적인 피해는 장티푸스, 이질, 발진티푸스, 뇌염과 같은 급성감염병이 컸던 데 비해 의학 연구자들이

23 1954년 제정된 전염병예방법에 의하면 당시 전염병은 제1종, 제2종, 제3종으로 분류, 관리되고 있었다. 제1종 전염병은 발생 즉시 신고와 격리가 필요한 병들이 해당되었다. 구체적인 분류 내용은 다음과 같다. 법제처 국가법령정보센터, 「전염병예방법」 (법률 제308호, 1954. 2. 2. 제정); 대한감염학회, 『한국전염병사 2』 (파주: 군자출판사, 2018), 40-41쪽.

〈주석 표 1〉 1954년 당시 전염병 종별 구분 및 종류

구분	종류
제1종 전염병	콜레라, 페스트, 발진지브스, 발진열, 장지브스, 파라지브스, 천연두, 성홍열, 디프테리아, 적리(세균성, 아메바성), 재귀열, 유행성뇌척수막염, 유행성뇌염
제2종 전염병	급성전각회백수염, 백일해, 마진, 유행성이하선염
제3종 전염병	결핵, 성병, 나병

24 홍기원, "소아결핵감염률의 통계적 관찰 (부) 튜베루쿠린반응의 소실험적 관찰", 『육군의무장교단잡지』 1:3 (1954), 8-27쪽; 홍기원, "소아결핵의 통계적 관찰(제1보): 소아결핵의 임상적 통계", 『육군의무장교단잡지』 1:5,6 (1954), 45-58쪽; 주정균, "유행성출혈열(1)", 『육군의무장교단잡지』 2:5,6 (1955), 117-135쪽; 주정균, "유행성출혈열(2)", 『육군의무장교단잡지』 3:2 (1956), 73-86쪽.

논문으로 발표한 주제는 결핵, 기생충 관련 질환 등 만성감염병들이 많았다.[25] 급성감염병은 발병 속도가 매우 빠르고 사회적 파급력도 커서 무엇보다 적절한 통제가 중요하다. 통제의 방법으로는 환자의 격리가 우선되어야 하고, 의약품 공급이 제때 이루어져야 한다. 하지만 전쟁 상황 속에서 이러한 대응을 자체적으로 수행하기에는 미흡한 점이 많았고, 미군에 의지할 수밖에 없었다. 실제로 발진티푸스나 일본뇌염 등을 잠재우는 데 DDT의 살포가 효과적이었는데, 미군이 도입한 DDT가 마을 곳곳에 조직적으로 뿌려지고 때로는 공중에서 대량 살포됨으로써 전염병으로 인한 피해는 대폭 줄일 수 있었다.[26] 이처럼 급성감염병은 당장의 즉각적인 대응이 필요한 병으로서 통제를 위해서는 인프라 구축과 관리가 중요했으며, 이 부분은 미군 측에 의존할 수밖에 없었다.

이에 비해 결핵, 나병, 성병으로 대표되는 만성감염병은 급성감염병에 비해 발병까지의 시간이 상대적으로 더디고 즉각적인 사망으로 직결되는 경우는 많지 않아 관심이 소홀한 면이 있다. 그럼에도 집단생활을 할 경우 전염성이 우려되므로 발병 환자에 대한 관리는 필요하다. 1950년대 의학 연구 성과가 발표되었던 공간이 집단생활을 하는 군이었으므로 결핵과 기생충 관련 연구에 군의관들의 관심이 닿는 것은 어쩌면 당연했다. 결핵과 관련해서는 주로 병원을 찾은 환자들을 대상으로 투베르쿨린 반응 검사를 실시한 결과를 소개하거나 환자 진료에 필요한 임상 지식 공유, 특정 집단을 대상으로 하는 X선 집단검진 등이 주를 이루었다.[27] 기생충 관련

25 보건사회부, 『보건사회백서: 국민보건과 사회복지 1964년판』 (보건사회부, 1964), 61-70쪽; 한시백, 김정순, "우리나라 신고 법정전염병의 역학적 변천", 『한국역학회지』 9:2 (1987), 236-263쪽.

26 미 공군은 T-6 정찰기를 이용하여 서울 상공에 DDT를 공중살포했다. U.S. Air Force Commands, "Air Force Activities-Korea-1953-Chemical Activities: A T-6 'Mosquito' Plane Loaded with DDT Passing over Seoul", 〈RG 342: Records of U.S. Air Force Commands, Activities, and Organizations, 1900-2003 (사료건 AUS033_03_01V0000_769)〉, 미국 국립문서기록관리청 NARA, (1953).

27 안치열, "육군을 대상으로 한 집단 검진에 의한 결핵 조사", 『육군의무장교단잡지』 3:3 (1956), 116-121쪽; 육

연구의 경향도 크게 다르지 않았다. 기생충 감염에 따른 특이 사례를 보고하는 논문이 많았고, 국민학생이나 군인, 일반인 등을 대상으로 하는 집단검진, 검사법이나 X선 진단 소견 등도 논문으로 발표되었다.[28] 1950년대 후반 무렵에는 소독제에 대한 기생충의 저항력 실험이나 담수어 조사를 통한 기생충 분포 상황이 보고되기도 했다.[29] 이처럼 1950년대 군의학 잡지에 소개된 감염병 관련 연구는 주로 결핵이나 각종 기생충에 대한 내용이 많이 발표되었다. 특히 이들 질환에 대한 접근 방법으로는 감염자를 대상으로 하는 집단검진이나 통계적 관찰, 특이한 임상 사례 보고, 진료에 필요한 임상 지식 공유 등이 주를 이루었다. 결핵과 기생충에 대한 연구자들의 관심은 『육군의무장교단잡지』뿐 아니라 다른 곳에서도 비슷하게 나타났다. 서울대학교가 휴전 이후 서울로 복귀하면서 구성된 서울대학교 연구위원회는 학문 발전에 이바지하기 위해 1954년부터 연구비를 지급했는데, 1959년까지 지급한 6개의 연구 과제 중 4개가 결핵과 기생충, 나병과 같은 만성감염병에 해당했다.[30] 또한 세브란스의과대학에서 개최된 대한의학협회의 학술대회 발표 연제에서도 감염병 연구는 대체로 결핵을 다루고 있

군본부 의무과, "결핵폐환자 진료 예규", 『육군의무장교단잡지』 4:1 (1957), 38-47쪽; 조창원, 신태성, "국군결핵환자 및 중고등학생 PPD반응 검사 성적", 『육군의무장교단잡지』 4:3 (1957), 29-31쪽. 이 외에 김기호는 1959년 6권 4호와 7권 1, 2, 3호에 걸쳐 "폐결핵의 진단과 분류"를 연속 발표하였다.

28 손영수, 안치열, 지홍창, "폐흡충증의 임상적 관찰", 『육군의무장교단잡지』 2:5,6 (1955), 38-44쪽; 지홍창, 이승복, 김종태, "음낭 내 폐지스트마충증의 1례", 『육군의무장교단잡지』 2:5,6 (1955), 66-68쪽; 안치열, 김진용, "폐흡충증에 대한 X선학적 소견", 『육군의무장교단잡지』 2:5,6 (1955), 171-175쪽; 김남규, 고찬성, "국민학교아동의 결핵반응검사 및 장내기생충검사성적", 『육군의무장교단잡지』 3:2 (1956), 53-58쪽; 지홍창, "폐흡충증 환자로서 우측대흉근 내에 2개의 농종을 발생한 1례", 『육군의무장교단잡지』 4:3 (1957), 53-61쪽; 지홍창, "회충증의 집단치료성적검토", 『육군의무장교단잡지』 5:2 (1958), 5-10쪽.

29 전세규, 박병욱, "장내기생충유와 감염자충의 Chloramine에 대한 저항력(제1보) 십이지장충 발육자충의 Chloramine에 대한 저항력 실험", 『육군의무장교단잡지』 5:4,5 (1958), 41-44쪽; 홍용근, 정환국, "금강 유역의 간지스토마 분포상황", 『육군의무장교단잡지』 6:3 (1959), 65-69쪽.

30 서울대학교 연구위원회는 서울시 예산으로 편성된 연구비를 학내 교수들에게 집행했다. 의대 교수들은 1954년부터 1959년까지 총 6개 과제가 선정되어 연구를 진행할 수 있었다. 선정된 과제와 연구비 수혜자는 다음

고 특정 사례를 보고하는 방식으로 진행되었다.[31]

1950년대에 결핵이나 기생충과 관련하여 이러한 방식의 연구가 많이 이루어졌던 이유로 몇 가지를 생각해볼 수 있다. 먼저 일제강점기부터 이어진 결핵 감염의 심각성에 대한 인식의 연장선상에서 고려할 수 있다. 조선에서 결핵으로 인한 사망자 수가 1930년대를 지나면서 급격히 증가했는데, 이에 대해 박윤재는 1930년대 일본이 주도한 전쟁 이후에 결핵 예방 대책이 증가한 것이라 분석했다.[32] 전시체제에 전쟁에 동원할 건강한 청년이 필요한 상황에서 결핵 발생은 전쟁 자원의 큰 손해나 다름없었다. 제대로 된 치료제도 없던 당시 결핵은 사전에 예방하는 것이 필수였고 조선총독부는 조선결핵예방협회를 설립하여 결핵 퇴치를 위한 계몽과 홍보에 나섰다.[33] 이처럼 일본이 전시체제 하에서 방역과 관련하여 예방에 관심을 쏟았던 결핵환자에 대한 주목은 한국전쟁 이후의 연구자들에게도 유사하게 이어진 것으로 이해할 수 있다.

다른 한편으로 보면, 군은 연구 대상을 대규모로 확보할 수 있는 곳이기도 했다. 최신의 연구 방법을 구사하기 어려웠던 여건 속에서 군대 구성원을 대상으로 하는 통계적 관찰 연구는 당시 연구자들이 상대적으로 손쉽게 접근할 수 있는 방법이기도 했던 것이다. 또한 해방 이후 조금씩 준비되

과 같다. 서울대학교의과대학, 앞의 책, 110-111쪽.

〈주석 표 2〉 1954-59년 선정된 서울대 의대 교수들의 연구 과제

연도	연구자	과제명
1954	김경식 외 4명	한국 결핵의 실험 및 대책에 관한 연구
	이제구 외 3명	한국 간지스토마증 연구
1955	이진순	한국인의 혈액 조성 정상치
	이국주	소아결핵에 대한 면역성과 그 연령적 차이
1959	김성환	나병의 면역학적 연구
	남기용, 신동훈	인체의 총수분량에 관한 연구

31 박형우, 『연세대학교 의과대학의 연구 역사』 (서울: 연세대학교 대학출판문화원, 2014), 200-202쪽.

32 박윤재, "조선총독부의 결핵 인식과 대책", 『한국근현대사연구』 47 (2008), 216-234쪽.

33 최은경, "일제강점기 조선총독부의 결핵 정착(1910-1945): 소극적 규제로 시작된 대응과 한계", 『의사학』 22:3 (2013), 750-751쪽.

던 의학 분야의 제도적 환경이 전쟁 발생으로 제 기능을 하기 어려워짐에 따라 연구에 필요한 각종 자원이 갖추어질 만한 시간이 필요했다. 1950년대는 연구 자원을 갖추어나가는 시기로서 감염병에 대한 다양한 연구는 이루어지지 못했고, 대신 감염병을 마주하는 임상 의사들에게 유용한 지식을 공유하는 연구들 중심으로 채워졌다.

2) 신진 의학 인력 성장의 공간으로 활용

전쟁이 진행되는 동안 병력의 규모는 계속 커졌다. 군 의무요원의 숫자도 여기에 맞추어 늘려가야 했고 군은 1953년 징소집을 실시함으로써 증원할 수 있었다. 국방, 보건, 문교 3개 부처의 상호 협의로 의무요원 동원이 이루어지면서 급한 불은 끈 것 같았지만 이듬해부터 소집 규모가 급격히 줄어들었고, 이미 소집되어 복무 중인 군의관들의 경우 규정과 달리 복무 연한이 제대로 지켜지지 않아 문제가 되었다.[34] 본래 의사, 치과의사 등 의무요원은 1~2개월의 교육소집을 실시하고 예비역에 편입한 후 필요에 따라 군에 소집하는 것으로 했고, 소집된 요원들은 2년 복무 후 제대하기로 되어 있었다. 그러나 애초에 소집에 불응하는 의사들이 많았고, 근무 중인 군의관들은 기한이 초과했음에도 제대하지 못한 채 계속 일을 하고 있어 불만이 쏟아져 나왔다.[35] 「1956년도 군의관 요원 징소집 결과 및 1957년도 동요원 징소집 실시에 관한 건」에 보고된 바에 의하면 정해진 복무 기한을 이미 초과한 인원이 상당수였음을 알 수 있다. 육군의 경우 복무 기간이 2년이지만, 실제 군의관들의 복무 연한을 보면 제대로 지켜지기는커녕 6년이

34 1953년 1,671명이던 교육소집필자의 숫자는 1954년 165명, 1955년 50명, 1956년 75명으로 눈에 띄게 감소했다. 병무청, 앞의 책, 353쪽.

35 "군의관 예비역 편입 국방장관에 탄원", 《동아일보》, 1955. 9. 26.

넘도록 장기 복무하는 군의관이 많았다. 이에 비해 소집에 불응하거나 기피한 자들은 오히려 개업 활동을 통해 경제적으로 여유를 누림에 따라 이에 불만을 가지는 사람이 많았다.

〈표 10-2〉 1957년 각 군별 군의관 복무연한 인원 수 (출처: 국방부, 「1956년도 군의관 요원 징소집 결과 및 1957년도 동요원 징소집 실시에 관한 건」, 국방병 제8793호 (단기 4290년 11월 20일). 국가기록원 소장.)

	1년 미만	1년 이상	2년 이상	3년 이상	4년 이상	5년 이상	6년 이상	계
육군	275	41	48	85	296	30	367	1,142
해군	44	14		9	41	32	34	174
공군	28	12	1	16	21	11	17	107
계	348	67	49	110	358	73	418	1,423

이러한 불만과 함께 장기 복무 군의관의 교체 및 보충의 필요성이 중요하게 논의되었다.[36] 장기 복무 군의관들을 전역시키고 이후의 복무연한을 준수하기 위해서는 그 자리를 메울 군의관이 필요했고, 또한 지속적으로 확보될 수 있어야 했다. 이를 위해 의대 졸업생들의 징집에 관심이 집중되었다. 국방부는 의대 졸업생들의 차출을 요구했으나 문교부와 의과대학 측에서는 교육과 수련에 필요한 인력 부족을 이유로 반대하며 관련 조치를 재고해줄 것을 요청했다.[37]

36 특히 소집 불응이나 기피자를 찾아내려는 노력도 이루어졌다. 과거에는 주소지 파악 후 입대 영장을 발부하는 방식이었는데, 영장 미전달을 이유로 소집을 기피하는 자들이 많아 1957년 소집부터는 기존 발부 방식 외에 신문공고를 통해서도 군의관 소집을 알리는 등 징소집을 위한 방법이 강구되었다. "신문공고로 소집, 기피한 군의관 350명", 《조선일보》, 1957. 7. 4.; "군의관 소집에 27일 신문 공고", 《동아일보》, 1957. 7. 13.

37 전국의 의과대학장들은 기초의학교육과 연구에 필요한 인력이 크게 부족함을 강조하며 이에 대한 논의를 재고해줄 것을 요구했다. 이에 따라 관련 논의가 국무회의에 상정되어 논의가 이루어졌다. "의료기술자 중 교육요원 및 기초의학 조교요원 확보의 건"; "의학교육 요원 확보에 관한 진정서"; "기초의학 교육요원 군입대자 28명 파견근무 발령에 관한 건"; "기초의학 교육요원에 대한 병역특별조치법 수립요청 건"; "의학교육요원 확보 조치에 관한 건"; "전국 의과대학 교직원 통계표"; "기초의학 교육요원 확보에 관한 진정서" 「국무회의상정안건철」, 관리번호 BA0084214, 국가기록원 소장.

한편 이보다 앞선 1956년 1월에는 「국민의료법」 개정 법률안이 국회 본회의를 통과하는 일이 있었다. 이 개정안에서는 부칙으로 한지의사에게도 정규 의사 면허를 교부할 수 있다는 조항을 신설한다는 것이 주요 쟁점이었다.[38] 의사 수가 크게 부족한 현실 속에서 도시를 제외한 대부분의 농어촌 지역에서 실질적인 의료 활동을 펴고 있는 한지의사들에게 정식 의사 면허를 주고자 했던 것이다. 이 개정안에 대해 의사 집단 및 의대생들은 질적 수준의 저하를 우려하며 거세게 반발했다. 자신들은 의과대학을 졸업하고 국가고시를 합격한 후 의사 면허를 받는 절차를 거치면서 학문적, 의료적 수준을 높였다고 보는 데 비해, 한지의사들이 일정 정도의 강습과 기술 연마 심사를 통과하여 의사 면허를 받게 되면 질적 수준에 차이가 발생하므로 문제가 된다고 생각했던 것이다. 결과적으로 이 개정안은 폐기되었지만 의사 집단은 자신들이 농어촌지역에서 활동하는 한지의사들보다 질적 수준이 높음을 더욱 드러내 보일 필요가 있었다.

이는 곧 자신의 학문적 역량을 높이기 위한 활동으로 이어지기도 했다. 1950년대 초는 대학원 과정이 존재하기는 했지만 제대로 운영되지는 못하고 있었다. 서울대학교의 경우 1947년 9월 대학원 과정을 열었지만 교육과정 미비 등을 비롯하여 운영상에 어려움이 많았다. 그러다가 1952년 '박사학위 청구논문 접수규칙'이 만들어져 대학원을 이수하지 않아도 자격시험과 논문 심사를 거치면 학위를 받을 수 있게 되었다.[39] 1950년대 군의관

38 국회사무처, 「국회임시회의속기록: 4. 국민의료법 중 개정법률안 제1독회」, 제58호, 1955. 12. 30.; 국회사무처, 「국회임시회의속기록: 3. 국민의료법 중 개정법률안 제1독회」, 제59호, 1956. 1. 4.

39 이를 구제(舊制)박사라고도 하는데 이 제도에 의해 1952년 서울대 최초의 의학박사 학위자가 탄생하기도 했다. 의학부 병리학교실의 강처일이 "인체부신 특히 피질의 병리조직학적 연구"라는 제목으로 박사학위를 받았다. 대한민국학술원, 앞의 책, 38쪽; 서울대학교 도서관 홈페이지, https://primoapac01.hosted.exlibrisgroup.com/primo-explore/fulldisplay?doci d=82SNU_INST21415385390002591&context=L&vid=82SNU&lang=ko_KR&search_scope= THESIS&adaptor=Local%20Search%20Engine&tab=thesis&query=any,contains,1952,AND&fa cet=searchcreationdate,include,1952%7C,%7C1952&facet=rtype,include,dissertations&mode=a

으로 합류한 이들 중 몇몇은 당시 몇 안 되는 학술지인 『육군의무장교단잡지』에 논문을 발표함으로써 박사학위를 준비하는 창구로 활용하기도 했다.

1956년 김진식과 안치열, 1958년 신석호가 각각 1편씩, 1959년 신석호의 2편과 허수철의 1편, 정환국 3편과 홍용근 1편으로 총 6명의 연구자가 10편의 논문을 『육군의무장교단잡지』에 발표함으로써 자신의 학위 취득을 준비했다. 김진식은 1956년 서울대 의대 이제구 교수의 지도를 받은 논문을 포함한 8편의 논문을 발표하여 이듬해인 1957년 서울대학교에서 박사학위를 받았고, 안치열은 영상의학의 선구자이자 서울대 의대 방사선과학교실의 창립자이기도 한 조중삼 교수의 지도를 받아 『육군의무장교단잡지』에 논문을 실었고 1960년 박사학위를 받았다.[40] 신석호는 1958년과 1959년에 총 3편의 논문을 『육군의무장교단잡지』에 발표하고 1959년 전남대학교에서 박사학위를 받았다.[41] 같은 해 제15육군병원 대위였던 허수철은 성신대학 의학부의 김영제 교수와 안부호 교수의 지도를 받은 논문을 발표했고, 정환국과 홍용근은 서울대 의대 한심석 교수의 지도를 통해 논문을 발표했다.[42] 정환국은 여기서 발표한 논문을 포함하여 1961년 서울대 의대 내과학교실에서, 홍용근은 1963년 서울대 의대 예방의학교실에서 각각 박사학위를 받았다.

dvanced&offset=10 (2022. 8. 15. 접속).

40 김진식, "절제 폐결핵 병소의 병리조직학적 연구: 특히 화학요법과 병변의 성상과 조직 내 세포 소견의 관계", 『육군의무장교단잡지』 3:3 (1956), 29-81쪽; 안치열, 앞의 논문, 116-121쪽.

41 신석호, "폐결핵증의 말초혈액상에 관한 검토: 특히 Methionine 투여에 의한 폐결핵 환자의 말초혈액상의 변동", 『육군의무장교단잡지』 5:6,7 (1958), 19-33쪽; 신석호, "폐결핵증과 간장과의 관계: 제1편 전신과 이학적 흉곽 소견", 『육군의무장교단잡지』 6:2 (1959), 1-39쪽; 신석호, "한국인 결핵환자에 있어서의 Carbol 반응의 결핵분류학상 관찰", 『육군의무장교단잡지』 6:2 (1959), 75-81쪽.

42 허수철, "폐결핵환자에 있어서 유산응고반응 Lactogelification과 혈장단백분획과의 관계", 『육군의무장교단잡지』 6:2 (1959), 90-94쪽; 정환국, "간지스토마 성숙피낭유충의 저항력에 대한 실험", 『육군의무장교단잡지』 6:3 (1959), 62-64쪽; 홍용근, 정환국, 앞의 논문, 65-69쪽; 정환국, "유충에 의한 총수첨관폐색을 일으킨 간흡충증의 1례", 『육군의무장교단잡지』 6:3 (1959), 70-72쪽.

『육군의무장교단잡지』에 논문을 발표함으로써 학위 취득을 준비할 수 있었던 연구자들은 학위를 받은 후에 각 분야에서 후학들을 양성하며 활발한 활동을 펼쳤다. 김진식은 부산대 의대 흉부외과교실이 만들어질 당시 초대 주임교수를 담당했고, 1978년에는 대한흉부외과학회장을 맡아 후학 양성은 물론 분과 학회 발전에 기여했다.[43] 안치열 역시 가톨릭대학교 방사선과 주임교수로서 후학 양성뿐 아니라 원자력연구소 방사선의학연구실장과 제7대 원자력청장, 경희대학교 총장 등을 역임하며 방사선의학 분야의 제도적 성장과 고등교육 발전에 힘썼다.[44] 1961년 박사학위를 받은 정환국은 이후 대한소화내시경학회 회장과 WHO바이러스간염연구소장 등으로 활동하며 국내 간질환 연구 기반을 다지는 데 중요한 역할을 했다.[45] 이처럼 1950년대 감염병 관련 성과들이 발표될 수 있었던 『육군의무장교단잡지』는 신진 의학 연구인력들이 자신의 학문적 역량을 발휘하고 인정받음으로써 연구자로 성장할 수 있는 공간으로 기능했다.[46]

3) 일반 대상의 연구에서 군인 대상의 연구로

『육군의무장교단잡지』에 실린 감염병 관련 논문들을 살펴보면 창간 초반과 중반 이후 사이에 약간의 차이가 있음을 알 수 있다. 필자의 조사에 의

43 부산대학교의과대학흉부외과학교실, 『김진식 교수 추모논문집』 (부산대학교의과대학흉부외과학교실, 1982), 4쪽.

44 학회자료, "소운 안치열 교수 약력", 『경희의학』 3:2 (1987), 4쪽.

45 "[부음]한국 간질환연구 개척자 정환국교수", 《동아일보》, 1999. 1. 24.

46 미국에서도 한국전쟁 발발 이후부터 베트남전쟁이 끝날 때까지 많은 의사들이 군에 입대했다. 이 중 NIH의 ATP(Associate Training Program)에서 임상 연구를 했던 군의관들의 활동 경험이 자신의 연구 네트워크로 작용하면서 학문적 성장으로 이어질 수 있었다는 연구가 발표된 바 있다. Sandeep Khot, Buhm Soon Park, W. T. Longstreth, Jr., "The Vietnam War and Medical Research: Untold Legacy of the U.S. Doctor Draft and the NIH 'Yellow Berets'", *History of Academic Medicine* 86:4 (2011), pp. 502-508.

하면 감염병 관련 논문은 매년 6~7편가량 발표되었는데, 대상과 접근 방법에 있어 변화가 관찰되었다. 구체적으로는 시간이 지날수록 군인을 대상으로 하는 연구가 많아졌음을 확인할 수 있었다. 아래의 그림은 『육군의무장교단잡지』에 실린 감염병 논문의 숫자와 군인을 대상으로 하는 논문 숫자를 비교한 것이다. 창간 초반인 1956년까지는 군인을 대상으로 하는 논문의 수가 전체 감염병 관련 논문의 절반 이하였던 반면, 1957년부터는 발표되는 감염병 관련 논문 중 상당수가 군대 또는 군인 환자를 대상으로 하는 연구임을 알 수 있다.

〈그림 10-1〉 1954-60년 『육군의무장교단잡지』 군인 대상 논문 수 추이

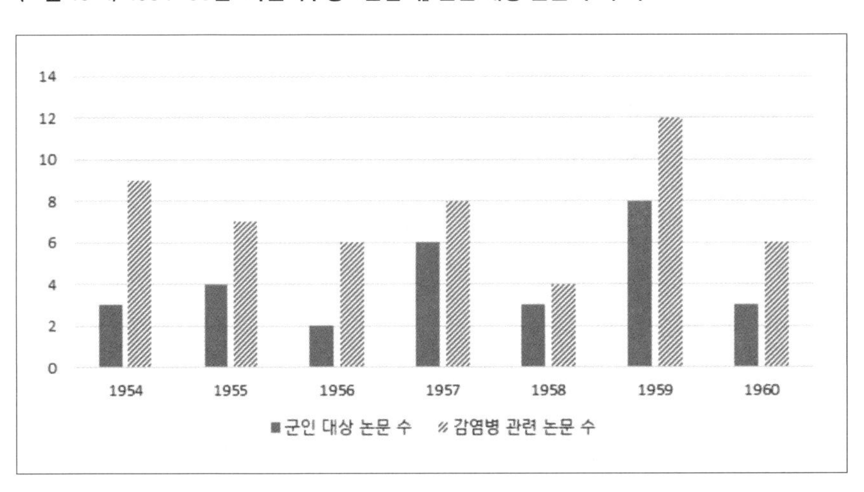

좀더 구체적으로 어떠한 내용들이 담겼는지를 살펴보면, 창간 초반에는 연구자들이 군에 입대하기 전 민간병원에서 실시했던 조사들을 정리하여 발표한 것들이 있었고, 이 중에는 유치원생과 국민학생을 대상으로 진행한 조사들도 있었다.[47] 또한 실험 성적을 보고한 논문이 아닌 검사법이나 치료

47 홍기원, "소아결핵감염률의 통계적 관찰 (부) 튜베루쿠린반응의 소실험적 관찰", 『육군의무장교단잡지』 1:3 (1954), 8-27쪽; 홍기원, "소아결핵의 통계적 관찰 제1보: 소아결핵의 임상적 통계", 『육군의무장교단잡지』 1:5,6

에 필요한 화학요법을 소개하여 임상 활동에 도움이 되고자 하는 연구들도 많았다.[48] 육군에서 발간된 잡지임에도 군을 대상으로 하는 연구의 숫자가 적었던 이유로는 전쟁 직후라는 시기적 특성을 생각해보면 어느 정도 짐작할 수 있다. 연구자들이 대체로 전쟁을 기점으로 군에 대거 동원된 까닭에 군을 대상으로 연구할 만큼의 시간적 여유가 없어서 과거에 수행했던 조사를 논문으로 발표하는 경우가 많았을 것으로 보인다. 또한 당시 육군병원은 군인, 일반인 할 것 없이 많은 환자들이 찾았으므로 검사법이나 치료에 필요한 방법 등을 소개함으로써 실질적으로 환자들을 돌보는 데 필요한 임상 지식을 공유하기 위한 목적도 있었을 것이다.

창간 초반의 이러한 모습은 1957년 무렵부터 변화되었다. 전과 달리 이 시기 발표되는 감염병 논문들 중 군인을 대상으로 한 연구들이 차지하는 비중이 높아진 것이다. 결핵과 기생충 관련 논문은 꾸준히 발표되는 주제였는데, 창간 초반에는 해당 감염병에 대한 특수한 임상적 사례를 보고하는 경우들이 많았다면 1957년 이후로는 육군본부 차원에서 결핵환자를 어떻게 관리할 것인지, 환자 감소를 위해 무엇이 필요한지, 실제 의무감실을 통해 어떤 실천들을 하고 있는지 등에 주목한 연구들이 등장했다.[49] 즉, 임상 진료에 필요한 사례 보고를 공유하는 것을 넘어 군 차원에서 결핵이라는 감염병을 체계적으로 관리, 실천할 방법 등 집단의 건강을 위한 연구가 발표된 것이다.

육군본부 의무감실의 감염병을 관리하기 위한 방책이 실린 논문 외에도

(1954), 45-58쪽; 김남규, 고찬성, 앞의 논문, 53-58쪽.

48 전세규, "장내기생원충검사의 실제", 『육군의무장교단잡지』 1:5,6 (1954), 134-136쪽; 서인수, "적리균 검사법 개요", 『육군의무장교단잡지』 1:5,6 (1954), 141-145쪽; 김경식, "최근의 폐결핵 화학요법", 『육군의무장교단잡지』 1:5,6 (1954), 150-153쪽; 전세규, "주혈원충류의 검사술식", 『육군의무장교단잡지』 2:2 (1955), 78-81쪽.

49 육군본부 의무과, 앞의 논문, 38-47쪽; 육군본부 의무감실 보건과, "결핵환자감소일반방책", 『육군의무장교단잡지』 4:2 (1957), 26-29쪽; 정희섭, "육군의 결핵관리", 『육군의무장교단잡지』 7:2 (1960), 1-5쪽.

군인 집단을 대상으로 하는 연구들이 발표되었다. 결핵 관리를 위해 필요한 X선 집단검진에 대한 보고 외에도 대규모 분변검사 성적에 대한 연구도 소개되었다.[50] 분변검사에 대한 논문은 특정 부대와 훈련소의 구성원들을 대상으로 조사된 내용으로 이들의 기생충(회충, 십이지장충) 감염 실태와 치료 효과가 좋은 구충제의 소개 등을 담고 있다. 저자들의 표현에 의하면 기생충 감염은 부대원들의 훈련과 근무에 영향을 주므로 군대 위생과 장병의 보건에 긴요한 문제로 파악되었다. 이와 함께 그간 사용하던 것보다 치료 효과가 좋은 구충제를 조사하여 집단 치료에 활용하고자 하는 목적이 있음도 피력했다.

한편 당시의 식문화나 감염병 매개 곤충에 대한 연구들도 발표됨으로써 집단의 감염을 막기 위한 노력들도 기울여졌다. 1959년 논문에서는 민물고기 딸치를 다루고 있는데, 이는 한적한 시골이나 하천 같은 곳에 주로 서식하는 것으로 알려져 있다.[51] 이러한 관계로 딸치는 당시 군인들이 쉽게 접근할 수 있었던 여러 식재료 중 하나였다. 하지만 이것은 간디스토마의 중간숙주 역할을 함에 따라 식용으로 하기에 조심할 필요가 있었다. 저자는 조리 과정에서 이 민물고기를 어떻게 처리해야 간디스토마를 예방할 수 있는지를 실험했다. 간디스토마증을 일으키는 유충이 한국에서 주로 사용하는 간장, 마늘, 식초, 고추장과 같은 조미료에 대해 어느 정도의 저항력을 가지는지, 냉온열 정도에 따라 그 저항력은 어떠한지 등을 실험했다. 저자는 유충이 조미료 각각 또는 혼합액에 담가두어도 완전 사멸되지 않았지만, 온도에 대한 실험에서는 고온에서 요리할수록 짧은 시간 내에

50 지홍창, 앞의 논문, 5-10쪽; 김남규, 홍기원, 이정섭, 이제룡, "육군에 있어서의 12지장충증에 관한 관찰", 『육군의무장교단잡지』 6:1 (1959), 21-35쪽.

51 정환국, "간지스토마 성숙피낭유충의 저항력에 대한 실험", 『육군의무장교단잡지』 6:3 (1959), 62-64쪽; 홍용근, 정환국, 앞의 논문, 65-69쪽.

사멸한다는 결과를 얻었다.

이 외에도 감염병을 매개하는 곤충에 대한 연구 논문들도 발표되었다.[52] 1957년과 1958년에 발표된 모기에 대한 조사 보고는 뇌염이나 말라리아 등 감염병을 매개하는 모기의 생태학에 관심을 가질 필요성을 강조했다. 이들 논문은 모기에 대한 생태학적 연구 없이 살충제만 산포하는 것은 재료의 낭비이며 모기의 생활사와 습성을 파악하여 그 약점을 공격하는 것이 효과적이라고 서술했다. 1957년의 논문은 과거 미8군예방의무중대에서 실시한 모기 채집 및 분류 작업에 참여했던 저자들이 이때의 경험과 기록에 기반하여 새로 채집한 모기를 포함한 데이터를 보고한 것이다. 1958년의 논문은 주로 모기를 다루고 있지만 이러한 방법을 감염병을 매개하는 절족동물 구제 전반에 적용할 수 있음을 강조하며, 방역 대책 수립에 필요한 기초 자료로 활용 가능하다는 점을 부각했다. 또한 1960년에는 이(蝨)의 DDT에 대한 저항성을 실험한 연구가 발표되었다. 저자는 국내에서 발견되는 이(蝨)에 대해 당시 주로 사용했던 살충제인 DDT를 포함하여 다른 살충제들이 어느 정도의 저항력을 가지는지, DDT를 대체할 만큼의 효과를 보이는지 등을 실험했다. 그 결과 DDT보다 실험에 사용한 다른 살충제의 효과가 더 컸음을 확인했다. 감염병 매개 곤충에 대한 세 편의 연구는 생태학적 접근과 약품 저항성 시험이라는 실천적 방법이 이루어지면

52 백영한, 어형선, "서울지방 모기 조사 성적(제1보)", 『육군의무장교단잡지』 4:1 (1957), 1-17쪽; 육군 의무감실 보건과, "1군지역 모기 조사 성적", 『육군의무장교단잡지』 5:2 (1958), 1-4쪽; 백영한, "한국산 위생곤충의 저항성에 관한 연구: 몸이(body louse)의 p,p'-DDT, 감마-BHC 및 Malathion(1950년 ACC사에서 개발한 저독성 유기인계 살충제, 말라톤)에 대한 저항성에 대하여", 『육군의무장교단잡지』 7:3 (1960), 47-52쪽. 이 중 1958년의 논문은 저자가 육군 의무감실 보건과로 되어 있는데, 1957년과 1960년 논문에서 백영한의 소속이 육군 의무감실 보건과로 되어 있는 것을 보면 모두 백영한에 의해 진행된 것임을 짐작할 수 있다. 백영한은 이후 WHO에서 활동했고, 말라리아를 비롯한 의용곤충학, 기생충학에 관심을 갖고 활동했으며, 1984년 경희대 의대 기생충학교실의 제2대 주임교수를 역임하기도 했다. 허정, "〈236〉 한상태 박사와 백영한 교수를 기린다", 『보건뉴스』, 2021. 12. 13. http://www.bokuennews.com/news/article.html?no=211 168.

서 집단의 방역 실천에 영향을 줄 만한 내용을 담아냈다.

이처럼 『육군의무장교단잡지』는 창간 당시에 비해 점차 군인 집단을 대상으로 하는 주제들이 많아졌음을 알 수 있다. 그 요인으로 여러 가지를 생각해볼 수 있겠지만, 시기적으로 전쟁에 의한 사회적 혼란이 어느 정도 가라앉으면서 연구 환경도 상대적으로 안정될 수 있었음을 들 수 있다. 특수한 임상 사례에 대한 보고를 넘어 민물고기 대상 실험이나 모기 채집을 통한 생태학적 연구 등은 이 시기 감염병 연구에 대한 연구자들의 시야가 환자 개인만이 아니라 감염병 일반 또는 집단 감염의 관리 차원으로 확대되어갔음을 보여주었다.

4. 맺음말

1950년대 한국은 전쟁으로 인해 많은 것들이 결핍되었다. 이러한 모습은 곧 국제사회의 원조로 이어졌고, 한국 사회의 재건을 위해 많은 단체들이 도움을 주었다. 한국의 의학적 상황도 이들의 도움 속에서 조금씩 변화할 수 있었다. 유엔 산하 여러 단체의 지원은 한국의 보건의료적 상황을 개선하는 데 중요하게 작용했다.

당시 보건의료 환경을 서술한 그간의 연구들은 바로 이러한 점들을 잘 보여주었다. 국제기구의 구체적인 지원 활동 내용과 그 의미 등을 다룸으로써 1950년대 한국의 보건의료 환경을 읽어내는 데 도움을 주었다. 하지만 다른 한편에서 이러한 서술은 한국의 보건의료 활동을 전쟁으로 폐허가 된 상황 속에서 누군가의 도움을 받아야만 했던 수동적인 모습으로 이해하게 할 수 있다. 이 논문은 1950년대 『육군의무장교단잡지』에 실린 감염병 연구를 살펴봄으로써 많은 것들이 부족한 상황임에도 국내의 연구자들이 독자적으로 연구를 수행하고 있었고, 이것이 미진하게나마 이후의 의학적, 보건의료적 발달에 영향을 주었음을 밝히고 있다.

『육군의무장교단잡지』는 한국전쟁 이후 의학 연구인력들이 대거 동원된 육군에서 발간한 잡지이다. 이곳에 실린 논문들을 통해 1950년대 감염병 연구의 특성과 보건의료적 맥락을 3가지 정도로 정리할 수 있었다. 첫째로 당시 발표된 감염병 연구들은 긴급한 통제가 요구되는 급성감염병보다 오랜 관찰이 필요한 만성감염병에 주목한 것을 알 수 있다. 급성감염병은 자칫하면 사회적 혼란으로 이어질 수 있으므로 발생 즉시 격리를 비롯한 즉각적인 관리가 필요하다. 이를 위해서는 예방접종이나 격리병원 운영, 치료제 등 당시 한국 의료계 자체적으로 해결하기 어려운 부분들이 요구되었다. 이에 비해 결핵이나 기생충 관련 감염병은 즉각적인 피해로 이어지지는 않지만 한국 사회에서 오랫동안 관찰되어왔고, 관련 지식을 지속적으로 축적해나갈 필요가 있었다. 게다가 군은 대규모 역학조사와 치료 성적을 확인할 수 있는 최적의 연구 공간으로 작용하면서 이러한 감염병 연구가 활성화될 수 있었다. 둘째로 『육군의무장교단잡지』는 군에 대거 동원된 의학 연구인력들이 연구 논문 발표를 통해 자신의 학문적 커리어를 쌓을 수 있었던 곳이기도 했다. 몇몇 연구자들은 이곳에 논문을 발표함으로써 박사학위를 취득했고, 이후에도 학문적 역량을 발휘하며 자신의 후속 연구는 물론 후배 양성에도 큰 역할을 했다. 즉, 1950년대 의학 연구자들의 성과를 발표할 수 있었던 이 잡지는 이후 활동의 토대를 마련하는 데 밑거름이 되었다고 할 수 있다. 마지막으로 일반적인 환자에 대한 관심에서 집단을 대상으로 하는 연구로 범주가 확대되었다는 점을 들 수 있다. 잡지 창간 초반에 다루어진 연구는 군에 동원되기 전부터 시행하던 내용이나 특정한 발병 사례를 소개하는 것이 많았다면, 시간이 지나면서 감염병에 대한 군 차원의 대응이나 집단의 안전을 위해 필요한 지식이 발표되는 모습이 나타났다. 이로써 『육군의무장교단잡지』는 군의학 잡지로서의 특성을 확립해나갈 수 있었다.

『육군의무장교단잡지』에 실린 논문에서 나타난 1950년대 감염병 연구는 어떻게 평가될 수 있을 것인가? 위에서 정리한 대로 사회적으로나 보건의료적 환경이 매우 열악했던 시기임에도 1950년대 의학 연구자들은 임상활동을 통한 감염병의 치료뿐 아니라 그 연구에 대해서도 관심을 지속했음을 알 수 있다. 또한 군의학 잡지에 논문을 발표함으로써 연구자로 성장하기 위한 발판으로 활용했고, 일반 환자에서 집단 대상 연구로 시야를 확장해나갔다. 당시 의학 연구인력들의 이러한 활동은 1950년대 중반 이후 미국의 교육 원조가 본격적으로 이루어지면서 이후 시기부터 감염병 연구가 확장, 발전되는 데 밑거름으로 작용했다.

미군 제406의학종합연구소의 위상과 역할, 1946-1953

김태우 (한국외국어대학교 한국학과)

1. 머리말

이 글은 1946년 신설되어 미군의 극동 지역 중핵 의학연구소 역할을 수행한 미군 제406의학종합연구소(406th Medical General Laboratory, 이하 '406연구소')를 역사적 관점에서 분석하고 있다. 제2차 세계대전 직후 미군의 새로운 점령지역에 중심적 군의학연구소를 수립한다는 결정은 전후 극도로 열악했던 현지 의료 환경을 고려해보면 매우 자연스러운 선택이 아닐 수 없었다. 실제 1945년 8월 말부터 일본 본토와 한반도에 무혈입성한 미군 장교와 사병들이 현실적으로 가장 우려한 현지 상황들 중 하나는 그곳에 만연한 전염병 감염의 공포였다.

전쟁기에 빠르게 퍼졌던 전염병은 전후의 불결, 무질서, 빈곤을 기화로 더욱 대규모로 창궐하기 시작했다. 이질로 인한 일본인 사망자들은 1945년에 2만 명을 기록해 전해의 두 배 가까운 수치를 기록했고,

1945~48년 사이에는 65만 명 이상의 사람들이 콜레라, 장티푸스, 천연두, 유행성 발진티푸스, 홍역, 디프테리아, 뇌염 등에 걸렸다. 공식적 기록에 의하면 이들 중 9만 9,654명이 목숨을 잃었다.[1] 같은 시기 한국의 상황도 크게 다를 바가 없었다. 이를테면 1946년 38선 이남 지역의 한국에서도 15,644명의 사람들이 콜레라에 감염되어 10,181명이 사망하고(사망률 65.1%), 20,810명이 천연두에 감염되어 4,234명이 사망하는(사망률 19.8%) 비극적 일이 벌어지고 있었다.[2] 따라서 미 육군은 이렇듯 불안정한 극동 지역이 빠르게 사회적 안녕을 회복하고, 미군 병력의 건강 또한 온전히 유지할 수 있도록 체계화된 중심적 의학연구소 건립을 모색하지 않을 수 없었다.

그런데 미군의 아시아 점령지역 중핵 의학연구소라는 406연구소의 중요한 역할에도 불구하고, 이제껏 그의 설립 과정과 주요 역할을 보여주는 연구 논저는 전적으로 부재한 상황이다. 406연구소 운영 주체였던 미군이나 미국학계는 물론, 연구소의 소재지인 일본, 그리고 미군점령기와 한국전쟁을 겪은 한국에서도 지금까지 이 연구소 자체를 분석 대상으로 삼고 있는 논저는 존재하지 않는다.[3] 이 같은 연구 현황은 이 글의 본문에서 제시할 406연구소의 중요한 위상과 역할에 비추어보자면 꽤나 놀라운 사실이 아닐 수 없다.

그렇다고 기존 연구에서 406연구소의 존재 자체를 아예 부정하거나 도

1 존 다우어, 『패배를 껴안고: 제2차 세계 대전 후의 일본과 일본인』 (서울: 민음사, 2009), 120쪽.

2 최충익, "서울의 전염병 발생 특성에 관한 연구사적 고찰", 『한국위기관리논집』 11:9 (2015), 123쪽.

3 406연구소는 일본에서 '第406医学総合研究所'로 공식 표기되었다. 그런데 일본의 대표적 학술논저 검색 사이트인 CiNii (https://cir.nii.ac.jp/)와 일본 국회도서관 홈페이지(https://ndlonline.ndl.go.jp/)에서 '第406医学総合研究所' 및 '406部隊' 등의 연관 키워드로 검색해보면 불과 2건의 타블로이드 잡지 기사만이 발견되는 사실을 확인할 수 있다. 그런데 이 두 건의 잡지 기사 또한 406연구소와 한국전쟁기 세균전의 관계에 대한 검증되지 않는 주장을 펼치는 음모론적 기사에 불과했다. 해당 잡지기사는 다음과 같다. "アメリカ細菌部隊の正体を探る—神奈川県相模原「406」部隊の任務", 『週刊読売』, 1965. 9.; "米細菌戦部隊406部隊と旧日本軍731部隊が朝鮮戦争で協同した細菌戦の系譜", 『財界にいがた』, 2020. 7.

외시한 것은 아니었다. 406연구소의 존재에 주목한 가장 대표적 연구 성과는 한국전쟁기 미국의 생물학전 수행 가능성을 연구한 스티븐 엔디콧(Stephen Endicott)과 에드워드 헤거먼(Edward Hagermann)의 공저 『한국전쟁과 미국의 세균전』이다. 이 저서는 "406부대의 가장 큰 과제는 곤충과 관련된 것"이라고 주장하면서, 406부대 설립과 존재의 이유 자체가 미군의 생물학전 수행을 위한 매개 곤충 및 설치류 숙주에 대한 광범위한 연구에 있었다고 주장한다.[4] 그러나 이 글의 본문에서 자세히 후술되겠지만, 406연구소는 곤충 연구뿐만 아니라, 미군 병력의 건강 유지와 점령지역 전염병 통제 등을 위한 매우 다양한 의학적 연구를 수행하고 있었다. 곤충학과 자체가 406연구소 수립 후 3년이 지난 1949년에 이르러서야 뒤늦게 신설되었다는 사실에도 주목할 필요가 있다. 곤충 연구는 406연구소 연구 활동의 극히 일부분에 지나지 않았으며, 이 또한 당대 일본과 한국에서 유행했던 일본뇌염이나 유행성출혈열 연구와 직접적으로 관련되어 있었다.

406연구소의 중요성을 강조한 또 다른 연구자로는 다름 아닌 유행성출혈열의 원인인 한탄 바이러스(Hantan virus)를 발견한 것으로 유명한 한국의 생물학자 이호왕을 들 수 있다. 1971년 이호왕의 주장에 의하면, 미국은 1969년을 마지막으로 소위 '한국형 출혈열' 연구에서 완전히 손을 떼었고, 그동안 이에 대한 다수의 연구는 일본에 있는 406연구소에 의해 진행되어왔다고 한다.[5] 그는 1999년에 출간한 자신의 저서를 통해서도 406연구소의 유행성출혈열 연구에 대해 간략히 소개하기도 했다.[6] 여기에 더해 최근 이호왕의 학문적 성장 과정을 연구한 과학사학자 신미영 또한 자신의 논문을 통해 이호왕과 406연구소 출신 연구자들의 개인적 인연, 1950년대

4 스티븐 엔디콧·에드워드 헤거먼, 『한국전쟁과 미국의 세균전』 (서울: 중심, 2003), 219-235쪽.

5 이호왕, "한국형 유행성 출혈열", 『감염』 3:1 (1971), 16쪽.

6 이호왕, 『한탄강의 기적』 (서울: 시공사, 1999), 69-70쪽.

후반 이래 406연구소의 일본뇌염과 유행성출혈열 연구 활동 등을 흥미롭게 소개하고 있다.[7] 그러나 이호왕과 신미영의 논저 또한 본고의 분석 대상인 406연구소의 설립 배경이나 인적·조직적 구성, 연구 활동의 전체상과 성격 등을 보여주지는 못하고 있다.

실상 이상의 내용이 그나마 406연구소의 존재와 가치에 주목한 대표적 기존 연구논저라고 볼 수 있다. 그러나 406연구소를 직접 거론하지는 않았다 할지라도, 연구소의 역할과 성격이 당대 미국의 군진의학(military medicine)이나 한국전쟁기 의무정책 등과 직·간접적으로 관련되었다는 측면을 간과할 수는 없을 것이다. 따라서 미국 군진의학의 역사와 한국전쟁기 의무정책의 관점에서 기존 연구사를 검토해볼 필요가 있을 것이다.

우선 406연구소에 관한 연구는 미국 군진의학사 연구와 일정한 상관관계를 지닐 수 있다. 미 육군 군진의학의 발달 과정에 대해서는 20년간 미 육군군사연구소에 재직하면서 1775년 이래 미국 의무부대의 역사를 총체적으로 그려낸 메리 질렛(Mary C. Gillett)의 네 권의 저서들, 그리고 미 육군부 의무감실의 책임하에 공식 편찬된 제2차 세계대전기 의무부대들의 활동에 관한 역사 시리즈를 대표적 연구논저로 꼽을 수 있다.[8] 한국전쟁기에 대해서는 미 육군군사연구소 의학역사과장으로 재직했던 코우드리(Albert Cowdrey)의 저서가 대표적 연구서로 간주된다. 그런데 코우드리의 책은 한국전쟁기 전황에 따른 미국 의무 활동의 내용과 성격에 대해서는

7 신미영, "주변에서 중심으로: 바이러스학자 이호왕의 연구활동" (전북대학교 과학기술문화학과 박사학위논문, 2015), 43-195쪽.

8 Mary C. Gillett, *The Army Medical Department, 1818-1865* (Washington D.C.: Center of Military History, U.S. Army, 1987); *The Army Medical Department, 1775-1818* (Washington D.C.: Center of Military History, U.S. Army, 1990); *The Army Medical Department, 1865-1917* (Washington D.C.: Center of Military History, U.S. Army, 1995); *The Army Medical Department, 1917—1941* (Washington D.C.: Center of Military History, U.S. Army, 2009); Department of the Army, *Medical Department, United States Army, Series 1-2* (Washington, D.C.: U.S. Government Printing Office, 1955).

구체적으로 보여주지만, 일본 소재 406연구소의 한국전쟁기 전염병 관련 심층 연구 활동이나 혈액 조달·공급 활동에 대해서는 전혀 주목하지 못하는 한계를 지닌다.[9]

다음으로 406연구소는 미군정기부터 한국전쟁기에 이르는 한국 의학사의 관점에서도 흥미롭게 조망할 수 있다. 실상 한국 의학사 연구에서 해방 이래 1940~50년대에 주목하기 시작한 것은 2010년대 이후의 비교적 최근의 일이다. 그 이전까지만 해도 한국에서 의학 연구가 본격화된 시기는 1960년대 이후로 간주하면서, 1950년대를 사실상 한국 의학사의 공백기로 남겨두곤 했다.[10] 그러나 2020년을 전후하여 이임하, 이동원, 한봉석, 박지영 등의 역사학자들이 미군정기와 한국전쟁기 공중보건과 의학의 발달 과정에 관한 논저를 잇달아 발표하면서 그 연구 공백을 빠르게 메워가고 있다. 이를테면 이임하는 한국전쟁기 주한유엔민간원조사령부(UNCACK)의 전염병 예방 활동에 주목했고,[11] 이동원은 한국전쟁 전후 한국 보건의학계와 보건학의 형성 과정을 분석했다.[12] 한봉석은 한국전쟁기 미 제8군 전시 의료지원의 연구 분야와 이동외과병원의 활동 내용을 분석했고,[13] 박지영은 해방 후 미국의 공중보건 개념과 일제시기 이래의 의학적 식민 유산이 혼합되어 한국 공중보건체계가 성립되는 과정을 흥미롭게 제시했다.[14]

위와 같은 미군정기와 한국전쟁기 한국 의학사와 관련된 최근 연구들은

9 Albert E. Cowdrey, *The Medics' War* (Washington, D.C.: Center of Military History, United States Army, 1987).

10 이동원, "6·25전쟁과 한국 보건의학계 및 보건학의 형성", 『동국사학』 69 (2020), 343쪽; 신미영, "『육군의무장교단잡지』를 통해 살펴본 1950년대 의학 연구: 감염병 연구를 중심으로", 『의료사회사연구』 10 (2022), 174-175쪽.

11 이임하, 『전염병전쟁』 (서울: 철수와영희, 2020).

12 이동원, 앞의 논문, 340-375쪽.

13 한봉석, "한국전쟁기 의료지원 연구: 미 제8군 육군이동외과병원의 활동을 중심으로", 『연세의사학』 24-1 (2021), 7-35쪽.

14 Ji-young Park, "Revisiting Americanization: Focusing on the Reformation of Public Health in South Korea, 1945-1960", *Korea Journal* 62 (2022), pp. 20-51.

406연구소의 역사적 위상과 역할을 이해하는 데 적잖은 도움을 준다. 이 글의 본문을 통해 구체적으로 제시되겠지만, 406연구소는 한국의 다양한 보건·의료기관에서 수행할 수 없는 고난이도의 의학적 연구·분석 활동, 이를테면 새로운 질병의 원인과 치료법 연구, 새로운 약품의 효능과 안정성 평가, 사체 부검 등의 활동을 대행한 사실을 확인할 수 있다. 406연구소는 한국의 열악한 의학 연구 환경 속에서 수행할 수 없는 각종 실험을 대행하곤 했던 것이다.

이렇듯 본 연구는 기존의 미국 군진의학 연구, 혹은 미군정기와 한국전쟁기의 한국 의학사 연구 성과들과 일정한 상관관계를 지닌다. 하지만 이상의 여러 기존 논저들에서도 제406의학종합연구소의 존재는 사실상 망각되어 있다. 반면에 406연구소는 그 설립의 주체, 배경, 연구인력의 구성, 주요 연구 내용 등의 측면에서 의학사적으로는 물론, 냉전 정치사적 관점에서도 매우 중요하고 흥미로운 의학 연구 조직이었다. 가장 대표적으로는 그 인적 구성에서 거의 절반에 가까운 연구인력이 일본인이었다는 사실에 주목할 필요가 있다. 이 부대는 일본, 한국, 오키나와, 마리아나-보닌제도를 전반적으로 망라하는 미군의 핵심 의학연구소였음에도 불구하고, 불과 1년 전 적국 국민이었던 일본인 연구자들로 그 인적 구성의 절반 정도를 채우고 있었다. 게다가 본문에서 자세히 보여주겠지만, 이 일본인 연구자들은 결코 연구소의 허드렛일을 담당하는 보조원의 역할에 머문 사람들도 아니었다. 이 글은 이렇듯 특별한 연구인력 구성의 배경과 영향에 대해서도 살펴보도록 하겠다.

이 논문은 이 같은 내용의 규명을 위해 미국의 국립문서보관소(National Archives and Records Administration), 미국립의학도서관(National Library of Medicine), 미육군 우수의료센터 스팀슨 도서관(Stimson Library, U.S. Army Medical Center of Excellence), 캐나타 요크대학교 도서관 등에서 1946~53년

406연구소의 설립과 운영 과정을 보여주는 당대 문서들을 수집·분석했다. 특히 필자는 1947년부터 한국전쟁기까지 매년의 구체적 연구 활동을 보여주는 「연간역사보고서(Annual Historical Report)」를 통해 그 조직의 설립 과정, 내부 구성, 주요 연구 활동의 성과와 한계 등에 대해 상세히 파악할 수 있었다. 406연구소 스스로의 표현에 의하면, 연간역사보고서는 연구 활동에 수반하는 다양한 행정적 절차, 일상적 실험, 전염병학적으로 중요한 데이터 등의 내용을 포함하고 있다. 그리고 이 보고서는 다양한 연구실과 행정실을 책임지는 장교와 민간인들에 의해 공동 집필되었고, 연구소의 모든 층위에 있는 수많은 개인들의 노력을 잘 반영하고 있었다.[15] 406연구소는 연간역사보고서에 대해 "군사연구소 기능에 관심 있는 이들에게 가치 있는 자료가 될 것"이라고 말하면서, 그 사료적 가치까지 평가해두기도 했다.[16] 이 글은 406연구소 스스로 "명백히 무수히 많은 수집 자료들"에 기초하여 작성되었다고 자평하는 「연간역사보고서」를 비롯한 당대의 역사적 자료에 기초해, 이 연구소의 설립 배경, 운영 방식, 주요 연구 성과 등에 대해 종합적으로 살펴보도록 하겠다.

2. 극동 지역 핵심 군의학연구소의 신설과 일본 연구자들의 활용

미군의 핵심 의학연구소 신설에 대한 요구는 새로운 점령지역 내의 심각

15 406th Medical General Laboratory, "406th Medical General Laboratory, Annual Historical Report, 1948" (1949), p. iii.

16 406th Medical General Laboratory, "406th Medical General Laboratory, Annual Historical Report, 1951" (1952), p. i.

한 의학 문제 해결의 필요성 속에서 매우 자연스럽게 등장했다. 당대 기록에 의하면, 극동 지역 중심 의학연구소 수립을 가장 먼저 제안한 인물은 미태평양군 의무감실 예방의학부장으로 재직하고 있던 제임스 시몬스(James Stevens Simmons) 준장이었다. 시몬스는 1946년 1월 9일자 서한을 통해 미군의 새로운 극동 점령지역 전체를 커버할 수 있는 "중앙연구소(central laboratory)"를 신설해야 한다고 직접적으로 제안했다.[17]

시몬스는 1915년 펜실베니아대학교 의과대학에서 의학박사학위를 받고, 1차대전기 육군의무대예비군 중위로 임관되면서 의무장교 활동을 시작한 인물이었다. 1차대전기 시몬스는 육군의무학교에서 군예방의학 분야를 연구했고, 이후에는 미국 국내와 해외의 다양한 군의학연구소를 신설·지휘하는 역할을 담당했다. 특히 그는 필리핀과 파나마 운하지대의 뎅기열과 말라리아 연구에서 커다란 기여를 한 것으로 유명해졌고, 2차대전기에는 세계 곳곳의 연합군 병력의 건강 보호를 위한 예방의학서비스 조직을 신설·감독했는데, 이는 "예방의학 분야에서 역사상 최대의 캠페인"으로 평가받기도 했다. 시몬스는 이와 같은 군과 의학계에 대한 기여를 인정받아, 노스캐롤라이나대학교, 듀크대학교, 펜실베이나대학교, 하버드대학교 등에서 명예박사와 저명한 학술상을 수상했고, 1946년 군 전역과 동시에 하버드보건대학원 원장으로 임명되었다.[18]

이렇듯 미군 내의 다양한 의학연구소 신설과 예방의학 분야에서 최고의 활약을 보여주고 있던 시몬스 준장이 하버드보건대학원장 부임 직전인 1946년 1월에 극동 지역 핵심 의학연구소 수립을 제안한 사실은 여러

17 James Simmons, "Letter from Brigadier General James S. Simmons", 1946. 1. 9. ("406th Medical General Laboratory" (1949), p. ii에서 재인용)

18 https://www.ncpedia.org/biography/simmons-james-stevens [William S. Powell, *Dictionary of North Carolina Biography: Volume 6* (Chapel Hill: University of North Carolina Press, 2016)에 수록된 내용].

모로 의미심장하다. 특히 일본 본토의 연합군 최고사령관 총사령부(GHQ/SCAP) 내에서 시몬스의 제안에 대한 실질적 검토의 책임을 진 인물이 크로포드 샘스(Crawford F. Sams) 공중위생복지국장(Chief, Public Health and Welfare Section)이었다는 점에서 양자 사이의 특별한 인연에도 주목해볼 필요가 있다. 왜냐하면 당시 샘스는 시몬스를 자신의 가장 중요한 "멘토(mentor)"로 자처하고 있었기 때문이다. 샘스는 1931년 월터리드 육군의과대학에서 시몬스를 "예방의학 분야의 멘토"로서 처음 만났고, 그의 자서전을 통해 시몬스를 "평생의 친구이자 나의 가장 존경하는 멘토들 중 한 명"이라고 반복적으로 강조했다.[19] 샘스는 이 같은 멘토의 구체적 제안이자, 혼란한 점령지역 의료 상황에 대한 해결책이 될 수 있는 연구센터 설립 제안에 대해 매우 신속하게 호응했다.

1946년 1월 9일 시몬스 준장이 미군의 새로운 점령지역인 일본, 한국, 오키나와, 마리아나-보닌제도를 전반적으로 커버할 수 있는 중심적 연구소 설립을 제안한 직후, 극동 지역 장교들은 이에 관한 일련의 회의들을 신속하게 진행했다. 그리고 불과 4개월도 지나지 않은 1946년 5월 7일자 미8군 본부의 「명령서한 5-16」에 의거하여,[20] 1946년 5월 10일 제406의학종합연구소를 신설하기에 이르렀다. 일단 406연구소는 창설 직후 임시적으로 요코하마에 머무르게 되었고, 그 실험실을 도쿄에 마련하기 시작했다. 그리고 1946년 9월 30일에 이르러서야 도쿄 중심가에 위치한 마루노우치(丸の内) 지구의 '미쓰비시 히가시 빌딩 No. 7'으로 완전 이전할 수 있었다.[21]

제406연구소의 기본 임무는 미군의 새로운 점령지역인 일본, 한국(38선

19 Crawford F. Sams, *Medic: the mission of an American military doctor in occupied Japan and wartorn Korea* (New York: Routledge, 2015), pp. xiii, 3.

20 Headquarters Eighth Army, "Letter Order Number 5-16", 1946. 5. 7. ("406th Medical General Laboratory" (1949), p. ii에서 재인용).

21 406th Medical General Laboratory, op. cit. (1949), p. ii.

이남 지역), 마리아나-보닌제도의 모든 민간·군 병원과 의료시설에 대한 중심적 연구 지원 센터의 역할을 수행한다는 것이었다. 더불어 406연구소는 극동 지역에 위치한 여타 소규모 군 의학실험실들이 이용할 수 있는 전염병, 위생, 진단 실험을 추가적으로 지원하고, 소규모 민간병원이나 의료 장비를 완벽히 갖추지 못한 의료시설의 의학적 결정을 대행하는 업무도 수행하게 되었다.[22] 미군의 강력한 폭격 피해를 직접적으로 입었던 일본, 오키나와, 마리아나-보닌제도는 상당수의 병원과 의료시설이 파괴된 상황이었고, 일본의 오랜 식민지배를 거친 한국 또한 상대적으로 매우 낙후한 의학실험실을 갖추고 있었다. 이 같은 상황 속에서 406연구소는 미군 군사력 유지에 필수적인 의학적 문제들에 대비하고, 미군에게까지 영향을 줄 수 있는 현지 민간인들의 질병 치료를 위한 의학적 실험 결과 제공을 기본 임무로 간주했다.[23]

406연구소 설립 4년 후에 발발한 한국전쟁 또한 연구소 핵심 임무의 내용·성격·업무량 등에 중대한 영향을 미쳤다. 406연구소의 임무는 한국전쟁 발발과 함께 단순한 전염병 연구와 위생·진단 실험 결과 제공의 차원을 넘어서, 실제 전쟁 중인 유엔군 병력의 전투력 유지를 위한 의학적 지식의 급속한 신장과 확산에 집중되었다. 전쟁 이전에는 주로 전염병학적으로 중요한 데이터의 수집과 분석, 그리고 극동 지역의 특별한 질병과 그에 대한 치료법 등이 강조되었다. 그러나 전쟁 발발 후에는 교전 지역의 요구가 가장 중요한 것으로 강조되면서, 진단서비스를 통한 전방 부대 지원, 부상자들을 위한 혈액의 조달과 공급, 의학 연구인력의 전장 배치, 전장에 새롭게 등장한 전염병의 원인 규명과 백신 개발 등이 406연구소의 핵심 임무

22 Ibid., pp. iii, 46; 406th Medical General Laboratory, "406th Medical General Laboratory, Annual Historical Report, 1950" (1951), p. i.

23 406th Medical General Laboratory, op. cit. (1952), p. i.

로 부각되었다.[24] 한국전쟁 발발과 함께 406연구소에 부가된 새로운 중요 임무에 대해서는 본 논문의 제4장에서 구체적으로 분석할 것이다.

그런데 애초 미 점령군의 주요 리더들 중에는 위와 같은 극동 지역 중핵 연구소 신설의 필요성에 대해 대부분 공감하면서도, 그 실질적 조직 과정에 대해서는 적잖은 어려움이 따를 것으로 예상하는 이들이 존재했다. 미 태평양육군 의무감 조셉 마틴(Joseph I. Martin) 준장은 그 대표적 인물이었다. 마틴 준장은 다른 무엇보다도 '인사(personnel)' 문제가 새로운 중핵연구소 수립 과정에서 명백한 골칫거리가 될 것이라고 우려했다. 다시 말해 극동 지역의 새로운 핵심 연구소에서 일할 의무장교와 훈련된 사병들, 실험실에서 일할 과학자들의 모집이 쉽지 않을 것이라는 지적이었다.[25]

마틴 준장의 지적은 제2차 세계대전 종전으로 인한 일련의 미군 동원 해제가 진행되고 있는 상황 속에서 매우 당연하고 현실적인 우려였다. 전쟁 기간 동안 미 육군 의무부는 전례 없는 규모로 성장하면서 이례적인 성공을 거두었다. 그러나 이미 완전한 종전 이전 시점부터 의무부의 주요 인력들은 빠르게 민간 생활로 복귀하고 있었다. 전후 기간 동안 육군 소속 의사, 간호사, 과학자, 의학행정가, 훈련된 사병들의 손실은 대출혈에 가까웠다. 육군은 1945년 6월부터 1950년 6월 사이에 전쟁기 장교 병력의 86%, 사병 병력의 91%를 상실했다.[26]

반면에 같은 시기 육군은 여전히 대규모의 의료인력을 필요로 하고 있었다. 전쟁기 부상자들에 대한 돌봄이 여전히 필요한 병원들에서도, 전염병 위협에 노출된 난민들 보호와 통제를 위해서도, 그리고 심지어 수백만 명의 병력들에 대한 신체검사를 수행해야 하는 동원해제본부에서도 의료

24 406th Medical General Laboratory, op. cit. (1951), p. i.

25 406th Medical General Laboratory, op. cit. (1949), p. ii.

26 Albert E. Cowdrey, op. cit., pp. 7-8.

인력은 절실하게 필요했다. 그에 반해 뇌 전문 외과의사들로부터 의료기사들에 이르기까지, 민간인 생활로의 복귀는 그들에게 훨씬 더 많은 돈과 자유와 전문가로서의 성장 기회를 약속하고 있었다.[27] 전후 연구에 의하면, 민간인 의사들은 이 시기 국가 소득 최상위 3% 등급 내에 자리잡고 있었다. 여기에 더해 당시 젊은 의사들은 전쟁기 군의 비인격적인 집단주의적 전통에 염증을 느끼고 있었다.[28] 이 같은 현실적 상황 속에서 새로운 의학연구소에서 일할 우수한 의사와 과학자들을 대거 신규 모집한다는 것은 매우 어려운 과제임에 틀림없었다. 이미 극동 지역의 모든 군의학 병원과 연구시설들은 일정 수준의 자격을 갖춘 연구인력의 부족 현상에 시달리고 있었다.[29]

406연구소 신설을 주도한 사람들은 극동 지역 중핵 의학연구소 설립의 필요성에 공감하면서, 위와 같은 의료 연구인력 모집의 어려움을 극복하기 위한 꽤나 과감한 결정을 제시하기에 이르렀다. 그들은 미군 부대 내에 극동 지역 현지의 의사와 과학자들을 대규모로 수용하기로 결정했다. 달리 말해 미군의 핵심 군의학연구소 내에 새로운 점령지의 현지 전문가들을 대거 수용한다는 과감한 계획을 세웠던 것이다. 종전 후 불과 1년도 지나지 않은 시점에 과거의 적을 오늘의 동지로 적극적으로 포용한다는 결정이었다.

이 같은 계획은 다소 무모해 보이기는 했지만, 전후 극동 지역의 극도로 열악한 의료 상황을 고려해볼 때 꽤나 현실적인 대안으로 간주될 수 있었다. 미 점령군은 극동 지역 고유의 질병과 의학적 환경에 보다 해박한 지식

27 Ibid., p. 9.

28 미국 의료계에 대한 사회사적 연구에 대해서는 다음의 책을 참조할 수 있다. Paul Starr, *The Social Transformation of American Medicine* (New York: Basic Books, 1982).

29 406th Medical General Laboratory, "406th Medical General Laboratory, Annual Historical Report, 1947" (1948), p. 5.

을 지닌 현지 의학 전문가들의 활용을 마다할 이유가 없다고 생각했다. 심지어 당시 미군은 2차대전기 중국 지역에서 인간 생체실험까지 자행한 일본군의 생물학적 지식의 존재에 대해 잘 알고 있었고, 그 은밀한 정보의 취득 방식에 대해 애타게 고심하고 있었다.[30]

406연구소 자체 기록에 의하면, 1947년 말 연구소 구성원들의 국적은 104명의 미국인—22명의 미군 장교, 14명의 미 육군부 소속 민간인, 68명의 미군 사병— 외에, 98명의 일본인과 10명의 기타 외국인들로 구성되어 있었다. 전체 212명 구성원 중에서 일본인이 약 46%를 차지했다. 그 상세한 국적을 알 수 없는 10명의 기타 외국인까지 합하면, 406연구소는 전체 구성원의 절반(50.9%)이 외국인으로 구성된 매우 특이한 미군부대였던 것이다.[31]

심지어 406연구소는 적절히 훈련받은 미국 국적의 장교나 사병이 절대적으로 부족하여, 주요 연구 활동의 상당 부분을 일본인들에게 실질적으로 의존했던 것으로 추정된다. 406연구소 연구 활동을 설명하는 당대 글에서도 〈그림 11-1〉에서 볼 수 있는 것처럼 일본인 과학자들의 연구 모습이 전면에 배치된 사실을 확인할 수 있다. 비록 사진 해설문은 "일본인 기술자와 과학자들"을 406연구소의 "중요한 보완적 존재(important complement)"로 묘사했지만, 당대의 자체 보고서는 406연구소가 "감독받지 않는 일본인이나 여타 외국인들의 업무에 너무 과도하게 의존하고 있다 (Far too much reliance is being placed upon the work of unsupervised Japanese or

30 제2차 세계대전 시기 중국에서 저지른 일본군의 세균전 실험과 전후 미국의 관련 정보 획득 시도에 대해서는 다음의 책이 자세하다. Sheldon H. Harris, *Factories of Death* (New York: Routledge, 2002).

31 406th Medical General Laboratory, op. cit. (1948), p. 11; 406th Medical General Laboratory, op. cit. (1949), p. ii; 406연구소 내의 일본인 수는 1947년 98명에서 1949년 89명으로 약간 줄어들었지만, 여전히 전체 구성원의 50%에 가까운 비중을 차지하고 있었다. 406th Medical General Laboratory, "Technical Report for December 1949" (1950), p. 1.

Foreign nationals)"고 날카롭게 비판하고 있었다.[32]

〈그림 11-1〉 제406의학종합연구소의 일본인 연구원들

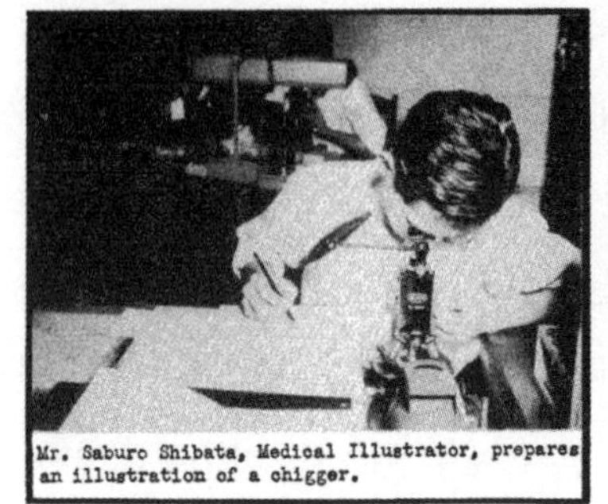

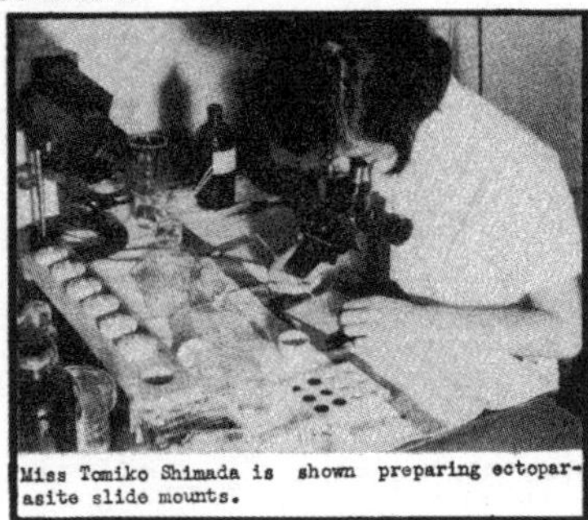

(U.S. Army Forces Far East, Medical Section, "Functional Chart: 406th Medical General Laboratory", *Medical Bulletin of the U.S. Army Far East* 1:7 (1953), p. 128, U.S. Army Medical Center of Excellence, Stimson Library Digital Collections)

406연구소를 통한 미군과 일본인 의학 연구자들의 협력관계 구축은 실상 위와 같은 연구소 내부적 협력관계의 선에서 그치는 것이 아니었다. 406연구소는 일본인 전문 연구인력 직접 채용의 차원을 넘어, 일본 내의 다양한 민간병원과 의학연구기관의 일본인 연구원들과도 긴밀한 협력관계를 구축해나갔다.

이를테면 1948년 406연구소 의학동물학부(Medical Zoology Section)는 일본의 주혈흡충병 연구의 일환으로 매달 2천 마리의 달팽이를 채집하여 그들에 대한 구충제 통제 가능성을 조사했는데, 실제 구충제 샘플들에 대한 실험은 406연구소와 일본 국립공중위생원(国立公衆衛生院), 야마나시복지보건부(山梨福祉保健部)의 공동연구 형식으로 진행되었다고 한다. 그런데 당시

32 406th Medical General Laboratory, op. cit. (1948), p. 6.

보고서에 의하면, 해당 프로젝트의 실질적인 실험실 선별 시험을 주도한 연구원은 일본 국립공중위생원의 미토마(Y. Mitoma)와 이시이(N. Ishii) 박사였다는 사실을 확인할 수 있다. 406연구소에 의해 발의된 실험이었지만, 실제 수행 주체는 연구소 바깥의 두 일본인 연구자들이었던 것이다.[33] 의학동물학부는 1950년에도 일본 국립공중위생원, 도쿄의 기타사토연구소(北里研究所), 야마나시현립의학연구소(山梨県立医学研究所)의 일본인 기생충학자들과 또 다른 "공동연구(collaboration)"를 수행했다고 밝히고 있다.[34]

이렇듯 406연구소와 협력관계 속에서 공동연구를 수행한 일본인들의 구체적 실명은 406연구소에서 발간한 여러 의학 논저들의 저자명을 통해서도 확인할 수 있다. 이를테면 406연구소 의학동물학부장 로렌스 릿치(Lawrence Ritchie)는 일본 국립공중위생원의 요코가와(M. Yokogawa)와 기타사토연구소의 나가노(K. Nagano)와 함께 극동 지역 기생충 연구를 수행했는데, 이 연구는 아사쿠라(S. Asakura), 히시누마(Y. Hishinuma), 시미즈(M. Shimizu)의 "기술적 도움(technical assistance)" 하에 진행될 수 있었다. 406연구소의 세균학부 또한 오카베(K. Okabe)라는 이름의 일본인 연구자와 함께 이질균 연구를 수행하여 면역학 저널에 연구 결과를 발표하기도 했다.[35·36] 1950년 406연구소 곤충학부가 발간한 연구보고서는 세이치 토시오카(Seiichi Toshioka)라는 일본인의 리뷰를 받은 후 미국 의학 저널에 투고되었

33 406th Medical General Laboratory, op. cit. (1949), pp. 2-3.

34 406th Medical General Laboratory, op. cit. (1951), p. 29.

35 Ibid., p. 249.

36 실제 학술지에 수록된 두 연구의 논문 정보는 다음과 같다. L. S. Ritchie, G. W. Hunter III, C. Pan, M. Yokogawa, K. Nagano, J. T. Szewczak, S. Asakura, Y. Hishinuma, M. Shimizu, "Parasitological Studies in the Far East VIII. An Epidemiologic Survey of the Tone River Area, Japan", *Japanese Journal of Medical Science and Biology* 6:1 (1953), pp. 33-43; R. P. Elrod, K. Okabe, A. C. Sanders, R. L. Hullinghorst, "The Group Phase of Shigella Paradysenteriae Type W: Its Isolation from Man", *The Journal of Immunology* 65:4 (1950), pp. 375-382.

다.[37] 이 외에도 406연구소의 출판 목록에는 코바야시(H. Kobayashi), 엔도(T. Endo), 타나베(H. Tanabe), 무라쿠니(R. Murakuni) 등과 같은 다수의 일본인 저자명이 등장한다.[38]

그런데 흥미롭게도 406연구소 출판 목록에는 다수의 일본인들뿐만 아니라 한국인으로 추정 가능한 이름도 등장한다. 한국인 연구자 최영태(Young Tai Choi) 박사가 바로 그 주인공이다. 최영태 박사가 공동연구원으로 참여한 연구 성과는 406연구소 바이러스·리케차질병과(Department of Virus and Rickettsial Disease)의 한국에서의 일본B형뇌염에 관한 논문이다.[39] 이 논문은 1950년 당시 406의학연구소장이었던 헐링호스트(Robert L. Hullinghorst) 중령, 406연구소 바이러스·리케차질병과장 번스(Kenneth F. Burns) 소령과 함께 집필되었다. 저자 정보에 의하면, 최영태는 한국 보건부(Health Ministry) 소속의 인물이었다. 그리고 실제 당시 대한민국 초대 보건부 방역국장은 최영태(崔永泰) 박사였다.[40]

고(故) 최영태 박사는 한국의 세계보건기구(WHO) 가입과 산업보건 분야 발전에의 공헌으로 잘 알려져 있는 연구자이다. 그는 1930년 세브란스

37 406th Medical General Laboratory, op. cit. (1951), p. 250; 1950년 곤충학부의 연구보고서는 『미국열대의학저널(American Journal of Tropical Medicine)』에 투고되었으나, 실제 게재되지는 않은 듯하다. 그러나 3년 뒤 이 보고서의 검토자였던 세이치 토시오카가 오히려 관련 연구 성과를 미국학계에 성공적으로 발표한 사실을 확인할 수 있다. 1950년 406연구소의 관련 보고서와 1953년 토시오카의 논문 정보는 다음과 같다. 406th Medical General Laboratory, "The Bloodsucking Insects, Mites and Ticks of Korea: And their Relation to Disease Transmission" (1950); E. W. Jameson, Seiichi Toshioka, "Shunsennia tarsalis, a new genus and species of chigger from Korea (Acarina: Trombiculidae)", Proceedings of the Biological Society of Washington 66 (1953), pp. 88-92.

38 406th Medical General Laboratory, op. cit. (1951), pp. 248-249; 406th Medical General Laboratory, op. cit. (1952), pp. 288-289.

39 406th Medical General Laboratory, op. cit. (1951), p. 250.

40 406연구소와 최영태 박사의 공동연구 논저는 다음과 같다. R. L. Hullinghorst, K. F. Burns, Young Tai Choi, et. al., "Japanese B Encephalitis in Korea: The Epidemic of 1949", *Journal of American Medical Association* 145:7 (1951), pp. 460-466.

의학전문학교를 졸업하고, 1939년 오사카제국대학(大阪帝国大学)에서 의학 박사 학위를 받은 직후 모교인 세브란스의학전문학교 미생물학 교수로 부임했다. 그리고 해방 후에는 과도정부와 대한민국 초대 방역국장 직을 역임하고 있었다.[41] 따라서 1950년 406연구소가 한국 내 전염병에 대해 연구하면서 최영태 박사에게 공동연구를 의뢰하는 것은 매우 자연스러운 일이었다. 406연구소는 그 내부적 연구인력 채용 과정은 물론, 외부 협력 연구 과정에서도 일본인을 중심으로 한 극동 지역 현지의 연구인력을 적극적으로 활용하고자 했던 것이다.

심지어 406연구소의 외부 연구 협력 요청 대상에는 일본의 평범한 고등학교 생물학 교실도 포함되어 있었다. 이를테면 406연구소는 일본B형뇌염과 모기의 관계에 대해 연구하면서, 일본의 메지로고등학교(目白高等学校), 니치다이고등학교(日大高等学校), 도쿄고등학교(東京高等学校), 하쿠오고등학교(白鴎高等学校)의 4개 생물학 교실 학생 100명(학교별 25명)에게 인간흡혈채집(human biting collections)을 요청한 사실을 확인할 수 있다. 학생들은 선생님의 감독하에 정해진 요일과 시간에 자신의 신체를 이용한 모기 채집을 실시했고, 406연구소는 수컷 모기가 전혀 발견되지 않았다는 사실에 근거하여 채집 방법(흡혈)이 충실했을 것으로 평가했다.[42] 이렇듯 406연구소의 일본인들을 향한 연구 협력 요청은 실로 전방위적이었다. 406연구소는 1950년 연구 활동에 관한 「연간역사보고서」를 통해 야마나시현립의학연구소, 기타사토연구소, 오카야마의학대학(岡山医学大学), 도쿄대학(東京大学), 토호대학(東邦大学), 우에노동물원(上野動物園) 등에 직접적인 감사의 말을 전했다.[43] 위의 다양한 연구 협력 사례들을 통해 볼 때, 이 같은 감사의 말은

41 대한산업보건협회, "고 최영태선생님의 유업을 기립니다", 『월간산업보건』 48 (1992), 4-13쪽.

42 406th Medical General Laboratory, op. cit. (1951), p. 170.

43 Ibid., p. i.

단순한 인사치레만은 아니었을 것이다.

3. 개별 연구부서들의 위상과 주요 활동

이상에서 살펴본 것처럼, 제406의학종합연구소는 1946년 미국의 새로운 아시아 점령지역의 복잡한 의학 문제 해결의 필요성 속에서 신설된 이 지역의 중핵 의학연구소였다. 406연구소는 전쟁으로 인해 피폐해진 극동 지역 병원들과 의학실험실들이 이용할 수 있는 전염병, 위생, 진단 실험을 추가적으로 지원하고, 의료 장비를 완벽히 갖추지 못한 의료시설들의 의학적 결정을 대행하는 것을 주요 임무로 간주하고 있었다. 특히 미군의 군사력 유지에 필요한 의학적 문제들에 대비하는 것이 중요했는데, 이 같은 임무는 한국전쟁의 발발 이후 더욱더 중요해지면서 연구소 주요 업무들 또한 전쟁 전후로 적잖은 변화를 겪었다. 이번 장에서는 406연구소의 조직 구성과 부서별 주요 연구 활동을 중심으로, 앞서 언급한 '중핵 연구소'로서의 역할이 현실 속에서 어떻게 발현되었는지 구체적으로 살펴보도록 하겠다. 더불어 한국전쟁의 발발이 406연구소 조직 구성이나 부서별 연구 내용에 미친 영향에 대해서도 검토해보겠다.

406연구소는 1946년 5월 최초로 수립될 시기에는 1개의 행정부서와 6개의 전문 연구부서로 구성되어 있었다. 연구소의 초대 사령관은 윌리엄 타이거트(William D. Tigertt) 중령이었다.[44] 타이거트 중령은 1940년 미국 텍사스 육군병원에서 군 경력을 시작한 의학박사로서, 406연구소 지휘관 취임 이전부터 태평양 지역 미군 의학실험실을 통솔한 것으로 알려져

44 406th Medical General Laboratory, op. cit. (1948), p. 11.

있다.[45] 신설 당시 406연구소의 전문 연구부서는 바이러스·리케차부(Virus and Rickettsial Section), 세균학부(Bacteriology Section), 의학동물학부(Medical Zoology Section), 혈청학부(Serology Section), 병리학부(Pathology Section), 화학부(Chemistry Section)의 6개 부서로 구성되어 있었다.[46]

이 같은 구성은 1949년 곤충학부(Entomology Section)가 추가되어 총 7개 연구부서로 늘어났고,[47] 한국전쟁이 발발한 1950년에는 전체 조직을 행정부(Administration Section), 병참부(Logistics Section), 전문연구부(Professional Section)의 3개 부서로 나눈 후, 기존의 모든 연구부서들을 전문연구부 밑의 '과(department)' 체제로 재편했다. 이 같은 조직 개편은 아마도 "연구소의 임무와 책임이 모든 측면에서 증가"[48]한 1950년의 현실을 반영한 듯하다. 실제 406연구소는 한국전쟁 발발과 함께 부상자들을 위한 혈액의 조달과 공급, 의학 연구인력 전장 배치 등과 같은 병참·행정 부분의 업무량 폭증 상황에 직면하게 되었다. 여기에 더해 1951년 406연구소는 한국의 전장에서 발생하는 특정 전염병에 대한 전문적 조사와 실험 결과 제공을 위해 전염병학과(Epidemiology Department)를 추가적으로 신설하기도 했다.[49] 이상의 조직 변화를 반영한 한국전쟁기 406연구소의 조직도는 아래의 〈그림 11-2〉와 같다.

45 "Dr. W. D. Tigertt, medical professor at UM, dies at 76", *The Baltimore Sun*, 1992. 1. 22.; "Obituaries: Dr. W.D. Tigertt, Army doctor, professor", *The Evening Sun*, 1992. 1. 22.

46 406th Medical General Laboratory, op. cit. (1948), the last page.

47 406th Medical General Laboratory, "406th Medical General Laboratory, Annual Historical Report, 1949" (1950), p. 162.

48 406th Medical General Laboratory, op. cit. (1951), p. i.

49 406th Medical General Laboratory, op. cit. (1952), p. 1.

〈그림 11-2〉 한국전쟁기 미군 제406의학종합연구소의 조직도

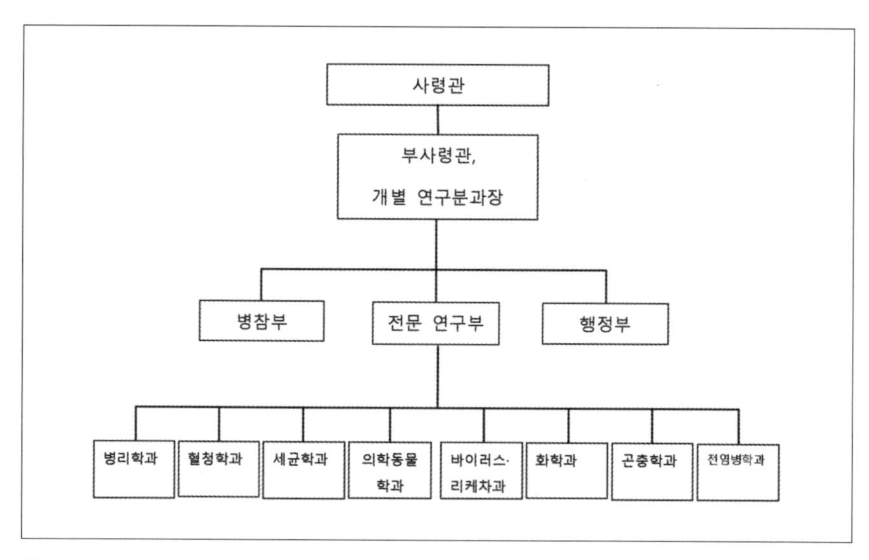

(참조: U.S. Army Forces Far East, Medical Section, "Functional Chart: 406th Medical General Laboratory," *Medical Bulletin of the U.S. Army Far East* 1-7 (1953), p. 128)

그러면 이제 406연구소의 개별 연구분과들의 위상과 주요 연구 활동에 대해 구체적으로 살펴보도록 하겠다. 각 연구분과의 구체적 활동은 극동 지역 중핵 연구소로서 406연구소의 위상을 생생하게 보여줄 것이다.

우선 병리학과부터 살펴보자. 병리학은 병의 성립 원리와 본질을 연구하는 의학 분야로서, 우수한 실험기기와 연구진을 갖춘 406연구소의 중심적 역할이 상대적으로 더 강조된 연구분과였다. 실제 406연구소 병리학과는 「육군 규정 40-410(Army Regulations 40-410)」과 1947년 「극동군 GHQ 회람 69(GHQ, FEC Circular 69)」를 통해, "일본, 한국, 마리아나-보닌제도 사령부에 위치한 모든 병원들의 조직병리학과 센터 역할을 수행(functions as a histopathology center for all hospitals in Japan, Korea, and the Marians-Bonin Command)"할 것을 직접적으로 지시받았다. 미군은 406연구소 병리학과로 하여금 극동 점령지역의 "모든 병원들"에 대한 중심적 역할을 수행하도록

법령으로 강제하기까지 했던 것이다.[50]

406연구소 병리학과의 주요 활동 및 여타 의료기관들과의 관계를 살펴보면 위와 같은 중심적 역할의 내용과 성격을 쉽게 확인할 수 있다. 한국전쟁 이전 시기 406연구소 병리학과의 반복적 일상 업무는 '인간 신체에 대한 부검', '외과수술 표본 검사', '기타 검사' 등으로 크게 삼분되었다. 이를테면 1948년에는 인체 부검 393건, 외과수술 표본 검사 2,709건, 기타 검사 2,245건 등 총 5,347건의 검사를 수행했고, 한국전쟁기인 1951년에는 인체 부검 807건, 외과수술 표본 검사 7,206건, 기타 검사 571건 등 총 8,584건의 일상적 검사 업무를 진행했다.[51] 특히 1950년에는 전투 중 부상에 의해 사망한 시신 125구와 절단된 사지 75개를 제공받아 그에 대한 완전한 부검이나 조직 검사를 실시하기도 했다.[52] 이렇듯 1950년 부검을 위해 제공된 미군 '전투부상 사망자' 시신의 수(125구)만 보아도, 406연구소에 대한 신뢰와 의존도가 얼마나 컸는지 확인할 수 있다.

406연구소 병리학과와 여타 의료시설 사이의 인적 교류나 연락 방식은 406연구소의 위상을 보다 생생하게 보여준다. 병리학과가 일본의 지방 의료기관 종사자들을 위해 매주 개최한 임상병리검토회(CPC, clinicopathological conference)는 그 대표적 사례이다. 임상병리검토회는 도쿄 지역의 두 병원에서 매주 진행되었는데, 이 회의에서 발표된 사례 평가 자료는 일종의 교육 자료로서 일본 내의 병원들은 물론 한국의 의학기관과 병원들에도 배포되었다.[53]

50 406th Medical General Laboratory, op. cit. (1949), p. 84.

51 406th Medical General Laboratory, op. cit. (1949), p. 84; 406th Medical General Laboratory, op. cit. (1952), p. 74.

52 406th Medical General Laboratory, op. cit. (1951), p. 127.

53 406th Medical General Laboratory, op. cit. (1951), p. 149; 406th Medical General Laboratory, op. cit. (1952), p. 116; 406th Medical General Laboratory, "406th Medical General Laboratory, Annual Historical Report, 1952" (1953), p. 214.

심지어 406연구소 병리학과는 1952년 12월 일본인 병리학자들과 도쿄에서 미일병리학자협회(Society of Japanese and American Pathologists)의 조직을 위한 회의를 개최하기도 했다. 406연구소는 일상적 회의를 통한 미·일 병리학자들의 단순 업무 협력이 아닌, 보다 고차원적인 인적 네트워크의 형성과 중장기적 지역 의학 발전까지 도모했던 것이다. 그리고 실제 1953년 1월 27일 협회의 개회 세미나가 열렸는데, 11명의 406연구소 병리학자들과 12명의 일본인 병리학자들, 2명의 요코스카해군병원 병리학자들이 회의에 참석했다고 한다.[54] 406연구소 병리학과는 극동 지역 병리학 분야의 리더 역할을 자임하면서, 일본 현지 연구자들과 중장기적 관점에서 적극적으로 협력하고자 했음을 알 수 있다.

다음으로는 406연구소 혈청학과에 대해 살펴보도록 하겠다. 혈청학과 또한 미군 점령기 일본의 특수한 상황과 한국전쟁의 발발로 인해 그 역할이 매우 중요하게 부각된 연구부서였다. 점령 초기 일본에서 406연구소 혈청학과의 역할이 주목받은 중요한 이유는 미 점령군 내의 급속한 매독 확산과 관련되어 있었다. 통계 자료에 의하면, 1946년 미8군 부대원의 70%가 매독에, 50%가 임질에 감염되었을 정도로 미 점령군의 성병 감염은 매우 심각한 문제로 급부상했다. 일본 점령 초기, 미군은 특수위안시설협회(Recreation and Amusement Association)를 통한 병사들의 공적 매춘 행위를 허가했지만, 1946년 1월 해당 지령을 철폐해야 할 정도로 미군의 성병 피해는 심각한 것이었다.[55]

이에 미 점령군은 "일본 내의 모든 병원들(all hospitals in Japan)"로 하여금 매독 양성 의심 판정을 받은 모든 사람들의 혈청을 "어떤 경우에든(on any cases)" 406연구소 혈청학과에 의무적으로 제출할 것을 명령했다. 이

54 406th Medical General Laboratory, op. cit. (1953), p. 214.

55 존 다우어, 앞의 책, 156쪽.

는 미군에 직접적 타격을 주고 있던 매독의 확산을 막겠다는 점령군의 강한 의지의 표현이었다. 406연구소는 당시 미군 병력 유지에 매우 중요했던 성병 검사에 있어서도 중심적 역할을 수행했던 것이다. 실제 혈청학부는 1948년에만 63,237건에 달하는 매독 혈청 검사를 진행해야만 했다.[56]

혈청학과는 한국전쟁의 발발과 함께 또 다른 중요 역할을 부여받았다. 전쟁 부상자들을 위해 절대적으로 필요한 혈액의 조달과 공급의 역할을 총괄적으로 지휘하게 된 것이다. 당시 406연구소는 독립 부서로서 혈액 조달을 담당하는 혈액은행저장창고부(Blood Bank Storage Depot and Shipping Section)와 혈액 분배를 담당하는 혈액은행저장창고운송부(Blood Bank Storage Depot and Shipping Section)를 운영하게 되었는데, 406연구소 혈청학부가 이 독립 부서들에 대한 지휘와 전반적인 혈액 운영실태 점검을 책임지게 되었던 것이다. 전장에 공급되는 혈액은 미국 본토와 일본에서 조달되었는데, 1951년의 경우 혈액은행에 접수된 혈액의 약 76%인 129,209파인트의 혈액을 미국으로부터 제공받았고, 나머지 24%에 해당하는 38,772파인트의 혈액을 일본에서 조달받았다. 406연구소는 혈액의 안정적 공급을 위한 대민 홍보 활동은 물론, 혈액 재고의 유지를 위한 다양한 조치도 지속해야만 했다. 406연구소는 전쟁기 병력들의 생명과 직결되는 혈액 조달과 공급에서도 중심적 역할을 수행했던 것이다.[57]

406연구소의 또 다른 연구전문부서인 화학과 또한 "극동군사령부의 화학실험실", "극동군사령부의 분석적 화학실험실" 등으로 불린 데서 알 수 있는 것처럼 극동 지역에서 또 다른 중심적 역할을 수행했다.[58] 화학과의

56 406th Medical General Laboratory, op. cit. (1949), p. 35.

57 406th Medical General Laboratory, op. cit. (1952), pp. 282-287.

58 406th Medical General Laboratory, op. cit. (1949), p. 46; 406th Medical General Laboratory, op. cit. (1952), p. 159.

업무는 그 기능적 측면에서 임상화학, 식품화학, 독성학, 물 분석, 알레르기 조사 등으로 구분되었다.

이를테면 화학과는 임상화학 부분과 관련하여, "실험장비가 충분하지 않은 병원 단위들"에 의해 제출된 임상표본(혈액, 소변, 척수액, 대변) 분석 업무를 수행했다. 실제 표본은 "인근 병원들"로부터 매우 자주 제공되었다. 또한 화학과는 독물학 분야와 관련하여 일본, 한국, 마리아나-보닌 제도로부터 제출된 부검 조직에 대한 독물 분석을 수행했는데, 실제 가장 많은 검사 표본은 연구소 내의 병리학과에 의해 제공되곤 했다.[59] 화학과는 다양한 음식물과 주류에 대한 성분 검사도 수행했는데, 한국전쟁기에는 "구내식당 스타일의 형편없는 공정라인"에서 제작된 포로 배급식량에 대한 영양성분, 칼로리, 오염 여부 등을 검사하기도 했다.[60]

406연구소 화학과는 "극동군사령부의 화학실험실"로서 화학적 실험을 통한 다양한 허가 및 판정 업무를 수행하기도 했다. 이를테면 1948년 일본의 국회의원들은 미국의 대규모 DDT 사용에 대응하여 일본산 살충제를 보다 적극적으로 사용하기 위한 프로그램을 지지했는데, 해당 일본산 살충제 7종에 대한 평가 업무 또한 406연구소 화학과에 일임되었던 것이다. 화학과는 해당 살충제에 대한 분석 이후, 그 모든 제품들이 일본 의원들의 주장과는 달리 완전히 신뢰할 수 없는 수준의 제품이라고 최종적으로 판정했다.[61] 406연구소 화학과는 일본 의회 주장과 관련된 화학적 실험과 판정 업무까지 수행했던 것이다.

다음으로는 406연구소 세균학과에 대해 살펴보겠다. 세균학은 기본적으로 세균의 종류, 형태, 성질, 분포, 변이 등을 연구하는 학문 분야로서,

59 406th Medical General Laboratory, op. cit. (1949), p. 46.

60 406th Medical General Laboratory, op. cit. (1952), p. 173.

61 406th Medical General Laboratory, op. cit. (1949), p. 50.

406연구소 세균학과는 진단의학세균학, 물과 음식의 세균학, 분변 연구, 결핵 진단, 생물검정, 생물제제 생산 등의 하위 업무 분과들로 구분되었다. 세균학과는 1948년 한 해 동안 25,379건의 표본에 대한 일상적 진단 업무를 수행했는데, 여기에는 17,778건의 물 샘플, 559건의 얼음 샘플, 1,948건의 유제품 샘플 등이 포함되어 있었다. 약 2천 개의 대변 표본과 1,037건의 결핵 의심 표본도 연구용으로 제출되었다.[62]

한국전쟁 이전 시기 세균학과 활동 중에서 가장 눈에 띄는 업무들 중 하나는, 1946년 일본 교토 지역의 어린이 62명이 디프테리아 백신 접종 이후 사망한 사건에 대한 조사 활동이었다. 당시 SCAP의 공중위생복지국과 일본 국립공중위생원은 오사카적십자연구원의 잘못된 변성독소 생산에 의해 이 사건이 발생한 것으로 추정했지만, 그를 입증하는 데는 실패한 상황이었다. 이에 교토군정팀은 406연구소 세균학과에 사망한 62명의 어린이들 중 54명에 대한 임상 병력을 제공함과 동시에, 디프테리아 변성독소에 대한 보다 전문적인 실험을 진행해줄 것을 의뢰했다. 406연구소 세균학과는 그 같은 요청에 호응하여, 기니피그 동물실험을 비롯한 다양한 연구를 통해 사건의 정확한 원인 규명을 시도했다.[63] 이 같은 연구 활동 또한 이 지역에서 406연구소의 중요한 역할을 상징적으로 보여준다.

한국전쟁기 세균학과는 다른 분과들과 마찬가지로 커다란 업무상의 변화를 겪었는데, 가장 큰 변화는 포로수용소 내의 북한군과 중국군 포로들 사이에 세균성이질이 대규모로 급속히 확산된 현상과 관련되어 있었다. 세균학과 연구원들은 연구소에 제출된 배양균으로부터 총 25개 유형의 시겔라균을 확인할 수 있었는데, 그 연구 과정에서 1951년 한 해 동안 7명의 연구원들이 세균성이질에 감염되는 사건을 겪기도 했다. 이들은 해당 업무

62 Ibid., p. 57.

63 406th Medical General Laboratory, op. cit. (1949), pp. 67-68.

에 고도로 숙련된 연구원들이었음에도 불구하고 이 같은 사건을 겪었다고 한다.[64]

다음으로는 406연구소 의학동물학과에 대해 살펴보도록 하자. 의학동물학과의 가장 보편적인 일상 업무는 미 점령군 병력, 혹은 미군에 의해 고용된 현지인들에 대한 대변 검사였다. 일본인과 한국인들의 기생충 감염 비율이 매우 높았기 때문에, 기생충 억제 활동 또한 점령군의 주요 과제 중 하나가 될 수밖에 없었다. 의학동물학과는 1948년에만 19,760건의 대변 표본 검사를 실시했는데, 기생충 검사를 받은 일본인의 74.3%, 점령군인의 35.2%가 연충류 및 원생동물 기생충에 감염되었을 정도로 감염률은 매우 높았다.[65] 의학동물학과의 업무는 다른 연구분과와 마찬가지로 한국전쟁의 발발과 함께 다양해졌는데, 일제시기 이래 한반도 남부 지역의 풍토병으로 알려진 말라리아 감염에 대응하는 것이 의학동물학과의 대표적 신규 연구업무로 부가되었다.[66]

마지막으로 바이러스·리케차과와 1949년에 신설된 곤충학과, 한국전쟁기에 신설된 전염병학과를 함께 묶어 간략히 살펴보도록 하겠다. 왜냐하면 이 세 연구분과는 내용적으로 긴밀히 연결되어 있을 뿐만 아니라, 한국전쟁기 406연구소의 연구 활동에 관한 본고의 다음 장을 통해 그 연구 사례가 보다 상세히 제시되는 측면이 있기 때문이다.

우선 바이러스·리케차과는 1948년 일본, 한국, 괌 등의 지역에서 일본B형뇌염, 털진드기병, 발진티푸스 등이 유행함에 따라 그 업무의 중요성이 강조되었다. 실제 1948년 406연구소 바이러스·리케차과는 SCAP 공중위생복지국의 요청에 따라 전체 33개 현 일본인들을 대상으로 발진티푸스

64 406th Medical General Laboratory, op. cit. (1952), pp. 143-145.

65 406th Medical General Laboratory, op. cit. (1949), p. 1.

66 406th Medical General Laboratory, op. cit. (1951), pp. 57-58.

혈청진단 보체결합실험을 실시했고, 최근 4년 동안 일본뇌염 백신을 접종받은 일본 어린이들의 항체 반응을 총괄적으로 평가하는 연구를 수행하기도 했다.[67]

1949년 신설된 곤충학과는 바이러스·리케차과 업무의 연속선상에서 모기 및 기타 곤충들과 일본뇌염 유행 사이의 상관관계에 대한 심화 연구를 수행했다. 앞서 일본 4개 고등학교 생물학 교실 학생들에게 인간흡혈채집을 요청한 분과가 바로 이 곤충학과였다. 곤충학과의 가장 대표적인 일상 업무는 연구 대상 곤충의 채집과 식별 작업이었는데, 1950년 한 해 동안 519,201건의 모기 성충 식별, 596건의 모기 유충 식별, 5,015건의 파리 식별 업무를 수행했다. 이들 중 9,423마리의 모기들은 즉각적인 바이러스 분리 검사를 수행할 수 있도록 바이러스·리케차과로 이송되었다. 이렇듯 바이러스·리케차과와 신설 곤충학과는 그 연구 대상과 내용이 매우 긴밀히 연결되어 있었다.[68]

그런데 한국전쟁 기간 중 바이러스·리케차과와 곤충학과는 이전의 일본B형뇌염이나 발진티푸스 연구보다 훨씬 중요한 새로운 연구 대상을 부여받게 되었다. 이는 전쟁에 참여한 유엔군 병사들 사이에서 급속히 확산하고 있던 원인 불명의 괴질인 '유행성출혈열'과 관련되어 있었다. 당시 미군 전염병 연구자들은 출혈열을 전파할 수 있는 능력을 지닌 설치류, 혹은 그 설치류의 체외기생충을 새로운 괴질의 주요 매개체로 추정하고 있었다. 따라서 바이러스·리케차과와 곤충학과에게는 유행성출혈열 연구의 일환으로서 진드기, 벼룩, 이, 파리와 같은 설치류 체외기생충에 대한 연구가 중요하게 강조될 수밖에 없었다. 당시 전선 지역 유엔군 병력 사이에서 원인 모를 괴질로 소문나기 시작한 전염병의 원인과 전파 경로를 파악하는

67 406th Medical General Laboratory, op. cit. (1949), pp. 88-151.

68 406th Medical General Laboratory, op. cit. (1951), p. 160.

중요한 업무가 두 분과에 새롭게 부여되었던 것이다. 여기에 더해 406연구소는 전장의 새로운 전염병에 신속히 대응할 수 있도록 1951년 전염병학과까지 신설하게 되었다. 전염병학과의 신설과 한국의 새로운 괴질에 대해서는 다음 장에서 상세히 살펴보도록 하겠다.

4. 대표 연구 사례: 한국전쟁기 유행성출혈열 연구

한국전쟁기 전선 부근의 유엔군 병력들을 공포에 떨게 만든 유행성출혈열은 급성 발열, 요통, 출혈, 신부전 등을 초래하는 인수공통 바이러스 감염증이다. 1976년 제2종 전염병 유행성출혈열로 지정되었고, 1983년 WHO에 의해 '신증후군 출혈열(Hemorrhagic fever with renal syndrome, HFRS)'로 공식 명명되었다.[69] 국내에서는 주로 늦가을에 유행하는 풍토성 발열 질환으로서, 현재도 전 세계적으로 매년 약 15,000명의 환자가 발생할 정도로 공중보건학적으로 큰 문제가 되고 있는 질병이다.

본 장은 1946~53년 제406의학종합연구소의 대표적 연구 활동 사례로서 이 질병에 대한 연구 과정을 보다 구체적으로 보여주고자 한다. 유행성출혈열 연구 활동을 대표적 연구 사례로 선택한 이유는 다음과 같다. 첫째, 한국전쟁기 406연구소는 다른 분야의 연구 역량을 확연히 줄이면서까지 유행성출혈열 연구에 집중할 것을 요구할 정도로, 그에 대한 연구의 긴급성과 중요성을 강조했다. 둘째, 유행성출혈열 연구 과정은 병리학과, 세균

69 이 질환은 한국전쟁기에는 주로 미군에 의해 '유행성출혈열(epidemic hemorrhagic fever)'로 호명되었고, 현재도 통상적으로 '유행성출혈열', '한국형 출혈열(Korean hemorrhagic fever)' 등으로 불리기도 한다. 때문에 이 글에서는 한국전쟁 당시의 역사성을 반영하여 '유행성출혈열'과 '신증후군 출혈열'을 문맥에 맞게 혼용하도록 하겠다.

학과, 혈청학과, 곤충학과, 화학과 등 사실상 406연구소 내 모든 연구분과들의 상호 협력 체계를 보다 명확하게 보여준다. 셋째, 유행성출혈열은 당시 "서구의학계에는 낯선(unfamiliar to Western medicine)" 괴질로서,[70] 그 연구 과정에서 406연구소 내부적으로 제시된 다양한 의학적 가설, 실험을 통한 증명 과정 등을 보다 생생히 관찰할 수 있다. 따라서 본 연구는 이상과 같이 406연구소 연구 활동의 특징을 보다 단적으로 보여주는 '유행성출혈열' 연구 과정을 그 대표적 연구 사례로 보여주고자 한다.

우선 한국전쟁기 406연구소 연구의 성과와 한계를 현재적 시점에서 구체적으로 비교·검토할 수 있도록, 질병의 연구사(硏究史), 원인, 감염 경로, 주요 증상 등에 대해 간단히 살펴보도록 하겠다. 유행성출혈열은 1913년 러시아 블라디보스톡에 있는 한 병원에서 그에 대한 최초 기록이 발견된다. 이후 블라디보스톡과 아무르강 유역에서 계속 발생했으나 크게 주목받지 못하다가, 1940년대 소련과 중국의 국경 지역에 주둔한 일본군과 소련군 사이에서 크게 유행했던 것으로 잘 알려져 있다.[71] 이 질병은 한국전쟁기 이래 미 육군의 막대한 연구 지원에도 불구하고 1970년대 중반까지 그 원인균 분리에 실패했으나, 1976년 한국학자 이호왕에 의해 괴질의 원인이 한탄 바이러스(Hantan virus)라는 사실이 밝혀지면서 그 다양한 역학적 특징들이 알려지게 되었다.[72]

한탄 바이러스는 주로 들쥐의 72~90%를 차지하는 '등줄쥐(*Apodemus agarius*)'의 배설물에 의해 전파되는 것으로 알려져 있다. 체외로 분비된 건조된 바이러스가 먼지와 함께 공중에 떠다니다가 주로 호흡기를 통해 사

70 406th Medical General Laboratory, op. cit. (1952), p. 256.

71 이호왕, 앞의 논문 (1971), 13쪽; 이재광, 황상익, "신증후 출혈열의 질병사적 고찰", 『의사학』 13:1 (2004), 170-171쪽.

72 이재광, 황상익, 앞의 논문, 164쪽.

람에게 감염된다. 한국에서는 주로 '건조한 시기'인 5~7월, 10~12월에 많이 발생한다. 바이러스 노출 후 2~3주 동안 증상이 없는 잠복기를 거쳐 1~2일간의 오한, 쇠약감, 식욕부진 등의 전구증상이 나타난 뒤, 갑자기 발열, 오한, 두통, 구토, 복통, 요통, 기타 위장관 증상 등이 나타난다. 3~7일 지속되는 발열기 이후에는 결막 충혈, 입천장 및 겨드랑이 등에 점상출혈이 발생하기도 한다. 이후 저혈압기와 신부전으로 인한 핍뇨기, 발병 10일 경에 시작되는 이뇨기를 거쳐 회복기에 도달한다. 현재도 한국에서는 매년 약 400~500명의 감염 건수가 신고되며, 중증 신증후군 출혈열의 경우에는 쇼크와 신부전을 유발하면서 10%의 사망률을 기록하고 있다.[73]

기존 연구는 1951년 최초 발생한 유엔군 감염자 수를 800여 명으로 제시하고 있지만,[74] 406연구소 보고서는 그 구체적 감염 인원을 1,045명(1951년 봄/여름 91명, 1951년 가을/겨울 954명)으로 명시하고 있다. 특히 1951년 봄/여름에는 무려 16.5%(91명 중 15명 사망)에 달하는 높은 사망률까지 기록했다.[75] 이렇듯 많은 질병 감염자 수와 높은 사망률은 당시 미군에게 실질적인 병력상의 타격을 주고 있었다. 한국전쟁기 유엔군사령관 통역관이었던 조성식 박사의 회고에 의하면, 당시 유엔군사령관을 비롯한 전투부대 지휘관들이 전투 중에 발생한 부상자 수보다 "괴질"에 걸린 환자 수가 더 많아 날마다 대책회의를 열 정도였다고 한다.[76] 따라서 이 중대한 문제의 원인 규명 임무가 극동 지역 중핵 의학연구소인 406연구소에게 하달되는 것은 매우 당연한 수순이었다고 볼 수 있을 것이다.

실제 406연구소는 1951년 중반 이후부터 유행성출혈열 연구에 모든

73 질병관리청 국가건강정보포털, "신증후군출혈열(한타바이러스감염증)", https://health.kdca.go.kr/healthinfo/biz/health/gnrlzHealthInfo/gnrlzHealthInfo/gnrlzHealthInfoView.do (2022. 7. 7. 접속).

74 이호왕, 앞의 논문 (1971), 13쪽.

75 406th Medical General Laboratory, op. cit. (1953), p. 2.

76 이호왕, 앞의 책 (1999), 31쪽.

연구분과들의 역량을 결집하기 시작했다. 이 같은 새로운 질병의 등장은 여타 연구의 희생을 감수하고서라도 그 원인 규명에 "최대한의 노력(maximum efforts)"을 쏟아부을 것을 요구하고 있었다.[77] 더불어 406연구소는 새로운 전염병 관련 자료의 체계적 통합과 분석을 위해 전염병학과를 신설하는 결정까지 내리게 되었다.

1951년 신설된 전염병학과는 유행성출혈열뿐만 아니라, 한국에서 발병한 천연두, 말라리아 등에 대해서도 함께 대처하기 위해 만들어진 연구분과였다. 그러나 1951년 10월경 유행성출혈열 관련 사례들이 급증하게 되자, 전염병학과는 즉각적으로 해당 질병 관련 데이터의 수집과 분석 업무에 역량을 집중하기 시작했다. 우선 전염병학과는 중앙 집중화된 데이터 수집의 필요성 속에서 일본 내의 병원들로 후송된 모든 유행성출혈열 환자들의 자료 수집을 위한 '무선보고체계(radio reporting system)'를 만들었고, 한국 내 의료시설에 수용된 유행성출혈열 환자들에 대해서는 주한 미8군 의무감실의 정기보고서를 통해 관련 정보를 수집했다. 이 같은 수단들에 의해 수집된 자료들은 환자들의 이름, 계급, 군번, 인종, 국적, 한국 입국 날짜, 발병 시작일 등의 구체적 정보를 제공하고 있었다. 이후 이 환자들은 전염병적 관점에서 자세한 조사를 진행하기 위해 일본으로 후송되었다.[78]

같은 시기 406연구소의 병리학과도 유행성출혈열의 발병기전 분석 업무에 종사하게 되었다. 병리학과는 1951년 한 해 동안 유행성출혈열로 인정된 60건의 사체를 부검했다. 병리학과는 부검 결과, 사망 사례의 평균적 질병 지속 기간은 8일이었고, 쇼크와 요독증이 가장 빈번한 사망의 이유였다고 보고했다. 임상적으로는 재귀열, 바일병, 급성 사구체 신염, 말라리아 등과 혼동될 수 있는 특징적 패턴이 이어지는데, 이들 중 '랩토스피라

77 406th Medical General Laboratory, op. cit. (1952), p. i.

78 406th Medical General Laboratory, op. cit. (1952), p. 18.

증(leptospirosis)'과 가장 큰 혼동을 준다고 분석했다. 더불어 병리학과는 출혈 증상이 없는 환자들에 대한 추가적 검토의 필요성을 요청하면서, "유행성출혈열"이라는 명칭이 "부적절한 명칭(misnomer)"일 수도 있다는 흥미로운 의견을 개진하기도 했다. 이 같은 이유로 병리학과는 이 질병에 대해 "병인이 밝혀지지 않은 감염병(유행성출혈열)[Infectious disease, etiology undetermined (Epidemic Hemorrhagic Fever)]"이라고 독자적으로 호명했다.[79]

앞서 병리학과가 거론한 '렙토스피라증'은 유행성출혈열과 유사하게, 감염된 동물(주로 쥐)의 소변에 의해 전파되고, 9~10월에 자주 발생하며, 7~12일의 잠복기 이후 갑자기 시작하는 발열, 두통, 오한, 근육통, 황달, 신부전 등이 주요 증상으로 나타나는 질병이다.[80] 이 같은 내용이 유행성출혈열과 여러모로 매우 유사했기 때문에, 406연구소 연구원들도 그 연구 초기에는 렙토스피라증과 관련된 증거를 확보하기 위한 다양한 연구를 진행하곤 했다.

예컨대 이 시기 세균학과는 한국 내 질병 만연 지역의 야생 설치류에서 렙토스피라균을 찾아내기 위한 다양한 활동을 수행했다. 세균학과는 약 100마리의 동물들을 검사했고, 그들의 조직을 렙토스피라 검사용으로 배양했다. 그리고 그중 2건에서 렙토스피라균을 분리할 수 있었다. 세균학과는 이 렙토스피라균을 계대배양하여 새롭게 감염된 기니피그와 햄스터들에 대한 병리학적 연구를 수행했는데, 그들의 폐, 간, 신장에서 주요 병리학적 병변을 발견할 수 있었다.[81] 같은 해 세균학과는 유행성출혈열 환자들로부터 160개의 혈액 샘플을 수령하여 375개의 배양균을, 그리고 65개의

79 Ibid., pp. 94-98.

80 서울대학교병원 의학정보, "렙토스피라증", http://www.snuh.org/health/nMedInfo/nView.do?category=DIS&medid=AA000014 (2020. 8. 1. 접속).

81 406th Medical General Laboratory, op. cit. (1952), p. 98.

소변 샘플에서 186개의 배양균을 운영할 수 있었다. 비록 일부 혈액 배양균이 세균 오염되긴 했지만, 이 모든 배양균들은 렙토스피라증 음성을 나타냈다. 이렇듯 세균학과는 여러 반복적 실험 끝에 렙토스피라가 유행성출혈열의 원인일 가능성을 실질적으로 배제했다.[82]

바이러스·리케차과 또한 "서구의학계에는 낯선", 혹은 "서구의학계에서 보아온 어떤 독립체와도 다른" 이 질병의 해명에 상당한 연구 역량을 집중해야만 했다. 앞서 살펴본 것처럼, 세균학과의 렙토스피라균 발견을 위한 합리적 실험이 실패에 이르게 되자, 바이러스·리케차과 또한 병인학적 매개체 분리를 위한 실험 방향을 새롭게 조정할 수밖에 없었다. 바이러스·리케차과는 8건의 해당 질병 환자 부검에서 확보한 간, 신장, 지라의 조직유화액을 흰쥐, 기니피그, 토끼, 원숭이에 접종했지만, 어떤 전염 가능한 실험적 질병도 규명해내지 못했다.[83]

이 시기는 설치류의 체외기생충이 유행성출혈열의 매개체일 수 있다는 의심이 강했던 때이기도 했다. 따라서 이 시기 곤충학과 업무는 설치류의 분포·발생률·생명 활동에 대한 연구 활동과 함께, 그 체외기생충의 수와 분포 사이에 존재하는 상호관계를 추적하는 연구에 상당 정도 집중되었다. 곤충학과 또한 여타 연구분과와 마찬가지로, "출혈열 연구의 긴급성"으로 인해 이 연구에 대한 우선적 처리를 강요당했다. 그리고 실제 곤충학부는 1951년 11월과 1952년 4월 한국에서 수집된 진드기, 벼룩, 이 등의 설치류 체외기생충들에 대한 분류학적 연구에 종사하게 되었다. 곤충학과는 1952년 초 이러한 연구의 직접적 결과로서, 당시 출혈열 분포의 경계로 알려진 지역 내의 설치류 체외기생충 동물상이 그 바깥 지역의 동물상과 질적으로 다르지 않다는 결론에 다다르게 되었다. 이 같은 결론은 설치류 체

82 Ibid, pp. 152-153.

83 406th Medical General Laboratory, op. cit. (1952), pp. 266-267.

외기생충이 유행성출혈열과 무관할 가능성이 높음을 보여주고 있었다.[84]

이상에서 볼 수 있는 것처럼, 1951년 중순 이후 406연구소의 여러 분과들은 다양한 가설과 실험들 속에서 유행성출혈열의 원인을 규명해내기 위해 최선의 노력을 기울이고 있었다. 그리고 현재적 관점에서 볼 때, 한국의 대표적 설치류인 등줄쥐를 주요 발생원으로 추정하거나, 설치류 체외기생충의 매개체 가능성을 배제해나가는 과정 등은 연구소 나름의 중요한 성과를 보여주기도 한다. 더불어 406연구소는 한국전쟁 기간 동안에 유행성출혈열의 원인을 밝혀내는 데는 실패하긴 했지만, 그 질병의 임상적 발현 과정을 상세히 밝혀냄으로써, 1952년 가을 유행기에는 사망률을 4.2%까지 확연히 낮추는 데 일정한 기여를 했다.[85] 한국전쟁이라는 위기 상황을 맞아 406연구소는 극동 지역 중핵 연구소로서 나름의 역할을 충실하게 수행해나갔던 것이다.

5. 맺음말

1946년 신설된 미군 제406의학종합연구소는 제2차 세계대전 후 미군의 새로운 점령지역인 일본, 한국, 오키나와, 마리아나-보닌제도를 망라하는 극동 지역의 중핵 의학연구소 역할을 수행했다. 406연구소는 그 의학사적 중요성에도 불구하고 기존 연구에 의해 그 역할과 성격이 제대로 분석된 적이 없었다. 이에 이 글은 406연구소의 설립 배경, 내부의 인적·조직적 구성, 개별 연구분과들의 위상과 주요 연구 활동, 한국전쟁기 조직 구성 및 주요 역할의 변화와 대표적 연구 사례 등을 종합적으로 검토해보았다.

84 406th Medical General Laboratory, op. cit. (1953), pp. 57, 69-75.

85 Ibid, p. 4.

406연구소 설립은 1946년 1월 미태평양군 의무감실 예방의학부장으로 재직하고 있던 제임스 시몬스 준장의 "중앙연구소(central laboratory)" 신설 제안에 의해 본격적으로 논의되기 시작했다. 제2차 세계대전과 전후 시기에 참혹할 정도로 피폐해진 이 지역의 의료·보건 상황을 고려하면, 이 같은 중앙연구소의 신설은 매우 당연한 정책 수순처럼 보였다. 실제 미점령군 내부 논의 과정은 매우 빠르게 진척되었고, 1946년 5월 미8군의 「명령서한 5-16」에 의해 공식적 신설에 이르게 되었다.

그런데 위와 같은 극동 지역 중핵 의학연구소 신설 과정이 별다른 논쟁 없이 순조롭게 진행된 것만은 아니었다. 다른 무엇보다도 연구소 인사(personnel) 문제, 즉 이 연구소에서 일할 신규 인력의 채용이 현실적으로 매우 어려울 것이라는 예측이 중요하게 거론되었던 것이다. 실제 전후 기간 동안 다수의 육군 소속 의사와 과학자들은 본국에서의 더 많은 돈과 자유를 찾아 민간인 생활로 빠르게 복귀하고 있었다. 때문에 아시아 주둔 미군이 우수한 의학 연구인력을 대거 신규 채용하는 것은 현실적으로 불가능한 목표에 가까워 보였다. 이에 미군은 점령지 현지의 아시아 연구자들, 즉 불과 1년 전 적으로 대립했던 일본인 의학 연구자들을 미군 부대 내에 적극적으로 수용할 것을 결정하기에 이르렀다. 그리고 실제 1947년 말 406연구소의 자체 통계에 따르면, 연구소 전체 212명의 연구인력 중 약 46%에 달하는 98명이 일본 국적이었다는 사실을 확인할 수 있었다. 이에 더해 406연구소는 일본 국립공중위생원이나 도쿄의 기타사토연구소, 야마나시현립의학연구소, 도쿄대학 등 연구소 바깥의 일본 연구단체들과도 적극적인 협력관계를 구축해나갔다.

406연구소의 조직 구성과 부서별 활동 내용은 연구소의 중심적 역할을 보다 명확하게 보여준다. 406연구소는 1946년 최초 수립 시기에는 6개 전문 연구부서(professional sections) 체제로 시작하여, 한국전쟁기 총 8개 연구분과(professional departments) 구조로 확장되었는데, 개별 연구분과들은 법률적·현실적 조건에 의해 모두 자기 분야에서 아시아 지역의 중심적 역할을 수행하게 되었다. 이를테면 406연구소 병리학과는 「육군 규정 40-410」과 「극동군 GHQ 회람 69」를 통해, "일본, 한국, 마리아나-보닌제도 사령부에 위치한 모든 병원들의 조직병리학과 센터 역할을 수행"할 것을 직접적으로 지시받았고, 혈청학과는 미 점령군인들의 성병 감염이 매우 심각한 현실적 문제로 급부상한 상황 속에서, "일본 내의 모든 병원들"로부터 매독 양성 의심 판정을 받은 모든 사람들의 혈청을 수령·분석하는 임무를 수행해야만 했다. 그 외 406연구소의 여타 연구분과들도 모두 자기 분야에서 위와 같은 중심적 역할을 수행할 수밖에 없었다. 본고의 마지막 장에서 살펴본 한국전쟁기 유행성출혈열 연구 또한 위와 같은 극동 지역의 긴급하고 중요한 임무 수행의 연속선상에서 그 성격을 제대로 파악할 수 있을 것이다.

끝으로 406의학연구소의 설립과 운영은 미국의 동아시아 점령 및 냉전 정치사적 관점에서도 주목할 만하다는 사실을 강조하고 싶다. 미국은 20세기 초부터 소위 '과학적 의학'이 그들의 점령지에서 새로운 사회적 질서를 확립하는 데 중추적 역할을 담당할 수 있다고 생각해왔다. 카네기재단과 록펠러재단의 '자선' 사업의 일환으로 진행된 '의학연구소' 수립은 그 대표적 사례였다.[86] 실제 406연구소의 설립 과정에 개입한 샘스 GHQ 공중위생복지국장은 개인의 가치를 중시하는 미국식 "민주주의의 정수(the essence of democracy)"인 의학기술의 보급에 의해 일본인의 평균수명이 획기적으로 늘어났다는 사실을 대외적으로 공공연히 강조하고 있었다.[87]

86 이종찬, 『동아시아 의학의 전통과 근대』 (서울: 문학과지성사, 2004), 127-133쪽.

87 Crawford F. Sams, "American Public Health Administration Meets the Problems of the Orient in Japan", *American Journal of Public Health* 42 (1952), pp. 564-565.

406연구소의 신설은 냉전이라는 국제질서의 급속한 재편 상황 속에서, 미국이 과학적 지식 생산을 통해 극동아시아의 최전선을 어떤 방식으로 구축하려고 했는지 보여주는 하나의 사례일 수도 있을 것이다.

해방 후 한국 실험실 의학의 발전: 미군 406실험실과 실험기사들을 중심으로

정준호 (인하대학교 의학교육 및 의료인문학교실)

1. 서론

해방 후 이론 중심의 일본식 의학에서 실험과 실습 중심의 미국식 의학으로 변화한 것은 한국 의학의 발전 과정에 있어 중요한 전환점으로 언급되고 있다.[1] 실험적 방법을 통해 의학 지식을 생산하는 과정에는 연구 계획을 설계하고 수행하는 연구자들뿐 아니라, 구체적인 실험을 가능하게 하는 비용, 설비, 재료, 정보 등 내외부적 요소들의 복합체가 필요하다.[2] 동시에 이러한 실험을 가능하게 하기 위해서는 이를 활용하는 의학자들뿐 아니라 실험을 준비하고 보조하며, 경우에 따라서는 직접 실험기구를 제작하고 구체적인 실험 기법들을 개발하기도 하는 "보이지 않는 기술 인력

1 박윤재, 『한국현대의료사』 (파주: 들녘, 2021), 76-77쪽.

2 김근배, "네트워크에 걸려든 바이러스: 이호왕의 유행성출혈열연구", 『한국과학사학회지』 27:2 (2005), 1-2쪽.

(Invisible Technician)"들이 필수적이다.[3] 한국에서도 한국전쟁을 거치며 병원 내 실험실이 중앙화되고 대형화되는 변화를 겪으며 실험실 의학(laboratory medicine)이 보편화되어갔다. 하지만 한국전쟁 시기 실험실 의학과 같은 새로운 지적 경향이 한반도에서 시도될 수 있었던 물적 기반, 또한 새로운 외과적 기술들이나 보건학적 개입을 가능하게 한 연구 및 지적 네트워크에 대해서는 잘 다루어지지 않았으며, 기존의 연구에서는 주로 공중보건학적 측면의 발달이나 제도사적 접근이 이루어졌다.[4]

지금까지 해방 후 한국전쟁 시기까지 한국 보건의료의 급격한 변화를 다루는 다양한 연구들이 축적되어왔다. 해방 직후 미군정기 보건의료체계 구상에 대한 사상적 대립,[5] 유학생들을 통해 살펴본 한국 보건행정의 발달 과정,[6] 한국전쟁 시기의 전염병 통제 사업,[7] 그리고 한국전쟁기 각 의료 분과의 발달에 대한 연구들은 초기 한국 보건의료의 변화와 발전을 과정을 상세히 보여준다.[8] 이를 기반으로 최근에는 미군 이동외과병원 등 구체적인 군진의학 조직을 대상으로 이러한 제도의 도입이 한국 의학에 미친 영향을 살펴보고 있다.[9] 앞서의 연구들은 미군정과 한국전쟁기에 이루어진 해외의 지원, 그리고 새로운 의학 기술의 도입과 그것이 한국 의학에 미친 영향들을 중점적으로 살펴보았다.

한편 구체적으로 해방 후 한국에서 새로운 의학이 구현되는 장소라 할

3 Steven Shapin, "The invisible technician", *American scientist* 77:6 (1989), pp. 554-563.

4 이동원, "625전쟁과 한국 보건의학계 및 보건학의 형성", 『동국사학』 69, (2020), 339-374쪽.

5 전예목, 신영전, "해방기 (1945-1948) 주요 정치집단과미군정의 의료보장체계 구상", 『의사학』 31:1 (2022), 221-262쪽.

6 신영전, 서제희, "미군정 초기 미국 연수를 다녀온 한국인 의사 10 인의 초기 한국보건행정에서의 역할", 『보건행정학회지』 23:2 (2013), 196-206쪽.

7 이임하, 『전염병 전쟁: 한국전쟁과 전염병 그리고 동아시아 냉전 위생 지도』 (서울: 철수와영희, 2020).

8 여인석, 『한국의학사』 (서울: 역사공간, 2018); 박윤재, 앞의 책.

9 한봉석, "한국전쟁기 의료지원 연구: 미 제 8 군 육군이동외과병원의 활동을 중심으로", 『연세의사학』 24:1 (2021), 7-37쪽.

수 있는 병원 내의 중앙화된 실험실에 대한 연구는 매우 제한적이었다. 박지영(2022)의 연구는 일제강점기의 위생시험실이 가지고 있던 지적 유산과 장비, 인적 자원이 국립화학연구소로 계승되는 과정을 통해 의학적 지식 생산에 필요한 물적 기반의 중요성을 보여주었다.[10] 하지만 병원 내의 임상 환경에서 실험실 의학이 자리잡는 과정에 대해서는 현재 그 역할을 담당하고 있는 임상병리학이나 진단검사의학의 역사나 관련 회고들에서 파편적으로 다루어졌을 뿐이었다.[11] 이러한 연구들은 공통적으로 해방 후 1950년대 중반까지 한국 병원에서 임상병리와 같은 실험실 의학이 자리잡는 과정에 미군이 중요한 역할을 했다는 사실에 동의하고 있으나, 미군을 통한 새로운 의학적 조류의 유입과 확산 과정에 있어서는 주로 의사들의 역할에 초점을 맞춰왔다.

한국전쟁 시기 미군을 통해 확대되었던 일본뇌염이나 발진티푸스, 유행성출혈열 연구들은 이를 매개하는 매개동물을 분류하고 동정(identification)하는 지식과 기술을 필요로 했다. 해방 직후 전라북도 지역의 대표적인 의료기관으로 자리잡았던 전주예수병원은 선교의사인 폴 크레인이 제2차 세계대전 종전 후 미군에서 방출된 대량의 의료기기 잉여물자를 들여오며 물적으로 급격히 성장했다.[12] 이러한 미군의 의학 실험 자원들 속에서 인력이 훈련되었고, 새로운 의료 문화가 정착되며, 지식과 기술들이 동아시아 내에 확산되었다. 또한 해방 후 1950년대 한국의 감염학 및 예방의학 연구자들의 연구과제 선정 과정에서 미군의 제안이나 자금, 기술

10 박지영, "식민지 공중위생 지식의 형성과 그 유산: 위생시험실의 활동을 중심으로", 『의사학』 31:2 (2022), 429-465쪽.

11 황선철, 이창규, 송재웅, "전문대학 임상병리과 교육 연한에 관한 연구", 『대한임상병리사협회지』, 21:1 (1989), 201-203쪽; 지제근, "우리 나라의 임상병리학", 『대한병리학회지』 28:2 (1994), 109-117쪽; 박두혁, 『의당 김기홍: 진단검사의학의 개척자 헌혈운동의 선구자』 (서울: 더숲, 2016).

12 송현강, "남장로교 선교사 폴 크레인(Paul Shields Crane)의 선교활동", 『기독교문화연구』 24 (2021), 57쪽.

적 지원이 중요한 역할을 했다.[13]

이러한 문제의식을 바탕으로 이 연구는 크게 두 가지 측면에 초점을 맞추고자 한다. 첫 번째는 전통적으로 새로운 의학 도입의 주축으로 여겨졌던 의사들과 함께 새로운 의학적 경향의 물적, 기술적 기반을 제공했던 실험기사(laboratory technician)와 같은 주변 인력들의 모습을 살펴보는 것이다. 특히 의사보다는 이러한 실험기사를 주축으로 구성되어, 미군 극동 지역의 의학 연구에서 핵심적인 역할을 담당했던 미군 의학 연구 실험실들을 중심으로 한국에서 실험실 의학이 구현되어가는 과정을 살펴보고자 한다. 두 번째는 이렇게 실험적 기법들에 대한 지식들이 한국의 비의사 기술 인력들에게 전수되는 과정을 살펴보고자 한다. 미군의 네트워크를 통해 의학 실험과 관련된 지식, 물자, 나아가 명문화되지 않은 다양한 경험과 노하우들이 전파되는 과정을 살펴보며 의사 중심이 아닌, 또 다른 경로의 미국식 의학이 유입되는 과정을 고찰할 수 있는 단초를 제공하고자 한다. 나아가 의학 연구의 발전 과정에서 연구 기반을 구축하고, 일상적인 검사를 수행해온 이러한 인력들을 살펴보는 과정은 의사와 임상 중심의 의학사 접근 방법에서 벗어나, 연구의 물적, 기술적 기반이라는 새로운 측면을 조망하고 일상적인 실험실 활동들이 어떻게 이루어졌는지에 대한 보다 미시적인 접근이 가능하도록 해줄 것이다.

13 1950년대 후반 예방의학자 김정순이 제주도에서 사상충 연구를 수행하였던 것은 미군의 자금과 물적 지원을 받아 이루어졌으며, 1959년 이호왕에게 유행성출혈열 연구를 제안했던 것도 미육군 의학연구소 바이러스연구부장이었다. 이는 해방 후 한국 의학 연구의 형성 과정에 있어 미군의 관심사가 강하게 투영되었으며 그 영향을 배제하기 어렵다는 점을 보여준다. 김정순, 『한국인의 질병 발생 및 관리 양상과 보건문제』 (서울: 신광출판사, 2017), 187-188쪽; 정준호, "기생충 길들이기: 제주도 사상충 한일 공동 연구 사업", 『의료역사연구회』 10 (2022), 232쪽; 김근배, 앞의 논문, 5쪽.

2. 동아시아 내 미군 406실험실의 연구 활동

제1차 세계대전 중 미군 병원에 소속된 의사와 과학자들은 전방병원을 중심으로 환자 관리에 필요한 임상병리학 지원을 제공하거나, 미생물학적 검사를 통해 부대 내 위생 관리를 지원하며 그 중요성을 인정받았다. 제1차 세계대전의 경험을 바탕으로 미군은 실험실 의학을 담당할 조직이 필요하다는 것을 인식하게 되었고, 1918년 12월 미군 부대 편제에 실험실(Laboratory)이 정식으로 편성되기 시작했다.[14] 더불어 미국 내 민간병원에서도 채취하는 검체의 숫자와 검사의 종류가 크게 늘어나면서, 이전과 같이 검체를 채취한 의사들이 개별적으로 모두 처리하기 어려워졌다. 이에 따라 전통적인 의학의 세부 분과 중 하나인 병리학(pathology)과는 독립적인 임상병리학(clinical pathology)의 필요성이 대두되었다. 1922년 의사가 아닌 실험기사들을 중심으로 미국임상병리학회(American Society of Clinical Pathology)가 창립했으며, 1930년부터 학회를 통해 실험기사들에게 의료기사(Medical Technologists)라는 명칭으로 공인 면허가 발급되기 시작했다. 이로써 병원 내 각종 검사 업무를 전담하는 실험 기술 인력의 전문화와 함께 양질의 인력이 공급되기 시작했다.[15]

민간 영역에서의 실험기사 인력 전문화와 함께, 제2차 세계대전 이전까지 미군 실험실 직제는 점차 체계화되어 각 군병원에 소속된 실험실, 전방에서 활동하는 이동식 실험실, 그리고 이에 필요한 실험기사들을 양성하는 학교까지 갖춘 조직으로 성장했다. 이 실험실 부대의 임무는 "(1) 병원

14 Richard Taylor, *Preventive Medicine in World War II. Vol. 8. Civil Affairs/Military Government Public Health Activities* (Department of the Army, 1976), pp. 420-422.

15 Virginia Kotlarz, "Tracing our roots: the beginnings of a profession", *Clinical Laboratory Science* 11:3 (1998), p. 161.

의 진단 업무, (2) 각 부대에 필요한 역학적, 위생학적 보조"였다. 실험실 부대의 규모가 확장되며 이들의 임무는 단지 진단이나 위생 관리 업무를 넘어 미군에 필요한 실험실적 연구를 전담하게 되었다.[16] 특히 석사학위 이상을 소지한 전문적인 실험기사 및 연구자 인력이 확보되며, 보건위생과 관련된 자체 업무뿐 아니라 병원이나 전선에서 진행되고 있는 실험적 임상기술을 검증하고 이에 대한 병리학적, 혈청학적 검사를 지원하는 업무도 담당했다.[17]

〈그림 12-1〉 1956년 일본 캠프 자마(Camp Zama)에 위치한 406실험실 전경. 실험실 부지에는 실험실과 더불어 혈액은행, 동물 및 조류 사육장, 숙소 등이 구비되어 있었다. (JAMA, 1956 Mar 31:1156)

제2차 세계대전 종전 후 일본과 한국에 진주한 미군은 별도의 대규모 실험실 조직이 필요함을 절감하게 되었다. 태평양 전선에서는 필리핀 루손

16 종전 시점에서 미군 의무단(Medical Corp) 내 실험실 부대 인력은 위생 부분이 2,796명에 달했고, 이 중 46%인 1,301명이 연구원 혹은 기사(미생물학 765명, 생화학 386명, 기생충학 125명, 혈액학 25명)였다. 그 외 병원에 소속된 별도 실험기사 인력이 1,200명가량 배치되어 있었다. 이 중 학사학위 소지자가 50%, 석사가 29%, 박사가 21%로 학력 수준도 매우 높았다. Richard Taylor, ibid., pp. 425-430.

17 Richard Taylor, ibid., pp. 425-430.

과 뉴기니에 실험실 부대가 편성되어 있었지만, 부대 편성이 늦었던 관계로 인력 지원이 제대로 이루어지지 않아 대부분 갓 졸업한 의사들로 채워져 역량에 한계가 있었다. 미8군 사령부는 기존 태평양전선에 배치되었던 실험실 부대들을 해체하고, 동아시아 전반의 건강 문제를 관리하고 연구할 수 있는 대규모 부대를 창설하기로 했다. 또한 유럽 지역에 비해 동아시아의 질병과 위생 문제는 상대적으로 미군 의무단이나 연구자들에게 잘 알려져 있지 않았기 때문에 새로운 연구 수요도 높았다. 이에 1946년 5월 10일 미8군 산하 406종합의학실험실(406th Medical General Laboratory, 이하 406실험실)이 창설되었다.[18]

406실험실의 임무는 "의무단 내 연구실들에서 수행되는 역학적, 위생학적, 진단학적 실험실 업무를 보조"하는 것이었다.[19] 다른 실험실을 "보조"하는 역할로 406실험실은 독특한 위치를 차지했다. 실제 부대의 위생과 질병을 담당하고 이를 진단하는 역할은 주로 일선의 병원 및 전방 의무부대 내 실험실이 담당했고, 406실험실은 이에 대한 기초적인 지식이나 기술을 개발하고 검증하는 "보조"적 역할을 수행했다. 즉, 406실험실의 실제 임무는 진단과 검사와 같은 일상적 실험실 업무를 수행하기 위한 일종의 원천 지식과 기술들을 개발하는 것이었다. 이에 따라 406실험실은 일반적인 부대 내 실험실들과 달리 과학기술 연구소와 같은 성격을 가지게 되었다. 이러한 부대의 성격은 연례 보고서에서도 드러났다. 보고서 내지에는 "일상에서는 간과되거나 과장되는 자연의 희귀하고 기이한 사건에 대한 연구가 사실은 일반적인 현상이나 원리를 밝혀낼 수 있다는 것은 과학의 자명한 진리이다"라는 미네소타 의과대학 미생물학 교수의 말이 인용되어 있었

18 406th Medical General Laboratory, *Annual Historical Report(1948)* (US Army, 1948), p. ii.

19 Ibid., p. iii.

다.[20] 이는 406실험실의 목적이 일상적인 진단과 검사에 기초하여 보편적인 과학적 지식을 도출하는 것을 지향하고 있었음을 드러냈다.

창설 당시 406실험실은 크게 7개의 조직으로 구분되었는데, 1개의 행정 보급 조직과, 6개의 연구 조직—의용동물학(medical zoology), 혈청학, 화학, 미생물학, 병리학, 바이러스 및 리케차(Rickettsia)학—으로 구성되었다. 한국전쟁 이전까지 406실험실 부서들은 주로 일상적인 진단 및 검사를 지원하면서, 한국과 일본의 풍토병과 이러한 감염병이 주둔군에 미칠 영향들에 연구를 집중했다. 특히 관심을 기울인 것은 기존에 미군 내에서 연구가 축적되지 않았던 고유한 풍토병인 일본주혈흡충(*Schistosoma japonicum*), 일본뇌염, 발진티푸스, 쯔쯔가무시병 등이었다. 또한 일선 부대들에서 이러한 질병들을 보다 손쉽게 진단할 수 있는 진단 기법 개발도 이루어졌다.[21] 미군이 일본과 한반도에 진주하며 새롭게 마주한 감염병 문제 중에는 곤충매개질환이 많았기 때문에, 1949년에는 곤충학 부서가 추가되었다. 숙련된 곤충학자의 배치와 함께 일본 전역과 한반도를 대상으로 주요 질병 매개 곤충(모기, 진드기 등)에 대한 표본들이 수집되어, 분류 및 동정되었다. 곤충학 부서는 1949년 첫해에 벌써 111,305건의 곤충 표본을 수집했다. 대부분의 표본은 미국에 위치한 미군 연구소들로 전달되었고, 일부는 교육용으로 다른 일선 실험실에 배포되었다.[22]

창설 시점을 기준으로 406실험실에는 총 37명의 연구자가 배치되어 있었으며, 이들을 지원하는 실험 보조 인력이 약 120여 명 배속되어 있었다.[23] 이 중 약 절반은 일본인들로 채워졌는데, 이들은 단순히 단순 보조

20 Ibid; 인용 원문은 Arthur Henrici, "Characteristics of fungous diseases", *Journal of Bacteriology* 39:2 (1940), p. 113에 실려 있다.

21 406th Medical General Laboratory, op. cit., p. iv.

22 Ibid., p. 168.

23 Ibid., p. 160.

업무만 수행한 것이 아니라 직접 실험 업무에 참여하기도 했다. 특히 곤충학 부서에서는 공급이 부족했던 곤충세밀화 인력 대부분을 일본인으로 충당했다.[24] 또한 선행 연구 확보를 위해 2차대전 종전 이전까지 일본 학계에서 출판되었던 논문의 초록과 핵심 내용을 번역하는 대대적인 작업이 진행되며, 일본의 주요 연구자들과의 연계도 깊어졌다.[25] 이후 406실험실은 일본 전역에서 표준 실험실로 기능하며, 일본의 정부 및 민간 실험실의 시설 및 장비를 점검하고, 물자를 지원하며, 검사 능력을 표준화하는 역할까지 담당했다.[26]

1950년 한국전쟁을 기점으로 진단, 검사 및 연구에 대한 수요가 급격히 증가하면서 역학(epidemiology) 부서가 추가되었다. 주목할 변화는 혈청학 부서가 혈액은행 운영을 담당하게 되며 규모가 크게 확대되었다는 점이었다. 7월 3일, 전선에 필요한 혈액 공급을 위해 혈액의 공급, 수송, 품질 관리 전반을 담당할 혈액은행을 일본 406실험실 내에 설치하기로 했다. 7일부터 운영이 시작되어 일본의 민간인과 부대 내 자원자들을 상대로 헌혈을 받아, 그날 밤 첫 번째 69병의 O형 혈액이 한국으로 항공 운송되었다.[27]

전쟁 기간 동안 406실험실의 역할은 지속적으로 확대되어, 실험실 연구뿐 아니라 전방 전투부대 및 의무부대의 위생 검열과 지도까지 담당하게 되었다.[28] 1952년 기준으로 연구인력은 85명으로 늘었고, 일본인 연구 지원 인력도 130명까지 확대되었다.[29] 또한 1952년 3월 10일에는 극동의학연구

24 Ibid., pp. 162-163.

25 406th Medical General Laboratory, *Annual Historical Report(1949)* (US Army, 1950), pp. 120-121.

26 Army Medical Service Graduate School, *Recent Advances in Medicine and Surgery(19-30 April 1954): Based on Professional Medical Experiences in Japan and Korea 1950-1953, Volume II* (Walter Reed Army Medical Center, 1954), p. 57.

27 406th Medical General Laboratory, *Annual Historical Report(1950)* (US Army, 1951), p. 155.

28 406th Medical General Laboratory, *Annual Historical Report(1951)* (US Army, 1952), pp. 2-3.

29 406th Medical General Laboratory, *Annual Historical Report(1952)* (US Army, 1953), pp. 309-310.

단(Far East Medical Research Unit)이라 명명된 연구 조직이 신설되었다.[30] 이들은 민간 전문가와 미국 의무부 본부에서 선발된 연구자들로 구성된 민관 합동 연구단이었다. 미국의 대형 병원, 연구소, 대학 등에서 명성을 얻고 있던 민간 연구자들이 추가됨에 따라 실험실 자체의 연구 역량도 크게 증가되었을 뿐 아니라, 연구 영역도 점차 다양화되었다.[31]

이 시기 406실험실이 새로운 실험 및 진단 기술을 개발하고, 이후 이러한 진단 기법이 국제적으로 퍼져나간 사례를 가장 잘 보여주는 것은 1947년부터 진행된 기생충 감염률 조사 사업이었다. 1947년 1월 일본 내 미군부대 가족이 거주하던 아파트를 중심으로 이질아메바(*Entamoeba histolytica*) 유행이 발생했다. 이 사건으로 미군은 토양매개선충뿐 아니라 장

30 유행성출혈열(17명), 외과(13명), 방탄복(7명), 정신과(2명), 고문단(9명)으로 구성되었다. 미국 브리검 병원에서 시험적으로 운영되고 있던 투석기는 당시 한국에 의학연구단 외과 부문 담당자로 파견되어 있던 테스칸(Teschan) 박사에게 전달되어 전선에서는 최초로 운영되었다. 이 기기에는 전기가 공급이 여의치 않을 것을 대비하여 손으로 구동할 수 있는 크랭크까지 달려 있었다. 한국에서의 시험적 사용을 통해 투석기라는 기기가 전쟁 상황에서도 성공적으로 사용될 수 있음을 보여주며 그 효용을 입증할 수 있었다. Jacob van Noordwijk, *Dialysing for life: The development of the artificial kidney* (Springer Science & Business Media, 2012), pp. 73-75.

31 1952년 기준 각 부서별 주요 연구 분야와 발표 논문들의 일부는 다음과 같다. (406th Medical General Laboratory, *Annual Historical Report(1952)*)

역학: 유행성출혈열, 인플루엔자, 일본뇌염, 감염성 간염

바이러스 리케차: 일본뇌염 모델 생물 개발, 일본뇌염 혈청학적 진단법 개발, 일본뇌염 백신 및 항체 형성 반응, 인플루엔자의 혈청학적 진단

곤충학: 소동물 체외기생충, 먹파리, 흡혈곤충, 분류학, 일본뇌염 감염 모기 분포, 실험실 내 모기의 일본뇌염 바이러스 감염, 실험실 연구를 위한 포유동물 및 곤충류 사육 방법 개발, 백신 등 생물학적 제제

화학: 독성학, 알러지 반응, 식수 분석, 미국에서 운송된 혈액 상태 분석, 크로마토그래피를 이용한 알칼로이드 분석

미생물학: 헤모필루스 배양법, 포도상구균 항생제 민감도, 총상 내 혐기성 세균 분석, 일본과 한국의 살모넬라와 이질균 분석

병리학: 동상, 총상, 절단상 등에 대한 병리학적 분석, 병원 및 의무부대 간 병리학 표본 교환 방법 및 검사 의뢰 지침 개발

의용동물학: 살패제 효과성 현장 연구, 일본주혈흡충 매개체의 생활사 및 실험실 내 사육 연구, 포르말린-에테르 침전 검사법 개발

혈청학: 카디오리핀을 이용한 매독 검사법, 인간 적혈구 항원 분리, 일본 내 혈액형 분포

내기생충 전반에 대한 조사 사업이 필요하다는 사실을 깨달았다.[32] 1947년 상반기부터 1950년 상반기까지 미8군은 오키나와, 홋카이도를 포함한 일본열도 전체와 한반도에 대해 장내기생충 역학조사 사업을 진행했다.[33] 이 조사 사업은 406실험실을 주축으로, 일본에서는 일본국립보건원, 기타사토 실험실 및 지역 보건소들이 연구에 참여했으며, 한국에서는 중앙방역연구소가 참여했다.[34] 특히 한국의 조사에서는 일제강점기 한반도에서 기생충학 연구를 주도했던 고바야시 하루지로(小林晴治郎; 1884-1969)가 연구원으로 참여해 한반도의 기생충 유행과 관련된 선행 연구 자료 일체를 제공했다.[35] 일본 전시체제 하에서 미처 출간하지 못했던 미출간 자료들을 다수 확보하여 미군정 연구팀은 한반도에 유행 중인 주요한 기생충의 분포와 특성을 먼저 확인할 수 있었다.

미군정 연구팀이 초점을 맞춘 것은 전투력에 손실을 일으킬 수 있는 전략적 중요성을 가진 기생충들의 분포를 파악하는 것이었다. 전략적 중요성을 가진 기생충들로는 주혈흡충, 간흡충, 폐흡충, 사상충이 꼽혔다. 장내기생충이 아닌 사상충은 표준 조사 대상에 포함되지 않았으나, 제주도와 같이 기존 유행 지역으로 알려진 곳에서는 별도의 채혈을 통해 유병률을 확인했다.[36] 방역연구소 직원들과 공동으로 진행한 한국에서의 조사는 9개

32 William Tigertt et al, "Parasitological Studies in the Far East I. Methods and Review of Japanese Literature", *Japanese Journal of Medical Science and Biology* 5:5 (1952), pp. 357-385.

33 George Hunter, et al., "Parasitological Studies in the Far East II. An Epidemiological Survey in Fukui Prefecture, Honshu, Japan", *The Japanese Medical Journal* 3:6 (1950), pp. 359-360.

34 이 논문에는 406실험실의 조사단과 함께 방역연구소 측에서 참여한 이들은 이완희, 이호영, 조규상, 김상태, 이호선, 조영선, 정해원, 김웅호, 김웅룡이 기록되어 있다. 죠지 헌타, "남한인에 기생충조사보고", 『중앙방역연구소보』 1:1 (1949), 79쪽.

35 고바야시 하루지로는 당시 한반도에 대한 자신의 연구 전체뿐 아니라, 자신의 지도학생들이 가지고 있던 미출간 자료도 함께 넘겨주었다. "Parasitological Report, 1950", RG 338. Eighth U.S. Army, Medical Section, Entry A1. 206. Box 1560, pp. 13-14.

36 William Tigertt et al, op. cit., pp. 357-385.

지역 919명을 대상으로 이루어졌고, 여기에는 제주도도 포함되었다. 조사 결과 장내기생충에 감염된 사람은 94.5%였으며, 그중 회충(82.4%)과 편충(81.8%)이 가장 흔했다. 사상충 감염을 확인하기 위한 혈액검사는 57명을 대상으로 진행되었는데, 이 중 2명이 양성이었으며 모두 제주도 출신이었다.[37]

자체 조사 결과와 기존 일본 연구자들에 의한 선행 연구를 비교 분석하던 조사단은 이들에 의해 보고된 충란 양성률이 연구자별로 큰 차이가 난다는 점을 발견했다. 그 원인으로 표준화된 조사법이 확립되지 않았던 점이 지목되었다.[38] 당시 연구자들이 주로 사용되던 방법은 염산-황산나트륨으로 검체를 처리한 다음 조사하는 방식, 혹은 검변을 식염수와 희석하여 그대로 슬라이드에 도말하는 직접 도말법(direct smear)을 사용하고 있었다. 이러한 검사법의 단점은 감염률이 낮은 경우에는 충란이 검출되지 않을 수 있다는 단점과 함께, 얼마나 많은 기생충에 감염되어 있는지 정량적으로 측정하기 어렵다는 단점이 있었다.[39]

406실험실에서 제안한 방식은 포르말린을 이용하는 방법(406 MGL formalin-ether method)이었다. 이 검사법은 포르말린과 에테르를 혼합한 용액에 일정량의 대변을 희석한 후 원심분리기를 이용해 검체를 한번 농축한 뒤, 그 침전물을 검사하는 방식이었다. 에테르는 대변 안에 있는 부유물이나 이물질을 제거하는 역할을 했고, 포르말린은 검체의 보존성을 높이는 역할을 했다. 이 방법은 검체를 농축하기 때문에 그만큼 한 번에 많은 양의 충란을 검출할 수 있어 검사의 민감도가 높았고, 동시에 정해진

37 George Hunter, et al., "Parasitological Studies in the Far East VII. An Epidemiological Survey in Southern Korea", *Journal of Parasitology* 35:6 (1949), p. 41.

38 George Hunter, et al. (1950), op. cit., p. 361.

39 406th Medical General Laboratory (1950), op. cit., p. 48.

양의 대변을 사용하기 때문에 감염량을 정량적으로 측정할 수 있었다. 또한 검체의 보존 기간이 길어진다는 장점도 있었다.[40] 조사단은 수집한 검체 전체를 두 가지 방법으로 처리하여 검사의 정확도를 비교해보았다. 포르말린을 이용하는 방식은 주혈흡충란을 확인하는 데는 정확도가 떨어졌으나, 나머지 장내기생충란에 대한 정확도는 더 높은 것으로 나타났다. 이후 406실험실에서 개발된 검사 방법은 일본과 한국에서 표준화된 감염률을 확인할 수 있는 기반을 마련했다.

전후 보건의료체계가 복구되지 않은 상황에서는 지역별 조사 인력을 동원하기가 어려웠다. 이런 상황에서 일본열도와 한반도 전체를 대상으로 조사 사업을 수행하기 위해 조사단은 별도의 이동 실험실을 만들어야 했다. 조사단은 멸균기, 배양기, 냉장고, 원심분리기, 발전기 등 실험장비 일체를 갖춘 실험 열차와 철도가 닿지 못하는 지역까지 갈 수 있는 실험 차량을 이용했다. 미군의 조사 사업 덕분에 한국과 일본 연구자들은 일본열도뿐만 아니라 한반도 전체에 대한 역학적 데이터를 얻을 수 있었고, 표준화된 검사법과 같은 기술적 역량도 향상할 수 있었다.[41]

이 조사는 장내기생충의 분포뿐 아니라 주둔 중인 미군의 건강에 영향을 미칠 수 있는 다양한 역학적 요인들을 파악하는 것이 주목적이었기 때문에, 조사 대상자의 기저 질환, 몸무게, 신체검사와 식수원, 식습관 등의 생활환경 조사가 함께 이루어졌다.[42] 한국에 주둔 중인 미군에 대해서도 같은 검사가 이루어졌다. 이 조사에서 밝혀진 바에 따르면 주둔 중인 미군들은 본토의 대조군과 비교해 토양매개선충의 감염률이 26% 이상 높았

40 Ibid, pp. 48-50.

41 406실험실을 통해 일본의 기생충학 연구자들은 학술적 기술적 역량을 얻었으며 다수의 기자재도 확보할 수 있었다. 한국의 원로 기생충학자 이순형은 일본 측 연구자들은 미군 실험실의 여유분 혹은 폐기 기자재들을 활용해 전후 빠르게 실험실 복구를 할 수 있었다고 보았다(이순형 인터뷰 2019. 07. 08.).

42 William Tigertt et al, op. cit., pp. 357-385.

〈그림 12-2〉 406실험실에서 편성한 실험 열차의 내부 모습 (Tigertt, 1952, p. 368)

Fig. 8. Interior view of Laboratory Car TROY

다. 뿐만 아니라 이들에 대한 생활환경 조사에서는 주요한 감염 경로로 추측하였던 현지 음식의 섭취 여부가 아닌 주둔 기간이 감염률에 가장 큰 영향을 준다는 점이 밝혀졌다.[43] 즉, 기생충 감염을 예방하기 위해서는 미군 내로 반입되는 식품과 부대 내 위생을 강화하는 것뿐 아니라, 이들이 주둔하고 있는 남한의 환경 전반에 대한 개입이 필요하다는 점을 의미했다. 조사 종료 시점까지 총 3만여 명의 데이터가 수집되어, 다량의 데이터를 처리하기 위해 미군정 최고사령부에서는 IBM 펀치 카드 기계까지 조사단에게 공수해 주었다.[44]

미군 406실험실에서 개발된 기술과 노하우는 이후 1951년 개정된 미군

43 "Parasitological Report, 1950", op. cit., pp. 18-20.

44 William Tigertt et al, op. cit., p. 358.

의학실험 매뉴얼에도 수록되었다.[45] 나아가 이러한 침전 방식은 이후 세계 기생충학계에 전파되어 포르말린을 이용한 처리 및 침전법은 현재까지도 표준적인 장내기생충 검사법으로 사용되며, 해당 검사법의 명칭 역시 당시 406실험실에서 사용했던 "MGL Method"라는 용어를 그대로 사용하고 있다.[46]

3. 미군 실험실을 통한 한국 실험실 검사 기술의 발전

406실험실은 미8군 소속으로 일본뿐 아니라 한반도까지 임무 권역으로 두고 있었기 때문에, 한반도에 주둔 중인 미군 부대에 대한 지원이나 검열뿐 아니라 역학조사 및 기타 한국 내 보건의료 문제에 대한 지원도 이루어졌다. 미군정은 한국 의학 현황에 대한 조사 과정에서, 한국에 실험실 의학이 제대로 뿌리내리지 못했고 이를 뒷받침하기 위한 실험기사의 수가 절대적으로 부족하다는 점을 지적했다. 1946년 이루어진 한국 의학 실험실들에 대한 현장 조사에서 미군정 조사관은 한국의 병원에서 임상 의사들이 혈액검사나 병리조직 검사를 실험실에 의뢰하는 경우는 극히 드물고, 병원 내 실험실을 이용하는 빈도가 매우 낮다고 보고했다. 실험실 시설 자체는 확보하고 있으며 내부 종사자들의 역량은 비교적 훌륭한 편이지만 그 절대적인 수가 매우 부족하다는 분석이었다. 또한 미국과 같이 환자가 병원을 방문하면 자연스럽게 의사가 혈액검사를 먼저 요청하거나, 수술 중

45 Department of Army, *Methods for Medical Laboratory Technicians* (Washington: Departments of the Army and the Air Force, 1951).

46 원은정 외, "국내 설사변에서 다양한 진단법을 통한 장내 기생충 검출 및 대변검경용으로 제조한 정도관리 물질의 안정성 평가", 『임상검사와정도관리』 39:2 (2017), 90-96쪽.

채취한 조직의 병리학 검사를 요청하는 일이 전혀 일상화되어 있지 않다는 점을 지적했다. 이에 따라 실험실 역량을 강화시키고, 그에 적합한 기사들을 다수 육성할 필요가 있다고 권고했다.[47]

특히 실험실 전문 인력이 부족하다는 것은 각지에서 수집되는 미생물학 및 병리 자료들이 정확히 진단되지 못하고 있음을 의미했다. 즉, 각종 질병에 대한 정확한 통계가 수집되기 어렵게 만들었다.[48] 안정적인 통치, 뿐만 아니라 군사 작전을 위해서도 정확한 질병 및 필수 통계의 수집은 중요했다. 당시 한국에 이러한 기사들을 훈련시킬 수 있는 학교가 존재하지 않았기 때문에 한국에 주둔 중인 미군부대, 혹은 설치된 미군 병원 내 실험실이 훈련의 역할을 담당해야 했다. 1948년 제34육군병원(34th General Hospital)에는 406실험실에서 파견된 실험기사들과 연구자들이 배치되어 있었다. 이들을 통해 인근 지역의 보건의료인력이나 실험기사들의 재훈련이 이루어졌다.[49]

한국에서 임상 환경에서 검체를 체취하고 이를 실험실적 검사로 의뢰하는, 즉 임상병리 검사 체계가 중앙화되어 도입된 것은 한국 육군에 1952년 8월 16일 육군중앙병리시험소가 설립되면서였다.[50] 다수의 한국 의료인력들이 미군 병원과 편제를 경험하며 체계적인 임상병리학적 검사와 검체 처리의 필요를 인식하고, 그에 대한 수요가 높아졌기 때문이었다. 동시에 한국전쟁을 거치며 본격적으로 혈액은행을 운영하기 시작한 미군은 일본이나 미국 본토에서 혈액을 공수하는 것은 비효율적이며, 이에 따라 한국에도 자체적인 혈액은행을 설치하기를 원했다. 이에 따라 혈액 관리를 체계

47 "Medical Laboratory Service", Adjutant General Files 24 Corps HQ Circulars 1946, RG554, NARA.

48 Richard Taylor, op. cit., p. 692.

49 "Medical laboratory activities of the XXIV Corps", 350.05 Essential Technical Medical Data Reports (Surgeon) 1948, RG554. NARA.

50 국군의무사령부, 『국군의무사령부50년사』 (국군의무사령부, 2004), 25-26쪽.

화하고 안전성을 보장할 수 있는 검사 시설 및 인력의 필요성이 증대되었다. 1953년에는 수도육군병원에 중앙병리연구소가 설립되었고, 영등포에 주둔하고 있던 미군 야전병리연구소에서 파견된 군의관들이 한국인 병리학자 및 미생물학자, 화학자들의 훈련을 담당하게 되었다.[51]

중앙병리시험소를 포함한 육군의 검사 시설은 미군의 전폭적인 지원을 통해 시약이나 기구들을 비교적 풍족한 편이었으며, 이를 통해 학자들과 기사들은 다양한 검사 기법들을 경험해볼 수 있었다. 이렇게 군에서 훈련된 기술 인력들은 이후 민간병원의 실험기사로 활동하기도 했다. 예를 들어, 1953년 육군 중앙병리연구소에서 복무했던 이원중은 입대 당시에는 고등학교 졸업생이었으나, 전역 이후 1957년 세브란스병원에서 수석기사로 일했다.[52]

이렇게 군에서 훈련된 실험기사들이 민간병원에 자리를 잡을 수 있었던 것은 이러한 중앙화된 실험실, 혹은 검사실이 한국전쟁을 기점으로 보편화되기 시작했기 때문이었다. 이전까지 각 임상 담당 교실이나 기초의학 교실에서 의사들이 자체적으로 처리하던 검체는 중앙화된 실험실을 통해 검사되기 시작했다. 군복무 이후 병원으로 돌아온 의료인력들은 민간병원에도 이러한 중앙화된 검사 시설을 설치하기 시작했다. 서울대학교 의과대학 부속병원의 경우 1953년 7월 임상병리실을 설치하기로 결정했고, 1955년을 기준으로 실험기사가 약 8명이 있었다.[53]

51 김기홍은 1947년 서울대학교 의과대학을 졸업하고 예방의학교실에 근무하던 중 한국전쟁 발발 이후 군의관으로 복무하였다. 복무 중 1955년 미국 레터만(Letterman) 육군병원에서 임상병리학 수련을 거친 후, 1958년 전역 후 국립중앙의료원 병리과 수석의무관을 지냈으며, 이후 우석대학교와 한양대학교를 거치며 임상병리학의 초석을 다진 것으로 평가받는다. 박두혁, 앞의 책, 23-27쪽.

52 이원중은 이후 1963년 대한임상병리사협회 창설 당시 회장을 역임하기도 했다. 1970년 미국으로 이주하여 계속해서 임상병리사로 일했다. "이원중", 『한인역사박물관』, https://kahistorymuseum.org/이-원-중-won-joung-lee-李源重/ (2022. 12. 19. 접속).

53 1954년부터 1960년까지 총 30명의 실험기사들이 거쳐간 것으로 기록되어 있다. 초기 인력은 이미 기생충학

이들의 학력이나 자격 조건에 대해서는 명시되어 있지 않으나, 임시로 구했던 인력들은 야간고등학교 학생들이었다는 기록으로 보아 고등학교 재학이나 졸업에 준하는 학력을 가지고 있었을 것으로 보인다. 당시 아직 미국 유학을 통해 임상병리의 기술을 습득하고 돌아온 의료인력은 드물었기 때문에 대부분의 기사들은 실무 훈련(on-the-job training)을 통해 임상병리 기법들을 습득했다. 그중 중요하게 활용된 것이 미군에서 발행한 기술문서들이었다.[54]

미군 역시 폭증하는 임상병리 및 실험기사들의 수요를 충당하기 위해 1개월 안팎의 짧은 기초 훈련을 마친 병력을 일단 실험실 부대들에 배치하고, 세부적인 실험 기법들은 각 부대의 사정에 맞게 실무 훈련으로 대체하는 방식을 채택하고 있었다. 그 실무 훈련의 기초가 되는 것이 기술문서(Technical Bulletin) 제8-227호로 발간된 「의학 실험 기사들을 위한 실험 방법(Methods for Medical Laboratory Technicians)」이었다. 406실험실 인력을 주축으로 하여 1946년 발간된 이 문서는 개정을 거쳐 1951년 재발간되었는데, 분량은 참고문헌과 색인을 포함해 746페이지에 달했다.[55]

이 문서의 전반부에는 실험실 장비들을 준비하고 실험기구들을 세척, 소독하는 아주 기본적인 지침부터, 현미경과 같은 핵심 장비들을 다루는 방법들이 기재되어 있었다. 뿐만 아니라 쥐나 원숭이 등 표준적인 실험실

교실이나 병리학교실 등에 배속되어 있었던 기사들을 활용했던 것으로 보인다. 서울대학교의과대학사집필위원회, 『서울대학교의과대학사 1885-1978』(서울대학교의과대학, 1978), 358-360쪽.

54 임상병리학 원로들은 이 기술문서를 TM으로 기억하고 있으나, 이는 미군 기술문서 중 의학 부분 총서를 TB MED(Technical Bulletin Medical)라 미군에서 명명했던 것의 앞글자만을 기억해서 생긴 오류로 보인다. 황선철 외, 앞의 논문, 202쪽; 지제근, 앞의 논문, 110쪽.

55 이 문서의 주요 목차는 다음과 같다. (1) 기초 실험실 기법, (2) 혈액검사, (3) 기초 화학적 검사 방법, (4) 소변검사, (5) 위장관 내용물 검사, (6) 혈액 및 척수액에 대한 화학적 검사법, (7) 일반 세균학적 검사법, (8) 박테리아와 균류의 동정, (9) 세균성 식중독, (10) 식수 및 유제품의 세균학적 검사, (11) 리케차와 바이러스, (12) 매독의 혈청학적 검사, (13) 원충학적 검사 방법, (14) 윤충학적 검사 방법, (15) 곤충학적 검사법, (16) 병리학적 검사법. Department of Army, op. cit., pp. vii-ix.

동물을 사육하고 다루는 법에 대해서도 다루고 있어 실질적으로 실험실 환경을 수립하는 데 필요한 대부분의 지침을 담고 있었다. 본문 전체는 초심자도 이해할 수 있도록 사진과 그림 자료들을 다수 수록했다. 문서의 후반부에는 혈액검사부터 병리학, 세균학, 기생충학적 검사에 대해 망라하고 있어 일선의 실험실 환경뿐 아니라 상당히 복잡한 실험과 검사를 수행하는 후방 실험실들에서도 활용될 수 있는 지침이었다.[56]

특히 이 문서는 기초적인 수준부터 숙련된 수준의 광범위한 실험실 기법들을 담고 있을 뿐 아니라, 군대의 야전에서 활용되는 지침이라는 특성에 부합하도록 제한된 자원에서 실험을 수행하는 여러 노하우들을 담고 있었다. 예를 들어 유리 실험장비들을 가열하여 용도에 맞게 성형하거나 깨진 유리 용기들을 수리하는 방법은 야전에서 공급이 제한되거나 손상되기 쉬운 장비들의 활용도를 극대화할 수 있도록 한 것이었다. 또한 수록된 검사법들 중 상당수에 검사의 정확도는 상대적으로 낮지만 보다 구하기 쉬운 장비나 용액으로 수행할 수 있는 대체 방법들이 제시되었다.[57] 이렇게 희소한 자원을 최대한 활용하는 방식, 그리고 그에 대한 노하우는 한국전쟁 이후 제한적인 환경에서 검사를 수행해야 했던 한국의 실험기사들에게도 유용하게 활용되었다.[58]

한국의 의사와 실험기사 및 기타 의료인력에 대한 교육도 미군의 실험실 네트워크를 통해 진행되었다. 먼저 1948년 미8군에 배속되어 있던 병원 4개에서 한국인 의사 인턴 제도를 운영하기 시작했다. 각 병원에는 4명의 한국인 의사가 배치되어 24시간 당직을 담당하며 일반 인턴과 똑같은 수련을 받았다. 특히 4곳의 병원에서 공통적으로 수련시켰던 교과는 정신과,

56 Department of Army, op. cit., pp. 1-31.

57 Ibid, pp. 49-51.

58 박두혁, 앞의 책, pp. 124-125.

실험실 및 X선 기기 운영이었다.[59] 이는 미군에서 일선 의사들의 실험 능력과 핵심 의료기기 사용을 중시했으며, 당시 미군에서의 인턴 경험이 한국 의사들이 새로운 의학 실험 기법에 노출될 수 있는 주요한 통로였음을 보여준다. 1951년에는 군병원에 배치된 130명의 한국인 의사들에게 실험실 운영 전반에 대한 교육이 순차적으로 진행되었다. 실제로 병원에서 실험실 의뢰를 처방하는 의사들이 실험실의 운영 방식이나 어떤 검사가 가능한지 구체적으로 알고 있어야 한다는 요구가 있었기 때문이었다.[60]

406실험실은 정기적으로 일선 하위 부대뿐 아니라 민간병원의 검사 능력을 표준화하기 위한 시험도 진행했다. 무작위로 아무런 표시가 없는 표본을 의료기관들에 배포하여 검사 정확도를 확인하는 방식이었다.[61] 여기에는 말라리아, 이질, 장내기생충란 등 다양한 표본이 포함되어 있었고, 이 결과를 종합하여 각각의 검사에 대한 정확도가 얼마나 되는지, 또한 어떤 분야에 추가적인 훈련이 필요한지를 평가했다.[62]

406실험실을 포함한 미군 의학 연구시설들은 한국의 민간병원에 대한 지원과 자문도 제공했다. 예를 들어 1955년 박테리아의 항생제 저항성이 문제가 되며 외과 연구 지원의 일환으로 항생제 민감성 연구가 진행되었다. 여기에 참여한 세브란스병원에는 406실험실 차원의 지원과 자문이 제공되었다.[63] 1953년 말에는 406실험실에서 한국 방역연구소에 고문단을 파

59 "Internship for Korean Doctors in Army Hospital (24 May 1948)", XXIV Corps ETMD 1948 / Office of the Surgeon General, RG112, NARA.

60 "Essential Technical Medical Data Report for moth of September 1951 EUSAK (3 Jan 1952)", HD: 350.05 ETMD Far East 8th U.S. Army 1951 / Medical Section-GHQ-FEC, SCAP and UNC, RG112, p. 37.

61 Ibid, p. 52.

62 "Essential Technical Medical Data Report (29 Aug 1952)", HD: 350.05 ETMD Far East 8th U.S. Army 1952 / Office of the Surgeon General, RG112, pp. 35-36.

63 "Report of Essential Technical Medical Data, 1 October-31 December 1955", HD: 350.05 ETMD Far East 8th U.S. Army 1954-57 / Office of the Surgeon General, RG112, NARA, pp. 9-10.

견했다. 방역연구소 담당자들과 함께 전후 재건에 필요한 구체적인 도구와 장비들의 목록을 만들고, 동시에 기술적 조언을 제공해주기 위함이었다. 방역연구소를 통해 고문단은 다른 일반 병원의 실험기사들에게 훈련을 제공하기도 했다. 1953년 말까지 총 3회의 훈련이 제공되었고 1회(2개월)에서 30명이, 2회(2주) 25명, 3회(2개월) 14명의 기사들이 배출되었다.[64] 화학연구소에 대해서도 마찬가지로 미군 고문단이 파견되어 재건에 필요한 수요를 조사하고 기술적 자문을 제공하는 활동이 이루어졌다.[65]

1953년 2월 한국에 설치된 의무학교 한국분교(Medical Field Service School Korean Branch)는 당시 미군이 실험실 운영에 얼마나 많은 비중을 두고 있었는지 잘 보여준다. 동시에 이후 이 시설은 한국군의 의무인력을 훈련시키고, 실험실적 기법들을 전파하는 주요한 장소가 되었다(그림 12-3). 1953년 1월, 전선이 안정되고 의료수요가 줄어들자 미군 본토에서는 2월 4일부로 미8군에 의무병과 훈련을 자체 충당하라는 명령을 하달했다. 이에 미군은 단 24시간 만에 영등포 121후방병원에 의무학교를 신축하고 2월 말부터 훈련생들을 받기 시작했다. 훈련 기간은 총 22일, 162시간으로, 미국에서 파병된 의무병과 장교 및 부사관들을 훈련시키는 역할을 담당했다. 총 22일의 훈련기간 중 현장 실습이나 시험을 제외한 이론 및 실기 시간은 총 11일이 배정되었는데, 이 중 1.5일이 실험 및 의료장비를 다루는 부분에 할애되었다. 특히 예방의학은 2시간씩 3번, 실험 기법은 3시간이 할애되어, 외과나 정신과 등 일반 임상의학에 보통 1시간이 할애된 것보다 많은 비중이 주어졌다.[66]

64 "Public Health (16 July 1954)", Public Health & Welfare - Korea, 1953, 1 of 2 / Adjutant General's Office, RG407, NARA, p. 43.

65 Ibid, p. 44.

66 Medical Field Service School, *History of the First Class Medical Field Service School Korean Branch, Feb 4-26, 1953* (U.S. Army, 1953), pp. 33-39.

〈그림 12-3〉 한국군의 의무병과 인력들이 의무학교에서 실험실적 기법들을 훈련받고 있는 모습 ("Medical Field Service School — key center of ROKA training", *Medical Bulletin of the U.S. Army Far East* 1(11), 1953, p. 11.)

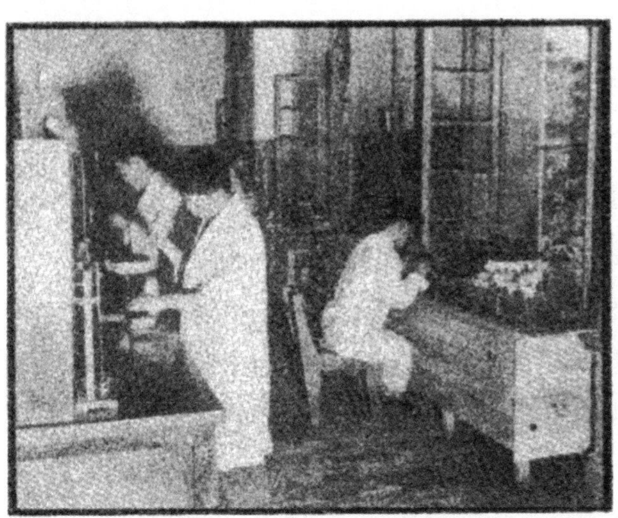

REPUBLIC OF KOREA ARMY STUDENT LABORATORY TECHNICIANS WORK IN MEDICAL FIELD SERVICE SCHOOL LABORATORY

실험 연구에 필요한 다양한 지식들은 문서만으로 전수될 수는 없었다. 특히 전시상황 중 전선에서 수행하는 연구 중에는 장비나 물자가 부족한 경우가 많았고, 경우에 따라서는 경험 있는 실험기사의 임기응변이 필수적이었다. 깨지기 쉬운 유리 용기를 보다 내구성이 좋은 나무나 기타 재료로 대체하고, 전기 공급이 여의치 않은 곳에서 크랭크 등을 이용한 대체 발전 장비를 적용하기도 했다.[67] 이러한 일종의 암묵지들은 주로 학회를 통해 전파되었다. 해방 후부터 한국전쟁기까지 한국에 주둔 중인 연합군 의료인력들은 지역에 따라 각자의 의학학회를 조직했다. 그중 대표적인 것이 주

67 U.S. Army Forces Far East. Medical Section, "Like all field units the MASH improvises," *Medical Bulletin of the U.S. Army Far East* 1:5 (1953), p. 11.

한군진예방의학회(Military Preventive Association in Korea)였다.[68]

1951년 12월 미8군 사령부의 권고로 시작된 이 학회는 미8군 예방의학 담당자 전원을 포함해, 한국, 영국, 태국 등 연합군 의무인력, 유엔민간원조사령부(UNCACK), 유엔한국재건단(UNKRA), 적십자(스위스, 독일, 캐나다)가 회원으로 참여했다.[69] 초대 학회장은 미8군의 방역 담당자가 맡았으며, 부학회장으로 한국군 예방의학 담당자인 김호선 소령이 위촉되었다. 초대 회장부터 임원진 전체는 의사가 아닌 각 군에서 예방의학을 담당하는 일선 장교들이 임명되었다.[70] 학회 초창기 구성원은 31명이었으나, 1953년 5월에는 회원이 69명까지 늘었다.

이 학회는 학술적으로는 크게 세 가지 목적을 가지고 있었다. 첫 번째는 미국 본토에서 생산되고 있는 첨단 의학 및 기술적 지식들을 한국에 주둔 중인 예방의학 관련자들에게 전달하는 것이었다. 한국전쟁을 전후하여 일본뇌염이나 유행성출혈열이 새로운 전염병으로 떠올랐고, DDT와 같은 살충제는 도입된 지 몇 년밖에 되지 않은 새로운 방역 도구들이었다. 미국 내 연구소들에서는 이를 효과적으로 적용할 수 있는 지식들이 계속해서 생산되고 있었으나, 일선에 파병된 담당자들이 이를 빠르고 효과적으로 수용하기는 어려웠다. 학회는 연 2회 정기 학술대회를 가지고, 월 1회씩 사교 모임을 개최했다. 특히 관련 분야의 최신 지견을 접하기 위해 학회에는 군진의학에 포함된 이들뿐 아니라, 하버드나 존스홉킨스 등 미국 유수의 대학에서 초빙된 연구자들의 발표도 포함되었다.[71] 이들 중 대부분은

68 후술할 주한군진예방의학협회 외에 연합군 의무단이 조직한 학회들로는 38선의학회(38th Parallel Medical Scoeity) 제9, 10군단의학회(Medical Societies of IX and X Corps), 한국후방관구사령부의학치의학회(KCOMZ Medical and Dental Society) 등이 있었다. Irvine Marshall, and Smith. Marlo, "The Military Preventive Medicine Association in Korea", *Military Medicine* 119:2 (1956), p. 81.

69 Ibid., p. 80.

70 Irvine Marshall, op. cit., p. 84.

71 Ibid., p. 87.

406실험실 극동의학연구단에 포함된 이들이었다.

두 번째로 다른 학회들이 주로 의사들로 구성되어 임상에 집중했다면, 예방의학회는 실험기사, 위생기사, 곤충학자, 기생충학자, 미생물학자 등 비의사들의 교류에 중점을 두었다. 군진의학에서 위생 관리, 방역, 식음료 검수 등 임상의학 외의 업무가 상당한 비중을 차지하고 있음에도 불구하고, 이러한 지식을 교류할 적당한 자리가 마련되지 못하고 있다는 이유였다. 이들은 학회를 통해 방역이나 보건, 혹은 그와 관련된 실험적 연구들에 대한 의견을 교환했다.[72] 임상의학 외부에서 이러한 교류가 중요했던 것은, 현장에서 축적된 많은 경험들이 유기적으로 전수될 필요가 있었기 때문이었다. 실험기사들을 포함한 이러한 인력들은 대부분 미국 의무학교에서 1~3개월의 짧은 연수만을 받고 파병되었고, 이는 기초적인 기술을 습득하기에도 빠듯한 시간이었다. 대부분의 인력들은 16개월 내외로 파병 기간이 종료되었기 때문에, 현장에서 필요한 기술들에 익숙해질 때쯤이면 본국으로 귀환하여, 이들이 획득한 경험들이 연속성을 지니지 못한다는 한계가 있었다.[73]

결국 학회의 핵심적인 세 번째 목표는 이렇게 현장에서 축적된 경험과 지식, 노하우들을 다음 파병 인력들에게 유기적으로 전수할 수 있도록 하는 것이었다. 학회에서는 첨단 기술이나 지식, 혹은 새롭게 변화된 지침이나 매뉴얼 등이 전달되기도 했지만, 많은 부분은 현장에서의 경험을 지위고하에 관계없이 자유롭게 나누는 질의응답으로 진행되었다.[74] 그 외에도

72 "Insect and Rodent Control in Korea, A Symposium held by the Military Preventive Medicine Association in Korea (8 Apr 1953)", Adjutant General Section, Security-Classified General Correspondence, 1953, RG338, NARA.

73 Irvine Marshall, op. cit., pp. 79-81.

74 일례로 1953년 학회에서 누군가 고지전 하에서의 배설물 처리 문제를 질의했다. 엄폐할 곳이 거의 없는 고지전에서 계속해서 점령군이 뒤바뀌는 과정에 참호 내에 처리하지 못한 배설물이 끊임없이 쌓여 거대한 변소가 되어간다는 것이었다. 이는 병사들의 사기에도 영향을 줄 뿐만 아니라 위생과 감염의 문제도 있었다. 일선 담당

DDT 살포 중 분무기 고장이 일어났을 때의 대처법이나, 고장이 잦은 부품의 대체제 등을 권고해주는 등 현장에서만 얻어질 수 있는 지식들이 학회를 통해 다른 담당자들과 부대에도 전파되었다.[75]

4. 결론

미국 406실험실의 사례는 해방 후 한국전쟁 시기까지 한국, 일본, 미국이 긴밀하게 연결된 가운데 한국 의학이 변화해왔음을 보여주었다. 일제강점기의 물질적 기반은 계승되었으나, 많은 기술적 노하우나 암묵지들은 일본인 전문가들의 귀환과 함께 사라졌다. 특히 임상병리학으로 대표되는 중앙화된 실험실과 병원에서의 일상적인 업무를 전담하는 전문 실험기사 인력은 새롭게 등장한 직업군이었다. 새로운 직군과 제도의 등장을 통해 임상에서의 적극적인 실험실 이용과 같은 의료 문화의 변화로도 이어졌다. 이러한 인력을 훈련할 수 있는 교육체계가 마련되지 않았기 때문에, 이는 많은 부분 미군의 실험실을 통해 공식적, 비공식적 통로로 수련이 이루어졌다. 단기간에 많은 인력을 배출하기 위해 많은 인력이 채용 후 실무를 수행하는 과정에서 미군에서 발간된 기술문서를 통해 새로운 지식을 습득해나가야 했다. 하지만 군사적 목적을 위해 만들어진 문서, 그리고 그에 담긴 지식과 경험들은 자원이 제한적인 한국의 실험실 환경에 적합한 것이었다. 나아가 이 시기 의학 지식의 형성, 그리고 그를 뒷받침 하는 기술적

자들은 포탄에 대변을 실어 적군으로 보내버리라는 조건을 내기도 했지만, 모욕감을 느낀 적군이 더욱 강한 반격을 가해 올지도 모른다는 문제가 제기되었다. 결국 최종 해법으로 채택된 것은 배설물이 쌓인 구덩이에 효모를 풀어 넣으면 발효를 통해 냄새와 부피가 상당히 줄어들 수 있다는 권고였다. Ibid, pp. 88-89.

75 "Insect and Rodent Control in Korea, A Symposium held by the Military Preventive Medicine Assoication in Korea (8 Apr 1953)", op. cit..

지원들이 한국이라는 일국적 차원이 아닌 미군의 네트워크를 통한 국제적 차원에서 일어났다는 사실에도 주목할 필요가 있다. 특히 해방 후 한반도, 특히 한국전쟁 시기 미군의 실험실들을 통해 축적된 다양한 지식들의 기반에는 의사나 학자들로 구성된 연구자들뿐 아니라 실험기사 등 일선에서 검사와 기술 개발을 담당하는 다양한 인력들이 존재했음에 주목할 필요가 있다.

한편 이 연구에서는 의사를 제외한 비임상 인력에 대해 남아 있는 기록이나 자료들이 매우 제한적이라는 한계 때문에 1950년대 중반 군진의학을 통해 임상병리 실험기사들이 배출된 이후 1963년 임상병리기사 국가공인 자격으로 인정받기 이전까지의 발전 과정이나, 미군을 통해 유입된 지식과 기술이 어떠한 영향을 미쳤는지는 살펴보지 못했다. 또한 실험실 의학의 미시적인 접근에 있어, 이 시기 구체적으로 한국의 각 병원의 중앙검사실, 혹은 임상병리과에서 수행되었던 다양한 검사와 장비, 기술들이 미군에서 활용되었던 것과 어떠한 유사성과 차이점을 가지고 있는지, 미군을 통해 수련받은 실험기사들의 개인적인 삶에 대한 분석이 향후 이루어진다면 미국 의학의 영향을 또 다른 차원에서 보여줄 수 있을 것이다.